2014

China's National Reading Survey Report

全国国民阅读调查报告

中国新闻出版研究院
全国国民阅读调查课题组 著

中国书籍出版社

全国国民阅读调查课题组

课 题 组 组 长：魏玉山

课题组副组长：徐升国

课 题 组 成 员：拜庆平　屈明颖　田　菲　谷　征　赵文飞

高　洁　王淑君

《全国国民阅读调查报告（2014）》出版说明

研究表明，阅读是个体实现智力发展、精神成长的重要途径，而国民的整体阅读能力则直接关系着国家和民族文化的传承、创新与发展，对国家文化软实力和核心竞争力的培育起着关键作用。

全民阅读，简言之，就是给予全体国民平等享有阅读的权利，让每个公民都能得到通过阅读改变人生、实现梦想的机会。这既是文化生长的迫切需要，也是政府履行公共职能、服务大众、改善民生的重要途径之一。习近平等中央领导同志都曾在不同场合强调读书学习的重要性，全社会的读书学习之风日渐浓厚。因此，通过对国民的阅读状况进行抽样调查和数据分析，对在全社会范围更加有效地开展阅读活动，建设书香社会，推动社会发展，有着积极的作用。

由中国新闻出版研究院组织实施的全国国民阅读调查项目，到目前为止已经持续开展了十一次，已成为全面反映我国国民阅读状况的权威渠道。第十一次全国国民阅读调查从多方面展现了2013年我国国民阅读的现状。

在调查范围方面，本次调查搭载了江苏省和湖北省所有地市（州）的调研，共执行样本城市74个，覆盖了我国28个省（自治区）和直辖市。调查的有效样本量也比往年增加了一倍，共采集有效样本40600个，数据经过加权后，可推及全国12.20亿居民。

在调查对象方面，第十一次全国国民阅读调查的调查对象是0—8周岁、9—13周岁、14—17周岁和18周岁及以上成年人四类群体。在有效样本中，18周岁以下未成年人样本为10818个，占26.7%；农村样本为11069个，农村样本比例为27.3%。与以往不同的是，本次调查对江苏省和湖北省搭载样本中的成年人群的调研试点开放了70周岁的年龄限制，今后将进一步在全国范围内开放

70 周岁的年龄上限。

在调查内容方面，本次调查沿用第十次调查的问卷内容，围绕国民图书阅读与购买状况、报刊阅读与购买状况、音像制品阅读与购买状况、数字阅读与购买状况、个人阅读评价、版权认知度与盗版购买状况、公共阅读文化设施的认知与使用状况等方面的内容展开调查。

在课题质量方面，从 1999 年首次调查开始，我们通过科学的调查方案、规范化的操作流程、国际通行的赋值加权计算的方法，保证了调查结果的独立性、真实性、科学性。在具体执行环节，我们对执行公司的抽样、访问方法及质量控制方面也进行了缜密的设计和严格的控制。此外，中国新闻出版研究院对本次阅读调查非常重视，整合院内外力量组成《全国国民阅读调查报告（2014）》课题组，组长由中国新闻出版研究院院长魏玉山担任，中国新闻出版研究院出版研究所所长徐升国任副组长，课题组成员有拜庆平（中国新闻出版研究院应用理论研究室）、田菲（中国新闻出版研究院应用理论研究室）、谷征（北京印刷学院新闻出版学院、传播学博士）等其他相关研究人员。

2013 年 3 月，全民阅读立法工作正式启动，这意味着全民阅读已进入到国家文化战略实质性建设的阶段。全民阅读开始成为各级党委和政府开展多种公共文化服务、增强地方人文精神和文化凝聚力的重要抓手。每年全国国民阅读调查项目对外公布的调查数据为各省、各地区全面了解当地全民阅读开展情况以及下一步的全民阅读工作部署提供了极具价值的参考。越来越多的各级党委和政府期望通过阅读调查数据找到有效提高全民阅读成效的科学方法，努力满足人民群众多层次、多方面的阅读需求，提升国民阅读力，促进国家文化软实力与创新能力的可持续发展。

中国新闻出版研究院

全国国民阅读调查课题组

2015 年 6 月

目录

导言

一、主要发现/ 002
1.1 各媒介阅读率/ 002
1.2 各媒介阅读量/ 003
1.3 各媒介阅读时长/ 003
1.4 上网率与上网从事的主要活动/ 004
1.5 各类出版物的价格承受能力与花费/ 005
1.6 成年国民倾向的阅读方式/ 005
1.7 个人阅读数量与阅读内容自我评价/ 006
1.8 国民对阅读活动的期望/ 006
1.9 0—17 周岁未成年人图书阅读率与阅读量/ 007
1.10 亲子共读行为/ 007
二、抽样设计/ 008
2.1 调查目的/ 008
2.2 执行城市/ 008
2.2.1 31 个自代表城市/ 008
2.2.2 17 个非自代表城市/ 008
2.2.3 样本量/ 009
2.3 抽样原则/ 011
2.4 二级抽样单元的选取/ 011

2.5　城镇样本的选取/ 012
2.6　农村样本的选取/ 012
2.7　统计推断/ 013
三、最终样本结构/ 015

第一篇　成年国民部分

第一章　成年国民媒介接触及消费状况

1.1　媒介接触状况/ 018
1.1.1　媒介接触率/ 018
1.1.2　媒介接触时长及变化/ 021
1.1.3　媒介接触种类/ 022
1.2　媒介使用目的/ 025
1.3　各种阅读载体的使用场所/ 027
1.4　媒介消费状况/ 028
1.4.1　2013 年我国出版业基本情况/ 028
1.4.2　自费消费出版物情况/ 033

第二章　成年国民图书阅读状况与购买倾向

2.1　图书阅读状况及变化/ 044
2.1.1　阅读重要性认知/ 044
2.1.2　综合阅读率/ 047
2.1.3　图书阅读率/ 048
2.1.4　图书阅读量/ 051
2.1.5　图书阅读来源/ 053
2.1.6　家庭藏书量/ 054

2.2 读书目的及不读书原因/ 056

2.2.1 读书目的认知/ 056

2.2.2 没读书的原因/ 058

2.3 购书状况及变化/ 060

2.3.1 购书频率/ 060

2.3.2 购书者的购书目的/ 061

2.3.3 购书渠道与渠道选择的原因/ 061

2.3.4 图书信息的获取途径/ 064

2.3.5 购书影响因素/ 064

2.3.6 购书制约因素/ 065

2.3.7 购书距离/ 067

2.3.8 图书价格的评价/ 067

2.3.9 图书价格承受能力/ 068

2.3.10 书店知名度和市场渗透率/ 070

2.4 我国分类图书市场/ 072

2.4.1 文学类图书市场消费状况及市场预期/ 074

2.4.2 生活类图书市场消费状况及市场预期/ 076

2.4.3 经济类图书市场消费状况及市场预期/ 078

2.4.4 外语类图书市场消费状况及市场预期/ 080

2.4.5 科技类图书市场消费状况及市场预期/ 081

2.5 成年国民最喜爱的图书作者/ 082

2.6 成年国民最喜爱的图书/ 083

2.7 成年国民最喜爱的出版社/ 084

2.7.1 成年国民最喜爱的出版社/ 084

2.7.2 国内出版社知名度和市场渗透率排名/ 084

第三章　成年国民报刊阅读状况与购买倾向

3.1　报纸阅读状况/ 087

3.1.1　报纸阅读率/ 087

3.1.2　报纸阅读量/ 089

3.2　期刊阅读与消费状况/ 092

3.2.1　期刊阅读状况/ 092

3.2.2　期刊购买状况/ 100

3.2.3　对期刊广告的态度/ 103

3.2.4　期刊知名度与市场渗透率/ 103

3.2.5　成年国民喜爱的期刊/ 106

第四章　成年国民音像电子出版物阅读与购买倾向

4.1　音像电子出版物购买情况/ 107

4.2　音像电子出版物价格评价/ 108

4.3　音像电子出版物的价格承受力/ 109

第五章　成年国民动漫与游戏消费状况

5.1　动漫产品消费市场/ 111

5.1.1　动漫作品接触率/ 111

5.1.2　动漫题材偏好/ 113

5.2　单机游戏消费市场/ 114

5.2.1　单机游戏题材偏好/ 114

5.2.2　单机游戏的黏度/ 114

5.2.3　单机游戏消费状况/ 116

5.3　网络游戏消费市场/ 117

5.3.1　网络游戏题材偏好/ 117

5.3.2 网络游戏的黏度/ 118
5.3.3 网络游戏的消费状况/ 119
5.4 手机游戏消费状况/ 120

第六章 成年国民数字出版物阅读与购买倾向

6.1 数字出版物阅读状况/ 122
6.1.1 数字化阅读接触率/ 122
6.1.2 数字化阅读方式选择原因与制约因素/ 123
6.1.3 阅读倾向/ 124
6.2 电子书报刊阅读状况/ 125
6.2.1 电子书报刊阅读率/ 125
6.2.2 电子书价格承受能力/ 126
6.2.3 电子书报刊对传统纸质书报刊销售的影响/ 126
6.3 手机阅读行为/ 127
6.3.1 手机阅读接触率/ 127
6.3.2 手机阅读时长/ 128
6.3.3 手机阅读花费/ 129
6.3.4 手机读物价格承受力/ 130
6.3.5 通过手机进行的活动/ 131
6.3.6 手机小说阅读情况/ 132
6.3.7 手机定制服务或内容/ 133
6.3.8 手机阅读优缺点/ 134
6.4 电子阅读器阅读/ 135
6.4.1 电子阅读器阅读接触率与电子阅读器拥有率/ 135
6.4.2 电子阅读器的功能使用/ 137
6.4.3 电子阅读器阅读花费/ 137
6.4.4 电子阅读器阅读资源来源/ 138

6.5 上网行为与网络阅读/ 139
6.5.1 上网率与上网设备/ 139
6.5.2 上网频率/ 140
6.5.3 上网从事的活动/ 141
6.5.4 网上阅读行为/ 142
6.5.5 网络在线阅读花费/ 144
6.5.6 网上购买的出版物类型/ 145
6.5.7 选择互联网购买出版物的原因和制约因素/ 145
6.6 阅读网站知名度与市场表现/ 147

第七章 成年国民的版权认知状况

7.1 版权认知度/ 150
7.2 盗版出版物市场现状/ 151
7.2.1 盗版出版物市场占有状况/ 151
7.2.2 盗版出版物消费状况/ 152

第八章 公共阅读服务设施状况

8.1 城镇公共阅读服务设施状况/ 154
8.1.1 城镇居民公共阅读服务设施知晓率/ 154
8.1.2 城镇居民对公共阅读服务设施的使用率/ 155
8.1.3 城镇居民对公共阅读服务设施的满意度/ 155
8.2 农村公共阅读服务设施——农家书屋/ 156
8.2.1 农家书屋认知度与使用率/ 156
8.2.2 农家书屋满意度/ 157
8.2.3 农家书屋内容提供情况/ 157
8.3 公共阅读服务设施存在的不足/ 159

第九章　成年国民的个人阅读情况评价与阅读活动参与状况

9.1　个人阅读情况评价/ 161

9.1.1　个人阅读量评价/ 161

9.1.2　个人阅读量变化情况/ 162

9.1.3　个人阅读满意度评价/ 162

9.1.4　阅读量与阅读满意度的关系/ 163

9.2　读书活动参与状况/ 164

9.2.1　读书活动/读书节开展情况/ 164

9.2.2　读书活动诉求情况/ 164

9.2.3　读书活动参与状况/ 165

9.2.4　参与读书活动的原因/ 166

第二篇　14—17周岁青少年部分

第一章　14—17周岁青少年媒介接触情况

1.1　青少年媒介接触率/ 170

1.2　青少年媒介接触时长/ 171

1.3　青少年媒介使用目的/ 172

1.4　青少年自费消费出版物情况/ 173

1.5　青少年阅读载体的使用场合/ 174

第二章　14—17周岁青少年图书阅读与购买状况

2.1　青少年图书阅读状况/ 176

2.1.1　阅读重要性认知/ 176

2.1.2　图书阅读率和阅读量/ 177

2.1.3 阅读来源/ 178
2.1.4 图书拥有量/ 180
2.1.5 青少年读书遇到困难时的求助对象/ 181
2.2 青少年读书目的及不读书原因/ 182
2.2.1 阅读课外书的目的/ 182
2.2.2 不读课外书的原因/ 183
2.3 青少年购书状况/ 184
2.3.1 获取图书信息的主要渠道/ 184
2.3.2 购书频率/ 184
2.3.3 购书渠道/ 185
2.3.4 影响购书的因素/ 186
2.3.5 购书制约因素/ 187
2.3.6 购书距离/ 188
2.3.7 图书价格评价/ 189
2.3.8 图书价格承受力/ 189
2.3.9 书店知名度和市场渗透率/ 190
2.4 我国分类图书市场状况/ 192
2.4.1 各分类图书市场消费状况及市场预期/ 192
2.4.2 文学类图书市场消费状况及市场预期/ 196
2.4.3 外语类图书市场消费状况及市场预期/ 199
2.5 青少年最喜爱的图书/ 201
2.6 青少年最喜爱的图书作者/ 202
2.7 青少年最喜爱的出版社与出版社知名度、市场渗透率/ 202
2.7.1 青少年最喜爱的出版社/ 202
2.7.2 国内出版社知名度和市场渗透率排名/ 203

第三章 14—17周岁青少年报刊阅读状况

3.1 青少年报纸阅读状况/ 206

3.1.1 报纸阅读率/ 206

3.1.2 报纸阅读量/ 206

3.2 青少年期刊阅读状况/ 207

3.2.1 期刊阅读率/ 207

3.2.2 期刊阅读量/ 208

3.2.3 制约青少年阅读期刊的原因/ 208

3.2.4 期刊阅读来源/ 209

3.2.5 期刊阅读偏好/ 210

3.2.6 期刊价格承受力/ 210

3.3 青少年报刊市场状况/ 212

3.3.1 青少年最喜爱的期刊/ 212

3.3.2 报刊知名度排名/ 212

3.3.3 报刊市场渗透率排名/ 213

第四章 14—17周岁青少年数字出版产品阅读与购买状况

4.1 青少年数字化阅读状况/ 215

4.1.1 数字化阅读方式接触情况/ 215

4.1.2 选择数字阅读的主要原因与制约因素/ 215

4.1.3 阅读倾向/ 217

4.2 青少年电子书报刊阅读状况/ 218

4.2.1 电子书报刊阅读率/ 218

4.2.2 电子书价格承受力/ 218

4.2.3 电子书对纸质图书销售的影响/ 219
4.3 青少年手机阅读状况/ 220
4.3.1 手机阅读接触率/ 220
4.3.2 通过手机进行的活动/ 221
4.3.3 手机阅读时长/ 222
4.3.4 手机阅读花费/ 223
4.3.5 手机读物价格承受力/ 224
4.3.6 手机阅读优缺点/ 224
4.3.7 手机阅读小说类型/ 226
4.3.8 手机定制服务/ 227
4.4 青少年电子阅读器阅读消费行为分析/ 228
4.4.1 电子阅读器阅读接触率及电子阅读器拥有率/ 228
4.4.2 电子阅读器的功能使用/ 230
4.4.3 电子阅读器阅读花费/ 230
4.4.4 电子阅读器阅读资源来源/ 231
4.5 青少年互联网接触状况/ 232
4.5.1 上网率与上网设备/ 232
4.5.2 上网频率/ 232
4.5.3 上网从事的活动/ 233
4.5.4 网上阅读行为/ 234
4.5.5 网络在线阅读花费/ 236
4.5.6 网上购买出版物情况/ 237
4.6 青少年网民最喜爱的阅读网站及阅读网站知名度、市场渗透率/ 239
4.6.1 读者最喜爱的阅读网站或读书频道/ 239
4.6.2 阅读网站或读书频道知名度、市场渗透率/ 240

第五章　14—17周岁青少年音像电子出版物购买状况

5.1　青少年音像电子出版物购买渠道/ 242

5.2　青少年音像电子出版物价格承受力/ 243

5.3　青少年音像电子出版物价格评价/ 243

第六章　14—17周岁青少年动漫游戏接触状况

6.1　青少年动漫接触情况/ 245

6.1.1　青少年喜爱的动漫形式/ 245

6.1.2　青少年喜爱的动漫题材/ 245

6.1.3　动漫产品竞争格局/ 246

6.2　青少年电子游戏接触情况/ 247

6.2.1　喜爱的电子游戏题材/ 247

6.2.2　电子游戏日均接触时长/ 248

6.2.3　在电子游戏上的花费/ 249

第七章　14—17周岁青少年版权认知状况

7.1　青少年版权认知度/ 251

7.2　盗版出版物购买状况/ 251

7.2.1　盗版出版物购买率/ 251

7.2.2　购买盗版出版物的类型/ 252

7.2.3　购买盗版出版物的驱动因素/ 253

第八章　14—17周岁青少年个人阅读评价与阅读活动参与状况

8.1　青少年个人阅读状况评价/ 255

8.1.1　对个人阅读量的评价/ 255

8.1.2 对个人阅读满意度的评价/ 256
8.1.3 对自己读书影响最大的人/ 256
8.2 青少年读书活动参与状况/ 257
8.2.1 读书活动/读书节知晓情况/ 257
8.2.2 读书活动/读书节诉求情况/ 258
8.2.3 读书活动参与类型/ 259
8.2.4 参与阅读活动的原因/ 259
8.2.5 制约青少年参与读书活动的因素/ 260
8.2.6 老师对青少年阅读课外书的态度/ 261
8.3 青少年校园图书馆使用情况/ 262
8.3.1 校园图书馆普及情况/ 262
8.3.2 校园图书馆使用率与满意度/ 262

第三篇 9—13 周岁少年儿童部分

第一章 9—13 周岁少年儿童图书阅读与购买状况

1.1 少年儿童阅读状况/ 266
1.1.1 图书阅读率与图书阅读量/ 266
1.1.2 对阅读的喜爱程度/ 267
1.1.3 喜爱的课外书类型/ 269
1.1.4 阅读来源/ 271
1.1.5 阅读时长/ 272
1.1.6 阅读地点/ 273
1.1.7 图书拥有量/ 274
1.1.8 拥有第一本书的年龄/ 274
1.1.9 老师/家长对少年儿童阅读课外书的态度/ 275
1.1.10 制约少年儿童阅读的因素/ 278

1.2 少年儿童购书状况/ 278
1.2.1 少儿图书购买量/ 278
1.2.2 少儿图书购买金额/ 279
1.2.3 家长对少儿图书的购买力/ 280
1.2.4 家长为孩子购书的类型/ 282
1.2.5 家长对少儿图书种类和质量的评价/ 282
1.2.6 购书渠道/ 283
1.2.7 影响家长购书渠道选择的因素/ 284
1.2.8 购书距离/ 285
1.2.9 影响家长为孩子购书的主要因素/ 286
1.2.10 家长为孩子购书的不便之处/ 287
1.2.11 家长为孩子选择出版物的倾向/ 288
1.2.12 书店的知名度和市场渗透率/ 289
1.3 少年儿童与家长互动阅读情况/ 289
1.3.1 家长陪孩子读书情况/ 289
1.3.2 家长带孩子逛书店的频率/ 290
1.4 少年儿童最喜欢的十本书/ 291
1.5 少年儿童最喜欢的十大作者/ 292
1.6 出版社知名度和市场渗透率/ 292

第二章 9—13 周岁少年儿童期刊阅读与购买状况

2.1 少年儿童的期刊阅读率与阅读量/ 294
2.2 家长对少儿期刊的购买状况/ 295
2.2.1 家长对少儿期刊的价格承受力/ 295
2.2.2 家长对少儿期刊的价格评价/ 296
2.3 少年儿童最喜欢的十大期刊/ 297

2.4 少儿报刊市场状况/ 298
2.4.1 报刊知名度/ 298
2.4.2 报刊市场渗透率/ 299

第三章 9—13 周岁少年儿童上网情况

3.1 少年儿童上网率及上网设备/ 301
3.2 少年儿童网民上网频率/ 302
3.3 少年儿童网民上网地点/ 302
3.4 少年儿童网民上网从事的主要活动/ 303
3.5 家长对孩子上网的态度/ 304
3.6 家长网上购买出版物状况/ 305
3.6.1 家长网上购买出版物的种类/ 305
3.6.2 家长选择网上购买出版物的原因/ 305
3.6.3 网上购买出版物的制约因素/ 306

第四章 9—13 周岁少年儿童音像电子出版物购买状况

4.1 音像电子出版物的购买渠道/ 308
4.2 家长对音像电子出版物的购买状况/ 309
4.2.1 音像电子出版物的价格承受力/ 309
4.2.2 音像电子出版物的价格评价/ 309

第五章 9—13 周岁少年儿童动漫及电子游戏接触状况

5.1 少年儿童动漫接触情况/ 311
5.1.1 动漫类型偏好度/ 311
5.1.2 动漫题材偏好度/ 312

5.2　少年儿童电子游戏接触情况/ 312
5.2.1　电子游戏题材偏好度/ 312
5.2.2　电子游戏接触时长/ 313
5.3　家长对孩子玩电子游戏的态度/ 314

第六章　9—13 周岁少年儿童家长的版权认知状况

6.1　少年儿童家长版权认知度/ 316
6.2　少年儿童家长盗版出版物购买状况/ 317
6.2.1　家长对盗版出版物的购买率/ 317
6.2.2　家长购买盗版出版物的类型/ 317
6.2.3　家长购买盗版出版物的驱动因素/ 318

第七章　9—13 周岁少年儿童阅读活动参与状况

7.1　少年儿童学校图书馆使用情况/ 320
7.2　读书活动/读书节的知晓情况/ 321
7.3　少年儿童阅读活动参与类型/ 322

第四篇　0—8 周岁儿童部分

第一章　0—8 周岁儿童图书阅读与购买状况

1.1　儿童综合阅读率和阅读起始时间/ 326
1.1.1　综合阅读率/ 326
1.1.2　阅读起始时间/ 327
1.2　儿童图书阅读状况/ 328
1.2.1　图书阅读率与阅读量/ 328
1.2.2　儿童阅读童书的主要来源/ 330

1.2.3　图书拥有量/ 330
1.2.4　儿童阅读兴趣/ 332
1.2.5　儿童喜欢的阅读方式/ 333
1.2.6　儿童不阅读的原因/ 334
1.3　儿童图书购买状况/ 335
1.3.1　购买童书金额/ 335
1.3.2　家长购买童书的主要渠道/ 336
1.3.3　家长选择购买童书渠道的影响因素/ 337
1.3.4　购书距离/ 337
1.3.5　家长获取儿童读物信息的主要途径/ 339
1.3.6　影响家长为孩子购买童书的主要因素/ 339
1.3.7　家长购买童书的不便之处/ 340
1.3.8　家长对童书价格的承受力/ 341
1.3.9　家长对儿童类图书的评价/ 342
1.3.10　家长网上购买儿童出版物行为分析/ 344
1.3.11　家长对原创与引进版出版物的选择情况/ 347
1.3.12　儿童书店知名度和市场渗透率/ 347
1.4　儿童与家长互动阅读情况/ 348
1.4.1　家长引导儿童阅读的目的/ 348
1.4.2　家长对儿童阅读的陪护状况/ 349
1.4.3　家长带孩子逛书店的频率/ 350
1.4.4　家长引导儿童接触的童书种类/ 351
1.4.5　家长认为适合儿童阅读的形式/ 352
1.5　儿童及家长最喜爱的十本儿童图书/ 353
1.6　家长最喜爱的出版社与出版社的知名度、市场渗透率/ 353
1.6.1　家长最喜爱的出版社/ 353
1.6.2　出版社知名度与市场渗透率/ 354

第二章　0—8 周岁儿童期刊阅读与购买状况

2.1　儿童期刊阅读率与阅读量/ 356
2.2　家长对儿童期刊的价格评价/ 358
2.3　家长对儿童期刊的价格承受力/ 358
2.4　儿童及家长最喜爱的期刊/ 359
2.5　儿童类报刊知名度与市场渗透率/ 360

第三章　0—8 周岁儿童家长音像电子出版物购买状况

3.1　儿童音像电子出版物的购买渠道/ 362
3.2　家长对儿童类音像电子出版物价格的评价/ 363
3.3　家长对儿童类音像电子出版物的价格承受力/ 363

第四章　0—8 周岁儿童家长版权认知状况

4.1　家长购买盗版儿童出版物的情况/ 365
4.2　家长购买盗版儿童出版物的类别/ 365
4.3　家长购买盗版儿童出版物的驱动因素/ 366

导 言

由中国新闻出版研究院组织实施的全国国民阅读调查项目，到目前为止已经持续开展了十一次。第十一次全国国民阅读调查从2013年9月开始全面启动，2013年9月至11月开展样本城市抽样工作，2013年12月至2014年1月在全国范围内开展入户问卷调查执行工作，2014年2月至3月开展问卷复核、数据录入和数据处理工作。目前，正在进行初步成果分析和发布筹备工作。

调查严格遵循“同口径、可比性”原则，继续沿用四套问卷进行调查。对未成年人的三个年龄段（0—8周岁、9—13周岁、14—17周岁）分别采用三套不同的问卷进行访问。与以往不同的是，本次调查对成年人群的调研放开了年龄上限70周岁的限制①。

受当地政府委托本次调查搭载了湖北省和江苏省所有地、市（州）的调研，因此执行样本城市为74个，覆盖了我国28个省（自治区）、直辖市。本次调查的有效样本量也比往年增加了一倍，为40600个②，其中成年人样本为29782个，18周岁以下未成年人样本为10818个，未成年样本占到总样本量的26.6%；有效采集城镇样

① 课题组注：本次调查只对搭载样本放开了70周岁的限制，因此，本报告中涉及到的70周岁以上的数据仅代表搭载地区该年龄群体的阅读情况。

② 课题组注：各省搭载的样本对全国样本的加权并无影响。

本 29531 个，农村样本 11069 个，农村样本比例为 27.3%。

样本回收后，我们根据第六次全国人口普查公报的数据对样本进行加权，并运用 SPSS 社会学统计软件进行分析。本次调查可推及我国人口 12.20 亿，其中城镇居民占 51.4%，农村居民占 48.6%。

一、主要发现

1.1 各媒介阅读率

2013 年我国成年国民图书阅读率为 57.8%，较 2012 年的 54.9%上升了 2.9 个百分点；报纸阅读率为 52.7%，较 2012 年的 58.2%下降了 5.5 个百分点；期刊阅读率为 38.3%，较 2012 年的 45.2%下降了 6.9 个百分点；受数字媒介迅猛发展的影响，数字化阅读方式（网络在线阅读、手机阅读、电子阅读器阅读、光盘阅读、PDA/MP4/MP5 阅读等）的接触率为 50.1%，较 2012 年的 40.3%上升了 9.8 个百分点。

综合以上各媒介，2013 年我国成年国民包括书报刊和数字出版物在内的各种媒介的综合阅读率为 76.7%，较 2012 年的 76.3%上升了 0.4 个百分点。

进一步对各类数字化阅读载体的接触情况进行分析发现，2013 年我国成年国民的网络在线阅读、手机阅读和电子阅读器阅读均有所上升，光盘阅读和 PDA/MP4/MP5 阅读接触率略有下降。具体来看，2013 年有 44.4%的成年国民进行过网络在线阅读，较 2012 年的 32.6%上升了 11.8 个百分点；41.9%的国民进行过手机阅读，较 2012 年的 31.2%上升了 10.7 个百分点；5.8%的国民在电子阅读器上阅读，较 2012 年的 4.6%上升了 1.2 个百分点；0.9%的国民用光盘阅读，比 2012 年的 1.6%下降了 0.7 个百分点；有 2.2%的国民使用 PDA/MP4/MP5 等进行数字化阅读，比 2012 年的 2.6%下降了 0.4 个百分点。

对电子书报刊的阅读情况考察发现，2013 年我国成年国民电子书阅读率为 19.2%，较 2012 年的 17.0%上升了 2.2 个百分点；电子报的阅读率为 8.5%，较 2012 年的 7.4%上升了 1.1 个百分点；电子期刊的阅读率为 5.0%，较 2012 年的 5.6%下降了 0.6 个百分点。

1.2 各媒介阅读量

从国民对各类出版物阅读量的考察看，2013 年我国成年国民人均纸质图书的阅读量为 4.77 本，与 2012 年的 4.39 本相比，增加了 0.38 本。人均阅读报纸和期刊分别为 70.85 期（份）和 5.51 期（份）。与 2012 年相比，报纸和期刊的阅读量均有不同程度的下降。其中，人均报纸阅读量较 2012 年的 77.20 期（份）下降了 6.35 期（份），期刊的人均阅读量比 2012 年的 6.56 期（份）下降了 1.05 期（份）。

2013 年我国成年国民人均阅读电子书 2.48 本，比 2012 年的 2.35 本增加了 0.13 本。此外，成年国民人均纸质图书和电子书合计阅读量为 7.25 本，比 2012 年纸质图书和电子书合计阅读量 6.74 本上升了 0.51 本。

1.3 各媒介阅读时长

与 2012 年相比，传统纸质媒介中，2013 年我国成年国民对图书、报纸和期刊的接触时长均有不同程度的减少；新兴媒介中，上网时长和手机阅读的接触时长呈增长趋势，电子阅读器接触时长略有下降。

在传统纸质媒介中，我国成年国民人均每天读报时间最长，为15.50分钟，但是比2012年的18.91分钟减少了3.41分钟；人均每天读书时长为13.43分钟，比2012年的15.38分钟减少了1.95分钟；人均每天阅读期刊时长为10.05分钟，比2012年的13.19分钟减少了3.14分钟。

从新兴媒介来看，人均每天上网时间最长。我国成年国民人均每天上网时长为50.78分钟，比2012年的46.77分钟增加了4.01分钟；人均每天手机阅读时长为21.70分钟，比2012年的16.52分钟增加了5.18分钟；人均每天电子阅读器阅读时长为2.26分钟，比2012年的2.94分钟减少了0.68分钟。

1.4 上网率与上网从事的主要活动

2013年，我国成年国民上网率为59.2%，比2012年的55.6%增加了3.6个百分点。具体来看，有超过半数（54.2%）的国民通过电脑上网，有42.7%的国民通过手机上网。其中，通过手机上网的比例增幅明显，与2012年的29.2%相比，增长了13.5个百分点。

在我国成年网民上网从事的活动中，信息获取功能受到越来越多网民的重视。其中，有74.2%的网民将“阅读新闻”作为主要网上活动之一，有45.0%的网民将“查询各类信息”作为主要网上活动之一。同时，互联网的娱乐功能仍然占据很重要的位置，有70.3%的网民将“网上聊天/交友”作为主要网上活动之一，有52.4%的网民将“在线听歌/下载歌曲和电影”作为主要网上活动之一，有46.8%的网民将“看视频”作为主要网上活动之一，还有37.0%的网民将“网络游戏”作为主要网上活动之一，有17.6%的网民将“阅读网络书籍、报刊”作为主要网上活动之一。

1.5　各类出版物的价格承受能力与花费

对于一本 200 页左右的文学类简装书的价格，有 26.3%的国民能够接受 8—12 元的价格，有 27.4%的国民能够接受 12—20 元的价格；19.4%的人能够接受 8 元以下，17.3%的人能够接受 20 元以上，另有 9.5%的国民认为只要喜欢多贵都买。我国国民能够接受一本 200 页左右的文学类简装书的平均价格为 13.68 元，比 2012 年的 13.67 元增加了 0.01 元。

对期刊价格的承受能力分析发现，我国成年国民平均可接受一本期刊的价格为 6.80 元，比 2012 年的 6.76 元增加了 0.04 元。

在接触过数字化阅读方式的国民中，有 38.7%的国民表示能够接受付费下载阅读，这一比例比 2012 年的 40.1%下降了 1.4 个百分点。受智能手机、各类移动阅读终端普及、各类阅读内容免费推送等的影响，数字化阅读接触者总体能够接受一本电子书的平均价格为 1.28 元，价格接受程度比 2012 年的 3.27 元有较大幅度下降。

手机阅读群体中 41.8%的人能够接受付费阅读，而有 58.2%的人只看免费的手机读物。手机阅读群体在 2013 年全年人均花费在手机阅读上的费用为 21.43 元，较 2012 年的 23.31 元有所下降。

1.6　成年国民倾向的阅读方式

从数字化阅读方式的人群分布特征来看，我国成年数字化阅读方式接触者中，18—29 周岁人群占 45.1%，30—39 周岁人群占 29.1%，40—49 周岁人群占 18.4%，50 周岁及以上人群占 7.4%。可见，我国成年数字化阅读接触者中 92.6%是 18—49 周岁人群。

对我国国民倾向的阅读形式的研究发现，66.0%的成年国民更倾向于“拿一本纸质图书阅读”，有 15.0%的国民更倾向于“网络在线阅读”，有15.6%的国民倾向于“手机阅读”，有2.4%的国民倾向于“在电子阅读器上阅读”，1.0%的国民“习惯从网上下载并打印下来阅读”。

另外，有7.1%的数字阅读接触者表示，在阅读过某一电子书后，还会购买该书的纸质版本，较2012年的9.4%下降了2.3个百分点。

1.7 个人阅读数量与阅读内容自我评价

在2013年我国成年国民对个人阅读数量的评价中，只有1.2%的国民认为自己的阅读数量很多，8.4%的国民认为自己的阅读数量比较多，有37.6%的国民认为自己的阅读数量一般，52.8%的国民认为自己的阅读数量很少或比较少。

从国民对个人纸质阅读内容和数字阅读内容的阅读量变化情况的反馈来看，有7.2%的国民表示2013年“增加了纸质内容的阅读”，但有13.8%的国民表示2013年“减少了纸质内容的阅读”；有4.9%的国民表示2013年“减少了数字内容的阅读”，但有8.0%的国民表示2013年“增加了数字内容的阅读”。

对于个人总体阅读情况，有21.0%的国民表示满意（非常满意或比较满意），比2012年的19.1%有所上升；有23.5%的国民表示不满意（比较不满意或非常不满意），比2012年的22.8%有所上升；另有55.5%的国民表示一般，这一比例较2012年（58.1%）略有下降。

1.8 国民对阅读活动的期望

我国国民对当地举办全民阅读活动的呼声较高，而农村居民的期望程度要高于城镇居民。2013年有66.3%的成年国民认为有关部门应当举办读书活动或读书节，其中，城市居民认为当地有关部门应该举办阅读活动的比例为 64.8%，农村居民中这一比例高达 68.0%。

1.9 0—17 周岁未成年人图书阅读率与阅读量

从未成年人的阅读率来看，2013 年 0—8 周岁儿童图书阅读率为 66.0%，较 2012 年的 64.5%提高了 1.5 个百分点；9—13 周岁少年儿童图书阅读率为 93.5%，较 2012 年的 96.5%下降了 3.0 个百分点；14—17 周岁青少年图书阅读率为 79.1%，较 2012 年的 80.5%下降了 1.4 个百分点。综合考察来看，0—17 周岁未成年人图书阅读率为 76.1%，比 2012 年的 77.0%下降了 0.9 个百分点。

对未成年人图书阅读量的分析发现，2013 年未成年人群的图书阅读量均有不同程度的提高。其中，我国 14—17 周岁未成年人课外图书的阅读量最大，为 8.97 本，比 2012 年的 7.96 本提高了 1.01 本；9—13 周岁未成年人人均课外图书阅读量为 8.26 本，比 2012 年的 6.04 本提高了 2.22 本；0—8 周岁儿童人均图书阅读量为 5.25 本，比 2012 年的 3.85 本提高了 1.40 本。综合三个年龄段的数据进行分析，未成年人的人均图书阅读量为 6.97 本。

1.10 亲子共读行为

通过对亲子早期阅读行为的分析发现，2013 年我国 0—8 周岁有阅读行为的儿童家庭中，平时有陪孩子读书习惯的家庭占到 86.5%，较 2012 年的 87.5%降低了 1.0 个百分点；在这些家庭中，家长平均每天花费 23.87 分钟陪孩子读书，比 2012 年的 26.67 分钟减少了 2.80 分钟。

此外，2013 年我国 0—8 周岁儿童的家长平均每年带孩子逛书店3.40次，比2012年的3.75次略有降低。近四成（37.4%）的0—8周岁儿童家长半年内至少会带孩子逛一次书店，其中近三成（28.2%）的家长会在1—3个月内带孩子逛一次书店。

二、抽样设计

2.1 调查目的

“全国国民阅读调查”项目是经国家新闻出版广电总局批准，由中国新闻出版研究院组织实施的一项大规模、连续性的基础性调查工程。

此项目于每年年底在全国范围内开展入户抽样调查，该调查旨在全面了解我国国民的阅读与购买兴趣、偏好、方式、需求、行为等基本状况，分析、总结国民阅读与购买图书、报纸、期刊、音像制品、电子出版物、数字化阅读方式等的变化规律和发展趋势，从而为推动国家及地方开展全民阅读工作奠定基础。

2.2 执行城市

2.2.1 31个自代表城市

31个自代表城市：4个直辖市，除港澳台地区及新疆、海南、西藏以外的24个省会城市，阅读活动持续开展的3个城市：苏州、厦门、深圳。

2.2.2 17个非自代表城市

本次调查涉及到的17个非自代表城市，具体如表1所示：

表 1　第十一次全国国民阅读调查非自代表城市抽样

	省份	城市
东部	河北省	张家口市
	辽宁省	辽阳市
	江苏省	淮安市
	浙江省	温州市
	山东省	青岛市
	广东省	阳江市
西部	山西省	晋中市
	黑龙江省	大庆市
	安徽省	阜阳市
	江西省	鹰潭市
	河南省	三门峡市
	湖北省	孝感市
	湖南省	张家界市
中部	广西壮族自治区	钦州市
	四川省	内江市
	甘肃省	武威市
	云南省	丽江市

2.2.3　样本量

本次调查设计样本量共计 40600 个[①]，其中，农业样本 11069 个，非农业样本 29531 个。具体分布如表 2 所示：

表 2　第十一次全国国民阅读调查样本量分布

	省/直辖市	城市	总样本	非农样本	农业样本
东部	北京	北京	600	500	100
	天津	天津	400	300	100
	河北	石家庄	400	300	100
		张家口	300	200	100
	辽宁	沈阳	400	300	100
		辽阳	300	200	100
	上海	上海	600	500	100
	江苏	南京	400	300	100
		苏州	400	300	100
		淮安	300	200	100
	浙江	杭州	400	300	100
		温州	300	200	100

① 课题组注：湖北省和江苏省搭载样本的分布情况不在此显示。

续前表

	省/直辖市	城市	总样本	非农样本	农业样本
东部	福建	福州	400	300	100
		厦门	400	300	100
	山东	济南	400	300	100
		青岛	300	200	100
	广东	广州	600	500	100
		深圳	400	400	0
		阳江	300	200	100
	小计		7600	5800	1800
中部	山西	太原	400	300	100
		晋中	300	200	100
	内蒙古	呼和浩特	400	300	100
	吉林	长春	400	300	100
	黑龙江	哈尔滨	400	300	100
		大庆	300	200	100
	安徽	合肥	400	300	100
		阜阳	300	200	100
	江西	南昌	400	300	100
		鹰潭	300	200	100
	河南	郑州	400	300	100
		三门峡	300	200	100
	湖北	武汉	400	300	100
		孝感	300	200	100
	湖南	长沙	400	300	100
		张家界	300	200	100
	小计		5700	4100	1600
西部	广西	南宁	400	300	100
		钦州	300	200	100
	重庆	重庆	600	500	100
	四川	成都	400	300	100
		内江	300	200	100
	贵州	贵阳	400	300	100
	云南	昆明	400	300	100
		丽江	300	200	100
	陕西	西安	400	300	100
	甘肃	兰州	400	300	100
		武威	300	200	100
	青海	西宁	400	300	100
	宁夏	银川	400	300	100
	小计		5000	3700	1300

2.3 抽样原则

第十一次全国国民阅读调查采用抽样和入户访问分步执行的方式。前期抽样工作完成后，入户阶段访问员将依照入户登记表中所列户址信息进行调查。现将抽样工作的具体步骤说明如下。

本方案采用分层的五阶段不等概率抽样，各阶段的抽样单位为：

第一阶段：以人口数在50万以上的地级及以上城市为一级抽样单位。

第二阶段：以区（市辖区），县（市辖县）为二级抽样单位。

第三阶段：城镇样本以地图块为三级抽样单位，农村样本以乡镇以下行政村为三级抽样单位。

第四阶段：以家庭户为四级抽样单位。

第五阶段：以个人为最终样本（以KISH表[①]随机选取的家庭成员为最终样本）。

2.4 二级抽样单元的选取

对城区的抽样采用随机抽样，对郊区和郊县的抽样依据"就近原则"，抽取距离市中心最近的郊区或郊县。

对样本量为600的城市抽取4个主城区，1个郊区，1个县（县级市）。

对样本量为400的城市抽取2个城区，1个郊区，1个县（县级市）。

---

① KISH表是美国著名抽样专家KISH创立的一种在确定了户之后，如何选择户内家庭成员的方法，它的原理与随机数表一致。

对样本量为300的城市，抽取1个主城区，1个郊区，1个县。

深圳只执行城市样本，抽取4个城区。

2.5 城镇样本的选取

对城镇样本采用地图块抽样，具体步骤如下。

划分地图块：对每个城市抽取出来的区县，在地图上按比例划好面积大致相同的若干方块。方块不宜太大，尽量控制在每个抽样员能在两个小时内走完。

对地图块进行编号：将划分好的地图块进行编号，编号原则是：从左向右，从下向上依次编号。对于每个地图块，需要标出组成地图块边界的具体路名。

对地图块进行随机抽样。

抽取出的地图块分配到每个抽样员。抽样员记录下每个地块中所有住宅区的门牌地址信息，由课题组统一录入到抽样地址数据库中。

通过课题组研发的门牌地址抽样系统对地址库中的地址进行随机抽样，并生成入户登记表，访问员按照入户登记表提供的地址信息接触家庭户。

入户之后采用KISH表抽取最终参加访问的家庭成员。

2.6 农村样本的选取

农村样本以行政村为抽样单元，在抽中的行政村中抽取样本户，具体抽样方法如下。

在选取的每一个县级单位内，列出所辖的所有乡镇名称。

依据“就近原则”，选取离县中心最近的2个乡镇。

依据“就近原则”，在每一抽取出的乡镇中，选取离乡镇中心最近的5个行政村。在抽中的行政村中，以进村的第一户为起点，进行等距抽样，抽取需要访问的家庭户。入户之后采用 KISH 表抽取最终访问到的家庭成员。

2.7 统计推断

本次研究采用的抽样方法为多阶段分层不等概率抽样。由于是全国性大样本的调查，在各个阶段中使用了多种复杂抽样方法的组合，包括 PPS 抽样①、简单随机抽样、等距抽样、KISH 表抽样、典型抽样等。

由于抽样阶段很多，每个层次涉及到的抽样方法各不相同，在进行最终统计推断时非常复杂。为了简化参数估计的计算，对总体的推断有更加清晰的了解，我们将复杂的抽样过程简化为两个阶段：初级抽样单元（PSU），即抽取到的城市；二级抽样单元（SSU），即抽取到的最终样本——个人。

根据方差分析原理，对总体进行分层后，总体方差可以分解为两部分，一部分是层间方差，一部分是层内方差。初级抽样单元 PSU 之间的方差为层间方差；二级抽样单元 SSU 之间的方差为层内方差。两个层的方差估计过程如下：

第一阶段，城市的抽取，采用的是 PPS 抽样。PPS 抽样的估计，可直接应用汉森—赫维茨（Hansen-Hurwitz）估计量的公式进行计算。具体计算过程如下：

记 Y_{ij} 为总体的第 i 个群中第 j 个次级单元的观测值（$i=1, 2, \cdots, N$；$j=1, 2, \cdots, M_i$），其中 M_i 是群的大小。y_{ij} 为样本中第 i 个群中第 j 个次级单元的观测值（$i=1, 2, \cdots, n$；$j=1, 2, \cdots, m_i$）其中 m_i 是群的大小。

总体总量 Y 的估计量为 $\hat{Y}$。

① PPS 为 Sampling with probability proportional to size 的缩写，即不等概率抽样。

$$\hat{Y}=\frac{1}{n}\sum_{i=1}^{n}\frac{y_i}{Z_i}$$

总体总量估计量 $\hat{Y}$ 的方差估计量 $V(\hat{Y})$ 。

$$V(\hat{Y})=\frac{1}{n}\sum_{i=1}^{N}Z_i\left(\frac{Y_i}{Z_i}-Y\right)^2 \tag{1}$$

其中 $Y_i=\sum_{i=1}^{M_i}Y_{ij}$ ，$y_i=\sum_{i=1}^{m_i}y_{ij}$ ，$Z_i=\frac{M_i}{M_o}$(M_i 是分层抽样中群的大小,M_o 是总体中所有群大小之和)。

第二阶段，从抽到的城市中抽取访问的个体。这个过程分成了多个阶段，地图块的抽取采用简单随机抽样，从地图块抽取户采用等距抽样，从户中抽取最终访问的样本采用 KISH 表抽样。在这一阶段中虽然采用了多种抽样方法的结合，但这几种方法组合的抽样原理基本可以认为与分层随机抽样一致。因此在这一阶段，我们采用分层随机抽样的统计推断方法来对总体进行估计。

在抽中的 PSU 所含的全部 M_i 个 SSU 中抽取 m_i 个，总体方差的估计公式为

$$V(\hat{Y})=\frac{1}{n}\sum_{i=1}^{N}\frac{M_i^2(1-f_i)S_i^2}{m_iZ_i} \tag{2}$$

其中 S_i^2 为第 i 个 PSU 中的 SSU 之间的方差。$f_i=\frac{n_i}{N_i}$

非自代表城市样本，是通过以上两阶段抽取，在统计推断时其总体方差估计＝公式（1）＋公式（2）。

自代表城市样本，没有经过抽取城市的第一阶段，因此在统计推断时其总体方差仅来自于层内差，即公式（2）。

农业人口样本，在抽取县和行政村时采用了就近抽样的典型抽样方法，这种方法的变异量要高于随机抽样，因此在估计农业人口样本的总体方差时需要适当扩大公式（2）的值。

三、最终样本结构

本次调查最终录入数据库的有效问卷为 40600 份[①]。其中成年人样本 29782 个，18 周岁以下未成年人样本为 10818 个，未成年样本占到总样本的 26.6%；有效采集城镇样本为 29531 个，农村样本为 11069 个，农村样本比例为 27.3%。

经过样本加权，本次全部有效样本量可推及全国 12.20 亿，其中城镇居民占 51.4%，农村居民占 48.6%。各年龄段样本分布情况如表 3 所示。

表 3　各年龄段样本分布结构

类别	人口特征	0—8 周岁	9—13 周岁	14—17 周岁	18 周岁及以上
样本量	—	4980	2958	2880	29782
性别	男	54.0%	53.0%	50.4%	46.6%
	女	46.0%	47.0%	49.6%	53.4%
城乡	城镇	72.4%	75.0%	76.4%	72.2%
	农村	27.6%	25.0%	23.6%	27.8%
加权后推及人口	—	126176248	62808297	67549786	963369031

① 课题组注：含湖北省和江苏省搭载的样本，不影响全国样本的加权。

第一篇

成年国民部分

第一章
成年国民媒介接触及消费状况

1.1 媒介接触状况

1.1.1 媒介接触率

调查数据显示，对于我国成年国民而言，电视近几年一直是所有媒介中受众规模最大的媒介。2013年，我国成年国民的电视接触率为95.5%，其次为互联网接触率（54.6%）。

在书报刊这三类主要的传统纸质媒介中，报纸接触率最高，为44.1%，排在首位；期刊接触率为30.3%，图书接触率为29.1%。值得注意的是，手机阅读接触率高达38.6%，超过图书接触率9.5个百分点。不同人口特征群体之间的媒介接触率存在一定差异。

从城乡对比角度来看，城镇居民的互联网、报纸、期刊、手机阅读、图书等媒介的接触率要高于农村居民。城镇居民的互联网接触率为69.4%，较农村居民（38.1%）高出31.3个百分点。城镇居民的报纸接触率为58.0%，较农村居民（28.6%）高出29.4个百分点。城镇居民的期刊接触率为37.2%，较农村居民（22.6%）高出14.6个百分点。城镇居民的手机阅读接触率为46.3%，较农村居民（30.1%）高出16.2个百分点。城镇居民的图书接触率为

33.9%，较农村居民（23.7%）高出10.2个百分点。而农村居民的音像出版物接触率、电视接触率要高于城镇居民。农村居民的音像出版物接触率为10.9%，较城镇居民（9.4%）高出1.5个百分点。农村居民的电视接触率为96.9%，较城镇居民（94.2%）高出2.7个百分点。

从性别来看，男性居民的报纸、互联网、手机阅读、图书和广播等媒介的接触率要高于女性居民。男性居民的报纸接触率为50.5%，较女性居民（37.5%）高出13.0个百分点。男性居民的互联网接触率为60.2%，较女性居民（48.8%）高出11.4个百分点。男性居民的手机阅读接触率为43.6%，较女性居民（33.5%）高出10.1个百分点。男性居民的图书接触率为31.5%，较女性居民（26.5%）高出5.0个百分点。男性居民的广播接触率为24.0%，较女性居民（16.5%）高出7.5个百分点。而女性居民的电视、期刊等媒介接触率要高于男性居民。女性居民的电视接触率为96.3%，高于男性居民（94.7%）；女性居民的期刊接触率为30.7%，高于男性居民（29.9%）

各媒介接触率情况如表1-1-1所示。

表1-1-1　媒介接触率

媒介类型	平均接触率	城乡		性别	
		城镇	农村	男	女
电视	95.5%	94.2%	96.9%	94.7%	96.3%
互联网	54.6%	69.4%	38.1%	60.2%	48.8%
报纸	44.1%	58.0%	28.6%	50.5%	37.5%
期刊	30.3%	37.2%	22.6%	29.9%	30.7%
图书	29.1%	33.9%	23.7%	31.5%	26.5%
手机阅读	38.6%	46.3%	30.1%	43.6%	33.5%
广播	20.3%	22.0%	18.5%	24.0%	16.5%
音像出版物（CD/VCD/DVD/录音带等）	10.1%	9.4%	10.9%	10.5%	9.7%
MP3/MP4/MP5	9.0%	9.6%	8.3%	8.9%	9.2%
电子阅读器（电子书、电纸书等设备）	4.9%	6.0%	3.7%	5.4%	4.4%

根据以上各类媒介的媒介属性，下面分别对平面媒介、电波媒介、互联网等媒介的历年接触情况作具体分析。

1.1.1.1　平面媒介接触状况及变化

如图 1-1-1 所示，对于我国成年国民而言，在平面媒介中，报纸接触率自 2003 年至 2013 年始终高于图书和期刊的接触率。同时，期刊接触率自 2003 年至 2012 年基本上保持着比较稳定的状态，2013 年开始有明显的下降。而图书接触率自 2007 年降至最低值后，开始呈曲折回升态势。

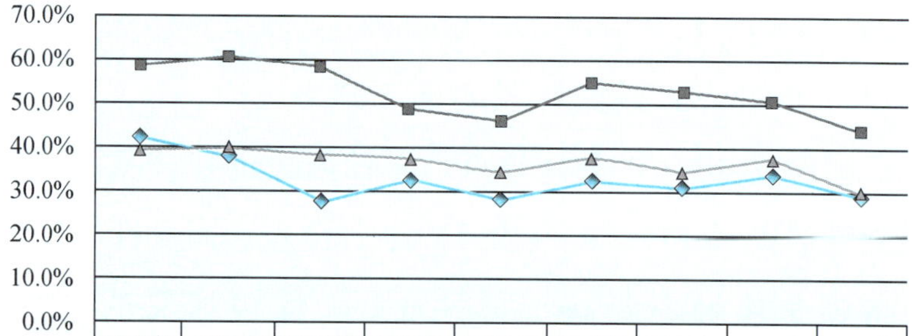

	2003年	2005年	2007年	2008年	2009年	2010年	2011年	2012年	2013年
图书接触率	42.1%	37.8%	27.7%	32.6%	28.3%	32.2%	31.3%	33.8%	29.1%
报纸接触率	58.6%	60.6%	58.3%	48.4%	45.8%	55.2%	53.0%	50.7%	44.1%
期刊接触率	39.4%	39.7%	38.4%	37.5%	34.6%	38.1%	34.4%	37.8%	30.3%

图 1-1-1　平面媒介接触状况及变化

1.1.1.2　电波媒介接触状况及变化

如图 1-1-2 所示，对于我国成年国民而言，电视接触率自 2003 年至 2013 年一直保持较高水平。而广播接触率则一直不高，并呈下降趋势。

1.1.1.3　互联网接触状况及变化

如图 1-1-3 所示，对于我国成年国民而言，2013 年互联网接触率继续上升，且达到十年来最高值。从 2003 年至 2013 年历年情况来看，我国成年国民互联网接触率大体呈上升趋势。

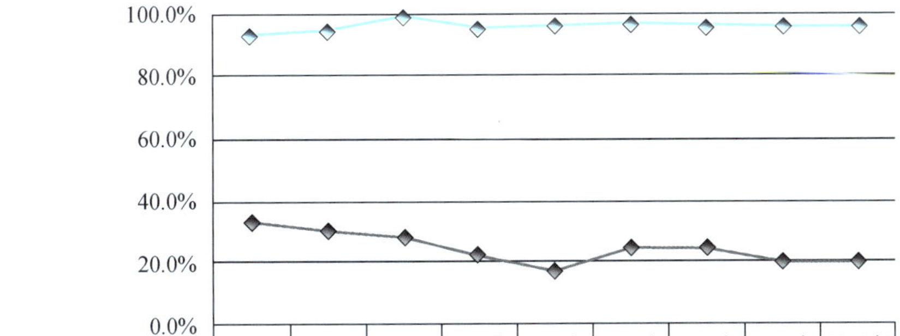

	2003年	2005年	2007年	2008年	2009年	2010年	2011年	2012年	2013年
电视接触率	93.1%	94.6%	98.8%	95.0%	96.2%	96.6%	95.6%	95.7%	95.5%
广播接触率	32.3%	29.3%	26.8%	21.3%	15.7%	23.5%	23.3%	19.9%	20.3%

图 1-1-2　电波媒介接触状况及变化

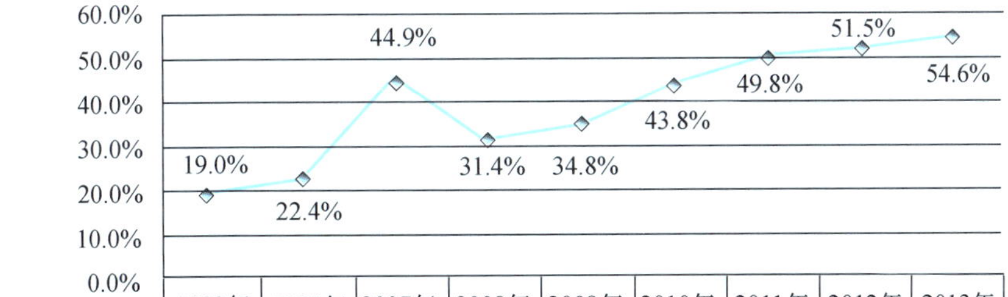

	2003年	2005年	2007年	2008年	2009年	2010年	2011年	2012年	2013年
互联网	19.0%	22.4%	44.9%	31.4%	34.8%	43.8%	49.8%	51.5%	54.6%

图 1-1-3　互联网接触状况及变化

1.1.2　媒介接触时长及变化

与 2012 年相比，传统纸质媒介中，图书、报纸、期刊的接触时长均有不同程度的下降；传统电波媒介中，电视的接触时长有所下降，广播的接触时长呈增长趋势；新兴媒介中，上网时长和手机阅读的接触时长均呈增长趋势，电子阅读器接触时长有所下降。

在传统纸质书报刊媒介中，2013 年我国成年国民人均每天看报纸时间最长，为 15.50 分钟，比 2012 年的 18.91 分钟减少了 3.41 分钟；人均每天读书时长为 13.43 分钟，比 2012 年的 15.38 分钟减少了 1.95 分钟；人均每天阅读期刊时长为 10.05 分钟，比 2012 年的 13.19 分钟减少了 3.14 分钟。

在传统电波媒介中，人均每天看电视时长为 97.23 分钟，比 2012 年的 98.85 分钟减少了 1.62 分钟；人均每天听广播的时长为 8.98 分钟，比 2012 年的 8.48 分钟增加了 0.50 分钟。

从新兴媒介来看，人均每天互联网接触时间最长。我国成年国民人均每天上网时长为 50.78 分钟，比 2012 年的 46.77 分钟增加了 4.01 分钟；人均每天手机阅读时长为 21.70 分钟，比 2012 年的 16.52 分钟增加了 5.18 分钟；人均每天电子阅读器阅读时长为 2.26 分钟，比 2012 年的 2.94 分钟减少了 0.68 分钟。

具体情况如表 1-1-2 所示。

表 1-1-2　各媒介平均每天的成年人接触时长（分钟）

媒介类型	2013 年	2012 年	2011 年
电视	97.23	98.85	95.41
互联网	50.78	46.77	47.53
报纸	15.50	18.91	22.00
手机阅读（小说/新闻）	21.70	16.52	13.53
图书	13.43	15.38	14.85
期刊	10.05	13.19	11.80
广播	8.98	8.48	11.24
音像出版物（CD/VCD/DVD/录音带等）	5.96	5.96	6.69
MP3/MP4/MP5	5.11	5.11	6.86
电子阅读器（电子书/电纸书）	2.26	2.94	3.11

1.1.3　媒介接触种类

为研究我国成年国民的媒介接触种类，我们定义：如果一个被访者过去一年只接触了一种媒介，则计数为 1；接触了两种媒介，则计数为 2；以此类推，接触了 N 种媒介，则计数为 N。

据此计算，我国成年国民的媒介接触种类为 3.34 种。同时，不同人口特征人群的接触媒介种类数量存在一定差异。

从性别来看，男性居民的媒介接触种类为 3.57 种，较女性居民媒介接触种类（3.11 种）多出 0.46 种。

从城乡对比上看，城镇居民的媒介接触种类为 3.85 种，较农村居民媒介接触种类（2.79 种）多出 1.06 种。

从年龄分布看，年龄越小的群体，接触的媒介种类越多。18—29 周岁群体接触的媒介种类最多，为 4.30 种；60—70 周岁群体接触的媒介种类最少，为 2.26 种。

从受教育程度看，学历越高的群体，接触的媒介种类越多。博士研究生学历群体接触的媒介种类最多，为 7.32 种；小学及以下学历群体接触的媒介种类最少，为 1.68 种。

从收入水平看，相对而言，收入较高群体接触的媒介种类要多于收入较低群体。月收入在 8000—10000 元的群体接触的媒介种类最多，为 4.84 种。月收入在 500 元以下群体接触的媒介种类最少，仅为 1.95 种。

从职业或身份来看，“学生”“教师”“事业单位干部”“公务员”“企业领导或管理人员”“律师/医护人员/IT 等专业技术人员”群体接触的媒介种类均在 4.5 种以上。这在一定程度上表明，这些群体获取信息和知识的渠道较其他群体更加多样。而“离退休人员”“无业及失业人员”及“农民或农民工”群体的媒介接触种类均不足 3 种，明显少于上述群体。

具体情况如表 1-1-3 所示。

表 1-1-3　不同人口特征群体媒介接触种类

人口特征	类别	媒介接触种类（种）
性别	男	3.57
	女	3.11
城乡	城镇	3.85
	农村	2.79
年龄	18—29 周岁	4.30
	30—39 周岁	3.84
	40—49 周岁	2.92
	50—59 周岁	2.44
	60—69 周岁	2.26
	70 周岁以上	2.40

续前表

人口属性	类别	媒介接触种类（种）
学历	博士研究生	7.32
	硕士研究生	5.67
	本科	5.00
	大专	4.54
	高中	3.99
	初中	2.84
	小学及以下	1.68
收入	无收入	3.13
	500 元以下	1.95
	500—1000 元	2.43
	1000—1500 元	2.83
	1500—2000 元	3.19
	2000—3000 元	3.74
	3000—4000 元	4.15
	4000—5000 元	4.24
	5000—6000 元	3.96
	6000　7000 元	4.23
	7000—8000 元	4.46
	8000—10000 元	4.84
	10000 元及以上	4.70
	拒绝回答	3.74
职业或身份	工人或商业/服务业人员	3.65
	企业领导或管理人员	4.82
	农民或农民工	2.26
	事业单位干部	4.85
	一般职员/文员/秘书	4.28
	公务员	4.82
	军人/武警	4.30
	教师	5.10
	律师/医护人员/IT 等专业技术人员	4.56
	私营或个体劳动者	3.45
	学生	5.17
	离退休人员	2.85
	无业及失业人员	2.80
	自由职业者	3.89
	其他	5.08

1.2 媒介使用目的

对媒介使用目的的调查显示，2013 年我国成年国民更多倾向于利用电视、互联网和报纸来了解各类信息。其中，电视是我国成年国民了解各类信息最主要的渠道，有 86.1%的人表示习惯通过电视“了解国内外新闻时事”，77.0%的人表示习惯通过电视来“了解国内外观点和思潮”，55.6%的人表示习惯通过电视来“了解与工作学习有关的信息”，59.6%的人表示习惯通过电视来“了解生活/消费资讯”，66.8%的人表示习惯通过电视“了解时尚流行趋势”，还有 65.4%的人表示习惯通过电视来进行“休闲娱乐”。

其次，互联网已经超过报纸，成为我国成年国民了解各类信息的常用媒介。有 43.8%的人表示习惯通过网络“了解国内外新闻时事”，41.2%的人表示习惯通过网络来“了解国内外观点和思潮”，40.1%的人表示习惯通过网络来“了解与工作学习有关的信息”，40.9%的人表示习惯通过网络来“了解生活/消费资讯”，40.7%的人表示习惯通过网络“了解时尚流行趋势”，还有 41.5%的人表示习惯通过网络来进行“休闲娱乐”。

再次，在我国成年国民了解各类信息时，报纸依然是经常被使用的媒介。有 29.4%的人表示习惯通过报纸“了解国内外新闻时事”，21.3%的人表示习惯通过报纸来“了解国内外观点和思潮”，16.0%的人表示习惯通过报纸来“了解与工作学习有关的信息”，13.2 %的人表示习惯通过报纸来“了解生活/消费资讯”，17.7%的人表示习惯通过报纸“了解时尚流行趋势”，还有 12.5%的人表示习惯通过报纸来进行“休闲娱乐”。

此外，值得关注的是，手机成为除电视、互联网和报纸以外我国成年国民了解各类信息时经常使用的第四大媒介。有 16.6%的人表示习惯通过手机“了解国内外新闻时事”，14.4%的人表示习惯通过手机来“了解国内外观点和思潮”，12.6%的人表示习惯通过手机来“了解与工作学习有关的信息”，11.8%的人表示习惯通过手机来“了解生活/消费资讯”，13.1%的人表示习惯通过手机“了解时尚流行趋势”，还有15.6%的人表示习惯通过手机来进行“休闲娱乐”。

除了电视、互联网、报纸和手机这四类媒介外，我国成年国民也会通过广播、期刊、图书等媒介了解各类信息。相对来说，习惯通过广播了解“国内外新闻时事”和“国内外观点和思潮”的人较多，选择比例分别为7.8%和6.8%；习惯通过图书获得“与工作学习有关的信息”的人较多，选择比例为5.4%；习惯通过期刊“了解生活/消费资讯”“了解时尚流行趋势”“了解国内外新闻时事”的成年国民较多，选择比例分别为7.8%、6.3%和6.3%。而习惯通过音像出版物、电子出版物、MP3/MP4/MP5、电子阅读器和境外媒体了解各类信息的比例则相对较低。

具体情况如表1-2-1所示。

表1-2-1 了解各类信息借助的媒介

使用目的 / 媒介种类	了解国内外新闻时事	了解国内外观点思潮	了解与工作学习有关的信息	了解生活/消费资讯	了解时尚流行趋势	休闲娱乐
报纸	29.4%	21.3%	16.0%	13.2%	17.7%	12.5%
期刊	6.3%	5.0%	5.0%	7.8%	6.3%	6.1%
电视	86.1%	77.0%	55.6%	59.6%	66.8%	65.4%
广播	7.8%	6.8%	4.9%	4.5%	6.0%	5.2%
图书	2.1%	2.0%	5.4%	1.6%	1.9%	2.1%
互联网	43.8%	41.2%	40.1%	40.9%	40.7%	41.5%
音像出版物	0.1%	0.1%	0.2%	0.2%	0.2%	1.2%
电子出版物	0.1%	0.1%	0.1%	0.1%	0.1%	0.2%
境外媒体	0.2%	0.3%	0.1%	0.1%	0.1%	0.1%
MP3/MP4/MP5	0.1%	0.1%	0.1%	0.1%	0.1%	1.2%
手机	16.6%	14.4%	12.6%	11.8%	13.1%	15.6%
电子阅读器	0.2%	0.2%	0.2%	0.2%	0.2%	0.2%
其他	0.2%	0.1%	0.2%	0.2%	0.2%	0.3%
无	3.0%	8.2%	17.8%	17.2%	11.6%	12.3%

调查数据显示，城乡居民都倾向于选择通过电视了解各类信息。但相对而言，农村居民更多地倾向于利用电视了解各类信息，而利用其他媒介了解各类信息的比例大体上低于城镇居民。

从城乡对比来看，城镇居民和农村居民在了解各类信息时，所选取的媒介渠道存在一定差异。虽然城镇居民和农村居民都倾向于选择通过电视、互联网、报纸、手机等媒介了解各类信息，但农村居民选择通过广播来获得各类信息的比例略高于城镇居民，通过电视来获取各类信息的比例基本持平，而城镇居民中选择通过互联网、手机、报纸等媒介获取各类信息的比例要高于农村居民。

具体情况如表 1-2-2 所示。

表 1-2-2　城乡居民了解各类信息时借助的媒介

	国内外新闻时事		国内外观点和思潮		与学习/工作有关的信息		生活/消费资讯		时尚流行趋势		休闲娱乐信息	
	城镇	农村	城镇	农村	城镇	农村	城镇	农村	城镇	农村	城镇	农村
报纸	40.6%	16.8%	29.9%	11.6%	22.4%	8.9%	19.3%	6.5%	24.4%	10.3%	17.9%	6.5%
期刊	8.6%	3.9%	6.8%	2.9%	6.7%	3.1%	9.9%	5.5%	8.5%	3.9%	7.7%	4.2%
电视	83.1%	89.4%	76.5%	77.6%	54.7%	56.5%	59.5%	59.7%	66.9%	66.6%	62.8%	68.3%
广播	7.5%	8.1%	6.5%	7.0%	4.3%	5.7%	4.2%	4.8%	5.6%	6.4%	5.0%	5.5%
图书	2.5%	1.7%	2.8%	1.1%	7.1%	3.6%	1.8%	1.4%	2.1%	1.6%	2.5%	1.5%
互联网	57.4%	28.8%	54.9%	25.9%	54.2%	24.4%	54.0%	26.3%	54.2%	25.7%	55.0%	26.4%
音像出版物	0.1%	0.1%	0.1%	0.1%	0.2%	0.1%	0.2%	0.2%	0.2%	0.3%	0.8%	1.6%
电子出版物	0.1%	0.1%	0.1%	0.1%	0.2%	0.1%	0.1%	0.0%	0.1%	0.0%	0.2%	0.2%
境外媒体	0.2%	0.3%	0.3%	0.3%	0.1%	0.0%	0.1%	0.0%	0.2%	0.1%	0.2%	0.1%
MP3/MP4/MP5	0.0%	0.1%	0.0%	0.1%	0.1%	0.1%	0.1%	0.2%	0.0%	0.2%	0.9%	1.4%
手机	18.9%	14.1%	17.1%	11.3%	16.1%	8.9%	15.4%	7.8%	16.4%	9.4%	19.4%	11.3%
电子阅读器	0.2%	0.1%	0.2%	0.2%	0.3%	0.1%	0.3%	0.1%	0.3%	0.1%	0.4%	0.1%
其他	0.0%	0.5%	0.0%	0.1%	0.2%	0.3%	0.2%	0.3%	0.2%	0.1%	0.3%	0.3%
无	1.2%	5.0%	3.8%	13.1%	10.5%	25.9%	10.0%	25.2%	5.9%	17.9%	7.7%	17.4%

1.3　各种阅读载体的使用场所

调查数据显示，“家中”“学校或单位”这些与个人生活、学习或工作联系密切的地方，是我国成年国民最为经常使用的阅读场所。

具体来看，87.3%的成年人通常在家中阅读图书，79.1%的成年人通常在家中阅读期刊，73.4%的成年人通常在家中阅读报纸，94.2%的成年人通常会在家进行网络在线阅读，有88.7%的人通常会在家中进行手机阅读，70.2%的成年人通常在家进行“MP3/MP4/MP5”阅读，77.9%的成年人通常会在家使用电子阅读器阅读。

此外，38.2%的成年人通常在学校或单位阅读报纸，32.8%的成年人通常在学校或单位进行手机阅读，有32.8%的成年人通常在学校或单位进行网上阅读，24.9%的成年人通常在学校或单位阅读图书，通常在学校或单位阅读期刊、进行电子阅读器阅读和MP3/MP4/MP5阅读的比例分别为30.9%、25.5%和18.8%。

由于手机具备携带方便的优点，因此，除了“家中”“学校或单位”外，也有一些成年国民在乘坐交通工具时使用这些阅读载体进行阅读，有29.5%的成年人通常会在乘坐交通工具时进行手机阅读。也有部分成年人通常在书店或图书馆阅读图书，分别有8.2%和9.5%的成年人选择这两个选项。

具体情况如表1-3-1所示。

表1-3-1　阅读载体的使用场所

阅读场所	图书阅读	期刊阅读	报纸阅读	上网阅读	手机阅读	MP3/MP4/MP5	电子阅读器
家中	87.3%	79.1%	73.4%	94.2%	88.7%	70.2%	77.9%
书店	8.2%	4.4%	1.0%	0.5%	0.9%	1.1%	1.9%
学校或单位	24.9%	30.9%	38.2%	32.8%	32.8%	18.8%	25.5%
网吧	0.7%	0.4%	0.2%	4.8%	0.8%	1.2%	2.5%
图书馆	9.5%	3.0%	1.2%	0.4%	0.7%	1.1%	0.6%
乘交通工具时	2.4%	5.0%	6.1%	5.1%	29.5%	34.8%	18.5%
其他地点	0.8%	1.7%	2.9%	0.1%	0.8%	2.2%	0.7%

1.4　媒介消费状况

1.4.1　2013年我国出版业基本情况

国家新闻出版广电总局于2014年8月公布的“2013年全国新

闻出版业基本情况”[①] 全面体现了2013年度我国新闻出版业的基本发展情况，现将其中部分数据摘录如下：

2013年全国出版图书、期刊、报纸总印张为3005.12亿印张，折合用纸量695.24万吨，与上年相比用纸量降低2.27%。其中：书籍用纸占总量14.94%，课本用纸占总量9.09%，图片用纸占总量0.01%，附录用纸占总量0.04%，期刊用纸占总量6.52%，报纸用纸占总量69.40%。

1.4.1.1 图书出版情况

截至2013年年底，全国共有出版社582家（包括副牌社33家），其中中央级出版社221家（包括副牌社13家），地方出版社361家（包括副牌社20家）。

2013年全国共出版图书444427种（初版255981种，重版、重印188446种），总印数83.10亿册（张），总印张712.58亿印张，折合用纸量167.48万吨，定价总金额1289.28亿元。与上年相比，图书品种增长7.35%（初版增长5.78%，重版、重印增长9.55%），总印数增长4.87%，总印张增长6.83%，定价总金额增长8.95%。

1.4.1.2 期刊出版情况

2013年，全国共出版期刊9877种，平均期印数16453万册，总印数32.72亿册，总印张194.70亿印张，定价总金额253.35亿元。与上年相比，种数增长0.10%，平均期印数下降1.87%，总印数下降2.26%，总印张下降0.67%，定价总金额增长0.26%。

1.4.1.3 报纸出版情况

2013年，全国共出版报纸1915种，平均期印数23695.77万份，总印数482.41亿份，总印张2097.84亿印张，定价总金额

---

① 课题组注：以上数据来源于中国新闻出版广电网 http://www.chinaxwcb.com/2014-08/13/content_300370.htm

440.36亿元，折合用纸量482.50万吨。与上年相比，种数降低0.16%，平均期印数增长4.10%，总印数增长0.03%，总印张降低5.12%，定价总金额增长1.37%。

1.4.1.4 音像制品与电子出版物

截至2013年年底，全国共有音像制品出版单位370家，电子出版物出版单位273家。

2013年，全国共出版录音制品9576种，出版数量2.39亿盒（张），发行数量2.39亿盒（张），发行总金额10.19亿元。与上年相比，品种下降0.16%，出版数量增长4.82%，发行数量增长2.62%，发行总金额下降7.62%。

2013年，全国共出版录像制品7396种，出版数量1.67亿盒（张），发行数量1.05亿盒（张），发行总金额6.91亿元。与上年相比，品种下降16.84%，出版数量增长0.60%，发行数量下降10.26%，发行总金额下降8.36%。

2013年，全国共出版电子出版物11708种，出版数量35220.18万张。与上年相比，品种下降0.96%，数量增长33.69%。其中：只读光盘（CD-ROM）7279种，数量29596.15万张，与上年相比，品种下降4.48%，数量增长45.54%。高密度只读光盘（DVD-ROM）3281种，4001.90万张，与上年相比，品种下降2.12%，数量下降20.89%。交互式光盘（CD-I）及其他1148种，1622.13万张，与上年相比，品种增长35.06%，数量增长70.56%。

1.4.1.5 出版物发行情况

2013年，全国共有出版物发行网点172447处，与上年相比下降0.11%。其中新华书店及其发行网点9255处，与上年相比下降1.57%；供销社发行网点839处，与上年相比增长12.17%；出版社自办发行网点447处，与上年相比增长0.22%；文化、教育、广电、邮政系统发行网点38062处，与上年相比增长0.64%；上述系统外批发网点 7984 处，与上年相比增长 6.38%；集体、个体零售网点 115132 处，与上年相比下降 0.83%。

1.4.1.6 出版物购进与销售

2013 年，全国新华书店系统、出版社自办发行单位出版物总购进 205.35 亿册（张、份、盒）、2418.21 亿元，与上年相比数量增长 8.62%，金额增长 11.91%。其中：新华书店系统购进 138.19 亿册（张、份、盒），比上年增长 11.81%，购进金额 1360.56 亿元，比上年增长 15.27%。

2013 年，全国新华书店系统、出版社自办发行单位出版物总销售 199.33 亿册（张、份、盒）、2346.15 亿元，与上年相比数量增长 4.87%，金额增长 8.62%。其中：新华书店系统销售 132.05 亿册（张、份、盒）、1314.53 亿元，与上年相比数量增长 5.75%，金额增长 10.01%。

1.4.1.7 出版物进出口

1.4.1.7.1 图书、报纸、期刊进行出口

2013 年，全国累计出口图书、报纸、期刊 2375.31 万册（份）、8115.46 万美元，与上年相比，数量增长 15.21%，金额增长 11.44%。其中，全国出版物进出口经营单位累计出口 1992.86 万册（份）、6012.40 万美元，与上年相比，数量增长 21.57%，金额增长 23.63%。

全国出版物进出口经营单位累计出口构成如下：图书出口 1737.58 万册、5216.38 万美元，数量增长 31.07%，金额增长 22.74%。期刊出口 215.68 万册、744.85 万美元，数量下降 2.10%，金额增长 33.97%。报纸出口 39.59 万份、51.17 万美元，数量下降 57.55%，金额下降 10.33%。

2013 年，全国出版物进出口经营单位累计进口图书、报纸、期刊 2361.54 万册（份）、28048.63 万美元，与上年相比，数量下降

24.75%，金额下降 6.88%。其中：图书进口 857.89 万册、12054.66 万美元，数量增长 15.38%，金额下降 12.06%。期刊进口 397.14 万册、14620.06 万美元，数量下降 19.01%，金额增长 3.54%。报纸进口 1106.51 万份、1373.92 万美元，数量下降 41.89%，金额下降 40.10%。

1.4.1.7.2 音像制品、电子出版物进出口

2013 年，全国累计出口音像制品、电子出版物与数字出版物 12.12 万盒（张）、2346.96 万美元，与上年相比，数量下降 53.64%，金额增长 7.09%。其中：全国出版物进出口经营单位累计出口 3.41 万盒（张）、122.43 万美元，与上年相比，数量下降 63.45%，金额增长 265.02%。

2013 年，全国出版物进出口经营单位累计进口音像制品、电子出版物与数字出版物 28.51 万盒（张）、20022.34 万美元，与上年相比，数量增长 53.59%，金额增长 20.00%。

1.4.1.8 版权贸易

2013 年，全国共输出版权 10401 种，其中图书 7305 种、录音制品 300 种、录像制品 193 种、电子出版物 646 种。

版权输出地情况如下：美国 1266 种、英国 731 种、德国 452 种、法国 243 种、俄罗斯 125 种、加拿大 157 种、新加坡 532 种、日本 388 种、韩国 695 种、中国香港地区 1051 种、中国澳门地区 143 种、中国台湾地区 1899 种，其他地区 2719 种。

2013 年，全国共输出图书、音像制品和电子出版物版权 8444 种。其中，图书版权输出地情况如下：

美国 753 种、英国 574 种、德国 328 种、法国 184 种、俄罗斯 124 种、加拿大 46 种、新加坡 171 种、日本 292 种、韩国 656 种、中国香港地区 402 种、中国澳门地区 24 种、中国台湾地区 1714 种，其他地区 2037 种。

1.4.2 自费消费出版物情况

为跟踪了解国内出版物的个人消费情况，我们在第十一次国民阅读调查中对我国成年国民的图书、报纸、期刊、VCD/DVD、盒式录音带、CD-ROM、CD、手机报和电子书等出版物的消费数量、消费金额进行了调查，具体到各类出版物的消费情况如下所述。

1.4.2.1 各类出版物消费情况概述

在各类出版物中，2013 年我国成年国民自费购买率最高的是报纸，达到 28.5%。图书、期刊的自费购买率分别位居第二、第三位，分别为 26.8%和 20.2%。电子书自费购买率较低，为 3.9%，不足 5.0%。VCD/DVD、CD、CD-ROM 和盒式录音带等音像出版物自费购买率相对较低，均不足 10.0%，其中盒式录音带的自费购买率最低，仅为 0.6%。

从城乡对比来看，城镇居民的报纸自费购买率（39.6%）高出农村居民（16.2%）23.4 个百分点，图书自费购买率（33.6%）高出农村居民（19.4%）14.2 个百分点，期刊自费购买率（27.7%）高出农村居民（11.8%）15.9 个百分点。此外，城镇居民的手机报自费购买率（10.1%）、电子书自费购买率（5.1%）均高于农村居民（9.0%）、（2.5%）。农村居民的 VCD/DVD 自费购买率（8.4%）高于城镇居民（6.2%）。而其他出版物自费购买率的城乡差距则并不明显。

从性别差异的情况来看，男性居民的报纸自费购买率（32.8%）高出女性居民（24.1%）8.7 个百分点，手机报自费购买率（12.6%）高出女性居民（6.5%）6.1 个百分点，电子书自费购买率（4.5%）高出女性居民（3.2%）1.3 个百分点。此外，女性居民的期刊自费购买率（21.6%）高于男性居民（18.8%）。而其他出版物自费购买率的性别差异则不明显。

具体情况如表 1-4-1 所示。

表 1-4-1　各类出版物自费购买率

种类	自费购买率	城乡		性别	
		城镇	农村	男性	女性
图书	26.8%	33.6%	19.4%	27.3%	26.3%
报纸	28.5%	39.6%	16.2%	32.8%	24.1%
期刊	20.2%	27.7%	11.8%	18.8%	21.6%
手机报	9.6%	10.1%	9.0%	12.6%	6.5%
VCD/DVD	7.2%	6.2%	8.4%	7.5%	7.0%
电子书	3.9%	5.1%	2.5%	4.5%	3.2%
CD	2.3%	2.3%	2.3%	2.9%	1.7%
CD-ROM	1.2%	1.2%	1.3%	1.4%	1.0%
盒式录音带	0.6%	0.5%	0.8%	0.8%	0.5%

1.4.2.2　图书消费情况

调查数据显示，2013 年，我国成年国民人均自费购书数量为 2.35 本。不同人口特征群体在自费购买图书数量存在一定差异。

从性别差异来看，男性居民的图书自费消费数量为 2.66 本，较女性居民（2.03 本）多 0.63 本。

从城乡对比来看，城镇居民的图书自费消费数量为 2.84 本，较农村居民（1.81 本）多 1.03 本。

从年龄分布来看，中青年群体的图书自费消费数量要高于老年群体。30—39 周岁群体的图书自费消费数量最多，达到 3.99 本。18—29 周岁群体的图书自费消费数量次之，为 2.43 本。70 周岁以上群体的图书自费消费数量最少，为 0.89 本。

从受教育程度来看，学历越高的群体，其图书自费消费数量越多。硕士研究生和博士研究生学历群体的图书自费消费数量较多，分别为 8.37 本和 10.79 本。小学及以下学历群体的图书自费消费数量最少，仅为 0.52 本。

从职业或身份来看，“公务员”群体的图书自费消费数量最多，达到 11.12 本；其次为“企业领导或管理人员”“教师”“律师/医护人员/IT 等专业技术人员”“事业单位干部”“学生”群体，其图书自费消费数量分别为 8.93 本、7.47 本、6.94 本、5.68 本和 4.77 本，均超过 4.00 本；再次，“军人/武警”“私营或个体劳动者”和“自由职业者”群体的图书自费消费数量分别为 2.79 本、2.66 本和 2.72 本。图书自费消费数量最低的职业群体是“农民或农民工”群体，仅为 0.78 本。

调查数据显示，2013 年，我国成年国民人均自费购书金额为 47.73 元。不同人口特征群体在自费购买图书金额上存在一定差异。

从性别来看，男性居民的图书自费消费金额为 54.01 元，较女性居民（41.25 元）高出 12.76 元。

从城乡对比来看，城镇居民的图书自费消费金额为 64.23 元，较农村居民（29.43 元）高出 34.80 元。

从年龄分布来看，中青年群体的图书自费消费金额要高于老年群体。30—39 周岁群体的图书自费消费金额最高，达到 78.27 元。18—29 周岁群体的图书自费消费金额次之，为 54.58 元。60—70 周岁群体的图书自费消费金额最低，为 17.95 元。

从受教育程度来看，学历越高的群体，其图书自费消费金额越高。硕士研究生和博士研究生学历群体的图书自费消费金额较高，分别达到 338.18 元和 332.57 元；本科学历群体的图书自费消费金额位居第三，为 147.18 元。小学及以下学历群体的图书自费消费金额最低，仅为 6.88 元。

从职业或身份来看，“企业领导或管理人员”“公务员”群体的图书自费消费金额最高，分别达到 205.28 元和 202.83 元；其次为“教师”“律师/医护人员/IT 等专业技术人员”“事业单位干部”和“学生”群体，其图书自费消费金额分别为 179.41 元、165.89 元、107.07 元和 100.78 元，均超过 100.00 元；再次，“一般职员/文员/秘书”群体的图书自费消费金额也都超过全国平均水平，为 56.28 元。图书自费消费金额最低的职业群体是“农民或农民工”群体，仅为 14.04 元。

具体情况如表 1-4-2 所示。

表 1-4-2 不同人口特征群体人均图书自费消费数量与金额

人口特征	类别	自费图书消费数量（本）	自费图书消费金额（元）
性别	男	2.66	54.01
	女	2.03	41.25
城乡	城镇	2.84	64.23
	农村	1.81	29.43
年龄	18—29 周岁	2.43	54.58
	30—39 周岁	3.99	78.27
	40—49 周岁	2.05	43.18
	50—59 周岁	1.34	22.69
	60—70 周岁	1.11	17.95
	70 周岁以上	0.89	23.59
学历	博士研究生	8.37	332.57
	硕士研究生	10.79	338.18
	本科	6.26	147.18
	大专	3.52	73.90
	高中	2.34	43.14
	初中	1.69	30.45
	小学及以下	0.52	6.88
职业或身份	工人或商业/服务业人员	1.52	31.47
	企业领导或管理人员	8.93	205.28
	农民或农民工	0.78	14.04
	事业单位干部	5.68	107.07
	一般职员/文员/秘书	2.37	56.28
	公务员	11.12	202.83
	军人/武警	2.79	44.69
	教师	7.47	179.41
	律师/医护人员/IT 等专业技术人员	6.94	165.89
	私营或个体劳动者	2.66	46.61
	学生	4.77	100.78
	离退休人员	1.62	26.61
	无业及失业人员	1.80	37.73
	自由职业者	2.72	43.09

1.4.2.3 报纸消费情况

调查数据显示，2013 年，我国成年国民人均报纸自费消费种类为 0.58 种。不同人口特征群体在报纸自费消费种类上存在一定程度的差异。

从性别来看，男性居民的报纸自费消费种类为 0.67 种，较女性居民（0.50 种）多出 0.17 种。

从城乡对比来看，城镇居民的报纸自费消费种类为 0.82 种，较农村居民（0.33 种）多出 0.49 种。

从年龄分布来看，70 周岁以上群体及 40—49 岁群体的报纸自费消费种类最多，均为 0.65 种。18—29 周岁群体的报纸自费消费种类相对较少，为 0.46 种。

从受教育程度来看，大专学历群体的报纸自费消费种类最多，为 0.96 种。小学及以下学历群体的报纸自费消费种类最少，为 0.13 种。

从职业或身份来看，“离退休人员”群体的报纸自消费种类最多，为 1.04 种；其次是“一般职员/文员/秘书”“事业单位干部”和“军人/警察”群体，其报纸自费消费种类分别为 0.96 种、0.90 种和 0.88 种 ；再次，“律师/医护人员/IT 等专业技术人员”“公务员”“企业领导或管理人员”“自由职业者”群体的报纸自费消费种类分别为 0.82 种、0.74 种、0.73 种和 0.71 种 。报纸自费消费种类最低的职业群体还是“农民或农民工”群体，仅为 0.26 种。

调查数据还显示，2013 年，我国成年国民人均报纸自费消费金额为 41.58 元。不同人口特征群体在报纸自费消费金额上同样存在一定差异。

从性别来看，男性居民的报纸自费消费金额为 47.68 元，较女性居民（35.28 元）高出 12.40 元。

从城乡对比来看，城镇居民的报纸自费消费金额为 62.04 元，较农村居民（18.87 元）高出 43.17 元。

从年龄分布来看，70 周岁以上群体的报纸自费消费金额最高，为 116.99 元。而 18—29 周岁群体的报纸自费消费金额最低，为 28.47 元。

从受教育程度来看，学历越高的群体，其报纸自费消费金额整体上也越高。硕士研究生学历群体的报纸自费消费金额最高，为 76.66 元，博士研究生学历群体的报纸自费消费金额次之，为 66.91 元。小学及以下学历群体的报纸自费消费金额最低，仅为 9.00 元。

从职业或身份来看，“离退休人员”群体的报纸自费消费金额最高，为 95.29 元；其次是“事业单位干部”和“公务员”群体，其报纸自费消费金额分别为 85.59 元和 81.64 元，均超过 80.00 元；再次，“企业领导或管理人员”“军人/武警”“律师/医护人员/IT 等专业技术人员”“一般职员/文员/秘书”“教师”“工人或商业/服务业人员”“私营或个体劳动者”“自由职业者”群体的报纸自费消费金额也都超过全国平均水平，分别为 75.04 元、74.90 元、68.05 元、59.06 元、52.84 元、49.75 元、46.46 元和 41.96 元。报纸自费消费金额最低的职业群体是“农民或农民工”群体，仅为 12.84 元。

具体情况如表 1-4-3 所示。

表 1-4-3　不同人口特征群体报纸人均自费消费种类与金额

人口特征	类别	自费报纸消费种类（种）	自费报纸消费金额（元）
性别	男	0.67	47.68
	女	0.50	35.28
城乡	城镇	0.82	62.04
	农村	0.33	18.87
年龄	18—29 周岁	0.46	28.47
	30—39 周岁	0.64	40.33
	40—49 周岁	0.65	45.74
	50—59 周岁	0.59	48.76
	60—70 周岁	0.62	53.38
	70 周岁以上	0.65	116.99

续前表

人口特征	类别	自费报纸消费种类（种）	自费报纸消费金额（元）
学历	博士研究生	0.37	66.91
	硕士研究生	0.81	76.66
	本科	0.67	59.34
	大专	0.96	60.43
	高中	0.85	63.51
	初中	0.46	31.13
	小学及以下	0.13	9.00
职业或身份	工人或商业/服务业人员	0.69	49.75
	企业领导或管理人员	0.73	75.04
	农民或农民工	0.26	12.84
	事业单位干部	0.90	85.59
	一般职员/文员/秘书	0.96	59.06
	公务员	0.74	81.64
	军人/武警	0.88	74.90
	教师	0.57	52.84
	律师/医护人员/IT 等专业技术人员	0.82	68.05
	私营或个体劳动者	0.64	46.46
	学生	0.45	22.62
	离退休人员	1.04	95.29
	无业及失业人员	0.27	20.87
	自由职业者	0.71	41.96

1.4.2.4 期刊消费情况

调查数据显示，2013 年我国成年国民人均期刊自费消费种类为 0.54 种。不同人口特征群体的期刊自费消费种类存在一定差异。

从性别来看，男性居民的期刊自费消费种类为 0.50 种，较女性居民（0.57 种）少 0.07 种。

从城乡对比看，城镇居民的期刊自费消费种类为 0.74 种，较农村居民（0.31 种）多出 0.43 种。

从年龄分布上看，中青年群体的期刊自费消费种类要多于老年群体。18—29 周岁群体的期刊自费消费种类最多，为 0.75 种，30—39 周岁群体的期刊自费消费种类次之，为 0.67 种。60—70 周岁群体期刊自费消费种类最少，为 0.24 种。

从受教育程度来看，硕士研究生学历群体的期刊自费消费种类最多，为 1.35 种；本科学历群体的期刊自费消费种类次之，为 1.11 种。小学及以下学历群体的期刊自费消费种类最少，仅为 0.07 种。

从职业或身份来看，“企业领导或管理人员”群体的期刊自费消费种类最多，为 1.27 种；其次为“公务员”“学生”“律师/医护人员/IT 等专业技术人员”和“事业单位干部”群体，其期刊自费消费种类分别为 1.13 种、1.11 种、1.08 种和 1.05 种，均超过 1.00 种；再次，“一般职员/文员/秘书”“教师”“私营或个体劳动者”和“自由职业者”群体的期刊自费消费种类也都超过全国平均水平，分别为 0.79 种、0.76 种、0.66 种和 0.58 种。期刊自费消费种类最少的职业群体是“农民或农民工”群体，仅为 0.21 种。

调查数据还显示，2013 年我国成年国民人均期刊自费消费金额为 22.02 元。不同人口特征群体的期刊自费消费金额也存在一定程度的差异。

从性别来看，男性居民的期刊自费消费金额为 24.03 元，较女性居民（19.95 元）高出 4.08 元。

从城乡对比看，城镇居民的期刊自费消费金额为 29.01 元，较农村居民（14.27 元）高出 14.74 元。

从年龄分布上看，中青年群体的期刊自费消费金额要高于老年群体。30—39 周岁群体的期刊自费消费金额最高，为 38.80 元；18—29 周岁群体的期刊自费消费金额次之，为 23.91 元；50—59 周岁群体期刊自费消费金额最低，为 9.71 元。

从受教育程度来看，学历较高群体的期刊自费消费金额也相对较高。硕士研究生学历较高学历群体的期刊自费消费金额最高，为 103.09 元；本科学历群体的期刊自费消费金额次之，为 48.55 元。小学及以下学历群体的期刊自费消费金额最低，仅为 2.24 元。

从职业或身份来看，“企业领导或管理人员”群体的期刊自费消费金额最高，为 140.05 元；其次为“公务员”“事业单位干部”“律师/医护人员/IT 等专业技术人员”群体，其期刊自费消费金额分别为 79.20 元、58.59 元和 52.18 元，均超过 50.00 元；再次，“教师”“一般职员/文员/秘书”和“学生”群体的期刊自费消费金额也都超过全国平均水平，分别为 48.22 元、32.18 元和 31.85 元。期刊自费消费金额最低的职业群体是“农民或农民工”，仅为 3.85 元。

具体情况如表 1-4-4 所示。

表 1-4-4　不同人口特征群体人均期刊自费消费种类与金额

人口特征	类别	自费期刊消费种类（种）	自费期刊消费金额（元）
性别	男	0.50	24.03
	女	0.57	19.95
城乡	城镇	0.74	29.01
	农村	0.31	14.27
年龄	18—29 周岁	0.75	23.91
	30—39 周岁	0.67	38.80
	40—49 周岁	0.48	17.99
	50—59 周岁	0.30	9.71
	60—70 周岁	0.24	11.05
	70 周岁以上	0.41	17.66
学历	博士研究生	2.81	51.93
	硕士研究生	1.35	103.09
	本科	1.11	48.55
	大专	0.91	35.40
	高中	0.65	23.24
	初中	0.39	17.65
	小学及以下	0.07	2.24

续前表

人口特征	类别	自费期刊消费种类（种）	自费期刊消费金额（元）
职业或身份	工人或商业/服务业人员	0.54	17.62
	企业领导或管理人员	1.27	140.05
	农民或农民工	0.21	3.85
	事业单位干部	1.05	58.59
	一般职员/文员/秘书	0.79	32.18
	公务员	1.13	79.20
	军人/武警	0.38	15.05
	教师	0.76	48.22
	律师/医护人员/IT等专业技术人员	1.08	52.18
	私营或个体劳动者	0.66	21.09
	学生	1.11	31.85
	离退休人员	0.42	18.44
	无业及失业人员	0.38	11.05
	自由职业者	0.58	19.47

1.4.2.5 电子书消费情况

调查数据显示，2013年我国成年国民人均电子书自费消费种类为0.51本。不同人口特征群体的电子书消费数量呈现一定程度的差异。

从性别来看，男性居民的电子书自费消费数量为0.56本，较女性居民（0.45本）多出0.11本。

从城乡对比看，城镇居民的电子书自费消费数量为0.74本，较农村居民（0.25本）多出0.49本。

从年龄分布上看，青年群体的电子书自费消费数量高于老年群体。18—29周岁群体的电子书自费消费数量最多，为1.18本。60—70周岁和70周岁以上群体的电子书消费数量最少，均为0.01本。

从受教育程度来看，学历越高的群体，其电子书自费消费数量也越多。硕士研究生学历群体的电子书自费消费数量最多，为3.91本。初中学历群体的电子书自费消费数量最少，仅为0.14本。

调查数据还显示，2013 年我国成年国民人均电子书自费消费金额为 0.92 元。不同人口特征群体的电子书消费金额呈现一定程度的差异。

从性别来看，男性居民的电子书自费消费金额为 1.16 元，较女性居民（0.67 元）高出 0.49 元。

从城乡对比看，城镇居民的电子书自费消费金额为 1.03 元，较农村居民（0.79 元）高出 0.24 元。

从年龄分布上看，年龄越小，电子书自费消费金额越高。18—29 周岁群体的电子书自费消费金额最高，为 2.12 元。

从受教育程度来看，学历较高群体的电子书自费消费金额也相对较高。本科学历群体的电子书自费消费金额最高，为 2.19 元；大专学历群体的电子书自费消费金额次之，为 1.80 元。小学及以下学历群体的电子书自费消费金额最低，仅为 0.15 元。

具体情况如表 1-4-5 所示。

表 1-4-5　不同人口特征群体人均电子书自费消费金额

人口特征	类别	自费电子书消费数量（本）	自费电子书消费金额（元）
性别	男	0.56	1.16
	女	0.45	0.67
城乡	城镇	0.74	1.03
	农村	0.25	0.79
年龄	18—29 周岁	1.18	2.12
	30—39 周岁	0.56	1.00
	40—49 周岁	0.15	0.38
	50—59 周岁	0.17	0.20
	60—70 周岁	0.01	0.01
	70 周岁以上	0.01	0.01
学历	博士研究生	/	/
	硕士研究生	3.91	1.37
	本科	1.43	2.19
	大专	1.21	1.80
	高中	0.48	1.07
	初中	0.14	0.55
	小学及以下	0.18	0.15

第二章
成年国民图书阅读状况与购买倾向

2.1 图书阅读状况及变化

2.1.1 阅读重要性认知

第十一次全国国民阅读调查数据显示，我国成年国民对阅读重要性的认知程度较高。具体来说，有超七成（70.5%）的人认为，在当今社会，阅读对其个人的生存和发展来说是重要的（“非常重要”或“比较重要”）。而明确表示阅读对个人的生存和发展不重要的（“比较不重要”和“非常不重要”）比例仅为5.3%。另有4.4%的人对阅读重要性的认知较为模糊（“说不清”）。

具体情况如图2-1-1所示。

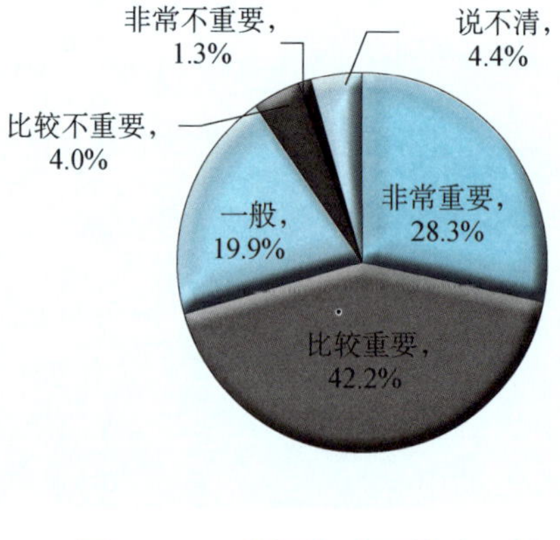

图2-1-1　对阅读重要性认知情况

如表 2-1-1 所示，通过对不同人口特征群体阅读重要性认知的考察发现，从性别来看，男性与女性在阅读重要性认知上差别不大。女性居民中认为阅读重要（“非常重要”或“比较重要”）的比例（68.7%）低于男性居民（72.0%）。从城乡对比来看，农村居民中认为阅读重要（“非常重要”或“比较重要”）的比例（68.5%）低于城镇居民（72.2%）。

从年龄分布来看，中青年群体中认为阅读重要的比例要高于老年群体。18—29 周岁群体中认为阅读重要（“非常重要”或“比较重要”）的比例最高，为 75.5%。30—39 周岁群体中认为阅读重要（“非常重要”或“比较重要”）的比例次之，为 74.8%；70 周岁以上群体中认为阅读重要（“非常重要”或“比较重要”）的比例为 69.7%。40—49 周岁以上群体中认为阅读重要（“非常重要”或“比较重要”）的比例为 67.7%。50—59 周岁群体中认为阅读重要（“非常重要”或“比较重要”）的比例为 64.4%。60—70 周岁群体中认为阅读重要（“非常重要”或“比较重要”）的比例最低，为 63.7%。

从受教育程度来看，学历越高的群体越认为阅读重要。硕士研究生学历群体认为阅读重要（“非常重要”或“比较重要”）的比例最高，为 91.2%；博士研究生学历群体中认为阅读重要（“非常重要”或“比较重要”）的比例次之，为 87.1%。小学及以下学历群体中认为阅读重要（“非常重要”或“比较重要”）的比例最低，仅为 58.3%。

从收入水平看，相对而言，收入较高群体中认为阅读重要的比例高于收入较低群体。月收入在 10000 元及以上群体中认为阅读重要（“非常重要”或“比较重要”）的比例最高，为 87.8%。

从职业或身份来看，“教师”群体中认为阅读重要（“非常重要”或“比较重要”）的比例最高，为 94.4%。“律师/医护人员/IT 等专业技术人员”“学生”“公务员”和“企业领导或管理人员”群体中认为阅读重要（“非常重要”或“比较重要”）的比例较高，均超过 80.0%。而“农民或农民工”“工人或商业/服务业人员”和“离退休人员”群体中认为阅读重要（“非常重要”或“比较重要”）的比例较低，均不足 70.0%。

表 2-1-1　不同人口特征群体对阅读重要性认知情况

人口特征	类别	对阅读重要性评价					
		非常重要	比较重要	一般	比较不重要	非常不重要	说不清
性别	男	29.0%	43.0%	19.7%	3.5%	1.0%	3.8%
	女	27.4%	41.3%	20.2%	4.4%	1.6%	5.1%
城乡	城镇	28.3%	43.9%	21.0%	3.3%	0.6%	2.8%
	农村	28.2%	40.3%	18.7%	4.7%	2.0%	6.2%
年龄	18—29 周岁	29.8%	45.7%	19.1%	2.6%	0.6%	2.1%
	30—39 周岁	27.4%	47.4%	18.3%	3.4%	0.3%	3.2%
	40—49 周岁	29.3%	38.4%	21.5%	4.6%	1.6%	4.5%
	50—59 周岁	25.6%	38.8%	21.7%	5.5%	1.6%	6.8%
	60—70 周岁	27.4%	36.3%	19.0%	4.6%	3.9%	8.9%
	70 周岁以上	32.7%	37.0%	15.4%	4.3%	1.1%	9.5%
学历	博士研究生	78.3%	8.8%	12.3%	0.0%	0.0%	0.7%
	硕士研究生	50.9%	40.3%	8.1%	0.4%	0.1%	0.2%
	本科	42.0%	43.0%	12.1%	1.7%	0.2%	1.0%
	大专	31.3%	45.8%	18.2%	3.2%	0.1%	1.4%
	高中	25.7%	48.7%	19.5%	3.1%	0.6%	2.5%
	初中	26.9%	40.7%	22.6%	4.5%	1.4%	3.9%
	小学及以下	24.3%	34.0%	20.6%	5.9%	3.3%	11.9%
收入	无收入	32.6%	39.3%	19.4%	2.0%	0.8%	6.0%
	500 元以下	24.9%	34.6%	20.5%	4.9%	3.3%	11.7%
	500—1000 元	25.9%	45.7%	19.5%	4.2%	0.9%	3.8%
	1000—1500 元	22.1%	43.3%	18.4%	8.4%	2.7%	5.0%
	1500—2000 元	22.8%	41.8%	25.8%	4.9%	1.8%	2.8%
	2000—3000 元	22.7%	43.6%	22.4%	2.9%	0.9%	2.5%
	3000—4000 元	32.2%	44.8%	15.4%	3.7%	0.4%	3.5%
	4000—5000 元	34.7%	43.0%	16.7%	3.4%	0.1%	2.1%
	5000—6000 元	29.9%	46.3%	17.7%	2.6%	0.1%	3.3%
	6000—7000 元	23.7%	50.5%	19.0%	1.9%	0.6%	4.3%
	7000—8000 元	24.4%	44.9%	28.6%	1.2%	0.0%	0.9%
	8000—10000 元	21.9%	48.4%	19.3%	2.3%	0.1%	8.0%
	10000 元及以上	59.2%	28.6%	8.4%	1.0%	0.0%	2.8%
	拒绝回答	35.6%	40.1%	12.6%	1.1%	0.2%	10.3%

续前表

人口特征	类别	对阅读重要性评价					
		非常重要	比较重要	一般	比较不重要	非常不重要	说不清
职业或身份	工人或商业/服务业人员	24.7%	41.0%	26.3%	3.2%	1.4%	3.3%
	企业领导或管理人员	37.9%	45.6%	13.9%	2.0%	0.1%	0.6%
	农民或农民工	24.3%	41.1%	19.2%	5.8%	2.7%	7.0%
	事业单位干部	41.3%	37.3%	16.6%	3.3%	0.1%	1.5%
	一般职员/文员/秘书	22.9%	48.1%	22.9%	3.4%	0.3%	2.5%
	公务员	51.4%	33.1%	7.6%	4.8%	0.0%	3.1%
	军人/武警	60.2%	6.6%	32.3%	0.0%	0.0%	0.9%
	教师	64.3%	30.1%	5.2%	0.3%	0.0%	0.2%
	律师/医护人员/IT等专业技术人员	44.2%	40.7%	9.5%	4.9%	0.3%	0.4%
	私营或个体劳动者	27.4%	44.5%	19.3%	3.8%	0.4%	4.4%
	学生	39.5%	45.3%	12.6%	0.9%	0.1%	1.6%
	离退休人员	27.0%	42.3%	21.6%	4.0%	1.5%	3.7%
	无业及失业人员	28.5%	42.9%	20.7%	2.1%	0.2%	5.6%
	自由职业者	33.0%	37.6%	20.3%	3.4%	0.8%	4.7%
	其他	44.1%	33.6%	18.4%	2.3%	0.0%	1.6%

2.1.2 综合阅读率

2013年我国成年国民图书阅读率为57.8%，比2012年的54.9%上升了2.9个百分点；报纸阅读率为52.7%，比2012年的58.2%下降了5.5个百分点；期刊阅读率为38.3%，比2012年的45.2%下降了6.9个百分点；数字化阅读方式（网络在线阅读、手机阅读、电子阅读器阅读、光盘阅读、PDA/MP4/MP5阅读等）的接触率为50.1%，比2012年的40.3%上升了9.8个百分点。

综合以上各媒介，2013年我国成年国民包括书报刊和数字出版物在内的各种媒介的综合阅读率为76.7%，比2012年的76.3%上升了0.4个百分点。

具体情况如图2-1-2所示。

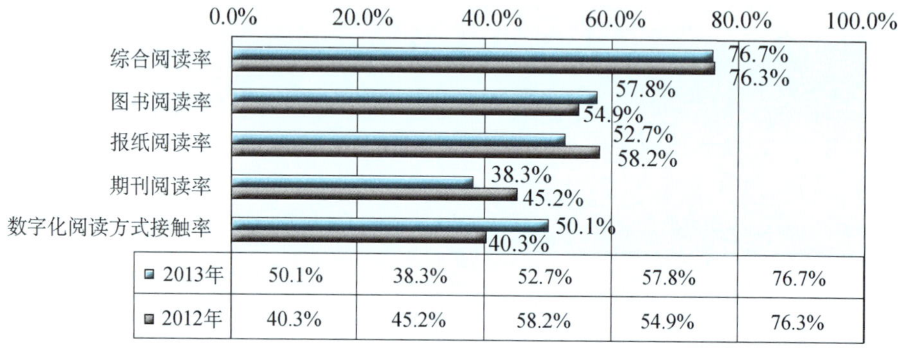

图 2-1-2　各媒介阅读率变化情况

2.1.3　图书阅读率

从整体情况考察，2013 年我国成年国民图书阅读率为 57.8%，比 2012 年的 54.9%上升了 2.9 个百分点。

调查数据显示，我国成年国民的图书阅读率从 2003 年的 51.7%下降至 2005 年的 48.7%。此后，图书阅读率一直处于缓步提升中。2013 年，我国成年国民的图书阅读率回升至 57.8%，较 2003 年的 51.7%增长了 6.1 个百分点。

具体情况如图 2-1-3 所示。

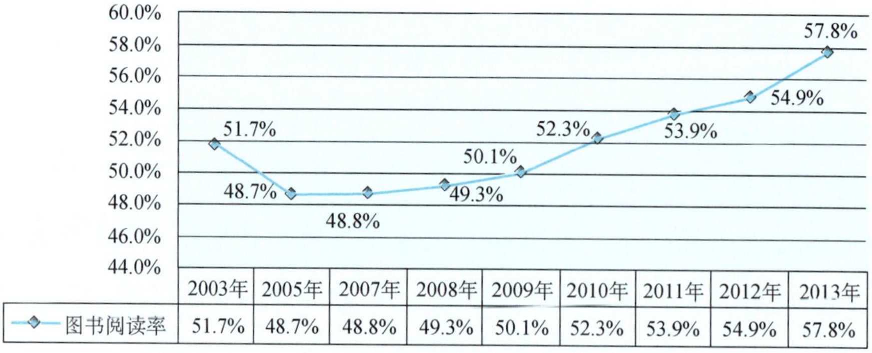

图 2-1-3　图书阅读率变化趋势

不同人口特征群体之间的图书阅读率均存在一定程度的差异。

从性别来看，男性居民的图书阅读率为 62.9%，较女性居民（52.4%）高出 10.5 个百分点。

从城乡对比看，城镇居民的图书阅读率为 66.3%，较农村居民（48.0%）高出 18.3 个百分点。

从年龄分布上看，年龄较轻群体的图书阅读率相对较高，18—29 周岁群体的图书阅读率为 74.0%，30—39 周岁群体的图书阅读率为 63.5%，均高于全国平均水平。而 50—59 周岁群体的图书阅读率较低，为 41.3%。

从受教育程度看，学历越高的群体，其图书阅读率越高。博士研究生学历群体的图书阅读率最高，为 100.0%；硕士研究生学历群体的图书阅读率次之，为 92.9%。小学及以下学历群体的图书阅读率最低，仅为 37.1%。

从收入水平看，中高收入群体的图书阅读率相对高于低收入群体。月收入在 10000 元以上群体的图书阅读率最高，为 98.4%；月收入在 7000—8000 元的群体的图书阅读率次之，为 80.4%。月收入在 500 元以下群体的图书阅读率最低，为 34.1%。

从职业或身份来看，“学生”群体的图书阅读率最高，为 97.2%。“教师”“公务员”“律师/医护人员/IT 等专业技术人员”“企业领导或管理人员”“事业单位干部”“军人/武警”和“一般职员/文员/秘书”群体的图书阅读率均高于全国平均水平，显著高于“农民或农民工”等群体。

具体情况如表 2-1-2 所示。

表 2-1-2　不同人口特征群体图书阅读率

人口特征	类别	图书阅读率
性别	男	62.9%
	女	52.4%
城乡	城镇	66.3%
	农村	48.0%

续前表

人口特征	类别	图书阅读率
年龄	18—29 周岁	74.0%
	30—39 周岁	63.5%
	40—49 周岁	50.2%
	50—59 周岁	41.3%
	60—70 周岁	43.7%
	70 周岁以上	49.7%
学历	博士研究生	100.0%
	硕士研究生	92.9%
	本科	88.9%
	大专	86.0%
	高中	68.7%
	初中	42.2%
	小学及以下	37.1%
收入	无收入	58.7%
	500 元以下	34.1%
	500—1000 元	36.1%
	1000—1500 元	47.9%
	1500—2000 元	56.1%
	2000—3000 元	62.6%
	3000—4000 元	74.0%
	4000—5000 元	76.5%
	5000—6000 元	68.0%
	6000—7000 元	65.6%
	7000—8000 元	80.4%
	8000—10000 元	78.0%
	10000 元及以上	98.4%
	拒绝回答	68.3%
职业或身份	工人或商业/服务业人员	55.8%
	企业领导或管理人员	87.2%
	农民或农民工	38.3%
	事业单位干部	86.5%
	一般职员/文员/秘书	68.0%
	公务员	95.1%
	军人/武警	73.8%
	教师	95.8%
	律师/医护人员/IT 等专业技术人员	91.4%
	私营或个体劳动者	52.5%
	学生	97.2%
	离退休人员	47.3%
	无业及失业人员	49.9%
	自由职业者	57.3%
	其他	68.6%

2.1.4 图书阅读量

2013 年，我国成年国民人均纸质图书阅读量为 4.77 本，与 2012 年的 4.39 本相比增加了 0.38 本。

不同人口特征群体之间的图书阅读量均存在一定程度的差异。

从性别来看，男性居民的图书阅读量为 5.13 本，较女性居民（4.40 本）多 0.73 本。

从城乡对比来看，城镇居民的图书阅读量为 5.34 本，较农村居民（4.11 本）多 1.23 本。

从年龄分布上看，18—29 周岁群体的图书阅读量最多，为 5.70 本；30—39 周岁群体的图书阅读量次之，为 5.24 本。而 50—59 周岁群体和 60—70 周岁群体的图书阅读量相对较少，均不足 4 本。

从受教育程度来看，硕士研究生学历群体的图书阅读量最多，为 18.80 本；博士研究生学历群体的图书阅读量次之，为 14.05 本。小学及以下历群体的图书阅读量最少，为 1.69 本。

从职业或身份来看，“教师”群体的图书阅读量最多，为 15.49 本。“公务员”“学生”“事业单位干部”“律师/医护人员/IT 等专业技术人员”“企业领导或管理人员”群体的图书阅读量均超过 9 本，显著多于“农民或农民工”等群体。

从收入水平来看，收入越高的群体图书阅读量相对较多。2013 年，收入在 10000 元及以上群体的图书阅读量最多，为 17.84 本；其次是 8000—10000 元群体的 8.45 本。图书阅读量最少的是收入在 500 元以下的群体，仅为 2.24 本。

具体情况如表 2-1-3 所示。

表 2-1-3　不同人口特征群体图书阅读量

人口特征	类别	图书阅读量（本）
性别	男	5.13
	女	4.40
城乡	城镇	5.34
	农村	4.11

续前表

人口特征	类别	图书阅读量（本）
年龄	18—29 周岁	5.70
	30—39 周岁	5.24
	40—49 周岁	4.46
	50—59 周岁	3.49
	60—70 周岁	3.78
	70 周岁以上	5.00
学历	博士研究生	14.05
	硕士研究生	18.80
	本科	11.12
	大专	6.41
	高中	4.96
	初中	3.61
	小学及以下	1.69
职业或身份	工人或商业/服务业人员	3.75
	企业领导或管理人员	9.56
	农民或农民工	2.42
	事业单位干部	9.87
	一般职员/文员/秘书	5.06
	公务员	12.99
	军人/武警	2.44
	教师	15.49
	律师/医护人员/IT 等专业技术人员	9.83
	私营或个体劳动者	4.63
	学生	10.79
	离退休人员	4.65
	无业及失业人员	3.20
	自由职业者	6.73
	其他	4.43
收入	无收入	4.70
	500 元以下	2.24
	500—1000 元	2.83
	1000—1500 元	3.22
	1500—2000 元	4.47
	2000—3000 元	5.07
	3000—4000 元	5.83
	4000—5000 元	6.12
	5000—6000 元	7.96
	6000—7000 元	6.68
	7000—8000 元	7.34
	8000—10000 元	8.45
	10000 元及以上	17.84
	拒绝回答	7.81

2.1.5 图书阅读来源

调查数据显示，我国成年图书读者阅读图书的主要来源是“自费购买”，其选择比例达70.6%。而通过借阅（“向他人借阅”和“到图书馆借阅”）途径获取图书的人数也不少，通过“向他人借阅”来获取图书的比例为39.8%，通过“到图书馆借阅”来获取图书的比例为19.0%。还分别有13.5%和9.9%的图书读者阅读图书的主要来源是“单位购买”和“在书店或书吧里看”，而通过其他途径获取图书的人数则相对较少。

具体如图2-1-4所示。

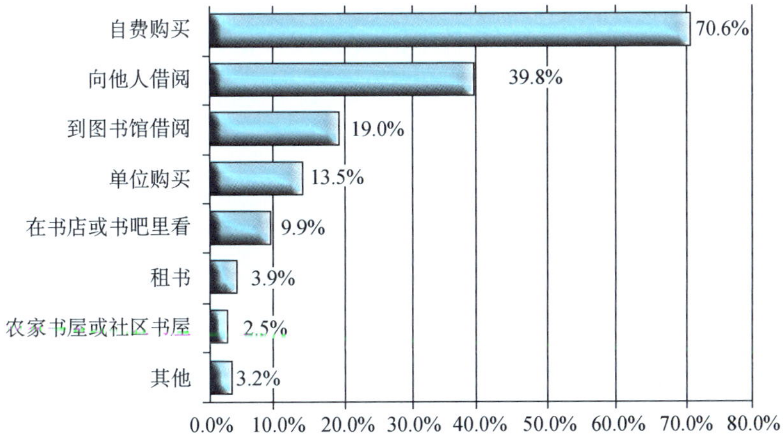

图2-1-4 图书阅读来源

通过对城乡图书读者图书获取渠道的对比发现，城镇读者通过“自费购买”和“到图书馆借阅”等渠道获取图书的比例要高于农村读者。而农村读者通过“向他人借阅”获取图书的比例（42.2%），要高于城镇读者（38.2%）。同时农村读者选择通过“农家书屋”阅读图书的比例（5.6%），要高于城镇读者选择“社区书屋”的比例（0.6%）。

具体情况如表2-1-4所示。

表 2-1-4　城乡居民图书阅读来源对比

图书阅读来源	城镇	农村
自费购买	74.3%	64.7%
到图书馆借阅	23.1%	12.4%
向他人借阅	38.2%	42.2%
租书	4.6%	2.9%
在书店或书吧里看	10.6%	8.9%
单位购买	14.0%	12.8%
农家书屋或社区书屋	0.6%	5.6%
其他	2.4%	4.4%

2.1.6　家庭藏书量

2013 年，我国成年国民的家庭藏书量平均为 34.51 本，这一数量在有读书行为的家庭中为 67.98 本。在我国成年国民中，有 14.0%的人家庭藏书量在 50 本以上，6.0%的成年国民家庭藏书量超过 100 本。

具体情况如图 2-1-5 所示。

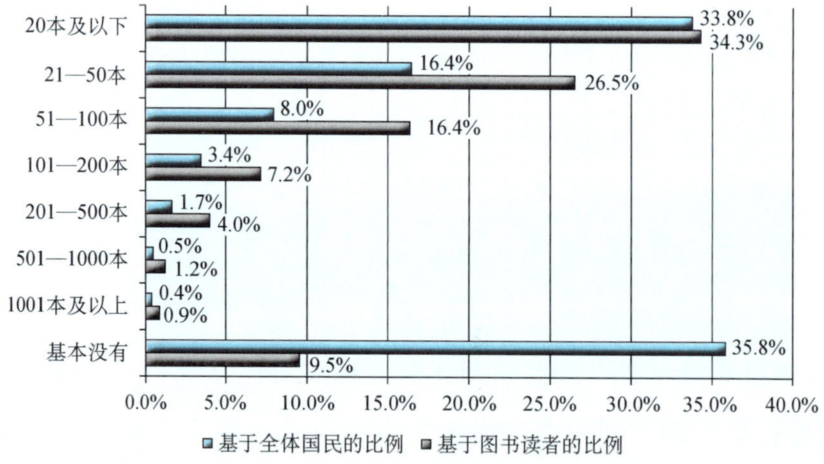

图 2-1-5　家庭藏书量

不同人口特征群体的家庭藏书情况存在一定程度的差异。

从性别来看，男性居民的平均家庭藏书量为 38.49 本，较女性居民的平均家庭藏书量（20.25 本）多出 18.24 本。

从城乡对比来看，我国城镇居民的平均家庭藏书量为 47.08 本，而农村居民的平均家庭藏书量仅为 19.93 本，不及城镇居民的 1/2。

从年龄分布来看，年龄越高的群体其家庭藏书量相对越多。70 周岁以上群体的平均家庭藏书量最多，为 79.03 本；而 18—29 周岁群体的平均家庭藏书量最少，为 31.91 本。

从受教育程度来看，硕士研究生学历群体的平均家庭藏书量最多，为 223.44 本；本科学历群体的平均家庭藏书量次之，为 88.79 本。小学及以下学历群体的平均家庭藏书量最少，仅为 12.01 本。

从收入水平来看，收入较高群体的平均家庭藏书量相对高于收入较低群体。月收入在 10000 元及以上群体的平均家庭藏书量最多，为 69.79 本。月收入在 500—1000 元之间群体的平均家庭藏书量最少，仅为 14.23 本。

从职业或身份来看，“教师”“公务员”“军人/警察”和“事业单位干部”群体的平均家庭藏书量较多，均超过 100 本。而“农民或农民工”群体的平均家庭藏书量最少，为 13.57 本。

具体情况如表 2-1-5 所示。

表 2-1-5　不同人口特征群体家庭藏书量

人口特征	类别	家庭藏书量（本）
性别	男	38.49
	女	20.25
城乡	城镇	47.08
	农村	19.93
年龄	18—29 周岁	31.91
	30—39 周岁	33.89
	40—49 周岁	33.76
	50—59 周岁	33.94
	60—70 周岁	44.11
	70 周岁以上	79.03
学历	博士研究生	74.29
	硕士研究生	223.44
	本科	88.79
	大专	56.01
	高中	33.77
	初中	19.02
	小学及以下	12.01

续前表

人口特征	类别	家庭藏书量（本）
收入	无收入	27.91
	500元以下	15.16
	500—1000元	14.23
	1000—1500元	23.81
	1500—2000元	24.37
	2000—3000元	40.03
	3000—4000元	51.15
	4000—5000元	58.95
	5000—6000元	53.98
	6000—7000元	69.71
	7000—8000元	43.71
	8000—10000元	66.47
	10000元及以上	69.79
	拒绝回答	54.47
职业或身份	工人或商业/服务业人员	24.44
	企业领导或管理人员	81.15
	农民或农民工	13.57
	事业单位干部	108.30
	一般职员/文员/秘书	36.68
	公务员	113.63
	军人/武警	110.62
	教师	167.58
	律师/医护人员/护人等专业技术人员	73.99
	私营或个体劳动者	22.50
	学生	61.35
	离退休人员	54.22
	无业及失业人员	26.74
	自由职业者	33.66
	其他	52.54

2.2 读书目的及不读书原因

2.2.1 读书目的认知

2013年，我国成年图书读者读书的主要目的集中在学习型功能、休闲型功能和实用型功能上。首先，大部分图书读者是为了增加知识而读书，61.3%的读者的读书目的是“增加知识，开阔眼界”，还有26.7%的读者因为“工作学习需要”而读书。其次，分别有39.5%、37.5%和29.1%的读者读书主要是为了“满足兴趣爱好”“打发时间/休闲消遣”“提高修养”。再次，部分读者出于实用型目的而读书，有29.0%的读者为了“掌握一些实用技能”而读书。此外，还有19.9%的读者因为想“增加与别人交流的谈资”而读书。

具体情况如图2-2-1所示。

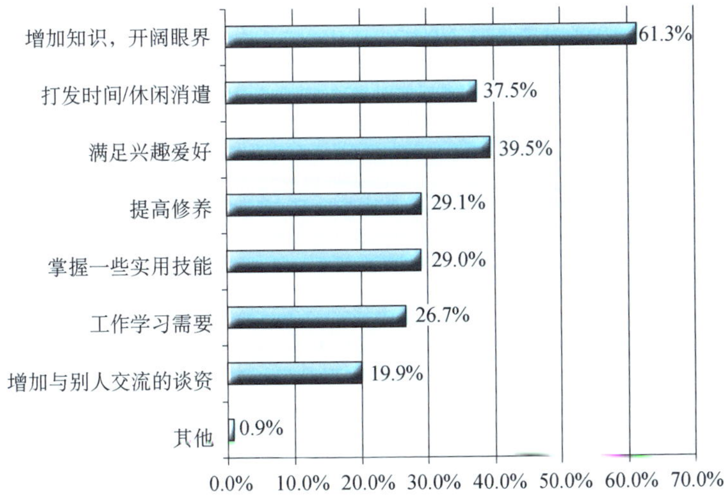

图2-2-1　读者读书目的认知

从城乡对比来看，城镇读者与农村读者的读书目的存在一定程度的差异。城镇读者选择“提高修养”“满足兴趣爱好”“工作学习需要”“打发时间/休闲消遣”“增加与别人交流的谈资”的比例显著高于农村读者。而选择“增加知识，开阔视野”和“掌握一些实用技能”的城乡居民比例基本持平。

具体情况如图2-2-2所示。

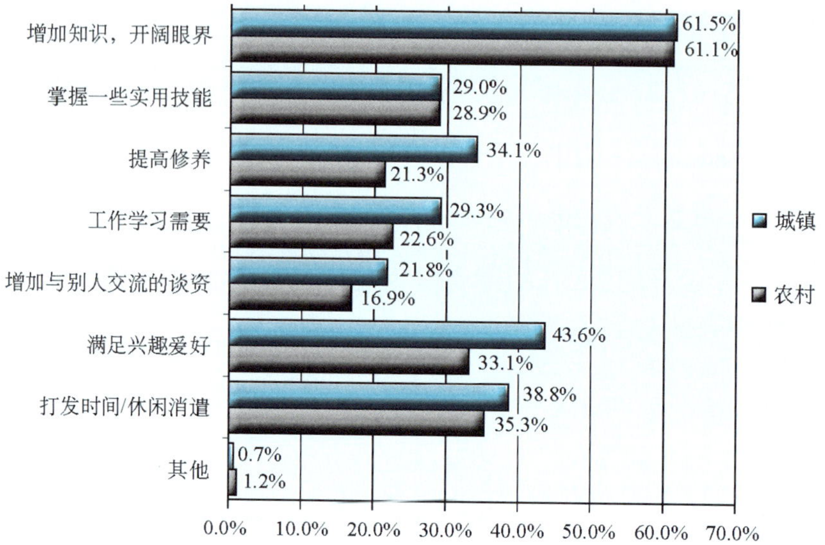

图 2-2-2　读者读书目的城乡差异

2.2.2　没读书的原因

对我国 2013 年没有读书行为的成年国民调查发现，工作忙和缺乏阅读习惯是其没读书的最主要原因。有 37.1%的人表示没有读书的原因在于“工作太忙没时间读书”，还有 32.9%的人表示没读书的原因在于“没有读书的习惯/不喜欢读书”。

其次，其他媒介的干扰也是一个重要因素。在过去一年没有读书行为的成年国民中，有 17.3%的人选择“因看电视而没有时间读书”，11.3%的人选择“因上网/玩游戏等而没时间读书”。

第三，图书内容的吸引力与阅读氛围的缺失也是影响成年国民不读书的重要因素。有 13.1%的人因“找不到感兴趣的书”而没读书，有 11.1%的人因“不知道该读什么”而没读书，有 8.1%的人因“缺少读书氛围”而没读书。还有 13.1%的人因为“文化水平有限，读书有困难”而没读书。

此外，只有 3.8％的人因为觉得“读书没用”而没有读书。看书的场所也并非国民不读书的重要原因，只有 3.6％的人因为“没有看书的地方”而不读书。而因经济原因导致没读书的选择比例也较低，只有 2.6％的人因“书价过高买不起”而没有读书。

具体情况如图 2-2-3 所示。

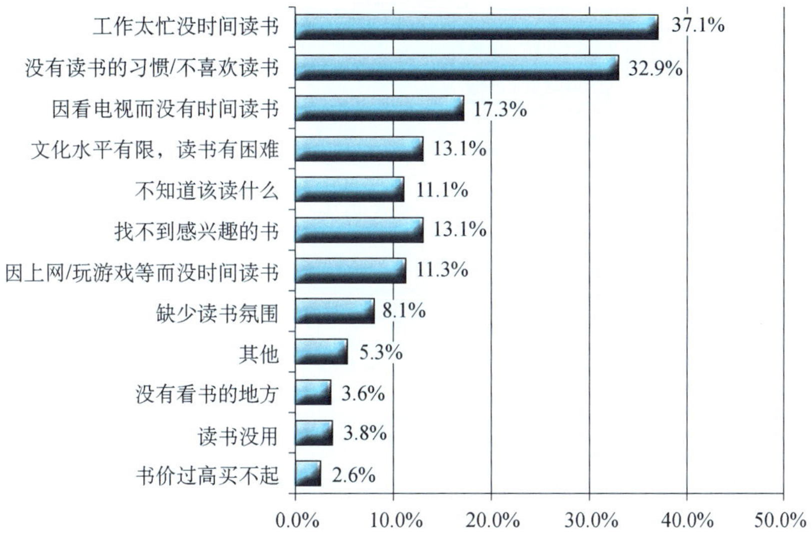

图 2-2-3　没读书的原因

从城乡对比来看，导致城乡居民没读书的最主要原因都是“工作太忙没时间读书”，选择比例均超过 35.0％。此外，城镇居民“因上网/玩游戏等而没时间读书”“因看电视而没时间读书”“缺少读书氛围”等原因而没读书的比例高于农村居民；而农村居民因“文化水平有限，读书有困难”“不知道该读什么”“没有看书的地方”等原因而没读书的比例高于城镇居民。

具体情况如图 2-2-4 所示。

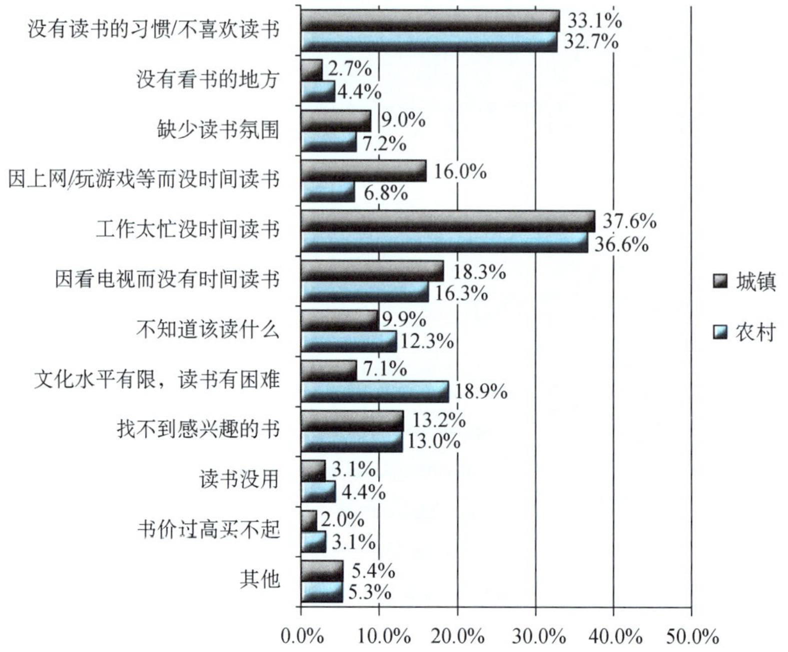

图 2-2-4　城乡成年居民没读书原因对比

2.3　购书状况及变化

2.3.1　购书频率

我国成年国民人均每年购书 2.15 次。在我国成年国民中，有 32.5%的人表示在 2013 年至少购买过一次图书，27.0%的成年居民表示在半年内至少购买过一次图书。此外，有 12.3%的人表示在两年或更长的时间内才购买一次图书，有 55.2%的成年居民表示从未购买过图书。

具体情况如表 2-3-1 所示。

表 2-3-1　图书购买频率

购书频率	选择比例
一星期一次	0.8%
半个月一次	1.7%
一个月一次	4.1%

续前表

购书频率	选择比例
两个月一次	4.4%
三个月一次	6.3%
半年一次	9.7%
一年一次	5.5%
两年或更长时间一次	12.3%
从不购买	55.2%

2.3.2 购书者的购书目的

调查数据显示，我国绝大多数成年购书者购买图书是为了满足自己和家人的阅读需求，有 81.7%的购书者的购书目的是“自己看”，有 47.0%的购书者购买图书是为了“给孩子、家人看”。仅有 3.2%的购书者购买图书是“作为礼品赠送他人”。具体情况如图 2-3-1 所示。

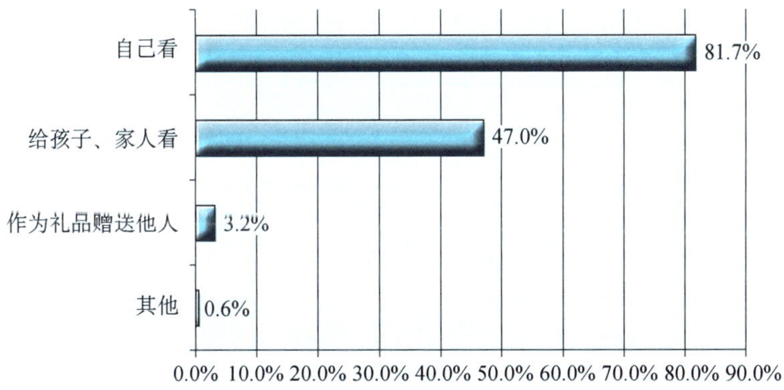

图 2-3-1 购书者的购书目的

2.3.3 购书渠道与渠道选择的原因

2.3.3.1 购书渠道

如表 2-3-2 所示，实体书店仍是我国成年购书者的主要购书渠道。73.6%的购书者表示通常在各地“新华书店”购买图书，有 32.1%的购书者通常在“私营书店”购买图书，有 25.7%的购书者通常在“街头书摊”购书，有12.4%的购书者通常在“超市/商场”购书，有9.4%的购书者通常在“特价、旧书店”购书，有7.7%的购书者通常在“书展、书市”购书，有7.2%的购书者通常在“图书批发市场”购书。

值得注意的是，2013年，有15.7%的购书者表示经常在“网上购书”，这一比例近年来持续上升。（2012年为12.2%、2011年为11.0%、2010年为8.5%）

表 2-3-2 居民购书渠道

购书渠道	2013年	2012年
新华书店	73.6%	70.9%
私营书店	32.1%	33.8%
街头书摊	25.7%	22.8%
网上购书	15.7%	12.2%
超市/商场	12.4%	10.7%
特价、旧书店	9.4%	8.6%
图书批发市场	7.2%	7.9%
书展、书市	7.7%	6.1%
图书俱乐部/邮购	0.5%	0.9%
卖书者上门推销	0.4%	0.3%
其他	1.5%	1.4%

如表2-3-3所示，通过进一步对比城乡居民购书渠道差异时发现，城镇居民通过“网上购书”的比例远高于农村居民。

同时，城镇购书者通过“新华书店”“私营书店”“图书批发市场”等传统渠道购买图书的比例高于农村购书者。而农村购书者选择“街头书摊”的比例，相对城镇购书者高出13.6个百分点。

表 2-3-3 城乡居民购书渠道对比

购书渠道	城镇	农村
新华书店	76.3%	69.0%
私营书店	34.5%	28.1%
街头书摊	20.6%	34.2%
网上购书	19.8%	8.9%
超市/商场	12.7%	11.9%
图书批发市场	8.9%	4.3%
特价、旧书店	8.7%	10.5%
书展、书市	7.7%	7.8%
图书俱乐部/邮购	0.6%	0.4%
卖书者上门推销	0.4%	0.5%
其他	1.9%	0.7%

2.3.3.2 购书渠道选择原因

调查数据显示，图书种类与图书信息丰富程度、便利性和价格，是我国成年购书者选择购书渠道时重点考虑的因素。首先，从图书种类、图书信息丰富程度看，有60.9%的购书者表示“图书种类多”是影响其选择购书渠道的主要原因之一，有33.3%的购书者认为“图书信息丰富”是影响其选择购书渠道的主要原因之一。其次，就便利性来说，有33.1%的购书者表示“很容易找到需要的书”是影响其购书渠道选择的主要原因之一，有32.4%的购书者认为距离是影响其选择购书渠道的主要原因之一。第三，部分购书者较为关注价格因素，有26.0%的购书者表示“价格折扣”是影响其选择购书渠道的主要因素之一。

此外，购书环境与服务也是影响部分购书者选择购书渠道的重要因素之一。有19.3%的购书者将“店内环境好、设施齐全”作为选择购书渠道的主要原因之一；有9.1%的购书者将“店主人或服务员态度亲切、服务好”作为是否选择该购书渠道的主要原因之一。而“开展读书活动”的选择比例较低，仅为1.4%。具体情况如图2-3-2所示。

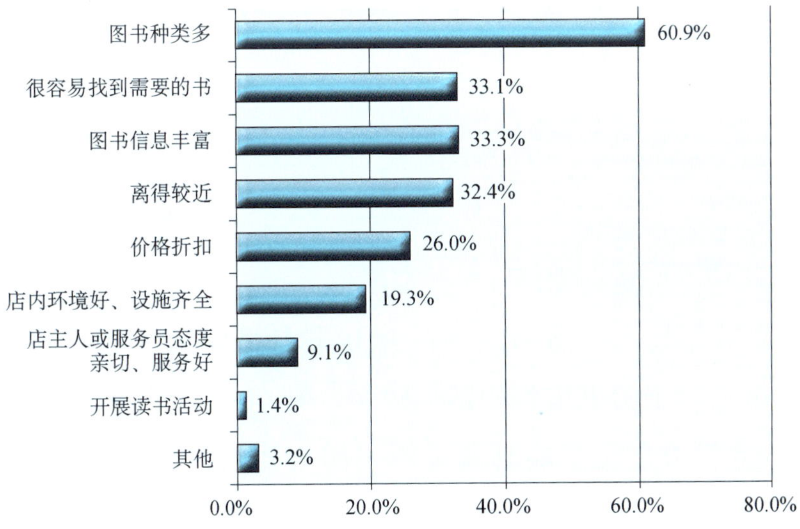

图2-3-2 购书渠道的选择

2.3.4 图书信息的获取途径

媒介与亲友推荐是我国成年国民获取图书信息的最主要途径。在媒介方面，有25.9%的人通过电视获取图书信息，22.0%的人通过“互联网”了解图书信息，12.3%的人通过“报纸、期刊”获取图书信息。在亲友推荐方面，有25.3%的人通过“朋友或他人推荐”获取图书信息。另外，还有32.9%的人表示对于图书信息“无获取渠道”。具体情况如图2-3-3所示。

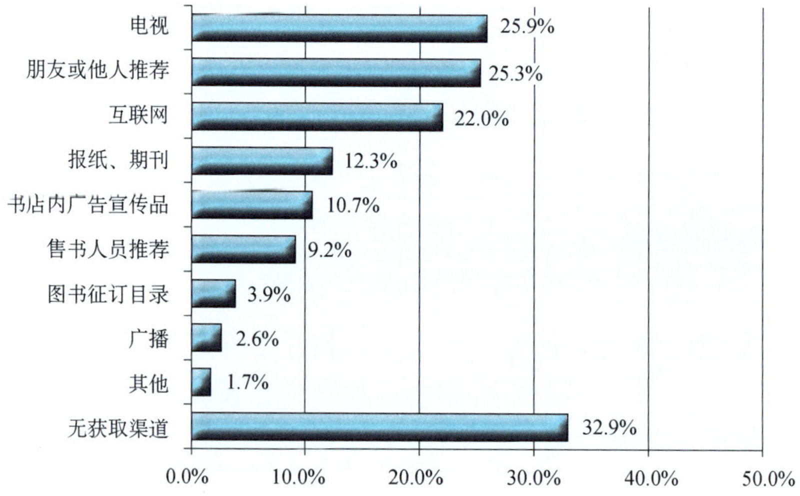

图2-3-3 图书信息获取途径

2.3.5 购书影响因素

调查数据显示，图书内容简介和书名目录这些能反映图书内容的因素对于图书销售的影响较大，有56.4%的购书者表示，“图书内容简介”是影响其购买图书的主要因素之一，“书名或目录”的选择比例为24.1%。其次，“熟人推荐”（26.1%）和“店员推荐”（13.5%）这些人际传播因素，也会影响到较多购书者的购书选择。此外，有20.0%的购书者的购书行为会受到图书“价格”因素的影响。而“畅销书榜”（12.4%）、“作者”（11.9%）和“封面设计及外观”（11.2%）等也是影响部分购书者购书的因素。

值得注意的是，我国成年购书者在购书时并不太在意“出版社的名气”和“图书广告”，仅有3.5%和1.9%的选择比例。

具体情况如图2-3-4所示。

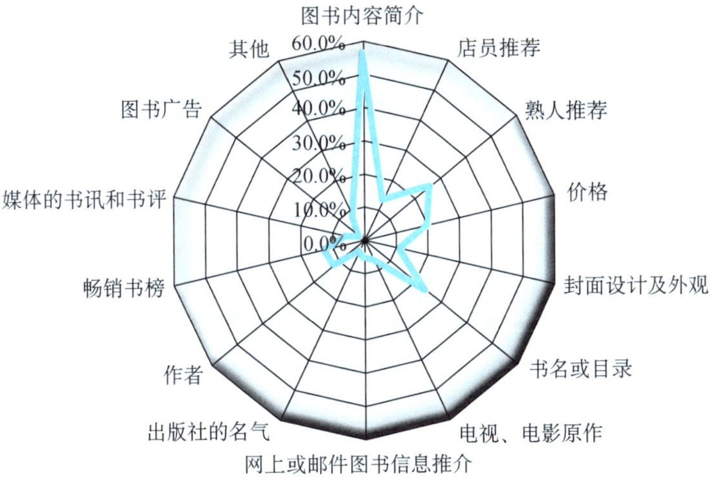

图2-3-4 购书影响因素

2.3.6 购书制约因素

调查数据显示，63.4%的我国成年国民认为在购书方面“没有什么不方便”，而客观距离、信息传播不畅是较为主要的购书不便因素。在客观距离方面，有18.8%的成年居民认为购书不便是因为“家离卖书的地方很远”。在信息不畅方面，有13.5%的人因为“对书的信息知道的少”而感到购书不便。

具体情况如表2-3-4所示。

表 2-3-4　购书制约因素

购书不便之处	选择比例
家离卖书的地方很远	18.8%
书店陈列混乱，很难找书	4.8%
书店服务态度不好	1.7%
对书的信息知道的少	13.5%
想买的书总是没有	4.7%
没有图书信息检索设备	2.9%
没有什么不方便	63.4%
其他	1.7%

调查数据显示，制约城乡居民购书的因素存在一定差异。“家离卖书的地方很远”是造成农村居民购书不便的最主要原因（29.9%），这一比例较城镇居民（9.3%）高 20.6 个百分点。而城镇居民认为购书“没有什么不方便”的比例（72.0%）较农村居民（53.3%）高 18.7 个百分点。

具体情况如表 2-3-5 所示。

表 2-3-5　城乡居民购书制约因素

购书不便之处	城镇	农村
家离卖书的地方很远	9.3%	29.9%
书店陈列混乱，很难找书	4.7%	4.9%
书店服务态度不好	1.9%	1.5%
对书的信息知道的少	11.8%	15.6%
想买的书总是没有	5.1%	4.2%
没有图书信息检索设备	3.8%	1.8%
没有什么不方便	72.0%	53.3%
其他	1.0%	2.5%

2.3.7 购书距离

2013 年，我国成年国民离家最近购书点的平均距离为 3.48 公里，与 2012 年（3.30 公里）基本相当。城乡之间的购书距离存在较为显著的差异，城镇居民距离家最近购书点的平均距离为 2.11 公里，农村居民距离家最近购书点的平均距离为 4.96 公里，比城镇居民远 2.85 公里。

具体来看，有 52.3%的我国成年国民表示距离家最近购书点的距离主要集中在 3 公里以内，有 22.2%的人表示距离家最近购书点的距离不超过 1 公里。同时，有 35.7%的人表示距离家最近购书点的距离超过 3 公里，有 9.8%的人表示离家最近购书点的距离在 10 公里及以上。另外，还有 11.9%的人对这一距离认知模糊（“不清楚/不知道”）。

具体情况如图 2-3-5 所示。

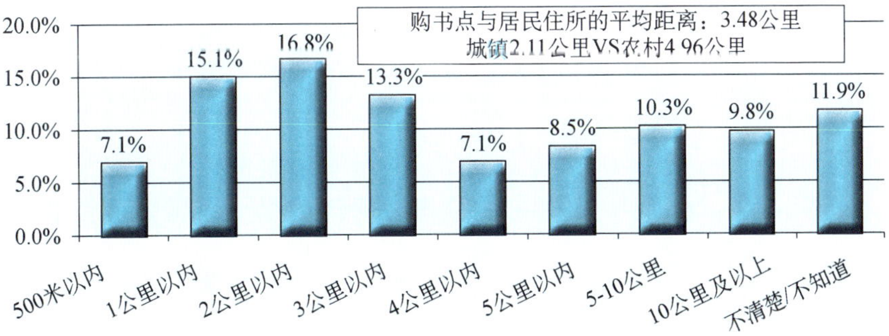

图 2-3-5 距家最近购书点距离

2.3.8 图书价格的评价

2013 年，在我国成年国民中，有 42.9%的人认为当前图书价格贵（“比较贵”或“非常贵”），仅有 6.1%的人认为当前图书价格便宜（“比较便宜”或“非常便宜”）。另外，有31.2%的人认为当前的图书价格“合适”，还有19.8%的人对当前的图书价格感知比较模糊（“说不清”）。

具体情况如图2-3-6所示。

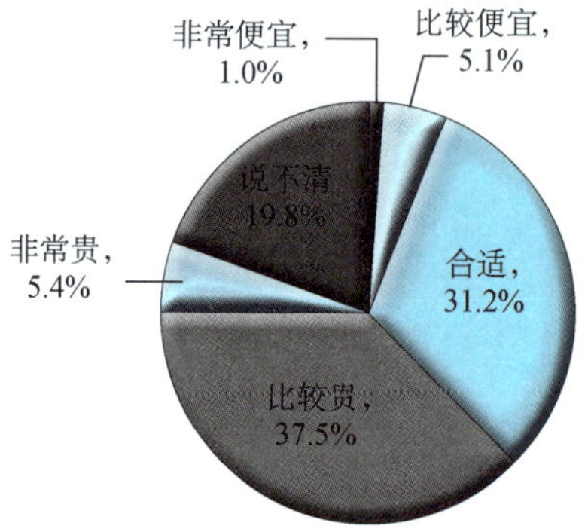

图2-3-6 对当前图书价格的评价

2.3.9 图书价格承受能力

通过对图书价格承受能力的分析发现，对于一本200页左右文学类简装书，2013年我国成年国民平均能够接受的价格为13.68元，与2012年（13.67元）基本持平。

对于购买一本200页左右的文学类简装书，大部分成年国民能够接受的价格区间主要集中在30元以下。具体来看，有6.8%的国民只能承受4元以下的价格，12.7%的国民能承受4—8元的价格，26.3%的国民能承受8—12元的价格，27.4%的国民能承受12—20元的价格，14.6%的国民能承受20—30元的价格。此外，有2.7%的国民能够承受的价格在30元及以上。还有9.5%的国民认为对于图书“只要喜欢，多贵都买”。

具体情况如图2-3-7所示。

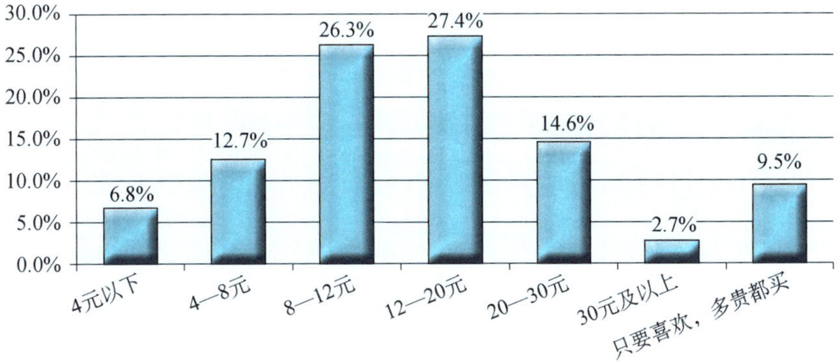

图 2-3-7 可接受的图书价格

数据显示，对于同样一本 200 页左右的文学类简装书，我国城乡居民可接受的价格呈现一定差异。城镇居民平均可承受的图书价格为 15.09 元，较农村居民（12.14 元）高出 2.95 元。

具体来看，农村居民中只能接受 12 元以下图书价格的比例为 57.1%，较城镇居民（35.9%）高 21.2 个百分点。而城镇居民中能接受 12 元及以上图书价格的比例为 52.1%，较农村居民（36.3%）高 15.8 个百分点。同时，城镇居民中表示能接受“只要喜欢，多贵都买”的比例为 12.0%，高于农村居民的 6.7%。

具体情况如图 2-3-8 所示。

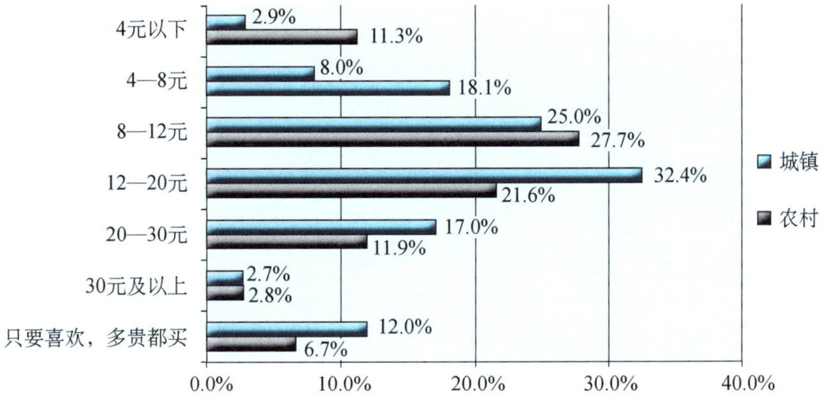

图 2-3-8 城乡居民图书价格承受能力对比

2.3.10 书店知名度和市场渗透率

在调查中，我们列举了23家国内较为知名的书店（包括网上书店），请被访者选择其知道的书店名称，然后再根据被访者选取情况对这些书店进行知名度排名。结果表明，“本地新华书店”的知名度最高，为82.8%；其次为“当当网”，为24.4%；“京东商城”和“本地大型书店、图书大厦、图书城等”的知名度接近，分别为18.7%和18.0%。

值得关注的是，虽然“本地新华书店”多年来都是知名度第一的书店，但在知名度排名前六位的书店中，有四家均为网上书店（“当当网”“京东商城”“亚马逊网”“苏宁易购”）。

具体情况如表2-3-6所示。

表2-3-6　书店的知名度排名

书店名称	选择比例	排名
本地新华书店	82.8%	1
当当网	24.4%	2
京东商城	18.7%	3
本地大型书店、图书大厦、图书城等	18.0%	4
亚马逊网	13.5%	5
苏宁易购	12.6%	6
新华文轩连锁书店	8.5%	7
中国图书网	5.9%	8
大众书局	5.4%	9
上海书城	4.8%	10
99网上书城	4.7%	11
新书城网上书店	4.2%	12
博库书城	2.7%	13
时代网上书	2.6%	14
800图书网	2.1%	15
蔚蓝图书网	2.0%	16
一城网	1.7%	17
新知书城	1.7%	17

续前表

书店名称	选择比例	排名
孔夫子旧书网	1.3%	19
红泥巴图书网	1.1%	20
西西弗书店	0.9%	21
季风书园	0.8%	22
弘道书局	0.6%	23

对于以上列举的23家国内较为知名的书店（包括网上书店），我们进一步询问被访者曾在其中哪些书店购买过出版物，再根据被访者的选择比例来判断这些书店的市场渗透情况。数据显示，2013年，在我国成年国民中，大多数人（66.5%）曾去过“本地新华书店”购买出版物；其次，曾在“当当网”“本地大型书店图书大厦、图书城等”“京东商城”“亚马逊网”等书店购买过出版物的比例也较高，分别为18.4%、12.7%、9.4%和9.2%。

具体情况如表2-3-7所示。

表2-3-7　书店的市场渗透率排名

书店名称	选择比例	排名
本地新华书店	66.5%	1
当当网	18.4%	2
本地大型书店、图书大厦、图书城等	12.7%	3
京东商城	9.4%	4
亚马逊网	9.2%	5
新书城网上书店	4.0%	6
新华文轩连锁书店	3.7%	7
苏宁易购	1.7%	8
中国图书网	1.7%	8
99网上书城	1.6%	10
800图书网	1.5%	11
博库书城	1.4%	12
大众书城	1.2%	13
一城网	0.8%	14
上海书城	0.8%	14
西西弗书店	0.6%	16
蔚蓝图书网	0.6%	16
孔夫子旧书网	0.5%	18

续前表

书店名称	选择比例	排名
新知书城	0.3%	19
时代网上书	0.2%	20
弘道书局	0.2%	20
季风书园	0.1%	22
红泥巴图书网	0.1%	22

2.4 我国分类图书市场

调查数据显示，2013年，在我国成年国民中，有37.2%的人喜欢“文学”类图书，有32.2%的人喜欢“日常生活”类图书，喜欢“经济、管理”“历史”“科普”“医药卫生”“军事”等类图书的人也相对较多，所占比例均在10.0%以上。

“文学”类图书的购买率最高，12.2%的人曾经购买过此类图书，“日常生活”“少儿”“经济、管理”和“医药卫生”类图书的购买率也相对较高，均在4.0%以上。总体来看，偏好度较高的几类图书其购买率也相对较高。“文学”和“日常生活”这两类偏好度最高的图书，其购买率也最高。此外，“少儿”类图书的偏好度（9.7%）虽不高，但其购买率（6.5%）却仅次于“日常生活”类图书，位居第三。

从市场空缺度来看，我国当前各类图书的市场空缺度都不高。相对而言，“文学”类图书的市场空缺度最高，为4.2%。“日常生活”“农业”“科普”“医药卫生”和“经济、管理”类图书的市场空缺度也相对较高。

从预购率来看，购买率较高的几类图书其预购率也相对较高。“文学”“日常生活”“少儿”“经济、管理”“医药卫生”“教育”和“科普”这几类购买率较高的图书，其预购率也名列前茅。其中，“文学”类图书的预购率最高，达15.5%。

具体情况如表2-4-1所示。

表 2-4-1　分类图书市场占有情况

图书分类	偏好度	购买率	市场空缺度	预购率
文学	37.2%	12.2%	4.2%	15.5%
日常生活	32.2%	8.2%	3.9%	13.4%
历史	13.7%	3.5%	1.4%	4.1%
经济、管理	14.1%	4.8%	2.2%	6.6%
军事	12.3%	2.3%	1.7%	3.8%
医药卫生	13.2%	4.5%	2.2%	6.1%
法律	10.6%	2.0%	1.5%	4.2%
心理	10.0%	3.0%	2.0%	4.4%
教育	10.3%	3.8%	1.6%	5.4%
科普	13.3%	3.1%	2.3%	5.7%
体育健身	6.1%	1.2%	1.2%	2.5%
政治	5.6%	1.1%	0.6%	1.8%
少儿	9.7%	6.5%	1.0%	7.3%
农业	8.3%	2.0%	2.6%	4.2%
哲学	4.5%	1.2%	0.9%	1.6%
天文、地理	5.2%	0.8%	1.1%	1.6%
计算机网络	5.7%	1.7%	1.3%	2.9%
美术书法艺术	2.7%	1.2%	0.7%	1.2%
生物科学	1.6%	0.3%	0.9%	0.7%
工业技术	2.5%	0.8%	1.0%	1.1%
外文版图书	3.4%	1.2%	1.2%	2.1%
数学物理化学	1.4%	0.7%	0.3%	1.0%
其他	6.0%	3.3%	2.2%	3.1%
以上皆无	29.0%	69.5%	76.9%	53.6%

通过对购买率和市场空缺度两个维度的对比，分析各类图书的市场表现及其发展前景。如图 2-4-1 所示，“文学”和“日常生活”类图书的购买率较高、市场空缺度也较高，这两类图书的偏好度和预购率也相对较高。据此推测，在所有图书种类中，“文学”和“日常生活”类图书的市场表现最佳。

而“数学物理化学”类图书的购买率不高，其市场空缺度也较低。因此推测该类图书的发展空间相对狭窄。

值得注意的是，虽然“少儿”类图书的购买率较高，排在“文学”“日常生活”类图书之后，位列第三，但其市场空缺度较低。

具体情况如图 2-4-1 所示。

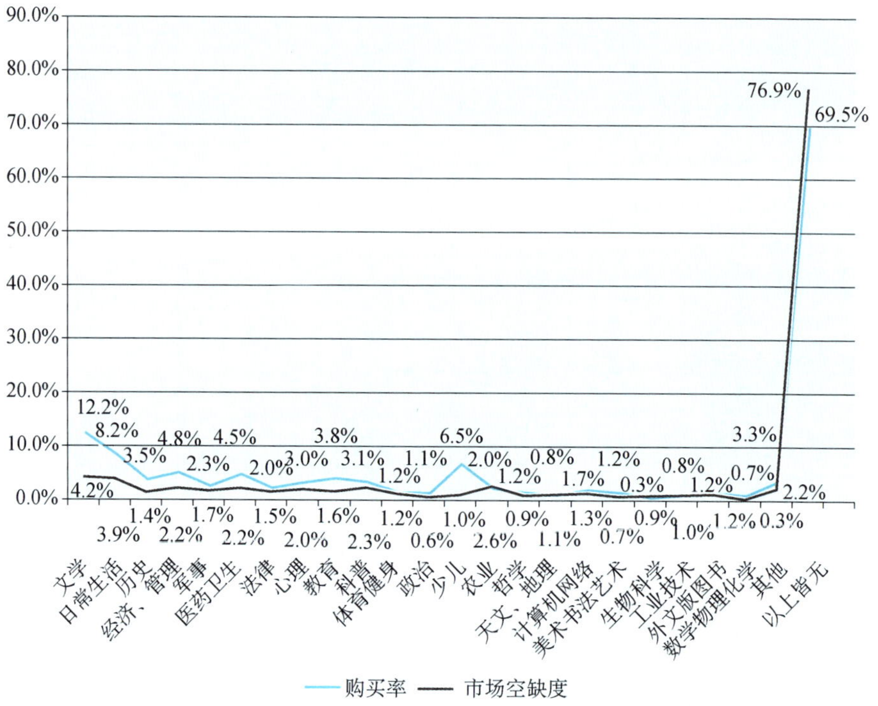

图 2-4-1　各类图书的市场购买和空缺情况

2.4.1　文学类图书市场消费状况及市场预期

2013 年，在国内文学类图书市场中，“文学名著”类图书的偏好度最高，为 33.3%；该类图书的购买率也是最高，为 28.9%。从预购率来看，“文学名著”“历史小说”“人物传记”类图书的预购率排名位列前三，分别为 22.8%、19.1%和 19.0%。从市场空缺情况来看，“纪实报告”和“人物传记”类图书的市场空缺度最高，分别为 18.3%和 17.3%。具体情况如表 2-4-2 所示。

表 2-4-2　文学类图书分类市场状况

图书分类	偏好度	购买率	市场空缺度	预购率
言情小说	32.0%	15.3%	7.8%	16.8%
武侠小说	26.6%	11.9%	5.1%	12.0%
文学名著	33.3%	28.9%	11.2%	22.8%
当代小说	26.2%	19.5%	7.3%	15.9%
科幻小说	13.4%	6.7%	4.8%	7.3%
悬疑/惊悚小说	9.3%	6.0%	4.6%	4.8%

续前表

图书分类	偏好度	购买率	市场空缺度	预购率
散文随笔	11.9%	9.9%	10.3%	8.5%
文学评论	7.6%	5.5%	13.3%	6.8%
纪实报告	16.8%	5.2%	18.3%	11.6%
人物传记	25.8%	14.4%	17.3%	19.0%
民间文学	18.8%	6.5%	16.9%	11.8%
儿童文学	8.7%	11.2%	6.2%	11.7%
诗歌/戏剧	3.0%	3.0%	7.0%	2.9%
历史小说	28.0%	15.8%	9.6%	19.1%
青春/玄幻小说	9.2%	5.1%	1.4%	4.8%
其他	0.8%	3.0%	4.3%	1.5%

为了更直观地表现各种文学类图书在偏好度、购买率、预购率和市场空缺度这四个指标上的差异，我们将以上数据制作成雷达图进行分析。不难发现，2013 年，“文学名著”“言情小说”“历史小说”“武侠小说”“当代小说”“人物传记”是我国成年国民最喜欢的几种文学类图书，购买过和计划购买这几类图书的人也相对较多。具体情况如图 2-4-2 所示。

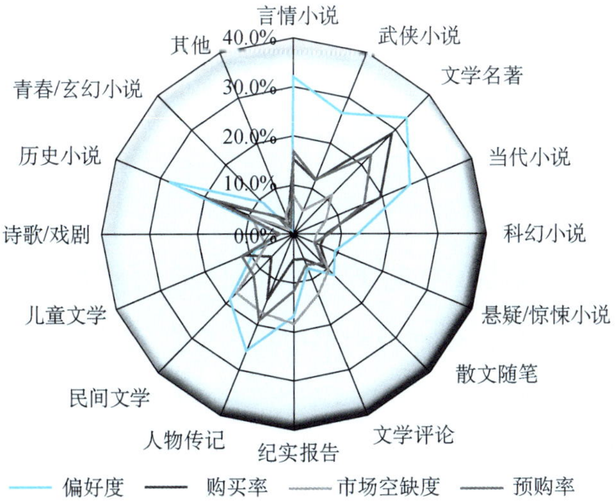

图 2-4-2　文学类图书市场分析

下面将通过对购买率和市场空缺度两个维度的对比，更为直观地分析文学类图书的市场表现。如图 2-4-2 所示，“文学名著”和“人物传记”类图书的购买率较高，其市场空缺度也相对较高。据此推测，这两类文学类图书的市场表现较好。值得注意的是，“当代小说”类图书的购买率较高，但市场空缺度却相对较低。

“纪实报告”“民间文学”和“文学评论”类图书的市场占有率虽然不高，但其市场空缺度在文学类图书中是较高的。据此推测，这两类图书在未来一段时间内会有较大的上升空间。具体情况如图 2-4-3所示。

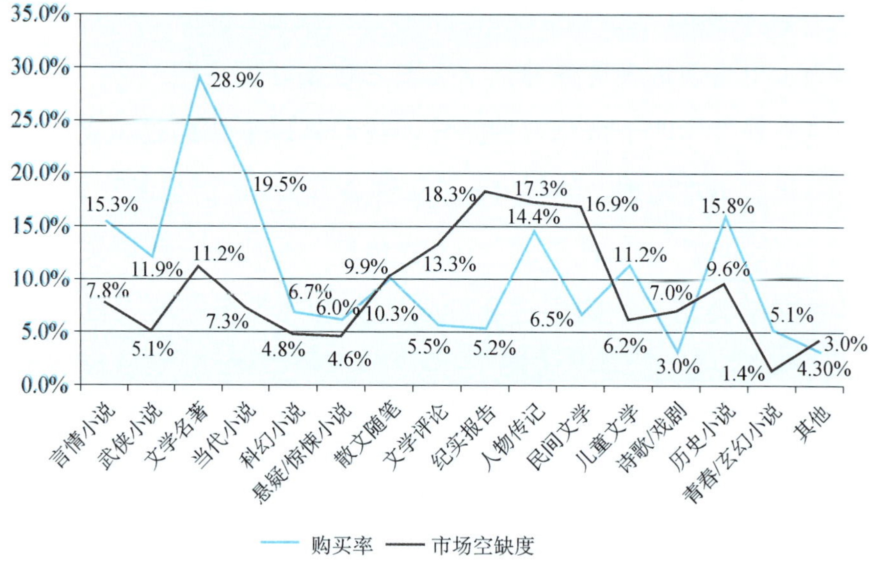

图 2-4-3　文学类图书市场占有和空缺情况

2.4.2　生活类图书市场消费状况及市场预期

2013 年，在国内生活类图书市场，“生活知识”和“家庭保健”类图书的偏好度最高，分别为 54.8%和 49.6%；“生活知识”类图书的购买率也最高，为 30.1%。从预购率来看，“生活知识”“家庭保健”“烹饪美食”类图书的预购率排名位列前三，分别为 37.1%、29.9%和 18.9%。从市场空缺情况看，“家庭保健”“心理健康”“生活知识”类图书的市场空缺度较高，分别为 16.7%、15.4%和 15.0%。具体情况如表 2-4-3 所示。

表 2-4-3 生活类图书分类市场状况

图书分类	偏好度	购买率	市场空缺度	预购率
家庭保健	49.6%	22.0%	16.7%	29.9%
生活知识	54.8%	30.1%	15.0%	37.1%
休闲旅游	25.8%	10.6%	10.2%	15.9%
美发美容	10.2%	7.5%	4.8%	5.1%
服装服饰	17.2%	9.2%	7.8%	9.0%
烹饪美食	25.5%	18.5%	10.2%	18.9%
家庭手工制作	5.6%	2.6%	8.8%	3.5%
女性生活	10.9%	4.7%	5.6%	6.7%
育儿	17.1%	18.7%	8.7%	17.1%
家居装饰	11.0%	3.7%	11.3%	8.9%
励志学习	15.6%	8.5%	14.2%	10.5%
心理健康	18.7%	12.5%	15.4%	15.6%
两性关系	4.0%	0.8%	6.3%	2.5%
其他	0.7%	3.4%	5.4%	0.7%

为了更直观地表现各种生活类图书在偏好度、购买率、预购率和市场空缺度这四个指标上的差异，我们将以上数据制作成雷达图进行分析。2013 年，“生活知识”“家庭保健”“休闲旅游”类图书是我国成年国民最喜欢的几类生活类图书，购买过和计划购买这几类图书的人也相对较多。具体情况如图 2-4-4 所示。

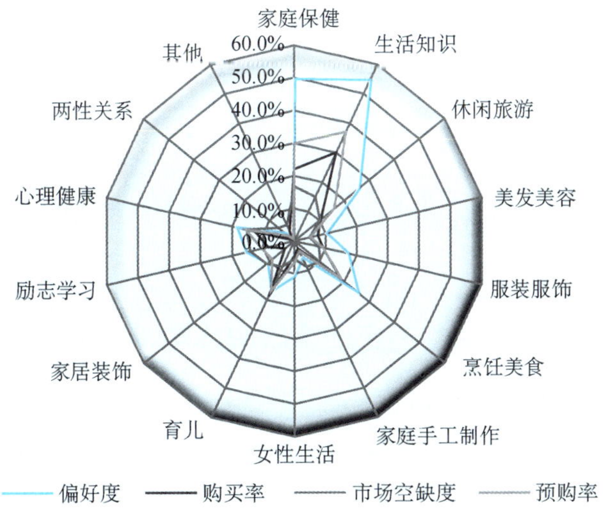

图 2-4-4 生活类图书市场分析

下面将通过对购买率和市场空缺度两个维度的对比，更为直观地分析生活类图书的市场表现。“生活知识”和“家庭保健”类图书的购买率较高，其市场空缺度也相对较高。据此推测，这两种生活类图书的市场表现较好。值得注意的是，虽然“育儿”和“烹饪美食”类图书的购买率排在“生活知识”“家庭保健”类图书之后，分别位列第三和第四位，但市场空缺度却相对较低。

“家庭手工制作”和“家居装饰”类图书的市场占有率虽然不高，但其市场空缺度在生活类图书中相对较高，具有较大的发展潜力。

而“两性关系”类图书的购买率不高，同时市场空缺度较低，其市场发展空间相对狭窄。具体情况如图 2-4-5 所示。

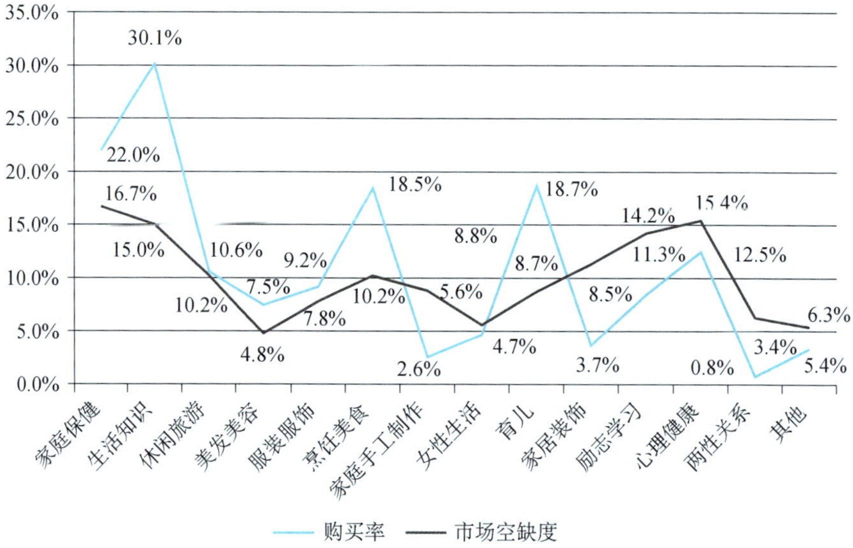

图 2-4-5　生活类图书的市场占有和空缺情况

2.4.3　经济类图书市场消费状况及市场预期

2013 年，在国内经济类图书市场中，“个人理财”类图书的偏好度最高，为 38.7%；而“经营管理”类图书的购买率最高，为 32.8%。从预购率来看，“个人理财”“经营管理”和“市场营销”类图书的预购率排名位列前三，分别为 34.5%、26.1%和 20.6%。从市场空缺情况看，“个人理财”和“市场营销”类图书的市场空缺度最高，分别为 18.3%和 16.1%。具体情况如表 2-4-4 所示。

表 2-4-4　经济类图书分类市场状况

图书分类	偏好度	购买率	市场空缺度	预购率
经济理论	34.7%	19.9%	13.7%	18.2%
市场营销	32.3%	29.9%	16.1%	20.6%
财务会计	12.0%	10.2%	7.5%	7.3%
经营管理	36.8%	32.8%	15.4%	26.1%
财政税收	3.9%	2.8%	9.1%	4.5%
房产物业	10.6%	5.8%	11.8%	7.8%
金融保险	17.8%	9.8%	8.0%	13.5%
广告宣传	8.5%	3.3%	8.0%	5.0%
证券期货	5.4%	4.8%	10.4%	3.8%
个人理财	38.7%	16.7%	18.3%	34.5%
职场	14.6%	6.1%	12.6%	11.4%
其他	1.7%	4.9%	4.9%	1.8%

为了更直观地表现各种经济类图书在偏好度、购买率、预购率和市场空缺度这四个指标上的差异，我们将以上数据制作成雷达图进行分析。不难发现，2013 年，“个人理财”“经营管理”“经济理论”和“市场营销”类图书是我国成年国民最喜欢的几类经济类图书，购买过和计划购买这几类图书的人也相对较多。

具体情况如图 2-4-6 所示。

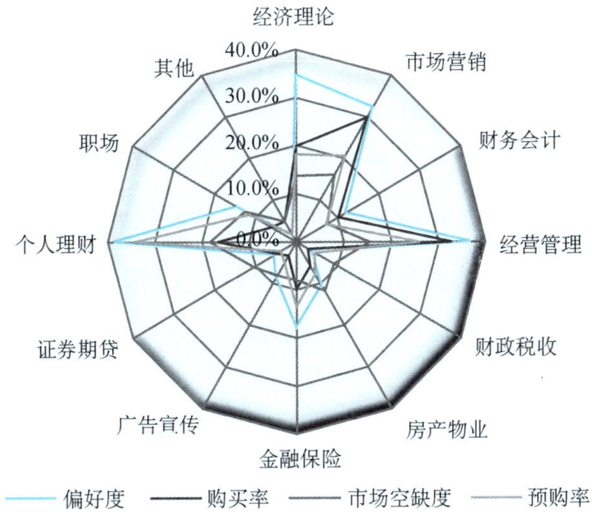

图 2-4-6　经济类图书市场分析

2.4.4 外语类图书市场消费状况及市场预期

2013 年，在国内外语类图书市场，“口语听力”类图书的偏好度最高，为 31.2%；而“教材教辅”类图书的购买率最高，为 30.8%。从预购率来看，“教材教辅”“文艺读物”“外语工具书”类图书的预购率排名位列前三，分别为 23.6%、22.7%和 21.4%。从市场空缺情况看，“文艺读物”“商贸外语”“外语工具书”类图书的市场空缺度较高，分别为 22.4%、18.9%和 18.3%。具体情况如表 2-4-5 所示。

表 2-4-5　生活类图书分类市场状况

图书分类	偏好度	购买率	市场空缺度	预购率
外语工具书	26.3%	23.2%	18.3%	21.4%
词汇语法	20.6%	20.3%	14.9%	19.8%
口语听力	31.2%	18.3%	17.7%	20.4%
阅读写作	26.0%	21.8%	12.3%	17.9%
商贸外语	13.5%	7.4%	18.9%	12.4%
文艺读物	28.1%	17.0%	22.4%	22.7%
教材教辅	27.4%	30.8%	12.1%	23.6%
其他	4.2%	10.8%	12.1%	3.9%

为了更直观地表现各种外语类图书在偏好度、购买率、预购率和市场空缺度这四个指标上的差异，我们将以上数据制作成雷达图进行分析。不难发现，2013 年，“口语听力”“文艺读物”“教材教辅”“外语工具书”和“阅读写作”类图书是我国成年国民最喜欢的几类外语类图书，购买过和计划购买“外语工具书”和“教材教辅”类图书的人也相对较多。但“文艺读物”类图书的购买率略低，“阅读写作”类图书的预购率略低。具体情况如图 2-4-7所示。

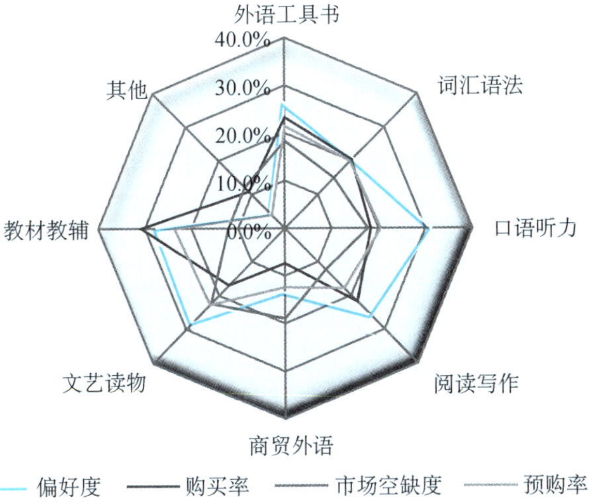

图 2-4-7　外语类图书市场分析

2.4.5　科技类图书市场消费状况及市场预期

2013 年，在国内科技类图书市场，“医药卫生”类图书的偏好度最高，为 50.8%；同时“医药卫生”类图书的购买率也最高，为 38.7%。从预购率来看，“医药卫生”“农业科技”和“科普”类图书的预购率排名位列前三，分别为 35.9%、25.0%和 22.2%。从市场空缺情况看，“农业科技”“科普”和“医药卫生”类图书的市场空缺度较高，均超过 20.0%。

具体情况如表 2-4-6 所示。

表 2-4-6　科技类图书分类市场状况

图书分类	偏好度	购买率	市场空缺度	预购率
医药卫生	50.8%	38.7%	21.0%	35.9%
农业科技	27.5%	21.8%	27.4%	25.0%
交通运输	13.2%	12.2%	12.8%	7.7%
计算机	24.0%	17.7%	9.5%	18.5%
网络	21.1%	8.6%	10.3%	13.8%
机械建筑	7.4%	5.1%	11.1%	7.1%
工程技术	11.0%	7.9%	14.6%	8.6%
科普	28.8%	16.9%	25.0%	22.2%
其他	0.9%	3.6%	3.8%	1.6%

为了更直观地表现各种科技类图书在偏好度、购买率、预购率和市场空缺度这四个指标上的差异，我们将以上数据制作成雷达图进行分析。不难发现，2013 年，“医药卫生”“科普”和“农业科技”类图书是我国成年国民最喜欢的科技类图书，购买过和计划购买这几类图书的人也相对较多。此外，“计算机”类图书的购买率也较高，但市场空缺度并不高。具体情况如图 2-4-8 所示。

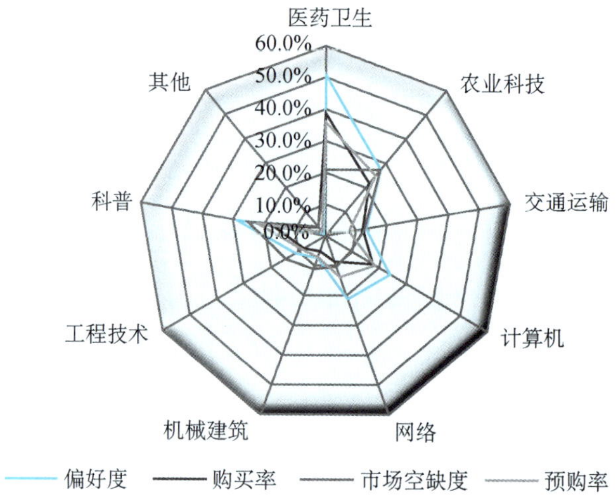

图 2-4-8　科技类图书市场分析

2.5　成年国民最喜爱的图书作者

在无提示的情况下，我们请被访者说出其最喜爱的三个图书作者的姓名，然后根据作者被提及次数进行排名。结果显示，2013 年我国成年国民最喜爱的图书作者排在前三位的分别是巴金、鲁迅、莫言。四大名著作者中，只有《红楼梦》的作者曹雪芹位列前十。

具体情况如表 2-5-1 所示。

表 2-5-1 成年国民最喜爱的图书作者

排名	2013 年	2012 年	2011 年
1	巴金	莫言	鲁迅
2	鲁迅	金庸	金庸
3	莫言	鲁迅	韩寒
4	金庸	韩寒	琼瑶
5	郭敬明	琼瑶	郭敬明
6	韩寒	老舍	老舍
7	琼瑶	郭敬明	曹雪芹
8	曹雪芹	曹雪芹	冰心
9	老舍	巴金	古龙
10	冰心	冰心	巴金

2.6 成年国民最喜爱的图书

在无提示的情况下，我们请被访者说出其最喜欢的三本书的名字，然后根据图书被提及次数进行排名。数据显示，最受我国成年国民喜爱的四本书依然是四大名著：《三国演义》《红楼梦》《水浒传》和《西游记》，稳居前四位。

具体情况如表 2-6-1 所示。

表 2-6-1 成年国民最喜爱的十本书

排名	2013 年	2012 年	2011 年
1	三国演义	红楼梦	三国演义
2	红楼梦	三国演义	红楼梦
3	水浒传	水浒传	水浒传
4	西游记	西游记	西游记
5	天龙八部	天龙八部	简·爱
6	小时代	红高粱	天龙八部
7	平凡的世界	蛙	钢铁是怎样炼成的
8	钢铁是怎样炼成的	围城	平凡的世界
9	围城	钢铁是怎样炼成的	史蒂夫·乔布斯传
10	简·爱	丰乳肥臀	围城

2.7 成年国民最喜爱的出版社

2.7.1 成年国民最喜爱的出版社

同样，在无提示的情况下，我们请被访者列举其最喜欢的三家国内出版社。结果显示，人民出版社、新华出版社和人民教育出版社位列前三，近几年情况基本如此。与2012年相比，上海人民出版社和长江文艺出版社进入前十。

具体情况如表2-7-1所示。

表2-7-1 成年国民最喜爱的十大出版社

排名	2013 排名	2012 排名	2011 排名
1	人民出版社	人民出版社	人民出版社
2	新华出版社	新华出版社	新华出版社
3	人民教育出版社	人民教育出版社	人民教育出版社
4	北京出版社	北京出版社	人民文学出版社
5	人民文学出版社	人民文学出版社	北京出版社
6	上海人民出版社	浙江教育出版社	上海人民出版社
7	清华大学出版社	作家出版社	作家出版社
8	北京大学出版社	清华大学出版社	中国青年出版社
9	中国青年出版社	北京大学出版社	清华大学出版社
10	长江文艺出版社	中国青年出版社	浙江教育出版社

2.7.2 国内出版社知名度和市场渗透率排名

为了解国内出版社的知名度，我们列举了29家国内较为知名的出版社，请被访者在其中选择其所知晓的出版社，然后根据被提及次数进行排名。

调查数据显示，知名度排名最靠前的国内出版社为人民出版社、人民教育出版社、人民文学出版社和新华出版社。在高等学校主办的出版社中，北京大学出版社、清华大学出版社、中国人民大学出版社的知名度较高，排名均在前十之列。在地方出版社中，北京出版社的知名度较高，列第八位。相比之下，三联书店、商务印书馆和中华书局等老牌知名出版社都在十名开外。具体情况如表 2-7-2 所示。

表 2-7-2 国内出版社的知名度排名

出版社名称	排名
人民出版社	1
人民教育出版社	2
人民文学出版社	3
新华出版社	4
北京大学出版社	5
清华大学出版社	6
上海人民出版社	7
北京出版社	8
中国青年出版社	9
中国人民大学出版社	10
高等教育出版社	11
三联书店	12
江苏教育出版社	13
长江文艺出版社	14
商务印书馆	15
作家出版社	16
复旦大学出版社	17
中华书局	18
重庆出版社	19
科学出版社	20
浙江教育出版社	21
机械工业出版社	22
外语教学与研究出版社	23
人民邮电出版社	24
中信出版社	25
电子工业出版社	26
接力出版社	27
中国财政经济出版社	28
社会科学文献出版社	29

为进一步了解以上出版社的市场表现，我们询问被访者在 2013 年曾购买过哪些出版社的出版物。调查结果如表 2-7-3 所示，人民出版社、新华出版社、人民教育出版社、人民文学出版社、北京出版社、北京大学出版社和上海人民出版社等知名度比较高的出版社，同样也具有较高的市场渗透率，排名均在前十之列。此外，商

务印书馆、中国青年出版社和高等教育出版社的市场渗透率也较高，分别排在第七位、第九位和第十位。

表 2-7-3　国内出版社的市场渗透率排名

出版社名称	排名
人民出版社	1
新华出版社	2
人民教育出版社	3
人民文学出版社	4
北京出版社	5
北京大学出版社	6
商务印书馆	7
上海人民出版社	8
中国青年出版社	9
高等教育出版社	10
机械工业出版社	11
三联书店	12
清华大学出版社	13
江苏教育出版社	14
长江文艺出版社	15
作家出版社	16
中国人民大学出版社	17
中华书局	18
科学出版社	19
复旦大学出版社	20
浙江教育出版社	21
重庆出版社	22
外语教学与研究出版社	23
电子工业出版社	24
中信出版社	25
接力出版社	26
人民邮电出版社	27
中国财政经济出版社	28
社会科学文献出版社	29

第三章
成年国民报刊阅读状况与购买倾向

3.1 报纸阅读状况

3.1.1 报纸阅读率

2013年，我国成年国民报纸阅读率为52.7%，比2012年的58.2%下降了5.5个百分点。

不同人口特征群体之间的报纸阅读率均存在一定差异。

从性别来看，男性居民的报纸阅读率为59.5%，较女性居民（45.4%）高出14.1个百分点。

从城乡对比看，城镇居民的报纸阅读率为65.7%，较农村居民（37.6%）高出28.1个百分点。

从年龄分布上看，70周岁以上群体的报纸阅读率最高，为66.9%；而18—29周岁群体的报纸阅读率最低，为48.7%。

从受教育程度看，高学历群体的报纸阅读率相对高于低学历群体。硕士研究生学历群体的报纸阅读率最高，为74.8%；博士研究生学历群体的报纸阅读率次之，为68.3%。小学及以下学历群体的报纸阅读率最低，为21.4%。

从收入水平看，相对而言，中高收入群体的报纸阅读率要高于低收入群体。月收入在10000元以上群体的报纸阅读率最高，为81.9%。月收入在500元以下群体的报纸阅读率最低，仅为27.0%。

从职业或身份来看，“公务员”群体的报纸阅读率最高，为83.5%。“公务员”“事业单位干部”“企业领导或管理人员”“军人/武警”“教师”“律师/医护人员/IT等专业技术人员”群体的报纸阅读率均高于70.0%。而“农民或农民工”群体的报纸阅读率最低，仅为31.8%。

具体情况如表3-1-1所示。

表3-1-1　不同人口特征群体报纸阅读率

人口特征	类别	报纸阅读率
性别	男	59.5%
	女	45.4%
城乡	城镇	65.7%
	农村	37.6%
年龄	18—29周岁	48.7%
	30—39周岁	57.6%
	40—49周岁	55.6%
	50—59周岁	49.3%
	60—70周岁	50.8%
	70周岁以上	66.9%
学历	博士研究生	68.3%
	硕士研究生	74.8%
	本科	68.0%
	大专	64.6%
	高中	65.3%
	初中	48.7%
	小学及以下	21.4%
收入	无收入	35.0%
	500元以下	27.0%
	500—1000元	38.7%
	1000—1500元	43.2%
	1500—2000元	56.1%
	2000—3000元	61.8%
	3000—4000元	68.3%
	4000—5000元	71.1%

续前表

人口特征	类别	报纸阅读率
收入	5000—6000 元	67.5%
	6000—7000 元	73.9%
	7000—8000 元	77.9%
	8000—10000 元	76.0%
	10000 元及以上	81.9%
	拒绝回答	45.8%
职业或身份	工人或商业/服务业人员	61.9%
	企业领导或管理人员	82.0%
	农民或农民工	31.8%
	事业单位干部	82.6%
	一般职员/文员/秘书	65.6%
	公务员	83.5%
	军人/武警	73.8%
	教师	72.8%
	律师/医护人员/IT 等专业技术人员	70.6%
	私营或个体劳动者	59.1%
	学生	45.3%
	离退休人员	67.3%
	无业及失业人员	39.1%
	自由职业者	54.2%
	其他	71.6%

3.1.2 报纸阅读量

2013 年，我国成年国民人均报纸阅读量为 70.85 期/份，较 2012 年的 77.20 期/份减少了 6.35 期/份。不同人口特征群体之间的报纸阅读量均存在一定程度的差异。

从性别来看，男性居民的报纸阅读量为 85.66 期/份，较女性居民（54.98 期/份）多出 30.68 期/份。

从城乡对比看，城镇居民的报纸阅读量为 101.56 期/份，约为农村居民（35.16 期/份）的 3 倍。

从年龄分布上看，老年群体的报纸阅读量相对较多。70 周岁以上群体的报纸阅读量最多，为 115.28 期/份；而 18—29 周岁群体的报纸阅读量最少，为 42.04 期/份。

从受教育程度来看，大专学历群体的报纸阅读量最多，为 109.13 期/份；本科学历群体和高中学历群体的报纸阅读量次之，分别为 103.59 期/份和 99.07 期/份。而小学及以下学历群体的报纸阅读量较少，仅为 15.90 期/份。

从收入水平看，收入较高群体的报纸阅读量总体上高于收入较低群体。月收入在 7000—8000 元之间群体的报纸阅读量最多，为 178.13 期/份。月收入在 500 元以下群体的报纸阅读量最少，仅为 14.63 期/份。

从职业或身份来看，“公务员”群体的报纸阅读量最多，为 212.34 期/份；“教师”“事业单位干部”“企业领导或管理人员”“离退休人员”“军人/武警”“一般职员/文员/秘书”“律师/医护人员/IT 等专业技术人员”“工人或商业/服务业人员”和“私营或个体劳动者”群体的报纸阅读量也都超过全国平均水平，分别为 202.08 期/份、166.50 期/份、144.86 期/份、134.72 期/份、102.31 期/份、99.86 期/份和 97.88 期/份、86.07 期/份、75.37 期/份；“学生”群体的报纸阅读量最少，仅为 23.04 期/份，位于“无业及失业人员”和“农民或农民工”群体之后。具体情况如表 3-1-2所示。

表 3-1-2　不同人口特征群体报纸阅读量

人口特征	类别	报纸阅读量（期/份）
性别	男	85.66
	女	54.98
城乡	城镇	101.56
	农村	35.16
年龄	18—29 周岁	42.04
	30—39 周岁	81.69
	40—49 周岁	80.36
	50—59 周岁	80.51
	60—70 周岁	86.98
	70 周岁以上	115.28

续前表

人口特征	类别	报纸阅读量（期/份）
学历	博士研究生	43.37
	硕士研究生	95.06
	本科	103.59
	大专	109.13
	高中	99.07
	初中	52.32
	小学及以下	15.90
收入	无收入	23.56
	500 元以下	14.63
	500—1000 元	49.07
	1000—1500 元	42.71
	1500—2000 元	73.18
	2000—3000 元	89.96
	3000—4000 元	122.01
	4000—5000 元	119.32
	5000—6000 元	97.32
	6000—7000 元	139.80
	7000—8000 元	178.13
	8000—10000 元	136.08
	10000 元及以上	113.68
	拒绝回答	48.67
职业或身份	工人或商业/服务业人员	86.07
	企业领导或管理人员	144.86
	农民或农民工	25.77
	事业单位干部	166.50
	一般职员/文员/秘书	99.86
	公务员	212.34
	军人/武警	102.31
	教师	202.08
	律师/医护人员/IT 等专业技术人员	97.88
	私营或个体劳动者	75.37
	学生	23.04
	离退休人员	134.72
	无业及失业人员	35.10
	自由职业者	48.42
	其他	189.82

3.2 期刊阅读与消费状况

3.2.1 期刊阅读状况

3.2.1.1 期刊阅读率

2013年，我国成年国民的期刊阅读率为38.3%，比2012年的45.2%下降了6.9个百分点。不同人口特征群体之间的期刊阅读率均存在一定程度的差异。

从性别来看，男性居民的期刊阅读率为38.5%，略高于女性居民的期刊阅读率（38.1%）。

从城乡对比来看，城镇居民的期刊阅读率为46.6%，较农村居民（28.8%）高出17.8个百分点。

从年龄分布情况来看，中青年群体的期刊阅读率要高于老年群体。18—29周岁群体的期刊阅读率最高，为48.9%；30—39周岁群体的期刊阅读率次之，为42.6%。而50—59周岁群体和60—70周岁群体的期刊阅读率相对较低，分别为25.4%和23.2%。

从受教育程度来看，学历越高的群体，期刊阅读率也相对较高。博士研究生学历群体的期刊阅读率最高，为94.2%；硕士研究生学历群体的期刊阅读率次之，为69.0%。而小学及以下学历群体的期刊阅读率最低，仅为10.9%。

从收入水平来看，相对而言，中高收入群体的期刊阅读率高于低收入群体。月收入在10000元以上群体的期刊阅读率最高，为69.5%。月收入在500元以下群体的期刊阅读率最低，仅为17.3%。

从职业或身份来看，“军人/武警”群体的期刊阅读率最高，为72.2%。“教师”“事业单位干部”“公务员”“企业领导或管理人员”“学生”“律师/医护人员/IT等专业技术人员”“一般职员/文员/秘书”和“工人或商业/服务业人员”等群体的期刊阅读率均高于全国平均水平，而“农民或农民工”群体的期刊阅读率最低，仅为23.4%。具体情况如表 3-2-1 所示。

表 3-2-1 不同人口特征群体期刊阅读率

人口特征	类别	期刊阅读率
性别	男	38.5%
	女	38.1%
城乡	城镇	46.6%
	农村	28.8%
年龄	18—29 周岁	48.9%
	30—39 周岁	42.6%
	40—49 周岁	36.7%
	50—59 周岁	25.4%
	60—70 周岁	23.2%
	70 周岁以上	33.5%
学历	博士研究生	94.2%
	硕士研究生	69.0%
	本科	60.5%
	大专	57.6%
	高中	46.7%
	初中	30.7%
	小学及以下	10.9%
收入	无收入	36.1%
	500 元以下	17.3%
	500—1000 元	23.9%
	1000—1500 元	31.1%
	1500—2000 元	37.4%
	2000—3000 元	44.2%
	3000—4000 元	49.5%
	4000—5000 元	48.7%
	5000—6000 元	45.3%
	6000—7000 元	43.9%
	7000—8000 元	47.7%
	8000—10000 元	45.9%
	10000 元及以上	69.5%
	拒绝回答	36.0%

续前表

人口特征	类别	期刊阅读率
职业或身份	工人或商业/服务业人员	41.4%
	企业领导或管理人员	63.7%
	农民或农民工	23.4%
	事业单位干部	67.4%
	一般职员/文员/秘书	51.8%
	公务员	66.8%
	军人/武警	72.2%
	教师	69.1%
	律师/医护人员/IT等专业技术人员	55.0%
	私营或个体劳动者	38.0%
	学生	61.0%
	离退休人员	32.4%
	无业及失业人员	31.6%
	自由职业者	37.2%
	其他	50.4%

3.2.1.2 期刊阅读量

2013年，我国成年国民人均期刊阅读量为5.51期/份，比2012年的6.56期/份下降了1.05期/份。不同人口特征群体之间的期刊阅读量均存在一定差异。

从性别来看，男性居民的期刊阅读量为5.38期/份，略低于女性居民的期刊阅读量（5.65期/份）。

从城乡对比看，城镇居民的期刊阅读量为6.89期/份，约为农村居民期刊阅读量（3.91期/份）的两倍。

从年龄分布情况来看，30—39周岁群体的期刊阅读量最多，为6.82期/份；18—29周岁群体与70周岁以上群体的期刊阅读量次之，均为6.15期/份。而60—70周岁群体和50—59周岁群体的期刊阅读量相对较少，分别为4.62期/份和3.27期/份。

从受教育程度来看，学历越高的群体，期刊阅读量也相对较多。博士研究生学历群体和硕士研究生学历群体的期刊阅读量较多，分别为 13.18 期/份和 11.27 期/份。而初中学历群体和小学及以下学历群体的期刊阅读量相对较少，分别为 3.92 期/份和 1.01 期/份。

从收入水平来看，相对而言，收入较高群体的期刊阅读量高于收入较低群体。月收入在 10000 元及以上群体的期刊阅读量最多，为 25.44 期/份。月收入在 500 元以下群体的期刊阅读量最少，仅为 1.78 期/份。

从职业或身份来看，“教师”群体的期刊阅读量最多，为 23.39 期/份。“公务员”“企业领导或管理人员”“事业单位干部”“律师/医护人员/IT 等专业技术人员”“军人/武警”“学生”“一般职员/文员/秘书”“私营或个体劳动者”和“自由职业者”等群体的期刊阅读量均超过全国平均水平。而“农民或农民工”群体的期刊阅读量较少，仅为 1.83 期/份。

具体情况如表 3-2-2 所示。

表 3-2-2　不同人口特征群体期刊阅读量

人口特征	类别	期刊阅读量（期/份）
性别	男	5.38
	女	5.65
城乡	城镇	6.89
	农村	3.91
年龄	18—29 周岁	6.15
	30—39 周岁	6.82
	40—49 周岁	5.39
	50—59 周岁	3.27
	60—70 周岁	4.62
	70 周岁以上	6.15
学历	博士研究生	13.18
	硕士研究生	11.27
	本科	11.78
	大专	7.75
	高中	6.85
	初中	3.92
	小学及以下	1.01

续前表

人口特征	类别	期刊阅读量（期/份）
收入	无收入	3.87
	500 元以下	1.78
	500—1000 元	1.91
	1000—1500 元	4.85
	1500—2000 元	4.53
	2000—3000 元	6.40
	3000—4000 元	8.14
	4000—5000 元	7.08
	5000—6000 元	9.79
	6000—7000 元	5.68
	7000—8000 元	14.56
	8000—10000 元	7.55
	10000 元及以上	25.44
	拒绝回答	5.98
职业或身份	工人或商业/服务业人员	5.28
	企业领导或管理人员	14.68
	农民或农民工	1.83
	事业单位干部	13.76
	一般职员/文员/秘书	6.52
	公务员	15.85
	军人/武警	7.21
	教师	23.39
	律师/医护人员/IT 等专业技术人员	11.32
	私营或个体劳动者	6.39
	学生	6.56
	离退休人员	5.20
	无业及失业人员	4.07
	自由职业者	5.79
	其他	3.29

2.2.1.3 期刊阅读偏好

从对期刊内容的阅读偏好来看，“文学艺术”“新闻时政”“女性家庭情感”和“医药健康”类期刊的喜爱者较多。具体来看，有

31.8%的期刊读者经常阅读“文学艺术”类期刊，有28.8%的期刊读者经常阅读“新闻时政”类期刊，有26.5%的期刊读者经常阅读“女性家庭情感”类期刊，还有24.3%的期刊读者经常阅读“医药健康”类期刊。此外，表示经常阅读“服饰美容时尚”“娱乐明星/八卦”“旅游休闲”“家居装饰”“科普”“人文史地”类期刊的期刊读者也相对较多，选择比例均超过10.0%。而“外语类”及“IT/通信”等专业性较强的期刊的喜爱者较少，分别仅有1.6%和1.5%的期刊读者经常阅读这两类期刊。具体情况如表3-2-3所示。

表3-2-3 期刊读者的阅读偏好

期刊类型	选择比例
文学艺术	31.8%
新闻时政	28.8%
服饰美容时尚	19.3%
家居装饰	11.0%
女性家庭情感	26.5%
旅游休闲	14.9%
外语类	1.6%
娱乐明星/八卦	17.1%
IT/通信	1.5%
科普	10.8%
卡通漫画	3.3%
人文史地	10.5%
体育	7.7%
汽车	7.8%
医药健康	24.3%
财经管理/大众理财	4.1%
学术科技	2.8%
其他	4.2%

在期刊阅读偏好上，不同性别期刊读者之间的差异较为显著。男性期刊读者中经常阅读“新闻时政”“体育”“汽车”“人文史地”“科普”等类期刊的比例要高于女性期刊读者；而女性期刊读者中经常阅读“女性家庭情感”“服饰美容时尚”“娱乐明星/八卦”和“家居装饰”等类期刊的比例要高于男性期刊读者。

具体情况如下图3-2-1所示。

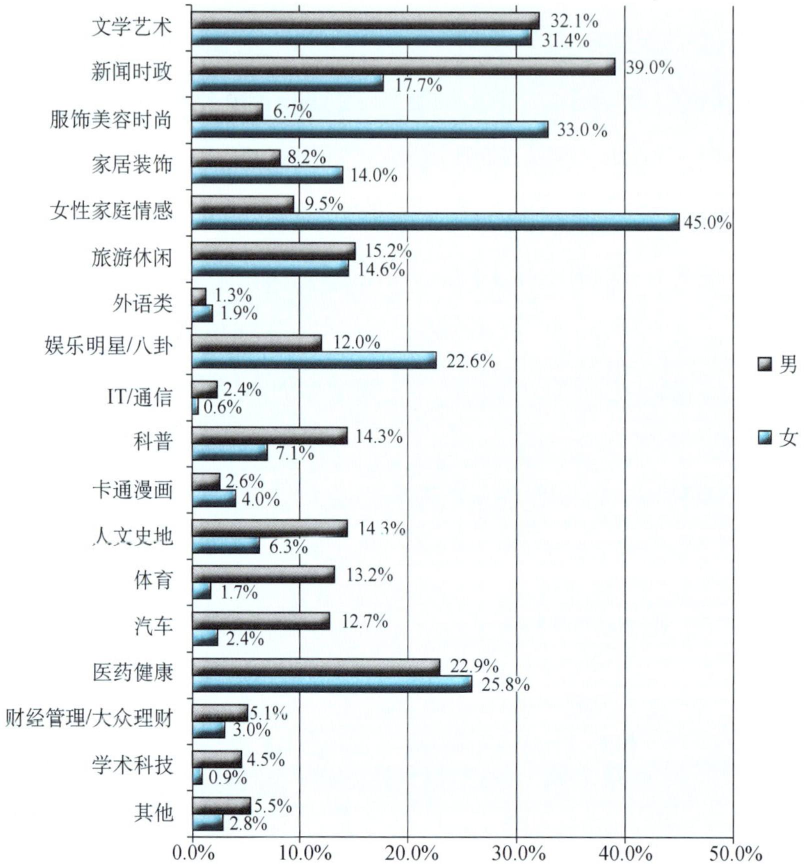

图 3-2-1 期刊读者阅读偏好的性别对比

在期刊阅读偏好上，城乡期刊读者之间也存在一定差异。城镇期刊读者中喜欢“文学艺术”“服饰美容时尚”和“旅游休闲”等类期刊的比例要高于农村期刊读者。而农村期刊读者中喜欢“医药健康”等类期刊的比例要略高于城镇期刊读者。

具体情况如图 3-2-2 所示。

3.2.1.4 期刊阅读的制约因素

在过去一年没有阅读过纸质期刊的我国成年国民中，有 37.9%的人表示“没时间”是其不读期刊的主要原因，选择比例最高。“看电视、听广播就够了，没必要再读它”和“对现在期刊的内容没兴趣”这两项原因的选择比例也较高，分别为 32.7%和 26.5%。

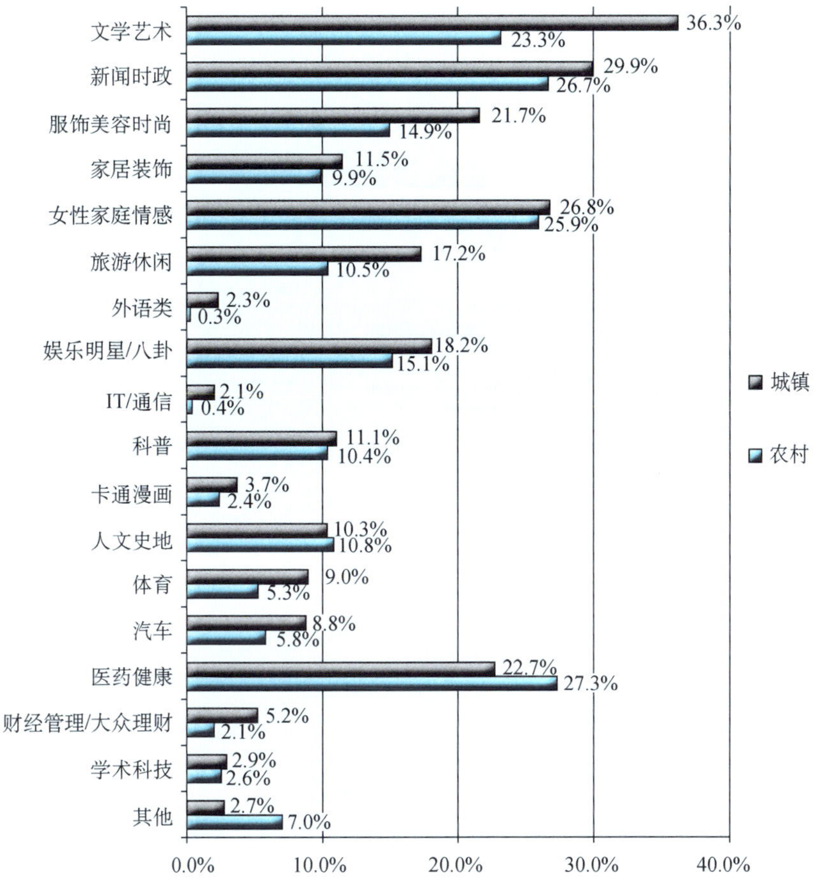

图 3-2-2 读者期刊阅读偏好的城乡对比

此外，还分别有 14.0%、6.5%的人因为“文化程度低，阅读有困难”和“期刊价格太贵”而不读期刊。调查数据显示，“买期刊不方便”并非国民不读期刊的主要原因，由于这一原因而不读期刊的人所占比例较少，仅为 5.0%。具体情况如图 3-2-3 所示。

在不读期刊的原因上，城乡居民之间存在一定差异。城镇居民因为“对现在期刊的内容没兴趣”和“期刊价格太贵”而不阅读期刊的比例为 34.4%和 7.5%，较农村居民（19.6%和 5.5%）分别高出 14.8 个百分点和 2.0 个百分点。农村居民因“文化程度低，阅读有困难”“买期刊不方便”“看电视、听广播就够了，没必要再读它”和“没时间”而不阅读期刊的比例不同程度的高于城镇居民。具体情况如图 3-2-4 所示。

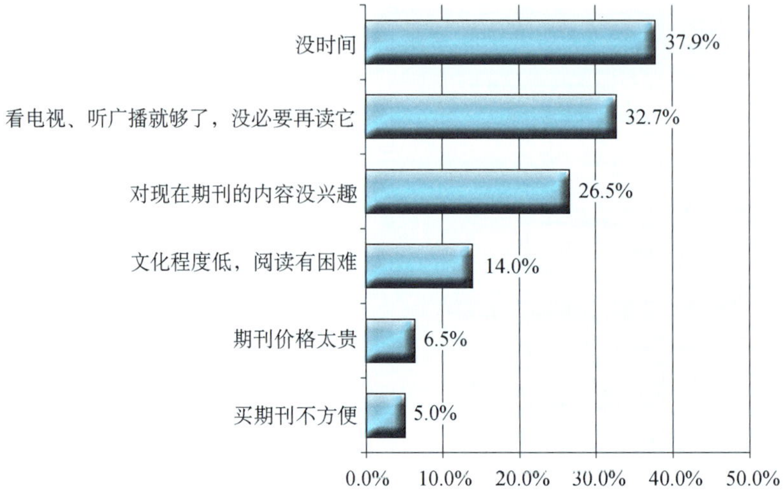

图 3-2-3　制约期刊阅读的因素

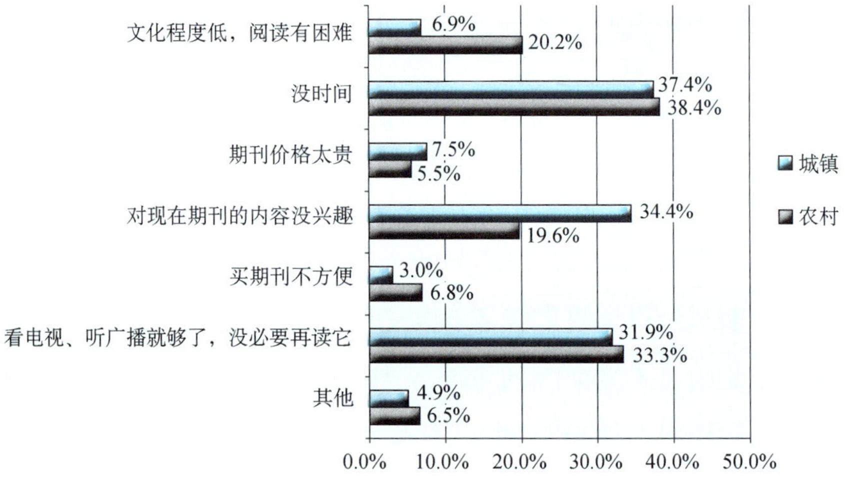

图 3-2-4　制约阅读期刊因素的城乡对比

3.2.2　期刊购买状况

3.2.2.1　期刊获取渠道

调查数据显示，“报摊购买”和“借阅”是我国 18 周岁及以上成年期刊读者获取期刊的两种最主要渠道，所占比例分别为 47.2%

和44.2%。其次为“单位订阅”“书店购买”“赠阅”和“家庭订阅”，分别有22.0%、21.3%、14.3%和10.3%的期刊读者通过这几种渠道来获取期刊，比例均在10.0%以上。还分别有6.5%、3.1%和2.5%的期刊读者表示通常会通过“便利店购买”“网上购买”和“邮局购买”来获取期刊。具体情况如表3-2-4所示。

表3-2-4　期刊获取渠道

期刊获取渠道	选择比例
报摊购买	47.2%
借阅	44.2%
单位订阅	22.0%
书店购买	21.3%
赠阅	14.3%
家庭订阅	10.3%
便利店购买	6.5%
网上购买	3.1%
邮局购买	2.5%
其他	2.5%

3.2.2.2　期刊价格评价

调查显示，39.3%的我国成年国民认为当前期刊的价格“合适”，有35.0%的人认为目前期刊价格贵（“比较贵”或“非常贵”），仅有5.3%的人认为期刊价格便宜（“比较便宜”或“非常便宜”）。另有20.4%的人对目前期刊的价格感知模糊，说不清期刊的价格是高是低。具体情况如下图3-2-5所示。

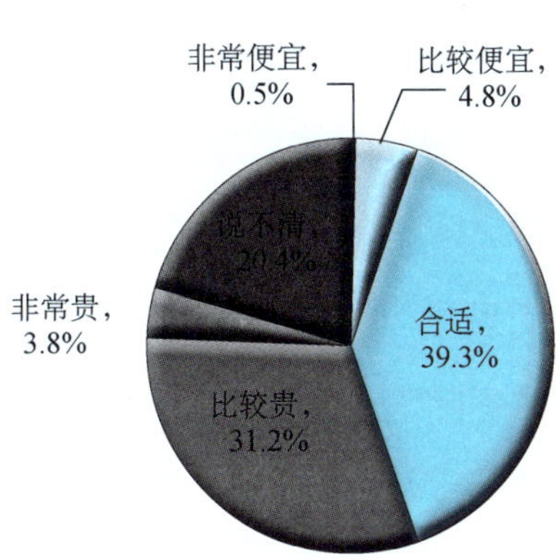

图3-2-5　期刊价格评价

3.2.2.3 期刊价格承受能力

对期刊价格的承受能力进行分析发现，2013 年我国成年国民平均可接受一本期刊的价格为 6.80 元，比 2012 年的 6.76 元增加了 0.04 元。进一步分析来看，我国绝大部分（97.9%）成年国民能接受的期刊价格在 19 元以下。具体看，能接受每本期刊价格在 3 元以下的国民占 13.7%，3—6 元的价格区间被 36.7%的国民所接受，6—9 元的价格区间被 32.4%的国民所接受，9—19 元的价格区间被 15.1%的国民所接受。而能接受每本期刊价格在 19 元及以上的国民只占 2.1%。具体情况如下图 3-2-6 所示。

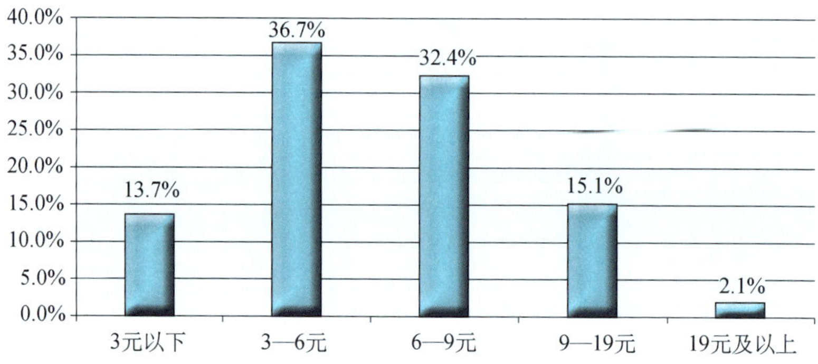

图 3-2-6 期刊价格承受能力

数据显示，我国城乡居民可接受的一本期刊的价格呈现一定差异。城镇居民平均可承受的期刊价格为 7.62 元，较农村居民（5.86 元）高出 1.76 元。

从可接受的期刊价格分布来看，农村居民中只能接受 6 元以下期刊价格的比例为 62.2%，较城镇居民的这一数据（40.2%）高出 22.0 个百分点。而城镇居民中能接受 6 元及以上期刊价格的比例为 59.8%，较农村居民的这一数据（37.7%）高出 22.1 个百分点。

具体情况如下图 3-2-7 所示。

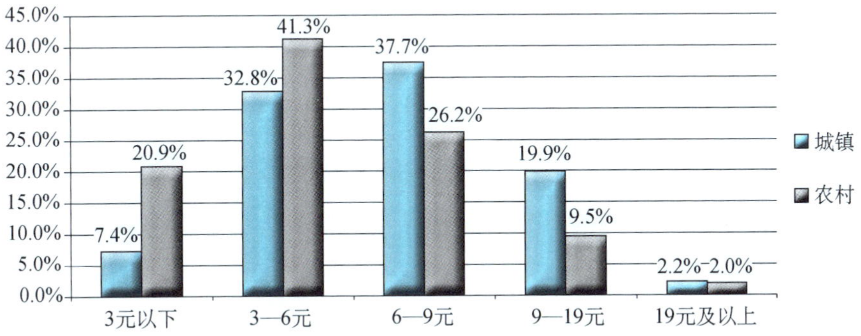

图 3-2-7 期刊价格承受能力的城乡对比

3.2.3 对期刊广告的态度

当被问及可接受的期刊广告比重时，63.9%的成年国民表示可以接受期刊广告版面占总版面的20%以下，有15.7%的人表示可以接受期刊广告版面占总版面的20%—50%，仅有2.3%的人表示可以接受期刊广告面积占期刊总版面的一半以上。还有18.1%的人表示不能接受期刊中刊登任何广告。

具体情况如图3-2-8所示。

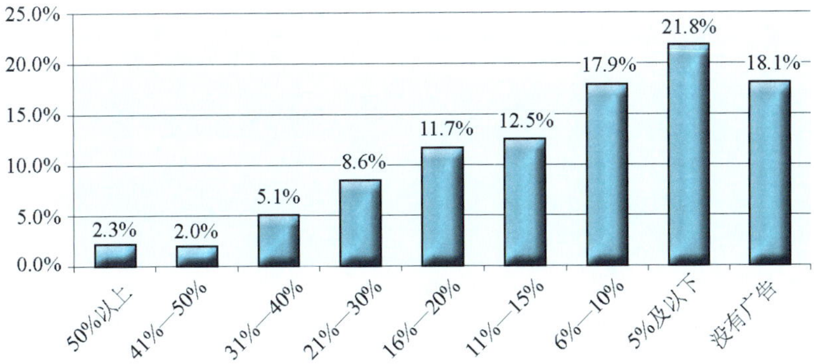

图 3-2-8 可接受的广告面积

3.2.4 期刊知名度与市场渗透率

在此次调查中，我们列举了38种国内较为知名的期刊，并请被访者选择其知晓的期刊名称，以及曾在2013年购买过的期刊，目的是了解这些期刊的知名度和市场渗透率。

对于我国18周岁及以上成年国民而言，期刊知名度排在前三位的依次是：《知音》《读者》《故事会》；市场渗透率排在前三位的期刊依次为：《读者》《知音》《青年文摘》。由此可见，目前《读者》和《知音》这两种期刊无论在其知名度或在市场渗透率上都处于领先位置。

具体情况如表3-2-5和表3-2-6所示。

表 3-2-5 期刊知名度排名

期刊名称	知名度	排名
知音	62.6%	1
读者	56.8%	2
故事会	56.2%	3
青年文摘	49.3%	4
家庭	42.4%	5
家庭医生	25.4%	6
时尚	24.5%	7
瑞丽	22.0%	8
意林	17.9%	9
格言	15.0%	10
都市丽人	14.4%	11
女友	14.2%	12
恋爱婚姻家庭	12.6%	13
服饰与美容	12.4%	14
财经	11.9%	15
大众医学	10.3%	16
演讲与口才	10.2%	17
父母必读	9.7%	18
车主之友	9.7%	19
特别关注	9.5%	20
新华文摘	9.0%	21
小说月报	8.2%	22
中国国家地理	8.0%	23
世界时装之苑	7.1%	24
上海服饰	7.0%	25
读书	6.2%	26
足球周刊	5.9%	27
悦己	5.1%	28

续前表

期刊名称	知名度	排名
看电影	5.1%	29
商界	4.9%	30
昕薇	4.7%	31
电脑爱好者	4.2%	32
理财周刊	4.2%	33
三联生活周刊	4.1%	34
南风窗	3.6%	35
证券市场周刊	2.5%	36
英语沙龙	2.2%	37
贝太厨房	0.9%	38

表 3-2-6　期刊市场渗透率排名

期刊名称	市场渗透率	排名
读者	32.7%	1
知音	27.5%	2
青年文摘	20.7%	3
瑞丽	16.3%	3
故事会	15.1%	5
时尚	11.4%	6
家庭	11.1%	7
意林	9.9%	8
家庭医生	9.2%	9
特别关注	8.4%	10
车主之友	6.7%	11
女友	5.0%	12
都市丽人	5.0%	13
服饰与美容	4.7%	14
演讲与口才	4.5%	15
格言	3.9%	16
足球周刊	3.6%	17
新华文摘	3.6%	18
财经	3.4%	19
商界	3.2%	20
恋爱婚姻家庭	2.9%	21
昕薇	2.8%	22
大众医学	2.7%	23
小说月报	2.5%	24
上海服饰	1.6%	25
父母必读	1.6%	26

续前表

期刊名称	市场渗透率	市场渗透率排名
世界时装之苑	1.5%	27
理财周刊	1.5%	28
南风窗	1.4%	29
中国国家地理	1.3%	30
悦己	1.3%	31
三联生活周刊	1.2%	32
电脑爱好者	1.2%	33
看电影	1.1%	34
读书	0.9%	35
证券市场周刊	0.5%	36
贝太厨房	0.3%	37
英语沙龙	0.3%	38

3.2.5 成年国民喜爱的期刊

本次调查中，在无提示的情况下，我们请被访者列举其最喜欢的三本期刊名称，然后根据期刊被提及的频次进行排名。调查数据显示，最受我国 18 周岁及以上期刊读者喜爱的期刊是《读者》，排在第二、第三位的依次是《知音》和《青年文摘》。从期刊的内容类型看，排在前列的期刊仍以文学类期刊和时尚类期刊居多，而家庭类期刊发展态势也较好。

具体情况如表 3-2-7 所示。

表 3-2-7 读者最喜爱的十本期刊

排名	期刊名称
1	读者
2	知音
3	青年文摘
4	瑞丽
5	故事会
6	时尚
7	家庭
8	意林
9	家庭医生
10	特别关注

第四章
成年国民音像电子出版物阅读与购买倾向

4.1 音像电子出版物购买情况

调查数据显示，2013年我国成年国民音像电子出版物购买率为25.3%，较2012年的29.7%有所下降。

对于音像电子出版物的购买渠道，2013年有13.4%的人选择通过“音像店”购买音像电子出版物，有8.5%的人通过“书店”购买音像电子出版物，6.1%的人通过“街头地摊”购买音像电子出版物，另外还有5.6%的人通过“商场超市”购买音像电子出版物，而通过其他途径购买音像电子出版物的比例相对较低。具体情况如图4-1-1所示。

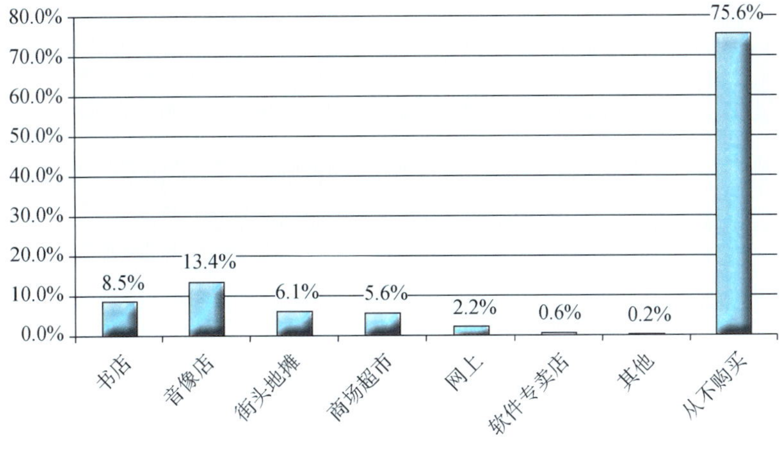

图4-1-1 音像电子出版物购买渠道

进一步分析发现，在 2013 年，城镇居民与农村居民在音像电子出版物购买渠道上存在一定差异。城镇居民中通过“书店”“音像店”“商场超市”“软件专卖店”“网上”购买音像电子出版物的比例高于农村居民，而农村居民通过“街头地摊”购买音像电子出版物的比例高于城镇居民。具体情况如图 4-1-2 所示。

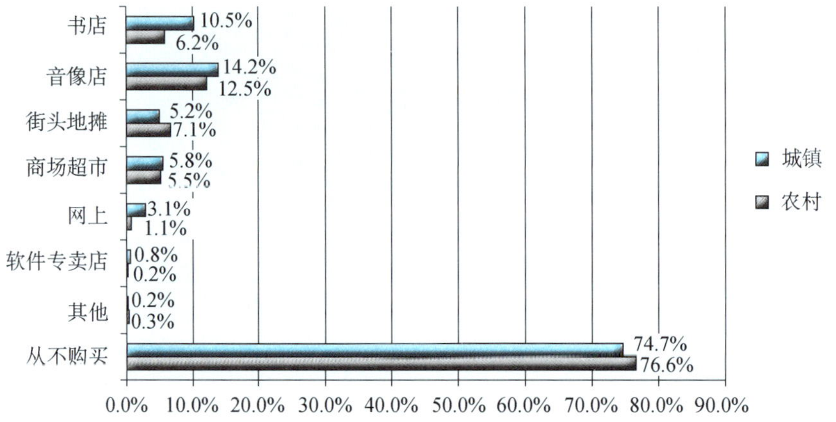

图 4-1-2 城乡居民购买音像电子出版物的渠道比较

4.2 音像电子出版物价格评价

在音像电子出版物购买者中，接近六成（55.4%）的购买者认为目前音像电子出版物价格在可接受范围（“合适”“比较便宜”“非常便宜”），有 33.6%的购买者认为目前音像电子出版物价格“比较贵”或“非常贵”。还有 11.0%的购买者对价格认知较为模糊，表示“说不清”目前音像电子出版物价格是高是低。具体情况如图 4-1-3 所示。

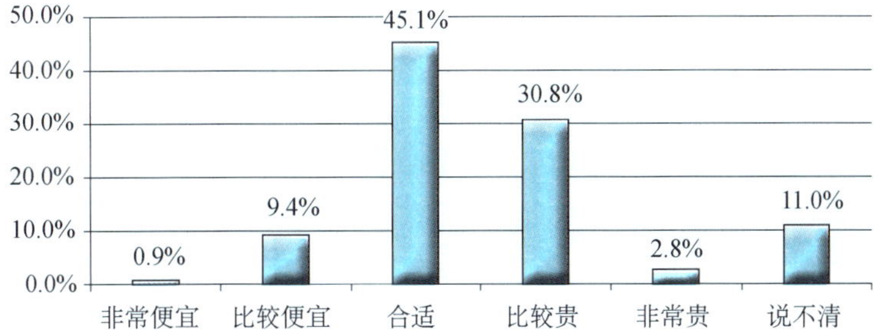

图 4-1-3　音像电子出版物价格评价

4.3　音像电子出版物的价格承受力

调查数据显示，我国成年国民音像电子出版物购买者平均可接受的每张 CD 光盘价格为 10.92 元、每张 VCD/DVD 价格为 11.31 元、每盒盒式录音带价格为 9.77 元、每张 CD-ROM 价格则为 12.39 元，均低于 2012 年水平（11.02 元、11.88 元、9.97 元和 13.68 元）。

大部分音像电子出版物购买者认为音像电了出版物的价格一般不应超过 20 元。尤其对于 CD 光盘、VCD/DVD 来说，分别有 81.1%、83.7%的音像电子出版物购买者认为 CD 光盘、VCD/DVD 的价格应控制在 20 元以内。而盒式录音带、CD-ROM 的使用者不断减少，部分音像电子出版物购买者对其价格的认知变得较为模糊，分别有 35.1%和 44.6%的购买者表示“不清楚、不知道”盒式录音带、CD-ROM 的价格，但依然分别有 60.5%和 46.9%的购买者认为盒式录音带和 CD-ROM 的价格应控制在 20 元以内。

具体情况如表 4-3-1 所示。

表 4-3-1　购买者可接受的音像电子出版物价格

可接受价格	CD 光盘	VCD/DVD	盒式录音带	CD-ROM
<10 元	44.9%	45.2%	38.7%	23.9%
10—20 元	36.2%	38.5%	21.8%	23.0%
20—30 元	6.1%	7.3%	3.8%	6.5%
≥30 元	1.7%	2.3%	0.6%	1.9%
不清楚/不知道	11.0%	6.7%	35.1%	44.6%
平均可接受价格（元）	10.92	11.31	9.77	12.39

第五章 成年国民动漫与游戏消费状况

5.1 动漫产品消费市场

5.1.1 动漫作品接触率

2013 年，我国成年国民的动漫作品接触率为 37.7%，相比 2012 年的 36.4%提高了 1.3 个百分点。在我国成年国民中，有 22.3%的人接触过“动画片/动漫影视”；其次为“网络游戏”，选择比例为 20.0%；选择比例排第三、第四位的是“单机游戏”和“漫画书”，选择比例分别为 13.6%和 7.8%；“漫画期刊”的接触率最低，选择比例为 4.1%。具体情况如图 5-1-1 所示。

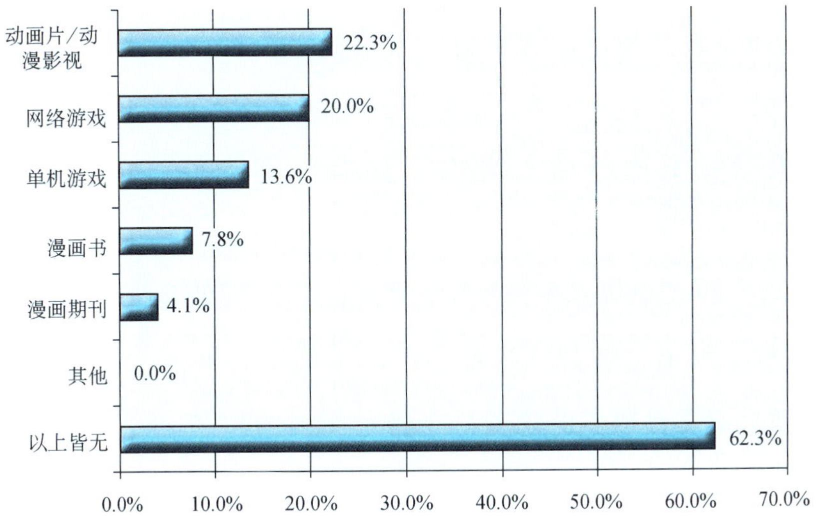

图 5-1-1 各类动漫作品的接触率

从性别特征看，不同性别群体的动漫作品接触率有一定差异，其中，男性居民的动漫作品接触率为 39.7%，高于女性居民（35.6%）。从接触动漫作品的类别上看，男性居民中接触过“网络游戏”和“单机游戏”的比例要高于女性居民，而女性居民中接触过“动画片/动漫影视”“漫画书”“漫画期刊”的比例略高于男性。具体情况如图 5-1-2 所示。

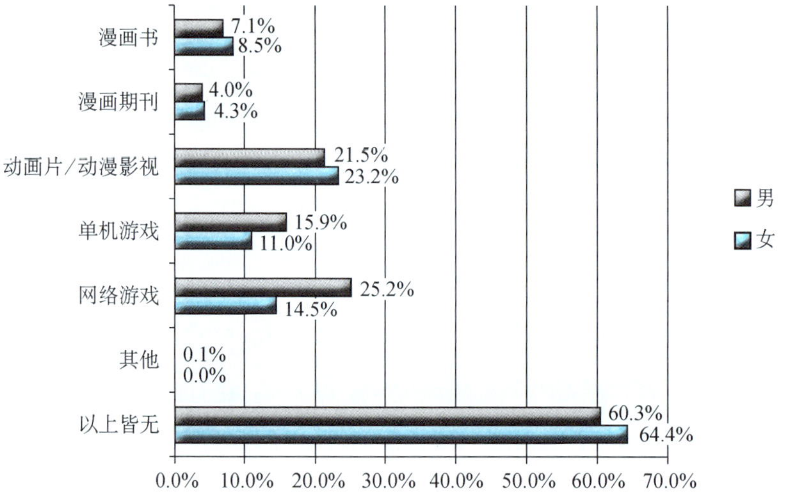

图 5-1-2　动漫作品接触率的性别差异

从年龄分布上看，年龄越低的群体，其动漫作品接触率则越高。18—29 周岁群体的动漫作品接触率最高，该群体中有六成以上（61.2%）的人接触过不同形式的动漫作品；而 60—70 周岁和 70 周岁以上群体的动漫作品接触率则较低，分别为 13.2% 和 6.6%。

在不同类型的动漫作品中，“动画片/动漫影视”在各年龄段群体中的接触率均较高。此外，18—29 周岁人群的“网络游戏”和“单机游戏”接触率也较高，分别为 40.4%和 27.6%。具体情况如表 5-1-1 所示。

表 5-1-1　不同年龄段群体的动漫作品接触率

	漫画书	漫画期刊	动画片/动漫影视	单机游戏	网络游戏	其他	以上皆无
18—29 周岁	15.4%	8.3%	32.8%	27.6%	40.4%	0.1%	38.8%
30—39 周岁	9.3%	4.6%	30.2%	17.5%	23.6%	0.1%	52.4%
40—49 周岁	4.0%	1.8%	16.3%	6.3%	10.0%	0.0%	74.0%
50—59 周岁	1.6%	1.2%	10.0%	1.9%	5.0%	0.0%	84.6%
60—70 周岁	1.6%	1.6%	9.6%	1.1%	2.1%	0.0%	86.8%
70 周岁以上	2.1%	1.2%	4.8%	.2%	1.8%	0.0%	93.4%

5.1.2　动漫题材偏好

在接触过动漫作品的我国成年国民中，有 55.3%的人偏爱“搞笑”类动漫作品。其次，分别有近三成的人喜欢“侦探”“科幻”“格斗”类动漫作品。此外，分别有两成左右的人喜欢“神话”“体育”“励志”“爱情”类动漫作品。而喜欢“恐怖”类动漫作品的人相对较少，选择比例仅为 11.6%。

具体情况如图 5-1-3 所示。

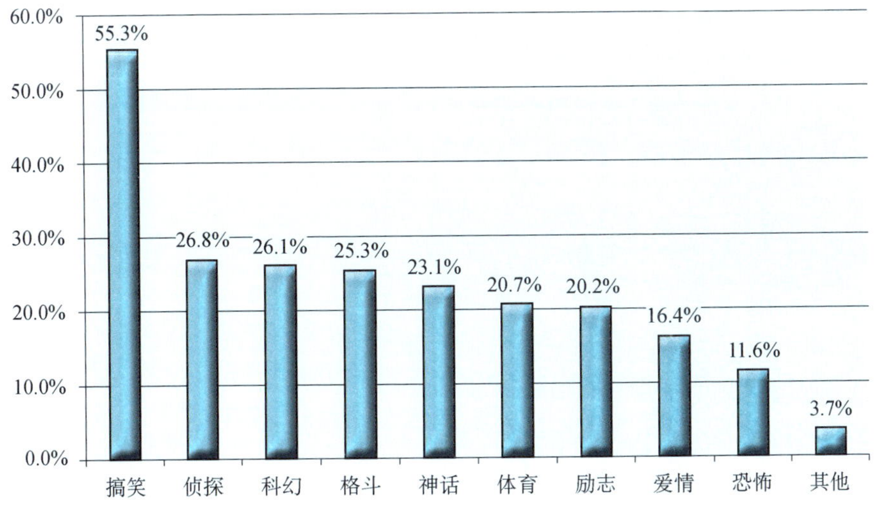

图 5-1-3　动漫接触者对动漫题材的偏好

5.2 单机游戏消费市场

5.2.1 单机游戏题材偏好

“棋牌益智类”是最受成年国民欢迎的单机游戏题材，在接触过动漫作品的我国 18 周岁及以上国民中，有 31.9%的人喜欢“棋牌益智类”网络游戏。而“赛车类”“动作类”单机游戏的受欢迎程度也相对较高，选择比例分别为 19.8%和 14.7%。而喜欢“体育类”“策略类”“音乐舞蹈类”“神话武侠 RPG”“科幻奇幻 RPG”游戏的比例分别为 10.2%、10.0%、7.7%、6.8%和 6.2%。还有 43.3%的动漫作品接触者表示对这些单机游戏题材“都不喜欢”。具体情况如图 5-2-1 所示。

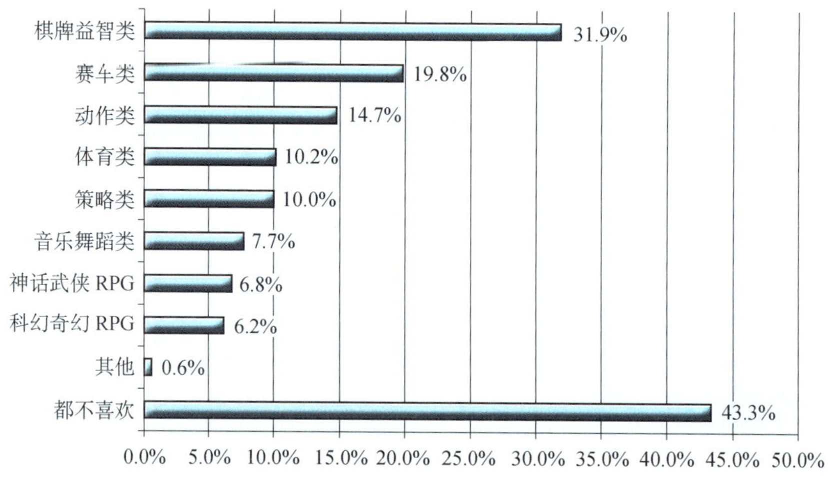

图 5-2-1 单机游戏题材偏好

5.2.2 单机游戏的黏度

当被问及过去一周平均每天花在单机游戏上的时间时，在我国成年单机游戏玩家中，有 34.0%的人平均每天玩单机游戏的时长集中在 1.5 个小时以内。具体看来，有 15.0%的玩家平均每天玩单机游戏的时长在半小时以下，有 12.2%的玩家平均每天玩单机游戏的时长在 0.5—1 小时，还有 6.8%的玩家平均每天玩单机游戏的时长在 1—1.5 小时之间。此外，平均每天玩单机游戏的时间超过一个半小时的单机游戏玩家比例仅为 7.9%。具体情况如图 5-2-2 所示。

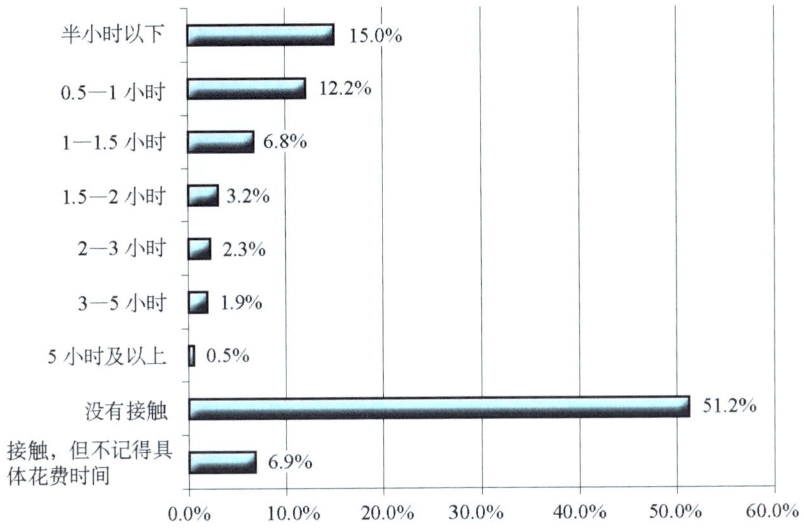

图 5-2-2　平均每天玩单机游戏的时长

2013 年，我国成年单机游戏玩家平均每天接触单机游戏的时长为 61.35 分钟。不同人口统计特征的单机游戏玩家花费在单机游戏上的时长存在一定程度的差异。

男性玩家平均每天花在单机游戏上的时长为 67.57 分钟，较女性玩家平均每天在单机游戏上花费的时长（50.76 分钟）多出 16.81 分钟。城镇玩家平均每天花费在单机游戏上的时长为 54.91 分钟，显著少于农村玩家（71.05 分钟）。

具体情况如表 5-2-1 所示。

表 5-2-1　不同人口特征玩家平均每天玩单机游戏时长

人口特征	类别	单机游戏时长（分钟）
性别	男	67.57
	女	50.76
城乡	城镇	54.91
	农村	71.05
总体		61.35

5.2.3 单机游戏消费状况

2013 年，在接触过动漫作品的我国成年国民中，有 12.1%的人在单机游戏上有所花费，有接近九成（87.9%）的人在单机游戏上没有花费。具体来看，有 1.9%的人表示其在单机游戏上的花费在 20 元以下，有 1.2%的人表示其在单机游戏上的花费在 20—50 元之间，有 2.1%的人表示其在单机游戏上的花费在 50—100 元之间。仅有 1.2%的人表示其在单机游戏上的花费超过 100 元。具体情况如图 5-2-3 所示。

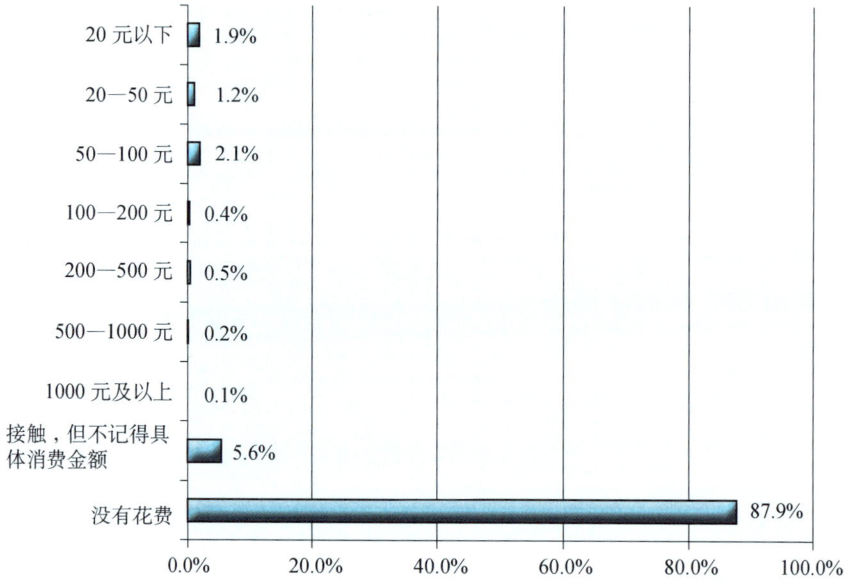

图 5-2-3 单机游戏花费

2013 年，我国成年单机游戏玩家人均花费在单机游戏上的金额为 15.87 元。

不同人口统计特征的单机游戏玩家在单机游戏上的花费金额存在一定差异。男性玩家在单机游戏上的人均花费为 19.03 元，高于女性玩家（10.93 元）。城镇玩家人均花费在单机游戏上的金额为 13.88 元，较农村玩家的花费（18.82 元）少 4.94 元。

具体情况如表 5-2-2 所示。

表 5-2-2　不同人口特征玩家单机游戏花费情况

人口特征	类别	单机游戏花费（元）
性别	男	19.03
	女	10.93
城乡	城镇	13.88
	农村	18.82
总体		15.87

5.3　网络游戏消费市场

5.3.1　网络游戏题材偏好

“棋牌益智类”是最受欢迎的网络游戏题材，在接触过动漫作品的我国成年国民中，有 29.5%的人喜欢“棋牌益智类”网络游戏。而“动作类”“赛车类”“科幻奇幻 RPG”网络游戏的受欢迎程度也相对较高，选择比例分别为 19.3%、16.3%和 14.1%。喜欢“音乐舞蹈类”网络游戏的动漫作品接触者则相对较少，选择比例为 9.4%。具体情况如图 5-3-1 所示。

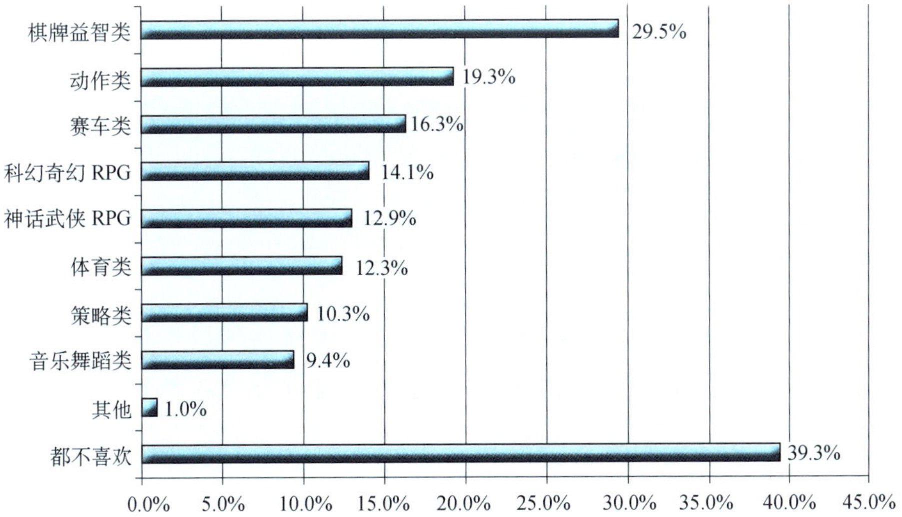

图 5-3-1　网络游戏题材偏好

5.3.2 网络游戏的黏度

当被问及过去一周平均每天花在网络游戏的时间长度时，在我国成年网络游戏玩家中，有 37.0%的玩家平均每天玩网络游戏的时长集中在 1.5 个小时以内。具体看来，有 11.9%的玩家平均每天玩网络游戏的时长在半小时以下，有 14.3%的玩家平均每天玩网络游戏的时长在 0.5—1 小时，还有 10.8%的玩家平均每天玩网络游戏的时长在 1—1.5 小时之间。此外，平均每天玩网络游戏的时间超过一个半小时的玩家超过一成（13.7%）。具体情况如图 5-3-2 所示。

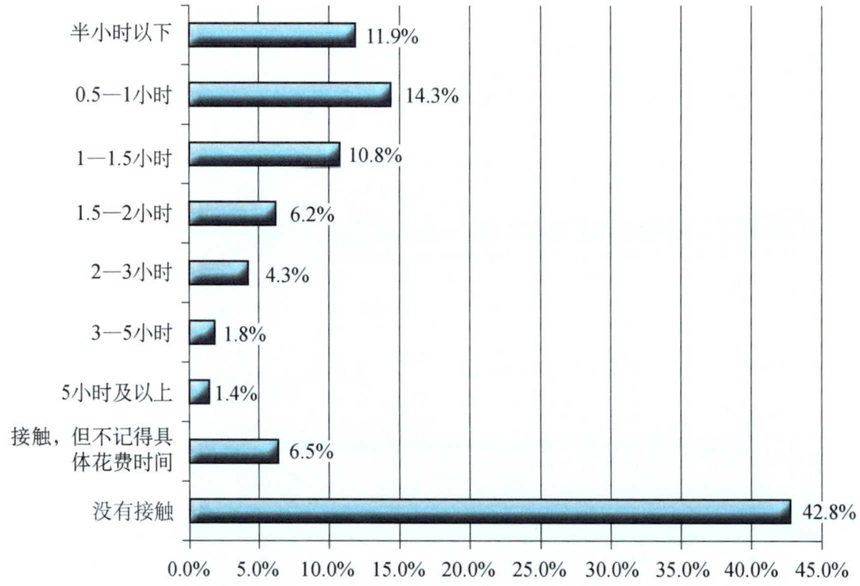

图 5-3-2 平均每天玩网络游戏的时长

2013 年，我国成年网络游戏玩家平均每天接触网络游戏的时长为 74.80 分钟。不同人口统计特征的网络游戏玩家花费在网络游戏上的时间存在一定差异。男性玩家平均每天花在网络游戏上的时长为 83.36 分钟，较女性玩家（59.66 分钟）多出 23.70 分钟。城镇玩家平均每天花费在网络游戏上的时长为 72.42 分钟，较农村玩家（79.45 分钟）少 7.03 分钟。

具体情况如表 5-3-1 所示。

表 5-3-1　不同人口特征玩家平均每天玩网络游戏时长

人口特征	类别	网络游戏时长（分钟）
性别	男	83.36
	女	59.66
城乡	城镇	72.42
	农村	79.45
总体		74.80

5.3.3　网络游戏的消费状况

2013 年，在接触过动漫作品的我国成年国民中，有 22.9%的人在网络游戏上有所花费，近八成（77.1%）的人在网络游戏上没有花费。具体来看，有 3.5%的人表示其在网络游戏上的花费在 20 元以下，有 2.4%的人表示其在网络游戏上的花费在 20—50 元之间，有 3.0%的人表示其在网络游戏上的花费在 50—100 元之间。有 8.0%的人表示其在网络游戏上的花费超过 100 元。

具体情况如图 5-3-3 中所示。

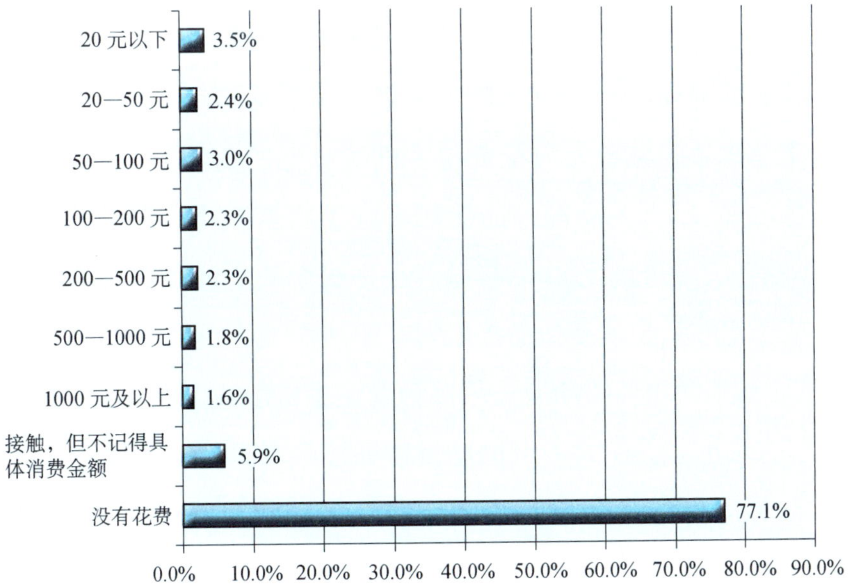

图 5-3-3　网络游戏花费

2013 年，我国成年网络游戏玩家人均花费在网络游戏上的金额为 85.86 元，高于单机游戏玩家人均花费在单机游戏上的金额（15.87 元）。

不同人口统计特征的网络游戏玩家在网络游戏上的花费金额存在一定程度的差异。男性玩家在网络游戏上的人均花费为 120.84 元，远高于女性玩家（26.33 元）。城镇玩家人均花费在网络游戏上的金额为 61.04 元，显著低于农村玩家（131.22 元）。具体情况如表 5-3-2 所示。

表 5-3-2　不同人口特征玩家网络游戏花费情况

人口特征	类别	网络游戏花费（元）
性别	男	120.84
	女	26.33
城乡	城镇	61.04
	农村	131.22
总体		85.86

5.4　手机游戏消费状况

2013 年，在接触过动漫作品的我国成年国民中，有 68.1%的人接触过手机游戏，有 31.9%的人从来不玩手机游戏。2013 年，我国成年动漫作品接触者人均花费在手机游戏上的金额为 13.31 元。具体来看，有 3.5%的动漫作品接触者在手机游戏上的花费金额不足 10 元，有 4.7%的动漫作品接触者在手机游戏上的花费金额在 10—50 元，有 2.6%的动漫作品接触者在手机游戏上的花费金额在 50—100 元，仅有 3.0%的动漫作品接触者在手机游戏上的花费金额超过 100 元。另外，还有 47.7%的动漫作品接触者只玩免费的手机游戏，还有 6.7%的动漫作品接触者不记得具体消费金额。具体情况如图 5-4-1 所示。

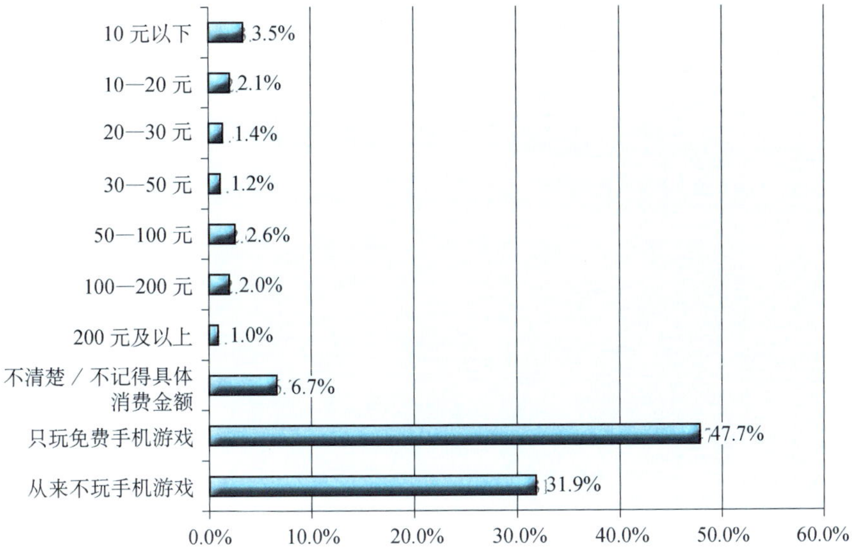
10 元以下
10—20 元
20—30 元
30—50 元
50—100 元
100—200 元
200 元及以上
不清楚 / 不记得具体消费金额
只玩免费手机游戏
从来不玩手机游戏
3.5%
2.1%
1.4%
1.2%
2.6%
2.0%
1.0%
6.7%
47.7%
31.9%
0.0%
10.0%
20.0%
30.0%
40.0%
50.0%
60.0%

图 5-4-1　手机游戏花费

第六章 成年国民数字出版物阅读与购买倾向

6.1 数字出版物阅读状况

6.1.1 数字化阅读接触率

2013年我国成年国民数字化阅读方式（网络在线阅读、手机阅读、电子阅读器阅读、光盘阅读、PDA/MP4/MP5阅读等）的接触率为50.1%，比2012年的40.3%增加了9.8个百分点。

我们进一步对各类数字化阅读载体的接触情况进行分析发现，2013年我国成年国民的网络在线阅读、手机阅读和电子阅读器阅读均有所上升，光盘阅读和PDA/MP4/MP5阅读接触率略有下降。具体来看，2013年有44.4%的成年国民进行过网络在线阅读，较2012年的32.6%上升了11.8个百分点；41.9%的国民进行过手机阅读，较2012年的31.2%上升了10.7个百分点；5.8%的国民在电子阅读器上阅读，较2012年的4.6%上升了1.2个百分点；0.9%的国民用光盘阅读，比2012年的1.6%下降了0.7个百分点；有2.2%的国民使用PDA/MP4/MP5等进行数字化阅读，比2012年的2.6%下降了0.4个百分点。

具体情况如图6-1-1所示。

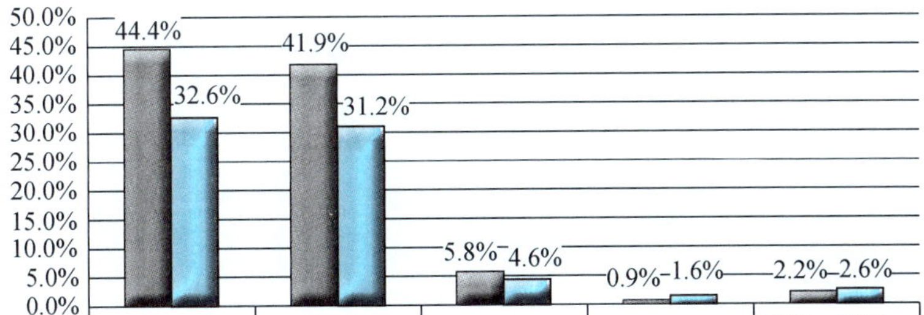

	网络在线阅读	手机阅读	电子阅读器阅读	光盘阅读	PDA、MP4、MP5 等阅读方式
2013 年	44.4%	41.9%	5.8%	0.9%	2.2%
2012 年	32.6%	31.2%	4.6%	1.6%	2.6%

图 6-1-1　数字化阅读方式接触率

6.1.2　数字化阅读方式选择原因与制约因素

获取与阅读便利、成本低廉以及信息量大是我国成年国民数字化阅读接触者选择数字阅读的主要原因。调查结果显示，60.3%的人因为“获取便利”而选择数字化阅读方式，有46.0%的人是因为“方便随时随地阅读”而选择数字化阅读方式，有33.4%的人因为“方便信息检索”而选择数字化阅读方式，以上几点都是因为便利性而选择数字阅读的表现。其次，有三成（30.4%）的人是因为“信息量大”而选择数字化阅读方式。再次，还有26.9%的人因为“收费少甚至不付费”而选择数字化阅读方式。

具体情况如表 6-1-1 所示。

表 6-1-1　选择数字化阅读方式的原因

选择原因	选择比例
获取便利	60.3%
方便信息检索	33.4%
收费少甚至不付费	26.9%
喜欢在电子设备上阅读	7.1%
方便复制和分享	9.1%
音画俱全，非常生动	9.5%
交互性强	8.3%

续前表

选择原因	选择比例
方便随时随地阅读	46.0%
信息量大	30.4%
其他	1.8%

然而，部分我国成年国民对数字化阅读仍持质疑态度。数据显示，六成以上的成年国民（63.5%）认为数字化阅读“伤眼睛，容易视觉疲劳”，近四成人（37.1%）认为数字化阅读“辐射大”。另有17.5%和16.0%的人分别表示数字化阅读“有一定操作限制”和“不习惯通过屏幕阅读”。

具体情况如表6-1-2所示。

表6-1-2　数字化阅读方式的不足之处

数字化阅读方式不足之处	选择比例
辐射大	37.1%
不习惯通过屏幕阅读	16.0%
有一定操作限制	17.5%
伤眼睛，容易视觉疲劳	63.5%
其他	0.8%
不清楚/不知道	14.2%

6.1.3　阅读倾向

通过对我国成年国民倾向的阅读形式的研究发现，尽管数字内容的阅读量在增加，但纸质读物仍是大多数成年国民倾向的阅读方式。结果表明，66.0%的国民更倾向于“拿一本纸质图书阅读”，有15.0%的国民更倾向于“网络在线阅读”，有15.6%的国民倾向于“在手机上阅读”，有2.4%的人倾向于“在电子阅读器上阅读”，1.0%的国民“习惯从网上下载并打印下来阅读”。具体情况如图6-1-2所示。

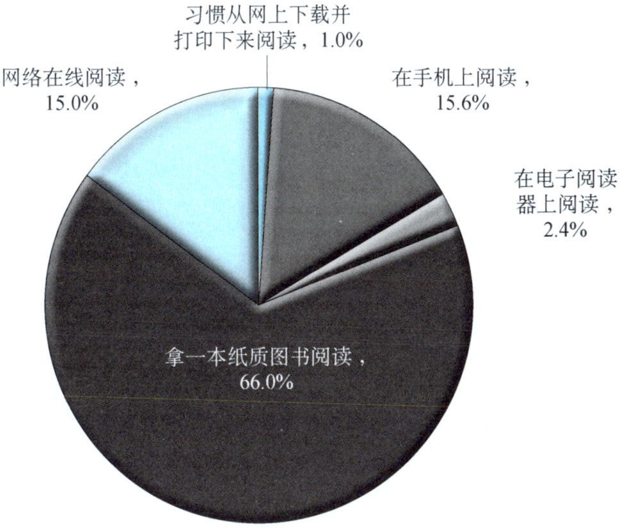

图 6-1-2　倾向的阅读方式

6.2　电子书报刊阅读状况

6.2.1　电子书报刊阅读率

通过对电子书报刊的阅读情况考察发现，2013 年我国成年国民电子书阅读率为 19.2%，较 2012 年的 17.0%上升了 2.2 个百分点。电子报的阅读率为 8.5%，较 2012 年的 7.4%有所上升。电子期刊的阅读率为 5.0%，较 2012 年的 5.6%略有下降。具体情况如图 6-2-1 所示。

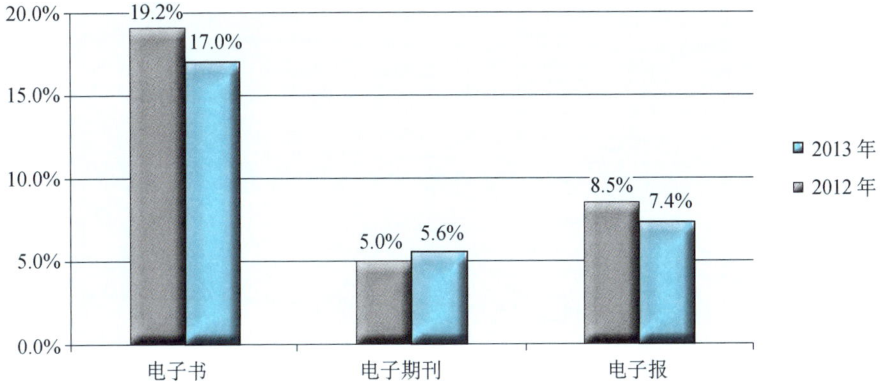

图 6-2-1　电子书报刊阅读率

电子书的阅读量增幅较为明显，2013 年我国成年国民人均阅读电子书 2.48 本，比 2012 年的 2.35 本增长了 0.13 本。此外，成年国民人均纸质图书和电子书合计阅读量为 7.25 本，比 2012 年纸质图书和电子书合计阅读量 6.74 本增加了 0.51 本。

6.2.2 电子书价格承受能力

2013 年，在接触过数字化阅读方式的我国成年国民中，有 38.7%的人表示能够接受付费下载阅读，这一比例比 2012 年的 40.1%下降了个 1.4 百分点。

2013 年，我国成年国民数字化阅读方式接触者平均能够接受的单本电子书价格为 1.28 元，比 2012 年的 3.27 元有所下降。具体情况如图 6-2-2 所示。

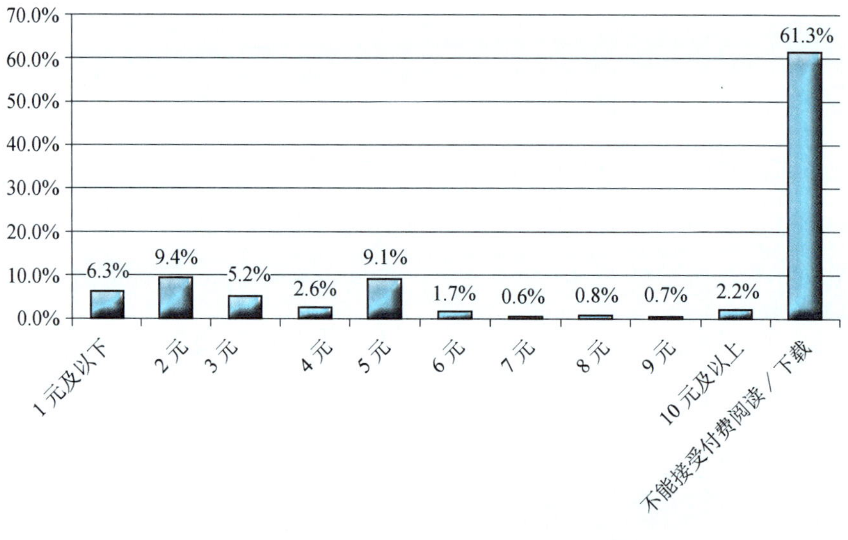

图 6-2-2 单本电子书价格承受能力

6.2.3 电子书报刊对传统纸质书报刊销售的影响

在我国成年电子书读者中，有 92.9%的人表示阅读过电子书后，就没有购买过该书的纸质版。而在我国成年电子期刊读者中，有 85.8％的人表示在阅读过电子期刊后，就没有购买过该期刊的纸质版。在我国成年电子报读者中，有 88.5％的人表示阅读过电子报后，就没有再购买过该报的纸质版。由此可见，电子书报刊所提供的内容基本能够满足读者的阅读需求，电子书报刊对纸质书报刊的销售有一定冲击力。

具体情况如图 6-2-3 所示。

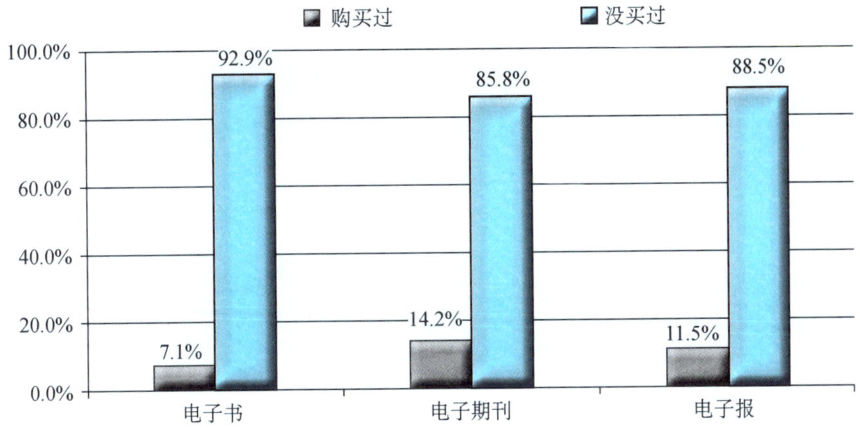

图 6-2-3　电子书报刊对传统纸质书报刊销售的影响

6.3　手机阅读行为

6.3.1　手机阅读接触率

2013 年，我国成年国民的手机阅读接触率为 41.9％，比 2012 年的 31.2％增加了 10.7 个百分点。不同人口特征群体的手机阅读接触率存在一定差异。从性别差异看，男性居民的手机阅读接触率为 46.6％，高出女性居民（36.9％）9.7 个百分点。从城乡对比看，城镇居民的手机阅读接触率为 50.5％，高出农村居民（32.0％）18.5 个百分点。具体情况如表 6-3-1 所示。

表 6-3-1　不同人口特征群体手机阅读接触率

人口特征	类别	手机阅读接触率
性别	男	46.6%
	女	36.9%
城乡	城镇	50.5%
	农村	32.0%

从年龄特征看，在接触过手机阅读方式的我国成年国民中，18—29周岁群体所占比例最高，达到49.3%。30—39周岁群体所占比例为30.0%，40—49周岁群体所占比例为16.4%。而50—59周岁及60—70周岁群体所占比例较低，分别为3.5%和0.7%。由此可见，50周岁以下群体是手机阅读的主力人群（占比超过95.0%）。

具体情况如图6-3-1所示。

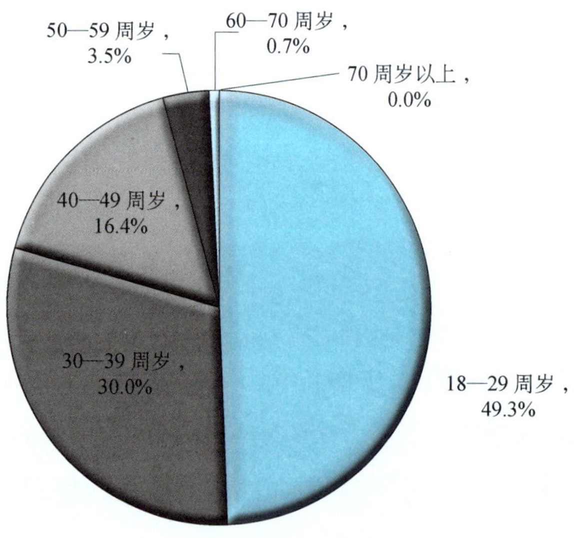

图 6-3-1　手机阅读接触者年龄分布

6.3.2　手机阅读时长

调查数据显示，2013年我国成年国民手机阅读群体平均每天手机阅读时长为37.07分钟。在我国成年国民手机阅读接触者中，只有6.1%的人平均每天手机阅读时长在5分钟以内。超过八成（86.5%）的手机阅读接触者平均每天手机阅读时长集中在5分钟到2个小时之间，具体看来，有13.1%的人平均每天手机阅读时长在5—10分钟，有20.1%的人平均每天手机阅读时长在10—20分钟，有23.7%的人平均每天手机阅读时长在20—30分钟，有19.0%的人平均每天手机阅读时长在0.5—1小时，有10.6%的人平均每天手机阅读时长在1—2小时。此外，还有7.4%的手机阅读接触者平均每天花费在手机阅读的时间超过2个小时。

具体情况如图6-3-2所示。

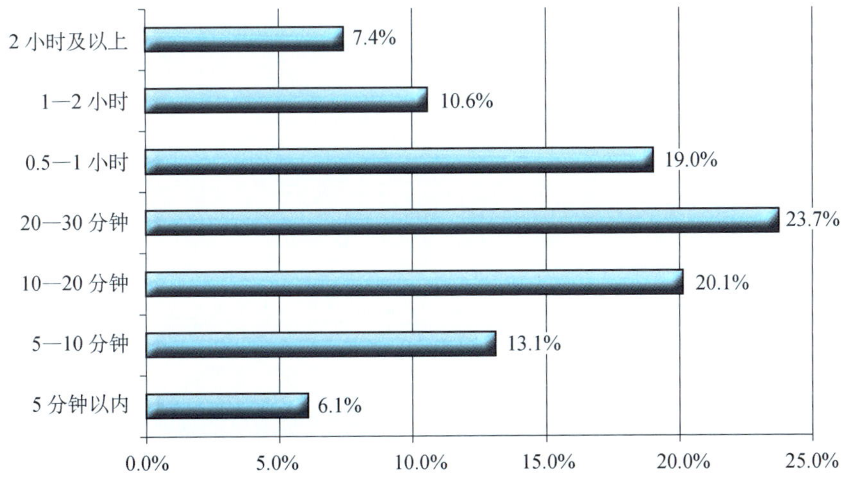

图6-3-2　手机阅读者手机阅读时长

6.3.3　手机阅读花费

通过对手机阅读花费的调查结果显示，2013年，在我国成年国民手机阅读群体中，有41.8%的人表示能够接受付费阅读，而有58.2%的人只看免费的手机读物。具体来看，有15.6%的手机阅读接触者的手机阅读花费在20元以下，有20.2%的手机阅读接触者的手机阅读花费在 20—100 元之间，还有 5.9%的手机阅读接触者的手机阅读花费在 100 元以上。

2013 年，我国成年国民手机阅读接触者的人均手机阅读花费为 21.43 元，较 2012 年的 23.31 元减少了 1.88 元。农村手机阅读接触者的人均花费为 31.79 元，约为城镇手机阅读接触者的人均花费（15.77 元）的两倍。

具体情况如表 6-3-2 所示。

表 6-3-2 手机阅读者在手机阅读上的花费

花费金额	选择比例
10 元及以下	10.6%
10—20 元	5.0%
20—30 元	4.6%
30—50 元	7.9%
50—100 元	7.7%
100—200 元	3.7%
200 元及以上	2.2%
从未付费	58.2%
人均花费金额	21.43 元

6.3.4 手机读物价格承受力

面对和纸质读物内容完全相同的手机读物，有 68.2%的手机阅读接触者选择“只看免费的”手机读物，有 11.7%的手机阅读接触者表示“价格要低于纸质读物的 80%以上”才愿意购买，10.0%的手机阅读接触者表示“价格要低于纸质读物的 50%以上”才愿意购买，7.6%的手机阅读接触者表示“价格要低于纸质读物的 30%以上”才愿意购买。只有 2.5%的手机阅读接触者表示“可以花费和购买纸质读物一样多的钱”来购买手机读物。

具体情况如图 6-3-3 所示。

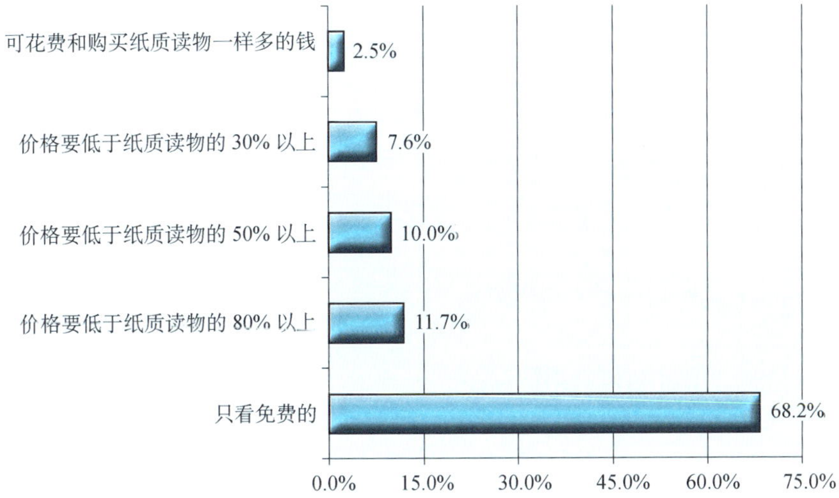

图 6-3-3　手机读物付费意愿

6.3.5　通过手机进行的活动

本次调查数据显示，用“手机 QQ、飞信等”“听音乐”“手机网页浏览”“看手机小说”“手机游戏”等，是我国成年手机阅读接触者的重点使用内容。

具体来看，当被问及“您通过手机进行哪些活动?”时，在接触过手机阅读的人群中，有 69.8%的手机阅读接触者选择用“手机 QQ、飞信等”，有 65.4%的手机阅读接触者选择“听音乐”，选择比例均超过 60.0%。其次，分别有 42.2%和 41.1%的手机阅读接触者选择“手机网页浏览”“看手机小说”，选择比例均超过 40.0%。再次，有 36.2%的手机阅读接触者选择“手机游戏”，有 35.6%的手机阅读接触者选择“阅读手机报”，有 35.3%的手机阅读接触者选择“看视频”，有 23.1%的手机阅读接触者选择“与工作/学习有关的信息”，选择比例均超过 20.0%。

具体情况如表 6-3-3 所示。

表 6-3-3　通过手机进行的活动及比例

通过手机进行的活动	选择比例
阅读手机报	35.6%
听音乐	65.4%
看手机小说	41.1%
手机游戏	36.2%
手机 QQ、飞信等	69.8%
与工作/学习有关的信息	23.1%
看视频	35.3%
手机网页浏览	42.2%
手机查收电子邮件	11.4%
博客或微博	19.4%
其他	2.1%

6.3.6　手机小说阅读情况

2013 年，在我国成年手机阅读接触者中，有 55.0%的人通过手机阅读过小说。具体看来，我国手机阅读群体最喜欢的手机小说类型为“言情”，其选择比例为 24.6%；其次为“武侠”和“青春”类小说，其选择比例分别为 21.4%和 19.0%。同时，“玄幻”和“穿越”类小说也受到了越来越多人的喜爱，分别有 15.5%和 13.7%的选择比例。

具体情况如表 6-3-4 所示。

表 6-3-4　手机小说类型偏好

手机阅读内容	选择比例
言情	24.6%
武侠	21.4%
玄幻	15.5%
青春	19.0%
古韵	4.9%
穿越	13.7%
其他	5.5%

6.3.7 手机定制服务或内容

进一步对我国成年国民手机阅读接触者的手机定制服务或内容展开调查发现，有44.0%的手机阅读接触者曾经使用过手机定制服务或内容。“手机报”和“新闻、资讯、本地新闻等”是我国成年国民手机阅读接触者通过手机定制的最主要的服务或内容。有27.9%的手机阅读接触者表示定制过“手机报”，有15.9%的手机阅读接触者表示定制过“新闻、资讯、本地新闻等”。此外，也部分手机阅读接触者定制过“在手机上定时弹出类似‘QQ中央弹窗’的综合性新闻窗口”和“手机美化软件，如主题，桌面等”，选择比例均为6.0%。而其他定制服务或内容的选择比例相对较低，均不足5.0%。

具体情况如表6-3-5所示。

表6-3-5 手机定制服务或内容

手机定制服务或内容	选择比例
手机报	27.9%
电子版的文学杂志，如《读者》《青年文摘》等	2.7%
电子版的尚图文杂志，如《瑞丽》《时尚》等	2.6%
在手机上定时弹出类似	6.0%
在手机上可以定制需要的资讯，同时也可以要求发送到你的邮箱或网盘	1.1%
流行的完整版小说购买	3.0%
流行的连载小说购买	2.2%
手机美化软件，如主题，桌面等	6.0%
新闻、资讯、本地新闻等	15.9%
从国内外，各大财经、商务当期杂志、报纸、网站上，根据你的定制需求摘选的文?	2.1%
同城的购物信息，如团购信息等	2.7%
同城的聚会发起、活动发起、邀请信等	0.9%
同城的优惠短信、电子打折券等	1.5%
都没有定制过	56.0%

6.3.8 手机阅读优缺点

我国成年国民手机阅读接触者认为，手机阅读的主要优势体现在便利性、消费低及时效性强三个方面。其中尤以便利性最为重要，调查数据显示与阅读便利性相关的“可以随时随地阅读”及“阅读内容费用较低或免费”的选择比例分别达到87.9%和39.1%。此外，“信息时效性强”的选择比例为35.8%，“不用携带图书或其他阅读设备就能阅读”的选择比例为29.9%。具体情况如图6-3-4所示。

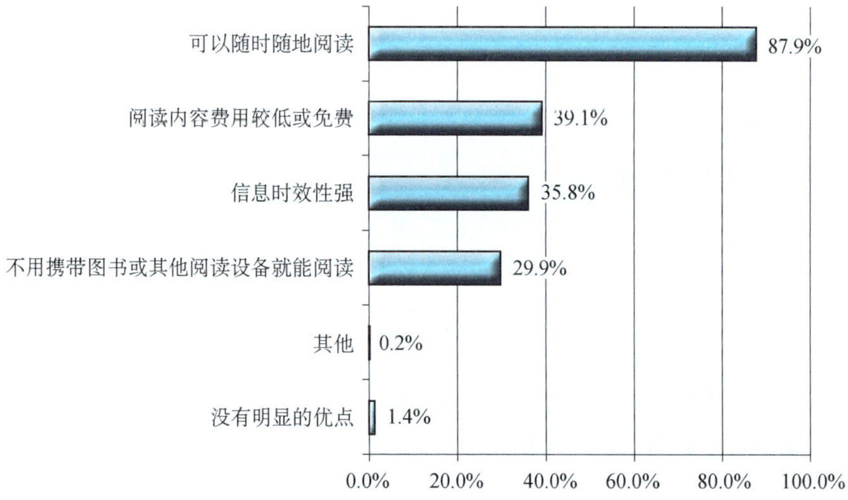

图 6-3-4　手机阅读优势

与之相对应，我国成年国民手机阅读接触者认为，手机阅读的主要不足之处在于会影响阅读者的身体健康，“伤眼睛，容易视觉疲劳”和“辐射大”的选择比例分别高达60.0%和49.0%。而“手机屏幕太小”和“有一定操作限制”的选择比例分别为38.8%和18.9%，也是手机阅读目前需要完善之处。此外，仅有5.8%的手机阅读接触者认为手机阅读“没有明显的缺点”。具体情况如图6-3-5所示。

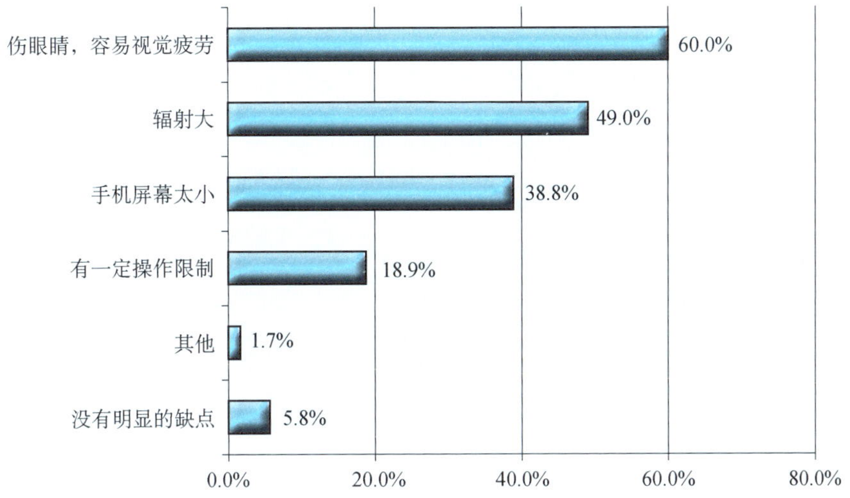

图 6-3-5　手机阅读缺点

6.4　电子阅读器阅读

6.4.1　电子阅读器阅读接触率与电子阅读器拥有率

2013 年，我国成年国民电子阅读器阅读接触率为 5.8%，比 2012 年的 4.6%增加了 1.2 个百分点。从性别来看，男性居民的电子阅读器阅读接触率为 6.8%，高于女性居民（4.8%）。从城乡对比看，城镇居民的电子阅读器阅读接触率为 6.6%，高于农村居民电子阅读器阅读接触率（4.9%）。

具体情况如表 6-4-1 所示。

表 6-4-1　电子阅读器阅读接触率

人口特征	类别	电子阅读器阅读接触率
性别	男	6.8%
	女	4.8%
城乡	城镇	6.6%
	农村	4.9%

从年龄特征上来看，在我国电子阅读器阅读接触者中，18—29

周岁群体所占比例最高，达到 59.4%；其次是 30—39 周岁群体，所占比例为 25.4%；40—49 周岁群体所占比例为 12.7%。而 50 周岁以上群体所占的比例较低，50—59 周岁群体所占比例为 2.3%，60—70 周岁群体所占比例仅为 0.3%。可见，50 周岁以下的中青年群体是电子阅读器阅读活动的主力人群。

具体情况如图 6-4-1 所示。

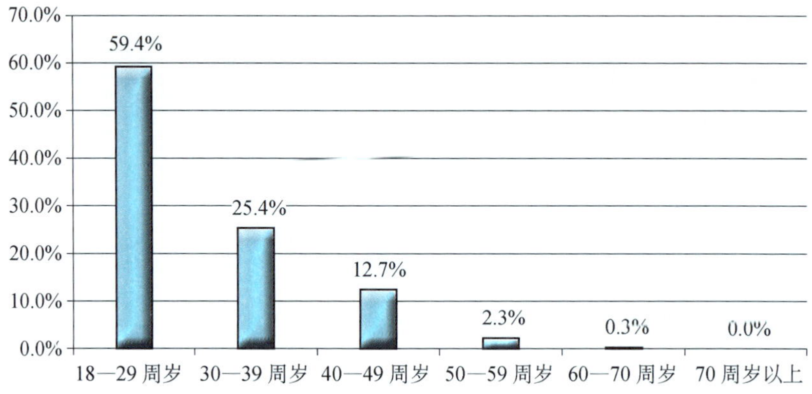

图 6-4-1　电子阅读器接触群体年龄分布特征

本次调查还发现，在接触过电子阅读器阅读的我国成年国民中，有 38.9%的人表示拥有自己的电子阅读器。从性别差异上看，男性电子阅读器阅读接触者的电子阅读器拥有率为 36.2%，低于女性电子阅读器阅读接触者（43.0%）。从城乡差异上看，城镇电子阅读器阅读接触者的电子阅读器拥有率为 49.1%，是农村电子阅读器阅读接触者（22.9%）的两倍以上。

具体情况如表 6-4-2 所示。

表 6-4-2　不同人口特征电子阅读器阅读接触者电子阅读器拥有率

人口特征	类别	拥有率
性别	男	36.2%
	女	43.0%
城乡	城镇	49.1%
	农村	22.9%

6.4.2 电子阅读器的功能使用

调查数据显示，“看电子书”是我国成年国民电子阅读器阅读接触者最经常使用的功能，选择比例为74.6%。此外，“看视频”“听音乐”的选择比例也较高，分别为57.1%、47.5%。而“阅读自行下载的文件”“看报纸”“看漫画”“看电子期刊”的选择比例相对略低，分别为18.7%、18.0%、12.7%和10.6%。具体情况如图6-4-2所示。

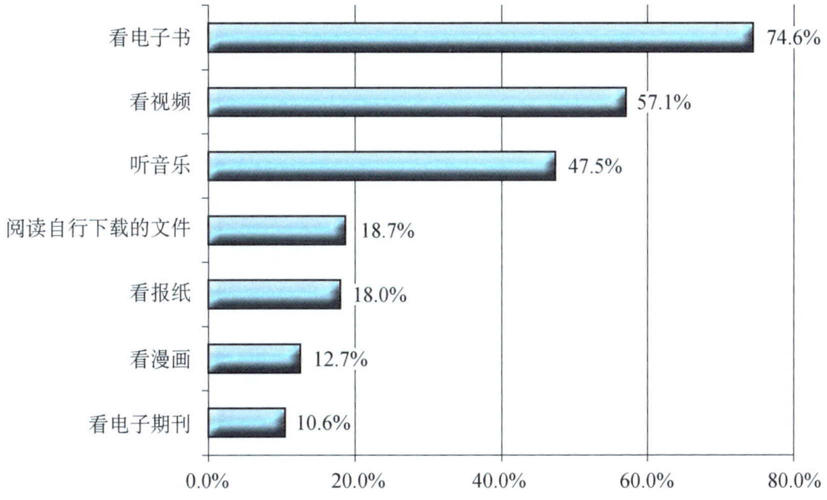

图6-4-2　电子阅读器的功能使用

6.4.3 电子阅读器阅读花费

2013年，我国成年国民电子阅读器阅读接触者在电子阅读器阅读上人均花费22.92元，有45.4%的电子阅读器阅读接触者对电子阅读器阅读进行了付费。具体来看，2013年，有25.6%的电子阅读器阅读接触者在电子阅读器阅读上的花费不足30元，有12.1%的电子阅读器阅读接触者在电子阅读器阅读上的花费在30—100元之间，还有7.8%的电子阅读器阅读接触者在电子阅读器阅读上的花费在100元及以上。具体情况如图6-4-3所示。

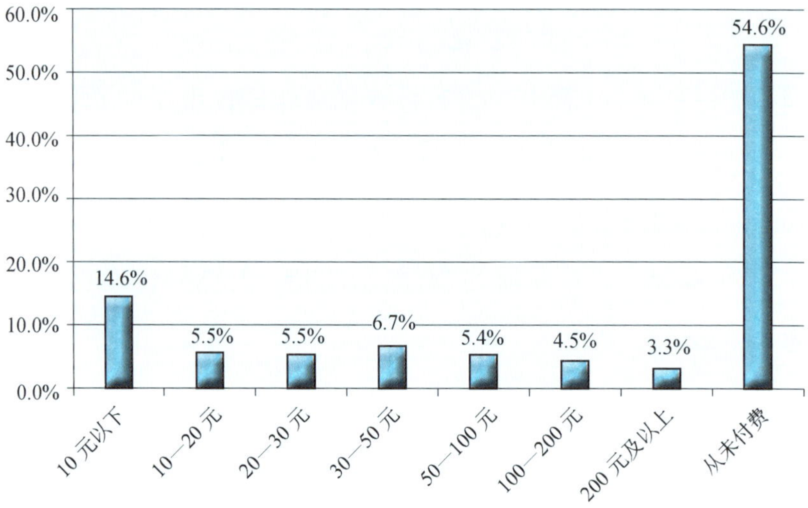

图 6-4-3　电子阅读器阅读花费

6.4.4　电子阅读器阅读资源来源

通过调查发现，“网上下载”是我国大部分成年国民电子阅读器阅读接触者所阅读电子资源的主要来源，其选择比例高达75.1%，而“公共图书馆的数字阅读网站”“电子阅读器自带电子书”和“朋友间互相传送”三个选项的选择比例均不高，分别为9.8%、8.1%和6.5%。具体情况如图 6-4-4 所示。

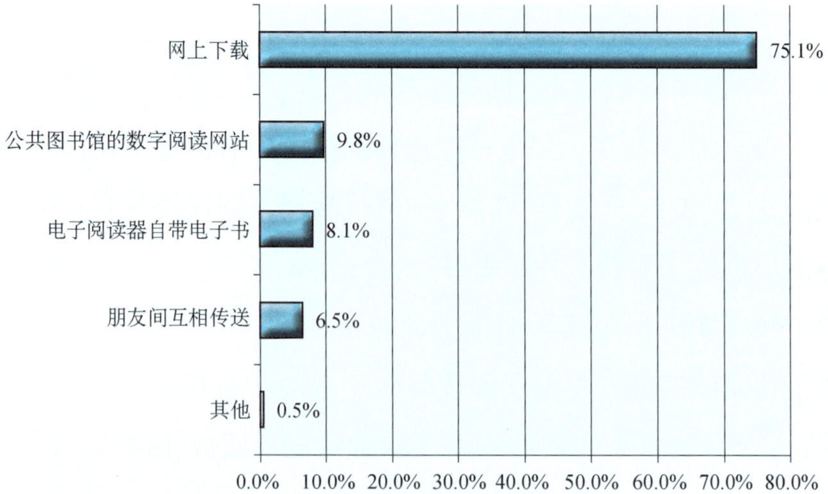

图 6-4-4　电子阅读器阅读资源的主要获得渠道

6.5 上网行为与网络阅读

6.5.1 上网率与上网设备

2013 年，我国成年国民的上网率为 59.2%，较 2012 年的 55.6%上升了 3.6 个百分点。具体来看，有超过半数（54.2%）的成年国民通过电脑上网，有 42.7%的成年国民通过手机上网。其中，通过手机上网的比例涨幅较大，与 2012 年的 29.2%相比，增长了 13.5 个百分点。

具体情况如图 6-5-1 所示。

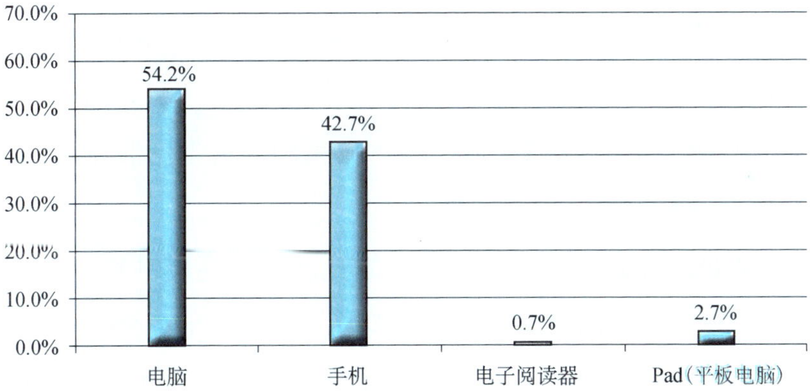

图 6-5-1 上网率与上网设备

从城乡对比的情况来看，2013 年，我国城镇居民的上网率为 72.3%，远高于农村居民的 44.0%。就上网设备而言，城镇居民选择通过电脑、手机、Pad（平板电脑）和电子阅读器上网的比例，均高于农村居民。有 69.2%的城镇居民选择通过电脑上网，高出农村居民（36.8%）32.4 个百分点。有 53.5%的城镇居民选择通过手机上网，高出农村居民（30.3%）23.2 个百分点。

具体情况如图 6-5-2 所示。

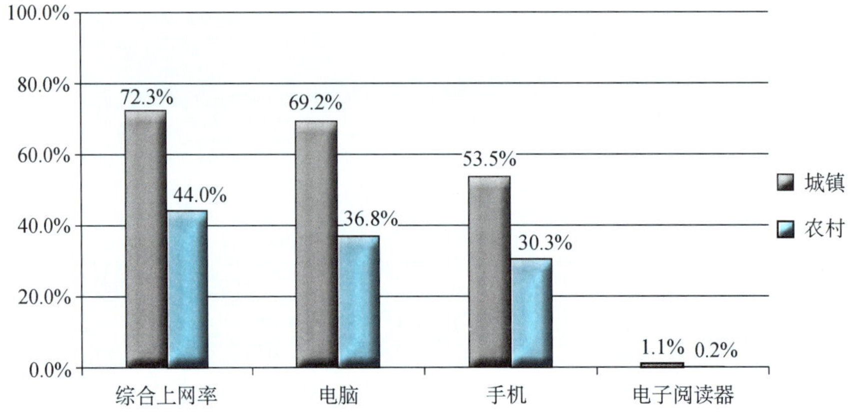

图 6-5-2　上网率、上网设备的城乡对比

6.5.2　上网频率

2013 年，我国成年国民人均每月上网 25.28 次，较 2012 年的 24.73 次有所增加。不同人口特征群体之间的上网频率存在一定差异。

从性别差异看，男性网民的上网频率（25.21 次/月）高于女性网民（24.15 次/月）。从城乡对比看，城镇网民的上网频率（26.08 次/月）高于农村网民（23.76 次/月）。

具体来看，接近七成（69.7%）的我国成年网民平均每天至少上网一次，16.0%的网民平均每周上网 4—6 次，10.6%的网民平均每周上网 2—3 次，还有 2.0%的网民平均每周只上网 1 次。总体来看，98.3%的网民平均每周至少上网一次。

具体情况如表 6-5-1 所示。

表 6-5-1　网民上网频率

上网频率	选择比例
每天 1 次或以上	69.7%
每周 4—6 次	16.0%
每周 2—3 次	10.6%
每周 1 次	2.0%
每月 2—3 次	1.0%
每月 1 次	0.4%
每月 1 次以下	0.3%

6.5.3 上网从事的活动

2013 年，我国成年国民上网从事的活动主要集中于信息获取、社交和休闲娱乐这两个方面。首先，在信息获取方面，有 74.2%的网民将“阅读新闻”作为主要网上活动之一，有 70.3%的网民将“网上聊天/交友”作为主要网上活动之一。同时，互联网的娱乐功能仍然占据重要位置，有 52.4%的网民将“在线听歌/下载歌曲和电影”作为主要网上活动之一，有 46.8%的网民将“看视频”作为主要网上活动之一，有 45.0%的网民将“查询各类信息”作为主要网上活动之一，有 37.0%的网民将玩“网络游戏”作为主要网上活动之一。值得注意的是，其中有 17.6%的网民将“阅读网络书籍、报刊”作为主要网上活动之一。具体情况如图 6-5-3 所示。

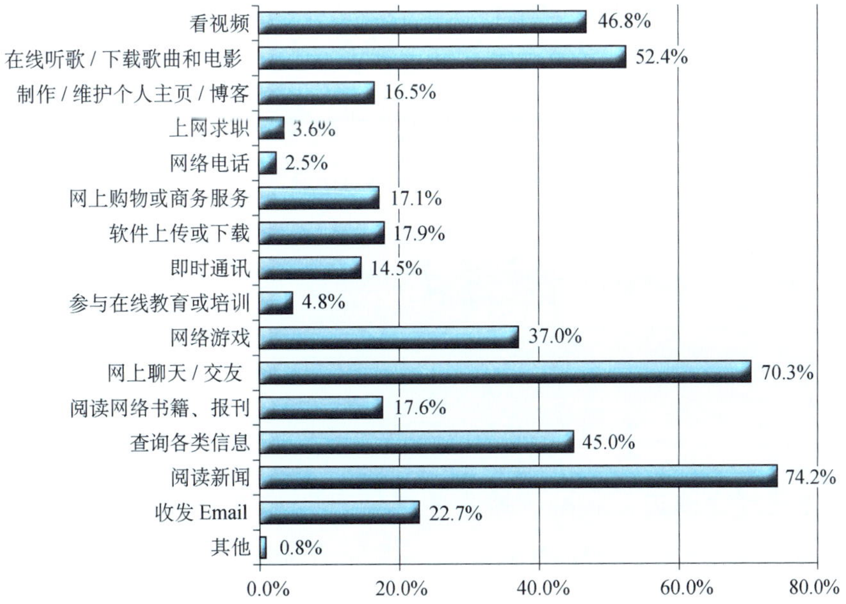

图 6-5-3 上网从事的主要活动

6.5.4 网上阅读行为

当被问及上网主要从事的与阅读相关的活动时，在接触过网络在线阅读的国民中，有高达85.6%的人表示主要会在“网上阅读新闻”，可见我国绝大多数网络在线阅读接触者都会通过网络获取新闻信息。此外，有25.0%的人表示主要在网上“搜索图书信息”，有25.3%的人表示主要在“网上阅读电子书（或下载后阅读)”，有18.6%的人表示主要在网上“检索图书内容”，而“网上阅读电子报”和“网上阅读电子期刊”的选择比例均相对不高，分别仅为12.2%和10.9% 。

具体情况如图6-5-4所示。

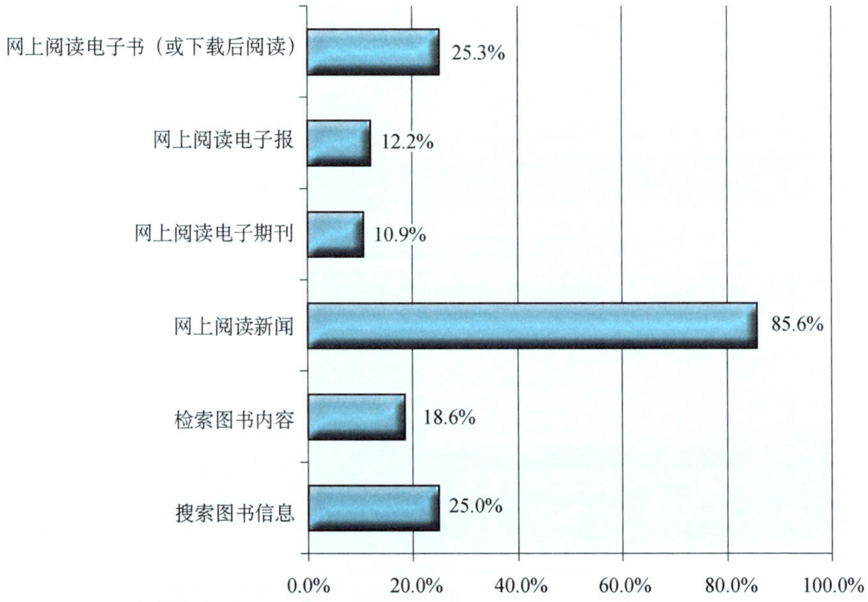

图6-5-4　网上从事的与阅读相关活动

在选择会通过互联网“搜索图书信息”的成年网络在线阅读接触者中，有16.1%的阅读接触者表示“几乎每天”都进行该项活动。此外，每周进行3—4次的选择比例为14.3%，每周进行1—2次的选择比例为30.2%，每月进行1—2次的选择比例为24.1%。总体来看，每月至少进行一次“搜索图书信息”活动的成年网络在线阅读接触者，其比例超过八成（84.7%）。

在选择通过互联网“检索图书内容”的成年网络在线阅读接触者中，有11.6%的阅读接触者表示“几乎每天”都进行该项活动。此外，每周进行3—4次的选择比例为14.1%，每周进行1—2次的选择比例为33.9%，每月进行1—2次的选择比例为25.3%。总体来看，每月至少进行一次“检索图书内容”活动的成年网络在线阅读接触者，其比例超过八成（84.9%）。

在选择会在“网上阅读新闻”的成年网络在线阅读接触者中，有52.0%的阅读接触者表示“几乎每天”都进行该项活动，为各选项中最高。此外，每周进行3—4次的选择比例为25.1%，每周进行1—2次的选择比例为16.1%，表示每月进行1—2次的选择比例为4.3%。总体来看，每月至少进行一次“网上阅读新闻”活动的成年网络在线阅读接触者，其比例高达97.5%。

在选择通过互联网阅读“电子期刊”“电子报”“电子书”的成年网络在线阅读接触者中，几乎每天都进行该项活动的比例分别是19.2%、28.4%及17.2%，每天在网上阅读电子书和电子报的网络在线阅读接触者所占比例要略高于电子期刊。而每月至少进行一次“网上阅读电子书（或下载后阅读）”“网上阅读电子报”“网上阅读电子期刊”活动的成年网络在线阅读接触者，比例分别为83.5%、90.3%和86.2%。

在上述上网进行的与阅读相关的活动中，“网上阅读新闻”的频次最高，为248.60次/年；其次为“网上阅读电子报”和“网上阅读电子书”，分别为165.07次/年和123.76次/年。

具体情况如表6-5-2所示。

表6-5-2　网民进行网上阅读活动的频率

频率	搜索图书信息	检索图书内容	网上阅读新闻	网上阅读电子期刊	网上阅读电子报	网上阅读电子书（或下载后阅读）
几乎每天	16.1%	11.6%	52.0%	19.2%	28.4%	17.2%
每周3—4次	14.3%	14.1%	25.1%	19.1%	22.0%	19.6%
每周1—2次	30.2%	33.9%	16.1%	25.6%	25.0%	29.8%
每月1—2次	24.1%	25.3%	4.3%	22.3%	14.9%	16.9%

续前表

频率	搜索图书信息	检索图书内容	网上阅读新闻	网上阅读电子期刊	网上阅读电子报	网上阅读电子书（或下载后阅读）
2—3个月1次	10.1%	9.2%	1.9%	6.7%	4.5%	9.0%
每年2—3次	4.4%	4.1%	0.6%	4.7%	3.8%	5.5%
每年1次	0.7%	1.7%	0.1%	2.5%	1.3%	2.1%
频次（次/年）	111.36	97.22	248.60	127.31	165.07	123.76

6.5.5 网络在线阅读花费

调查数据显示，2013年，我国成年网络在线阅读接触者在网络在线阅读上的花费为人均11.53元。

有23.6%的网络在线阅读接触者对网络在线阅读进行付费。有7.6%的网络在线阅读接触者的网络在线阅读花费在10元以下，付费额度在10—20元之间的网络在线阅读接触者的比例为3.6%，付费额度在20—50元的比例为5.0%，付费额度在50—100元的比例为4.2%，仅有3.3%的网络在线阅读接触者表示花费在100元及以上。

在网络在线阅读付费接触者中，农村居民网络在线阅读平均花费17.96元，约为城镇居民（8.55元）的两倍。具体情况如图6-5-5所示。

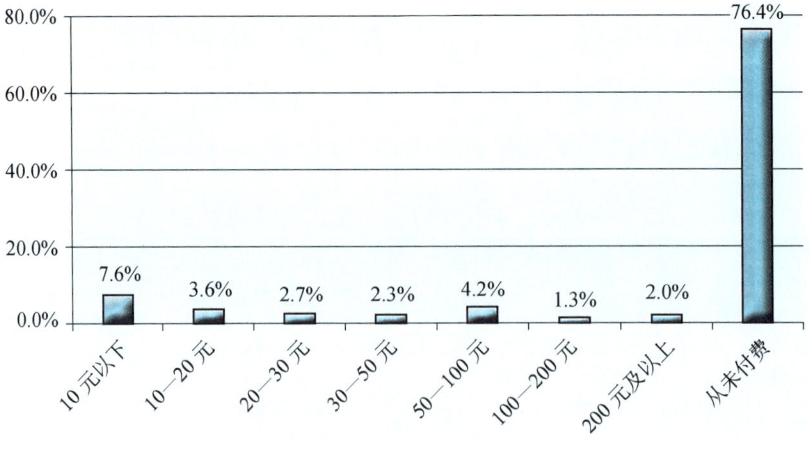

图6-5-5 网络在线阅读花费

6.5.6 网上购买的出版物类型

调查数据显示，有 18.0%的我国成年国民通过互联网购买过不同类型出版物。

具体来看，在通过互联网购买过不同类型出版物的成年网民中，购买“图书”的人数最多，其比例为 80.5%。另外，有 23.2%的人通过互联网购买过“期刊”，有 9.7%的人通过互联网购买过“软件/游戏光盘”，通过互联网购买过“VCD/DVD”和“CD”的比例分别为 6.4%和 6.1%。购买过“盒式录音带”的比例最少，仅为 0.6%。由此可见，“图书”是我国网民通过互联网购买的最主要出版物类型。

具体情况如图 6-5-6 所示。

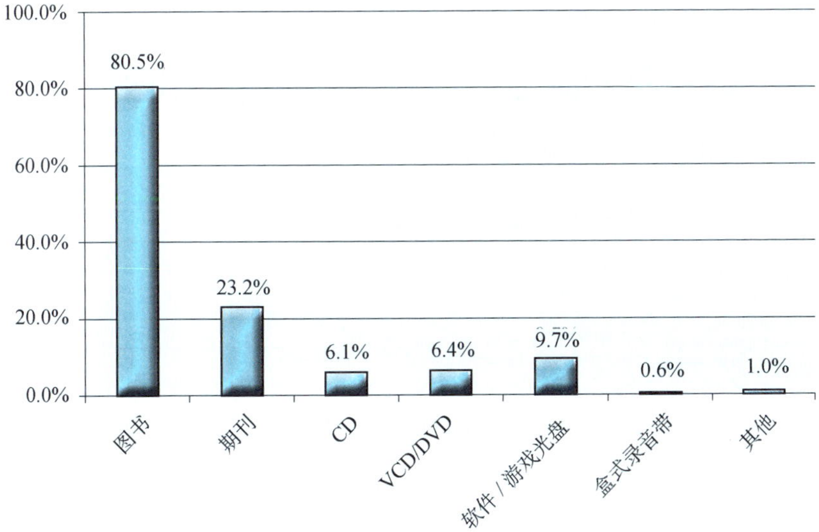

图 6-5-6 通过互联网购买的出版物类型

6.5.7 选择互联网购买出版物的原因和制约因素

通过互联网购买过出版物的我国成年网民表示，网上购买出版物的主要原因基本有以下几点。首先是价格因素，有 55.4%的人将

"价格优惠"作为其网上购买出版物的主要原因。其次为便利性因素，分别有47.7%、42.0%和22.5%的人将"节省去书店的时间和费用""送货上门""很容易找到需要的书"作为选择网上购买出版物的主要原因。第三为内容因素，"图书种类多"的选择比例为46.1%，"有丰富的信息和评论供参考"的选择比例为15.0%。而"提供赠品，开展活动"的选择比例相对较低，仅为6.0%，对网上购买出版物的影响较弱。

具体情况如图6-5-7所示。

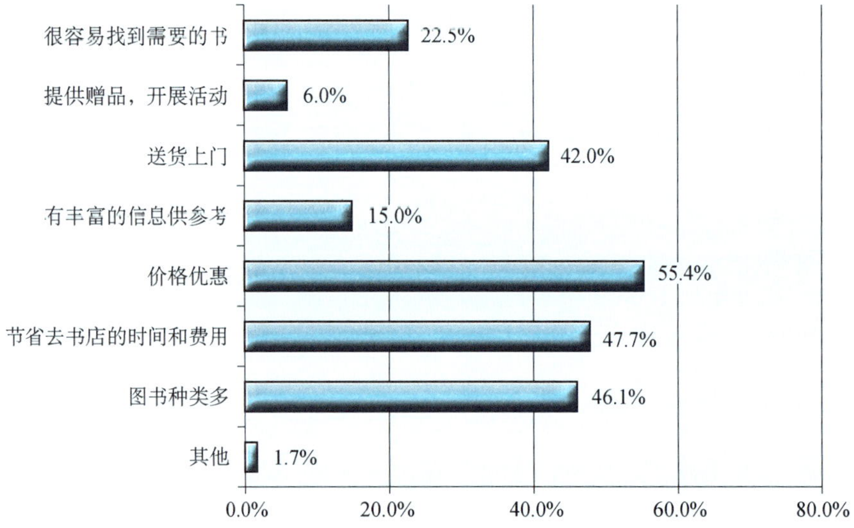

图6-5-7　选择网购出版物的主要原因

在没有通过互联网购买过任何出版物的我国成年国民中，有44.8%的人把"不习惯网上购物"作为不选择网上购买出版物的主要原因，是诸项原因中选择比例最高的一项。其次，有26.0%的人因为"无法检验出版物质量"而不通过互联网购买出版物，有24.4%的人因为感到"太麻烦/流程过于复杂"而不通过互联网购买出版物，有23.1%的网民因为"网上购物不安全"而不通过互联网购买出版物。此外，"付费不方便""交货周期太长"和"运费太高"的选择比例相对较低，分别为10.3%、7.9%和6.3%。

具体情况如图 6-5-8 所示。

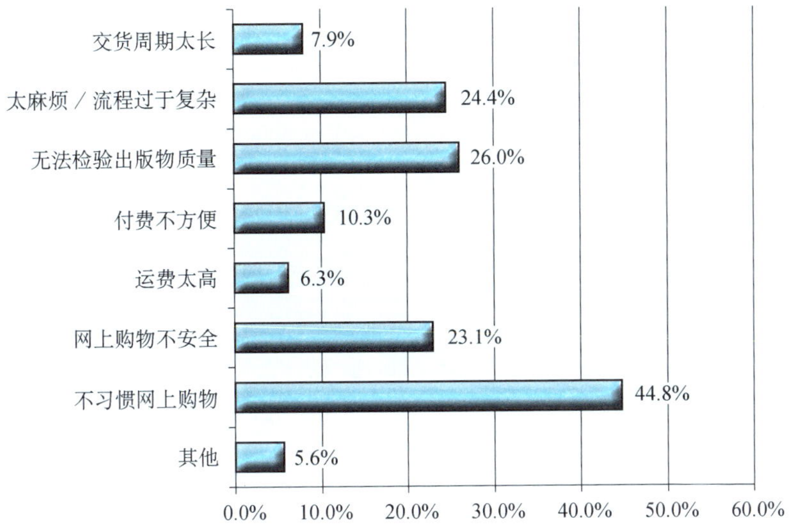

图 6-5-8　不选择网购出版物的主要原因

6.6　阅读网站知名度与市场表现

在此次调查中，我们列举了 31 家国内较知名的阅读网站或读书频道，请被访者选择其所知道的阅读网站或读书频道，然后再根据被访者选择情况对这些阅读网站或读书频道进行知名度排名。同时，我们询问被访者在 2013 年曾在列举出的哪些阅读网站或读书频道进行过阅读，以了解其市场表现。

调查结果显示，“新浪读书”的知名度和市场渗透率分别达到 71.3%和 54.3%，均名列第一；“搜狐读书”的知名度和市场渗透率均位列第二，分别为 61.7%和 37.1%；“腾讯读书频道”的知名度和市场渗透率则均排在第三名，分别为 32.4%、28.0%。“新浪读书”、“搜狐读书”以及“腾讯读书频道”近年来一直位居前三名。

具体情况如表 6-6-1 和 6-6-2 所示。

表 6-6-1　阅读网站知名度排名

网站名称	知名度	排名
新浪读书	71.3%	1
搜狐读书	61.7%	2
腾讯读书频道	32.4%	3
豆瓣网	26.6%	4
天涯论坛	21.6%	5
红袖添香	18.0%	6
起点中文网	15.5%	7
潇湘书院	13.7%	8
小说阅读网	12.7%	9
中国知网	10.9%	10
榕树下	8.2%	11
爱搜书	7.5%	12
书香门第	7.4%	13
爱读爱看网	6.3%	14
白鹿书院	6.1%	15
一起看 17K	5.8%	16
万方数据	5.1%	17
世纪文学网	5.0%	18
E 书网	4.4%	19
萌芽	4.4%	20
幻剑书盟	4.1%	21
飞库网	4.1%	22
维普网	3.4%	23
晋江原创网	3.2%	24
书生读吧	3.1%	25
龙源期刊网	3.1%	26
逐浪玄幻小说	2.8%	27
超星网	2.2%	28
非凡 TXT	1.5%	29
佐罗网 ZCOM	0.8%	30
Xplus	0.5%	31

表 6-6-2　阅读网站市场渗透率排名

网站名称	市场渗透率	排名
新浪读书	54.3%	1
搜狐读书	37.1%	2
腾讯读书频道	28.0%	3
起点中文网	12.3%	4
豆瓣网	11.2%	5

续前表

网站名称	市场渗透率	排名
红袖添香	10.2%	6
小说阅读网	9.2%	7
潇湘书院	8.4%	8
天涯论坛	7.7%	9
中国知网	4.6%	10
爱搜书	3.9%	11
榕树下	3.1%	12
一起看 17K	2.9%	13
万方数据	2.5%	14
晋江原创网	2.5%	15
书香门第	2.5%	16
白鹿书院	2.2%	17
逐浪玄幻小说	1.9%	18
幻剑书盟	1.9%	19
世纪文学网	1.7%	20
萌芽	1.7%	21
维普网	1.6%	22
飞库网	1.5%	23
爱读爱看网	1.1%	24
非凡 TXT	1.1%	25
书生读吧	1.1%	26
龙源期刊网	0.9%	27
E 书网	0.9%	28
超星网	0.8%	29
佐罗网 ZCOM	0.4%	30
Xplus	0.3%	31

第七章
成年国民的版权认知状况

7.1 版权认知度

调查数据显示，2013 年，我国成年国民的版权认知度为 76.9%。交互性别差异看，男性居民版权认知度为 87.5%，高于女性居民的版权认知度（82.1%）。从城乡对比看，城镇居民版权认知度为 88.7%，高于农村居民版权认知度（63.2%）。

具体情况如表 7-1-1 所示。

表 7-1-1 版权认知度

人口特征	类别	版权认知度
性别	男	87.5%
	女	82.1%
城乡	城镇	88.7%
	农村	63.2%

2005 年，全国国民阅读调查首次引入有关版权认知的问题，当年国民版权认知度为 60.6%。自 2007 年以来，我国国民版权认知度一直保持在 70.0%以上。

具体情况如图 7-1-1 所示。

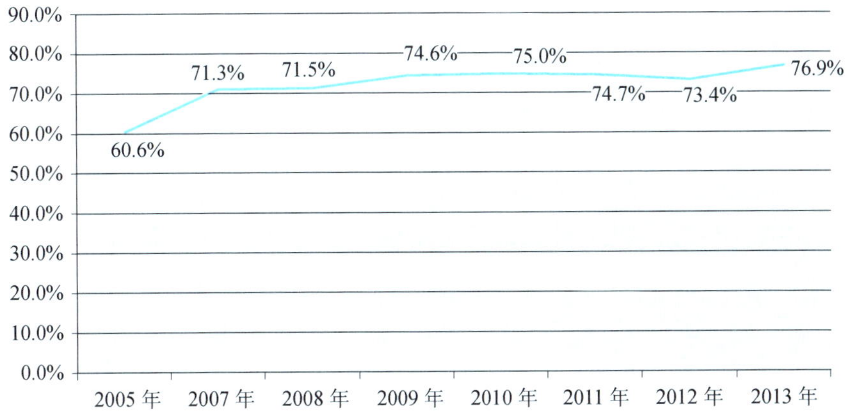

图 7-1-1　2005—2013 年版权认知度变化趋势

7.2　盗版出版物市场现状

7.2.1　盗版出版物市场占有状况

随着近年来国民版权认知度的逐年提高，我国成年国民的盗版出版物购买率也呈下降趋势。我国成年国民的盗版出版物购买率从 2005 年的 45.5%逐年下降至 2013 年的 10.1%，这在一定程度上反映出我国国民版权意识的增强。具体情况如图 7-2-1 所示。

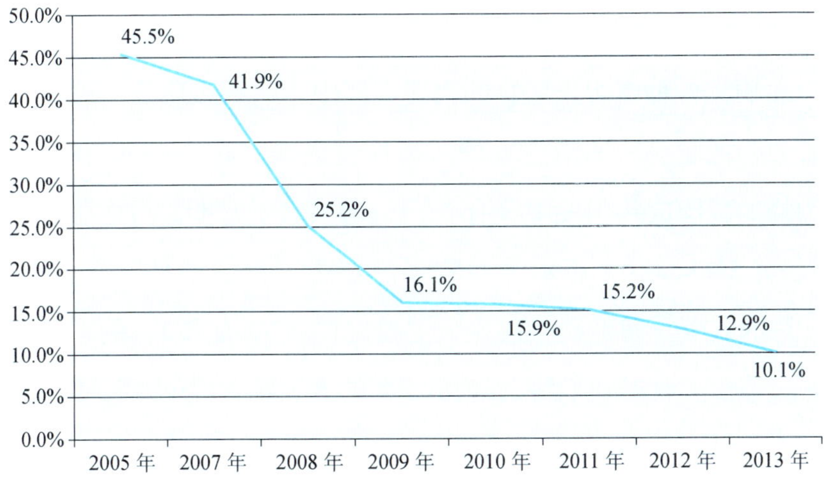

图 7-2-1　2005—2013 年盗版出版物购买率变化

调查数据显示，2013 年，在我国成年国民中，有 11.1%的人表示购买的图书或音像制品均为正版。仅有 1.5%的成年居民表示购买的出版物均为盗版，还有 8.6%的人表示正版盗版出版物均购买过，即至少有 10.1%的成年国民在 2013 年购买过盗版出版物。另外，仍有 20.7%的人表示分不清其购买的出版物是正版还是盗版。具体情况如图 7-2-2 所示。

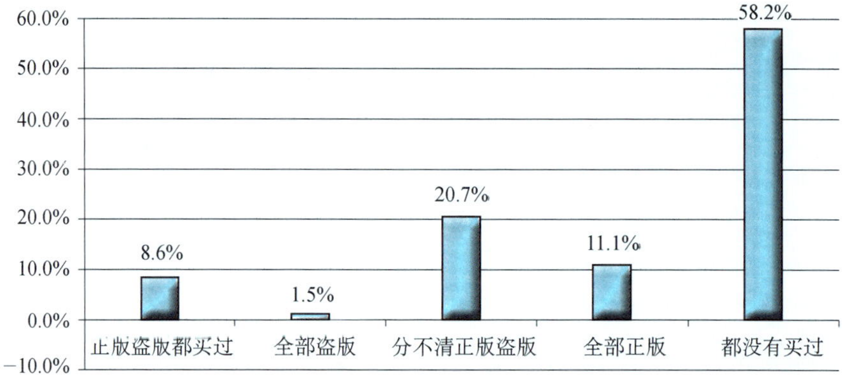

图 7-2-2　盗版出版物消费情况

7.2.2　盗版出版物消费状况

7.2.2.1　购买盗版出版物类型

在购买各种盗版出版物的消费人群中，购买盗版“一般图书”和盗版“音像制品”的消费人群所占比例最大。在 2013 年购买过盗版出版物的我国成年国民中，有 62.1%的人表示曾购买过盗版“一般图书”，有 31.3%的人表示曾经购买过盗版“音像制品”。此外，还有 18.9%的人表示曾经购买过盗版“教材教辅”，有 6.1%的人表示曾经购买过盗版“计算机软件”，有 5.3%的人表示曾经购买过盗版“游戏软件”。具体情况如图 7-2-3 所示。

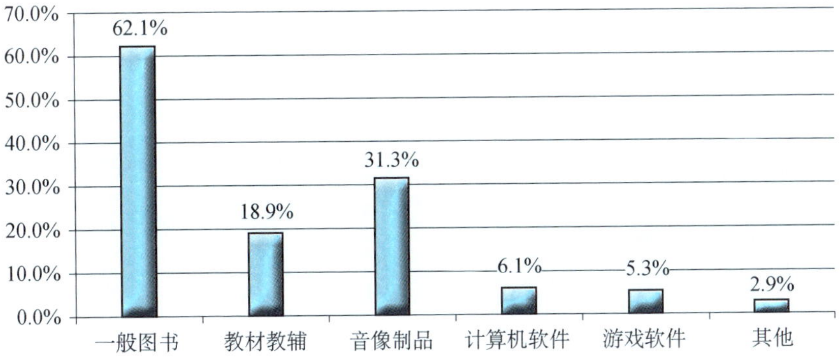

图 7-2-3 消费者购买的盗版出版物类型

7.2.2.2 购买盗版出版物原因

调查数据显示，对 2013 年购买过盗版出版物的我国成年国民而言，“价格便宜”是其购买盗版出版物的最主要原因，有八成（80.0%）的盗版出版物购买者选择这一选项。另外，有 26.6%的盗版出版物购买者表示“购买方便”是促使其购买盗版出版物的主要原因，还分别有 11.1%、4.6%的盗版出版物购买者表示，“品种丰富”“内容新颖”是其购买盗版出版物的主要原因。同时有 19.3%的盗版出版物购买者表示“买时不知道是盗版”，仅有 4.3%的盗版出版物购买者表示“没有正版可买”。具体情况如图 7-2-4 所示。

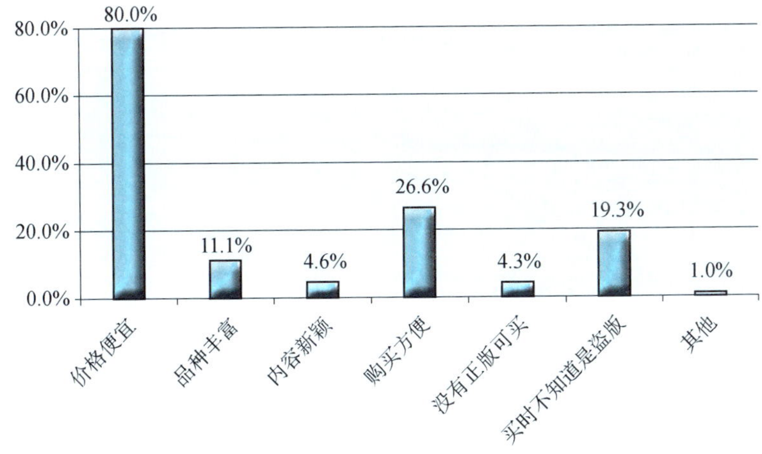

图 7-2-4 购买盗版出版物原因

第八章
公共阅读服务设施状况

8.1 城镇公共阅读服务设施状况

8.1.1 城镇居民公共阅读服务设施知晓率

在调查执行过程中，我们请城镇居民回答其所在的街道附近是否有公共图书馆、社区阅览室/社区书屋和报刊栏等公共阅读服务设施。调查结果显示，2013 年我国成年城镇居民对居住的街道有公共图书馆、社区阅览室/社区书屋、报刊栏等至少一种公共阅读服务设施的知晓率为 35.0％。其中，23.5％的城镇居民表示在其居住的街道附近有报刊栏，11.8％的城镇居民表示在其居住的街道附近有社区阅览室/社区书屋，11.6％的城镇居民表示在其居住的街道附近有公共图书馆。具体情况如图 8-1-1 所示。

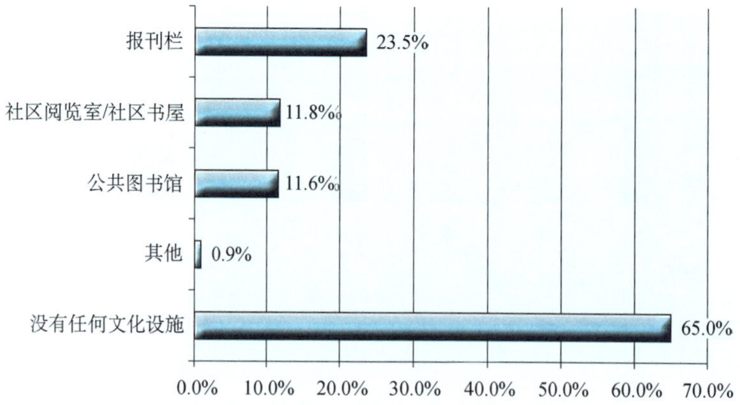

图 8-1-1　城镇居民公共阅读服务设施知晓率

8.1.2 城镇居民对公共阅读服务设施的使用率

调查数据显示，在各类公共阅读服务设施中，报刊栏和公共图书馆的使用率相对较高。在表示其居住的街道附近有公共图书馆的城镇成年居民中，使用过公共图书馆的比例为 56.1%；表示其居住的街道附近有报刊栏的城镇成年居民中，使用过报刊栏的比例为 49.6%；而表示其居住的街道附近有社区阅览室/社区书屋的城镇成年居民中，使用过社区阅览室的比例为 34.4%。

此外，2013 年，表示其居住的街道附近有公共图书馆的城镇成年居民，其公共图书馆的人均使用频次为 8.63 次/年；表示其居住的街道附近有报刊栏的城镇成年居民，其报刊栏的人均使用频次为 9.02/年；表示其居住的街道附近有社区阅览室/社区书屋的城镇成年居民，其社区阅览室/社区书屋的人均使用频次为 5.47 次/年。

具体使用情况如表 8-1-1 所示。

表 8-1-1 城镇居民对各类公共阅读服务设施的使用率

使用频率	公共图书馆	社区阅览室/社区书屋	报刊栏
每周 1 次	7.7%	4.5%	8.9%
每月 2—3 次	8.0%	6.0%	8.6%
每月 1 次	11.3%	6.5%	9.4%
2—3 个月 1 次	12.0%	7.2%	10.0%
4—6 个月 1 次	8.6%	5.8%	5.6%
1 年 1 次	8.7%	4.4%	7.1%
从未使用	43.9%	65.6%	50.4%
使用频次	8.63 次/年	5.47 次/年	9.02 次/年

8.1.3 城镇居民对公共阅读服务设施的满意度

对于使用过以上公共阅读服务设施的城镇居民而言，在上述公共阅读服务设施中，公共图书馆的满意度（“非常满意”或“比较满意”）最高，为 53.4%；社区阅览室和报刊栏的满意度相对略低，分别为 40.8%和 32.2%。

而对这三种公共阅读服务设施明确表示不满意（“比较不满意”或“非常不满意”）的比例分别为 4.3%、8.7%和 9.6%。

具体情况如表 8-1-2 所示。

表 8-1-2 城镇居民对各类公共阅读服务设施的满意度

满意度	公共图书馆	社区阅览室/社区书屋	报刊栏
非常满意	12.0%	5.2%	4.7%
比较满意	41.4%	35.6%	27.5%
一般	37.9%	45.4%	50.4%
比较不满意	3.4%	7.7%	6.9%
非常不满意	0.9%	1.0%	2.7%
说不好	4.3%	5.0%	7.8%

8.2 农村公共阅读服务设施——农家书屋

8.2.1 农家书屋认知度与使用率

2013 年，我国成年农村居民对农家书屋的认知度为 17.6%。在表示知道其居住的村内建有农家书屋的村民中，使用过农家书屋的比例为 33.6%。从使用频次来看，2013 年，表示知道其居住的村内建有农家书屋的村民人均使用农家书屋 5.33 次。

具体情况如表 8-2-1 所示。

表 8-2-1 农家书屋的使用率

使用频率	选择比例
每周 1 次	5.2%
每月 2—3 次	5.2%
每月 1 次	5.5%
2—3 个月 1 次	4.4%
4—6 个月 1 次	3.5%
1 年 1 次	9.9%
从未使用	66.4%
使用频次	5.33 次/年

8.2.2 农家书屋满意度

在表示使用过农家书屋的农村居民中，超过六成（63.6%）的村民对农家书屋表示满意（“非常满意”或“比较满意”），明确表示不满意（“非常不满意”或“比较不满意”）的比例，仅为1.5%，有23.0%的村民对农家书屋的评价为“一般”。另外，还有12.0%的村民对农家书屋的评价较为模糊（“说不好”）。

具体情况如图 8-2-1 所示。

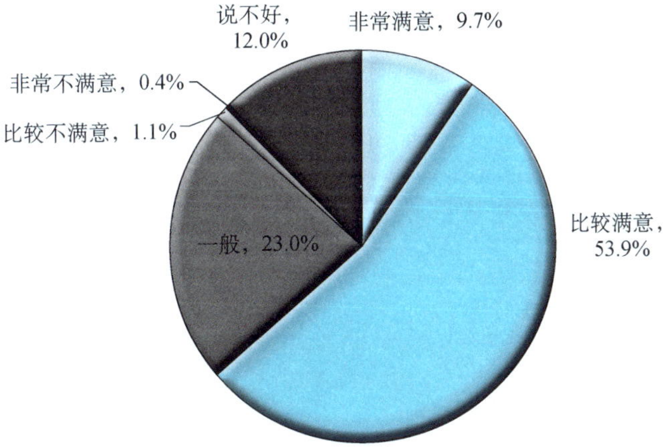

图 8-2-1　农家书屋的满意度

8.2.3 农家书屋内容提供情况

调查数据显示，“农业科普类图书”在农家书屋中最受欢迎。在使用过农家书屋的成年农村居民中，23.1%的人表示经常阅读“农业科普类图书”，有12.0%的人表示经常阅读报纸，8.8%的人表示经常阅读“法律类图书”，有6.4%的人表示经常阅读“文学类图书”，5.0%的人表示经常阅读“育儿保健类图书”。其余出版物类型的选择比例均低于5.0%。具体情况如图 8-2-2 所示。

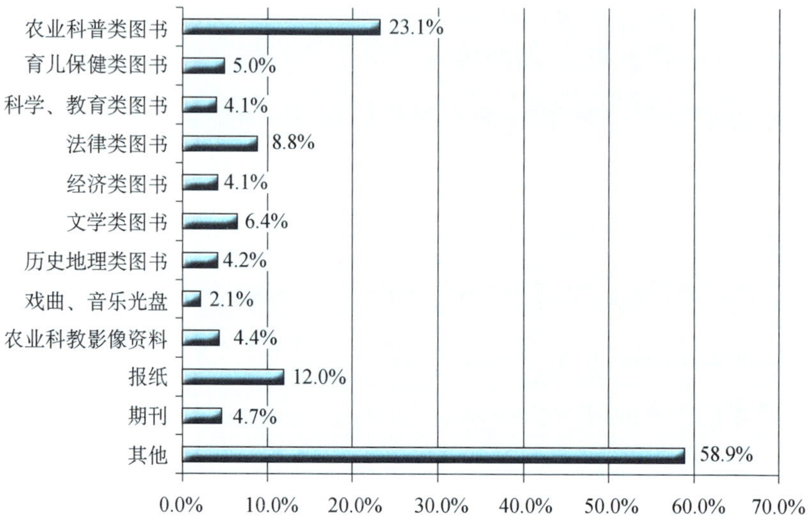

图 8-2-2　农村居民在农家书屋经常阅读的出版物类型

同时，“农业科普类图书”“法律类图书”“农业科教影像资料”“经济类图书”等是我国农村成年居民认为农家书屋中比较缺乏的出版物类型。在使用过农家书屋的农村居民中，有 11.0%的人认为农家书屋中缺少“农业科普类图书”，有 9.2%的人认为缺少“法律类图书”，有 7.3%的人认为缺少“农业科教影像资料”，认为缺少“经济类图书”的比例为 5.1%。其余出版物类型的选择比例均低于 5.0%。具体情况如图 8-2-3 所示。

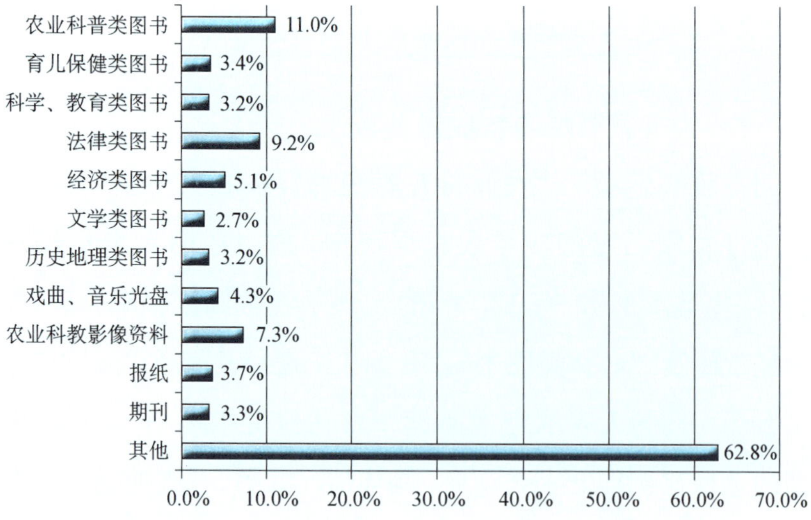

图 8-2-3　农家书屋比较缺乏的出版物类型

8.3 公共阅读服务设施存在的不足

当问及我国成年国民其附近的公共阅读服务设施有哪些不足时，有超过六成（65.5%）的人认为“没有文化设施”是最主要的问题。此外，“书报刊太少”“信息更新不及时”“路途太远”“环境不理想”“开放时间太短”的选择比例也相对较高，分别为 11.7%、6.9%、6.6%和 5.6%，均超过 5.0%，也是人们反映的公共文化服务设施存在的主要不足之处。具体情况如图 8-3-1 所示。

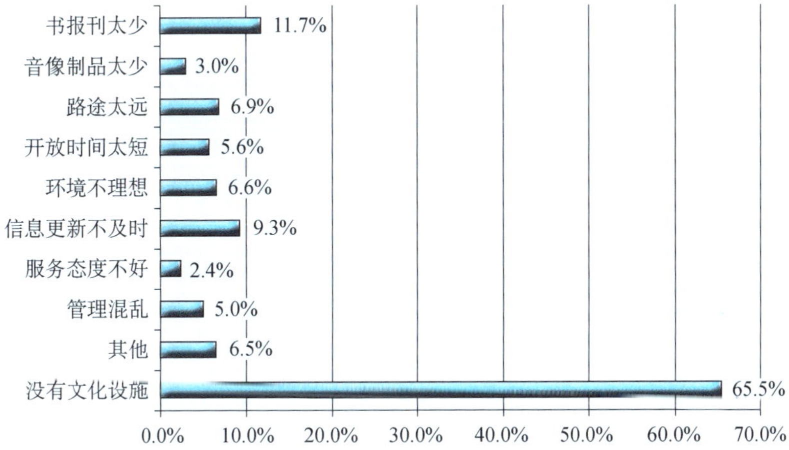

图 8-3-1　公共阅读服务设施的不足之处

在对公共阅读服务设施不足之处的认识方面，城乡居民也存在一定差异。城镇居民认为公共阅读服务设施存在“信息更新不及时”“书报刊太少”“环境不理想”等不足之处的比例，要高于农村居民。而农村居民选择“没有文化设施”的比例（71.1%），较城镇居民（60.7%）高出 10.4 个百分点。具体情况如图 8-3-2 所示。

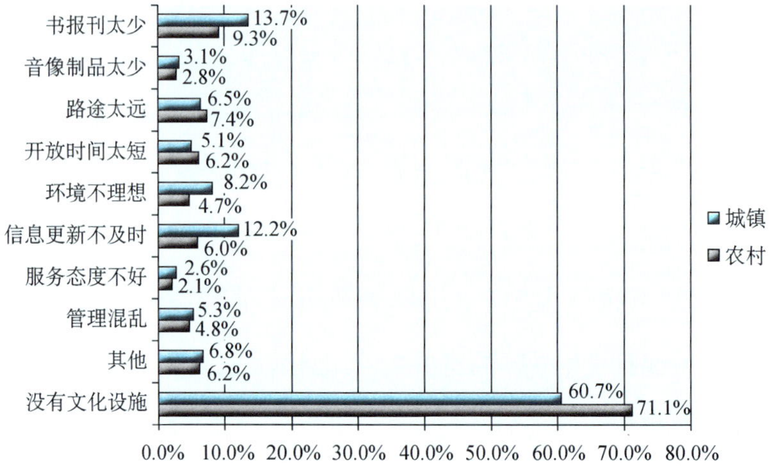

图 8-3-2　公共阅读服务设施不足之处的城乡对比

第九章 成年国民的个人阅读情况评价与阅读活动参与状况

9.1 个人阅读情况评价

9.1.1 个人阅读量评价

在 2013 年我国成年国民对个人阅读数量评价中，只有 1.2%的国民认为自己的阅读数量很多，8.4%的国民认为自己的阅读数量比较多，有 37.6%的国民认为自己的阅读量一般，52.8%的国民认为自己的阅读数量很少或比较少。

具体情况如图 9-1-1 所示。

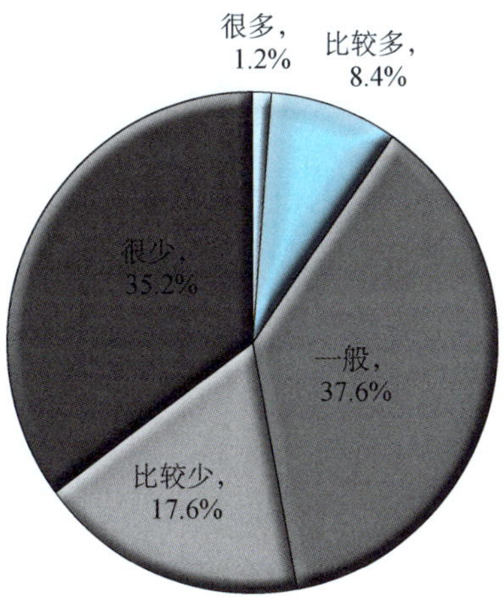

图 9-1-1 个人阅读量评价

9.1.2 个人阅读量变化情况

从成年国民对个人纸质阅读内容和数字阅读内容的阅读量变化情况的反馈来看，与2012年相比，有13.8%的成年国民表示2013年“减少了纸质内容的阅读”，有8.0%的成年国民表示2013年“增加了数字阅读的内容”；有7.2%的成年国民表示2013年“增加了纸质内容的阅读”，有4.9%的成年国民表示2012年“减少了数字内容的阅读”。此外，还有69.2%的成年国民表示，自己的阅读量“没有什么变化”。

具体情况如图9-1-2所示。

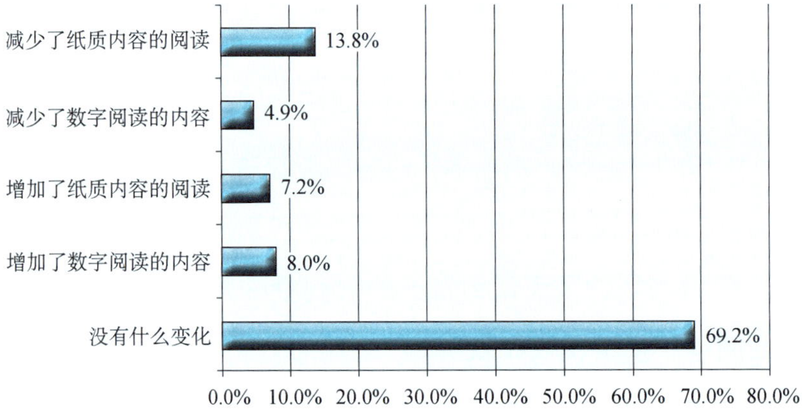

图9-1-2 阅读量变化情况

9.1.3 个人阅读满意度评价

对个人阅读状况评价的调查发现，2013年，有21.0%的国民表示满意（“非常满意”或“比较满意”），略高于2012年的19.1%；有23.5%的国民表示不满意（“比较不满意”或“非常不满意”），略高于2012年的22.8%；另有55.5%的国民表示“一般”，这一比例略低于2012年的58.1%。

具体情况如图 9-1-3 所示。

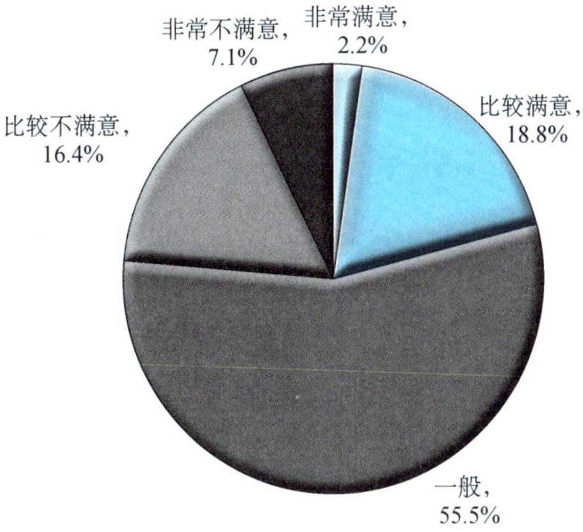

图 9-1-3　个人阅读满意度评价

9.1.4　阅读量与阅读满意度的关系

调查数据显示，对于我国成年国民而言，认为个人阅读量多（“很多”或“比较多”）的人，更容易对自己的总体阅读状况给出积极的评价（“很满意”或“比较满意”）。在认为自己阅读量“很多”的国民中，有 80.4%的人对自己的总体阅读情况感到满意（“非常满意”或“比较满意”）；而认为自己的阅读量“很少”的国民中，只有 6.0%的人对自己的总体阅读情况感到满意（“非常满意”或“比较满意”）。

具体情况如表 9-1-1 所示。

表 9-1-1　阅读量与阅读满意度

	非常满意	比较满意	一般	比较不满意	非常不满意
很多	30.8%	49.6%	18.0%	1.5%	0.1%
比较多	6.4%	75.2%	16.6%	1.4%	0.4%
一般	2.1%	22.8%	68.4%	6.1%	0.6%
比较少	1.3%	8.7%	55.7%	31.1%	3.4%
很少	0.8%	5.2%	52.3%	24.1%	17.7%

9.2 读书活动参与状况

9.2.1 读书活动/读书节开展情况

调查数据显示，在不提及具体读书活动的前提下，2013 年，只有 5.5%的我国成年国民表示身边举办过读书活动或读书节，有 73.4%的国民表示身边没有读书活动或读书节，另有 21.0%的国民表示不知道身边是否举办过读书活动或读书节。

具体情况如图 9-2-1 所示。

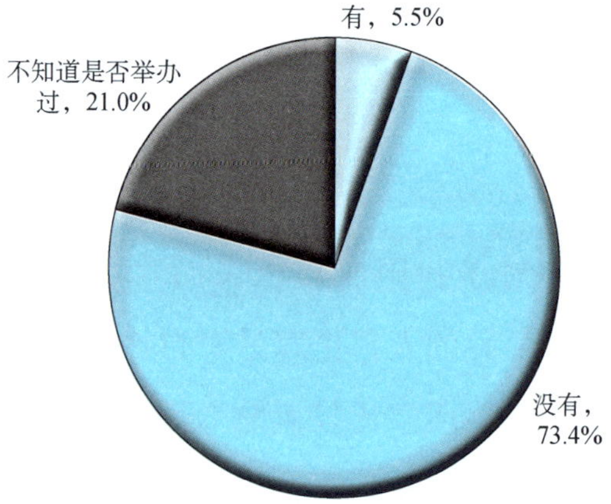

图 9-2-1 读书活动/读书节开展情况

9.2.2 读书活动诉求情况

我国成年国民对当地举办阅读活动的呼声较高，而农村居民的期望程度要高于城镇居民。2013 年，有 66.3%的成年国民认为有关部门应当举办读书活动或读书节。其中，农村居民认为当地有关部门应该举办阅读活动的比例为 68.0%，而城镇居民中这一比例为 64.8%。

具体情况如图 9-2-2 所示。

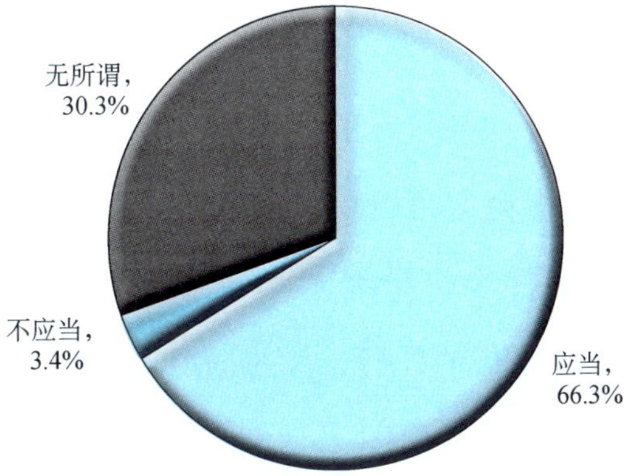

图 9-2-2　对读书活动/读书节的诉求情况

9.2.3　读书活动参与状况

调查数据显示，在提及具体读书活动前提下，2013 年，我国成年国民参与各种读书活动的程度相对较低，只有 5.9%的成年国民参加过不同形式的读书活动。在各类读书活动中，参与比例最高的是“捐书献爱心活动”；其次是“图书展览会/特价书市”；再次为“读书征文/作文或书画摄影大赛”和“作家签名售书/新书推介”。具体情况如图 9-2-3 所示。

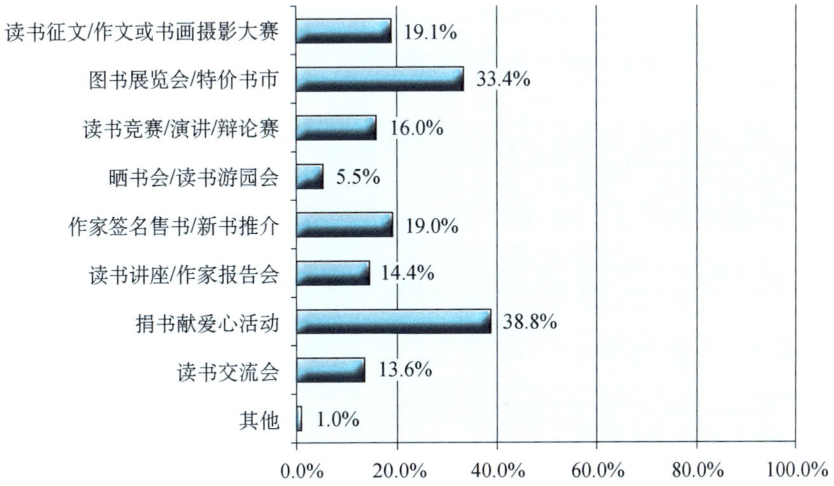

图 9-2-3　各类读书活动/读书节参与情况

9.2.4　参与读书活动的原因

在参加过读书活动的我国成年国民中，有约五成（53.7%）的人是为了“促进自己的读书学习”而参加读书活动，有26.4%的人参加读书活动是因“学校组织参加”，有21.5%的人参加读书活动是为了“看书、买书优惠”，有20.9%的人参加读书活动是为了“方便得到图书信息”，19.1%的人参加读书活动是因想“结识朋友”，还有17.8%的人参加读书活动是因为“有意思，好玩”。

具体情况如图9-2-4所示。

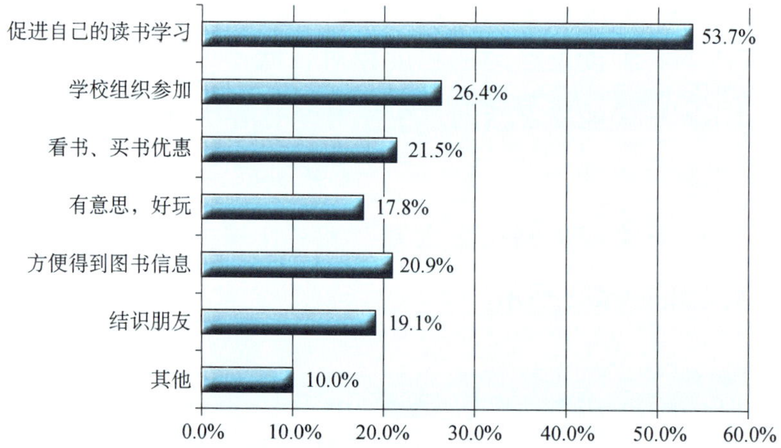

图9-2-4　参与各类阅读活动的原因

在未参加过任何读书活动的成年国民中，表示“没见到相关活动”的比例最高，为57.9%。表示“没时间参加”读书活动的比例为28.3%，表示对读书活动“不感兴趣”的比例为26.3%，还有4.5%的人因为“相关活动缺乏吸引力”而未参加过读书活动。具体情况如图9-2-5所示。

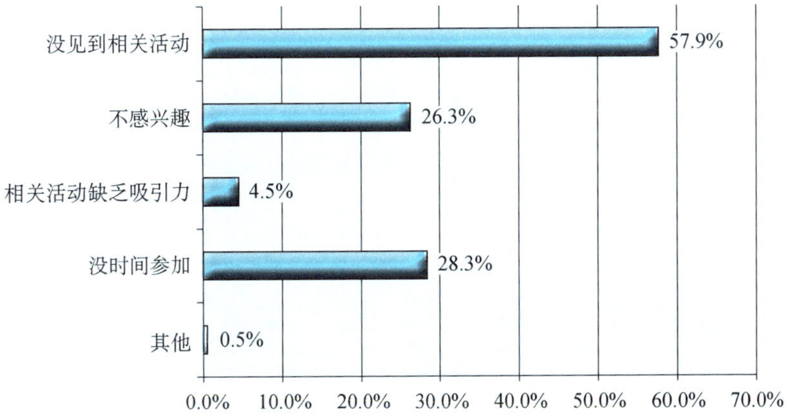

图 9-2-5　没有参与各类读书活动的原因

第二篇

14—17 周岁青少年部分

第一章
14—17 周岁青少年媒介接触情况

1.1 青少年媒介接触率

通过对青少年过去一周媒介接触行为的调查数据进行分析显示，2013年，我国14—17周岁青少年各媒介接触率中，电视的接触率最高，有92.4%的青少年在过去一周内看过电视；其次为互联网接触率，有80.8%的青少年在过去一周内接触过互联网；第三为图书接触率，有70.0%的青少年在过去一周内看过书；第四为手机媒介接触率，有50.7%的青少年在过去一周内接触过手机媒介。在书报刊这三类主要的传统纸质媒介中，图书接触率最高，为70.0%；期刊接触率居中，为44.0%；报纸接触率最低，为29.7%。此外，青少年的MP3/MP4/MP5接触率为22.2%，而广播接触率、音像出版物（CD/VCD/DVD/录音带等）接触率和电子阅读器（电子书、电纸书等设备）接触率相对较低，分别为18.1%、14.6%和10.1%，均低于20.0%。具体情况如表1-1-1所示。

表1-1-1　14—17周岁青少年媒介接触率

媒介类型	媒介接触率
电视	92.4%
互联网	80.8%
图书	70.0%
手机	50.7%
期刊	44.0%

续前表

媒介类型	媒介接触率
报纸	29.7%
MP3/MP4/MP5	22.2%
广播	18.1%
音像出版物（CD/VCD/DVD/录音带等）	14.6%
电子阅读器（电子书、电纸书等设备）	10.1%

1.2 青少年媒介接触时长

本次调查数据显示，在各类媒介中，我国14—17周岁青少年人均每天看电视时长最长，为67.28分钟；其次，我国青少年人均每天上网时长为56.08分钟，与看电视时长（67.28分钟）相差11.20分钟；再次，我国青少年人均每天读书时长为41.66分钟；第四，我国青少年人均每天接触手机媒介时长为25.67分钟。我国青少年期刊和MP3/MP4/MP5的接触时长也比较长，人均每天读期刊时长为15.39分钟，人均每天接触MP3/MP4/MP5时长为10.05分钟。此外，我国青少年人均每天阅读报纸时长为8.83分钟，人均每天听广播的时长为5.24分钟，人均每天接触音像出版物的时长为4.63分钟，人均每天接触电子阅读器时长为4.16分钟。具体情况如图1-2-1所示。

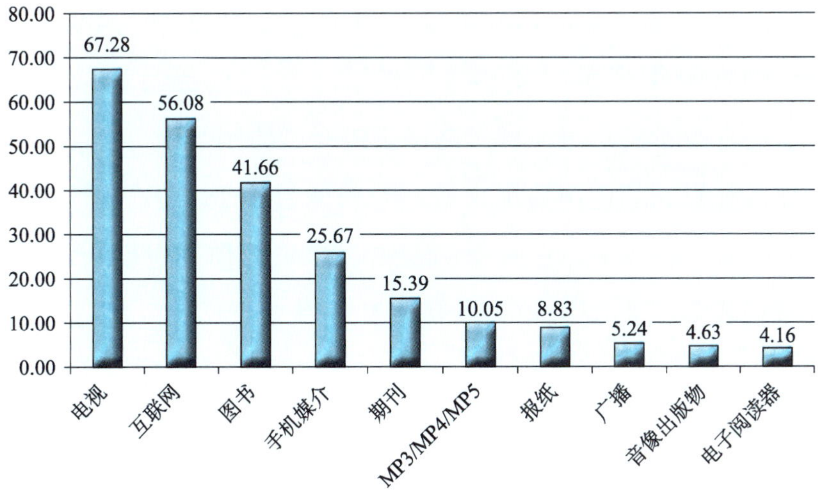

图1-2-1 14—17周岁青少年各媒介接触时长

1.3 青少年媒介使用目的

本次调查数据显示，14—17周岁青少年在使用媒介的主要目的上存在差异。如表1-3-1所示，与成年人相似，电视仍然是该年龄段青少年了解各类信息时主要依靠的媒介。有78.1%的青少年表示习惯通过电视“了解国内外新闻时事”，65.6%的青少年表示习惯通过电视来“了解国内外观点和思潮”，37.8%的青少年表示习惯通过电视来“了解与工作学习有关的信息”，48.3%的青少年表示习惯通过电视来“了解生活/消费资讯”，45.3%的青少年表示习惯通过电视“了解时尚流行趋势”，还有55.3%的青少年表示习惯会通过电视来进行“休闲娱乐”。

其次，互联网也是该年龄段青少年了解各类信息的常用媒介。在“了解与工作学习有关的信息”“了解时尚流行趋势”等方面时，利用互联网的青少年超过了依靠电视获取此类信息的青少年。有53.7%的青少年表示习惯通过网络“了解国内外新闻时事”，46.9%的青少年表示习惯通过网络来“了解国内外观点和思潮”，50.9%的青少年表示习惯通过网络来“了解与工作学习有关的信息”，46.6%的青少年表示习惯通过网络来“了解生活/消费资讯”，52.1%的青少年表示习惯通过网络“了解时尚流行趋势”，还有55.8%的青少年表示习惯通过网络来进行“休闲娱乐”。

就其他媒介的使用情况来看，习惯通过报纸“了解国内外新闻时事”的青少年较多，选择比例为15.0%；习惯通过期刊“了解时尚流行趋势”的青少年较多，选择比例为13.1%；习惯通过图书“了解与工作学习有关的信息”的青少年较多，选择比例为25.8%；习惯通过手机“休闲娱乐”“了解国内外新闻时事”的青少年较多，选择比例分别为23.2%和19.4%。但该年龄段青少年较少借助音像出版物、电子出版物、境外媒体、MP3/MP4/MP5以及电子阅读器这些媒介来获取各类信息。

表 1-3-1　14—17 周岁青少年各媒介使用目的

媒介种类＼使用目的	了解国内外新闻时事	了解国内外观点和思潮	了解与工作学习有关的信息	了解生活/消费资讯	了解时尚流行趋势	休闲娱乐
报纸	15.0%	10.4%	10.7%	9.0%	6.1%	5.6%
期刊	7.9%	7.4%	7.6%	9.0%	13.1%	9.4%
电视	78.1%	65.6%	37.8%	48.3%	45.3%	55.3%
广播	5.0%	2.3%	3.0%	2.5%	2.1%	2.2%
图书	10.5%	7.7%	25.8%	6.4%	4.7%	8.1%
互联网	53.7%	46.9%	50.9%	46.6%	52.1%	55.8%
音像出版物	0.2%	0.5%	2.1%	0.7%	0.3%	1.0%
电子出版物	0.1%	0.0%	0.2%	0.1%	0.1%	0.8%
境外媒体	0.4%	1.5%	0.3%	0.3%	0.4%	0.2%
MP3/MP4/MP5	0.3%	0.7%	0.6%	0.4%	0.9%	4.1%
手机	19.4%	13.7%	13.1%	17.6%	16.7%	23.2%
电子阅读器	0.2%	0.6%	0.7%	0.2%	0.6%	1.1%
其他	0.2%	0.2%	0.4%	0.1%	0.0%	0.0%
无	4.6%	12.8%	10.8%	18.5%	18.2%	9.0%

1.4　青少年自费消费出版物情况

调查数据显示，2013 年，在书报刊这三种纸质出版物中，我国 14—17 周岁青少年的人均图书自费消费数量为 5.19 本，人均报纸自费消费种类为 0.49 种，人均期刊自费消费种类为 1.14 种。此外，人均 VCD/DVD 自费消费数量为 0.41 张，人均盒式录音带自费消费数量为 0.20 盒，人均 CD-ROM 自费消费数量为 0.03 张，人均 CD 自费消费数量为 0.07 张，人均手机报自费消费种类为 0.08 种，人均电子书自费消费数量为 1.12 本。2013 年，在我国 14—17 周岁青少年自费购买的出版物中，图书的人均消费金额最多，为 108.69 元。除图书外，报纸、期刊的人均消费金额也相对较多，14—17 周岁青少年人均期刊消费金额为 31.76 元，人均报纸消费金额为

21.41 元。具体情况如表 1-4-1 所示。

表 1-4-1　14—17 周岁青少年人均自费消费出版物数量和金额

	人均消费数量	人均消费金额（元）
报纸	0.49 种	21.41
期刊	1.14 种	31.76
图书	5.19 本	108.69
VCD/DVD	0.41 张	4.25
盒式录音带	0.20 盒	1.74
CD-ROM	0.03 张	0.51
CD	0.07 张	1.22
手机报	0.08 种	2.02
电子书	1.12 本	1.47

1.5　青少年阅读载体的使用场合

调查数据显示，与成年人相似，“家中”“学校或单位”这些与个人生活、学习或工作联系密切的地方，也是我国 14—17 周岁青少年最经常进行阅读的场所。

具体来看，有 61.4%的青少年通常在家中阅读图书，35.8%的青少年通常在家中阅读期刊，22.9%的青少年通常在家中阅读报纸，74.1%的青少年通常在家进行网络在线阅读，有 49.7%的青少年通常在家中进行手机阅读，17.4%的青少年通常在家进行“MP3/MP4/MP5”阅读，还有 9.0%的青少年通常会在家使用电子阅读器阅读。

此外，有 50.2%的青少年通常在学校或单位阅读图书，27.3%的青少年通常在学校或单位阅读期刊，有 16.3%的青少年通常在学校或单位阅读报纸，17.9%的青少年通常在学校或单位进行网络在线阅读，通常在学校或单位进行手机阅读、“MP3/MP4/MP5”阅读和电子阅读器阅读的比例分别为 20.7%、8.4%和 4.2%。

由于手机等载体携带方便，因此，除了“家中”“学校或单位”外，也有一些青少年在乘坐交通工具时使用这些阅读载体进行阅读，有7.2%的青少年通常会在乘坐交通工具时进行手机阅读。

还有部分青少年习惯在书店或图书馆阅读图书，有10.1%的青少年通常在书店阅读图书，11.5%的青少年通常在图书馆阅读图书。另外，习惯在网吧进行网络在线阅读的青少年也较多，此项选择比例为11.1%。

具体情况如表1-5-1所示。

表1-5-1 各类阅读载体的使用场合

	家中	书店	学校或单位	网吧	图书馆	乘交通工具时	其他地点	基本不阅读
图书	61.4%	10.1%	50.2%	0.7%	11.5%	1.3%	0.1%	21.0%
期刊	35.8%	3.7%	27.3%	0.0%	2.9%	1.1%	0.0%	46.9%
报纸	22.9%	1.2%	16.3%	0.0%	1.2%	1.0%	0.1%	65.0%
上网	74.1%	0.1%	17.9%	11.1%	0.6%	2.5%	0.1%	14.7%
手机阅读	49.7%	0.2%	20.7%	0.3%	0.4%	7.2%	0.0%	44.2%
MP3/MP4/MP5	17.4%	0.2%	8.4%	0.0%	0.3%	4.5%	0.0%	78.5%
电子阅读器	9.0%	0.3%	4.2%	0.1%	0.2%	0.5%	0.0%	88.2%

第二章 14—17 周岁青少年图书阅读与购买状况①

2.1 青少年图书阅读状况

2.1.1 阅读重要性认知

本次调查显示，84.6%的我国 14—17 周岁的青少年认为，在当今社会，阅读对于个人的生存和发展来说是重要的（“非常重要”或“比较重要”），相较于 2012 年的 85.9%略有下降。具体来看，认为阅读“非常重要”的青少年占 38.5%，认为阅读“比较重要”的青少年占 46.1%。仅有 1.4%的该年龄段青少年认为阅读不重要（“比较不重要”或“非常不重要”）。此外，还有 12.2%的青少年认为阅读的重要性“一般”。具体情况如图 2-1-1 所示。

从城乡对比来看，我国 14—17 周岁城乡青少年均认识到阅读对于个人的重要性，其中，14—17 周岁城镇青少年中认识到阅读重要（“比较重要”和“非常重要”）的比例（89.5%），高于农村同一年龄段青少年（78.9%）。

① 本章所指图书均为除教科书和期刊外的纸质图书。

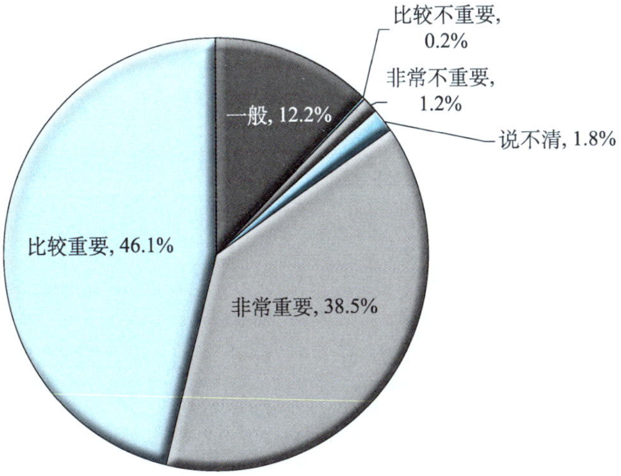

图 2-1-1　14—17 周岁青少年对阅读重要性的认知

具体情况如表 2-1-1 所示。

表 2-1-1　14—17 周岁青少年对读书重要性认知的城乡差异

	非常重要	比较重要	一般	比较不重要	非常不重要	说不清
城镇	43.2%	46.3%	8.5%	0.1%	0.4%	1.6%
农村	33.0%	45.9%	16.5%	0.4%	2.2%	2.1%

2.1.2　图书阅读率和阅读量

2013 年我国 14—17 周岁青少年的图书阅读率为 79.1%，较 2012 年的 80.5%下降了 1.4 个百分点。

从性别差异看，该年龄段男生的图书阅读率为 79.1%，与女生的图书阅读率（79.1%）持平。从城乡对比看，该年龄段城镇青少年的图书阅读率为 86.8%，较农村青少年（70.6%）高出 16.2 个百分点。

具体情况如表 2-1-2 所示。

表 2-1-2　不同人口特征 14—17 周岁青少年图书阅读率

人口特征	类别	图书阅读率
性别	男生	79.1%
	女生	79.1%
城乡	城镇	86.8%
	农村	70.6%

2013年，我国14—17周岁青少年人均纸质图书阅读量为8.97本，较2012年的7.96本增加了1.01本。

从性别差异看，该年龄段男生的图书阅读量为8.44本，较女生的图书阅读量（9.49本）少1.05本。从城乡对比看，城镇青少年的图书阅读量为10.63本，较农村青少年的图书阅读量（7.01本）多出3.62本。具体情况如表2-1-3所示。

表2-1-3 不同人口特征14—17周岁青少年图书阅读量

人口特征	类别	图书阅读量（本）
性别	男生	8.44
	女生	9.49
城乡	城镇	10.63
	农村	7.01

2.1.3 阅读来源

本次调查数据显示，我国14—17周岁青少年课外书读者阅读的课外图书主要是通过“自己购买”获得，选择比例高达76.9%。其次，通过“向他人借阅”“到图书馆借阅”“家人购买”渠道来获得课外图书的比例也较高，选择比例分别为50.3%、37.0%和23.3%。除此之外，青少年读者阅读课外图书的来源还包括“在书店或书吧里看”“读家里的藏书”“他人赠送”“租书”，其选择比例分别为14.3%、6.6%、6.5%和3.4%。而“农家书屋或社区书屋”选项的选择比例则不高，仅为1.4%。具体情况如图2-1-2所示。

通过14—17周岁青少年课外书读者所阅读课外图书获取渠道的城乡对比发现，城镇青少年读者通过“自己购买”和“家人购买”等渠道获取图书的比例（80.0%和26.0%）要高于农村青少年读者（72.5%和19.6%）。而农村青少年读者通过“向他人借阅”和“在书店或书吧里看”等渠道获取图书的比例（55.8%和17.4%）要高于城镇青少年读者（46.4%和12.1%）。具体情况如图2-1-3所示。

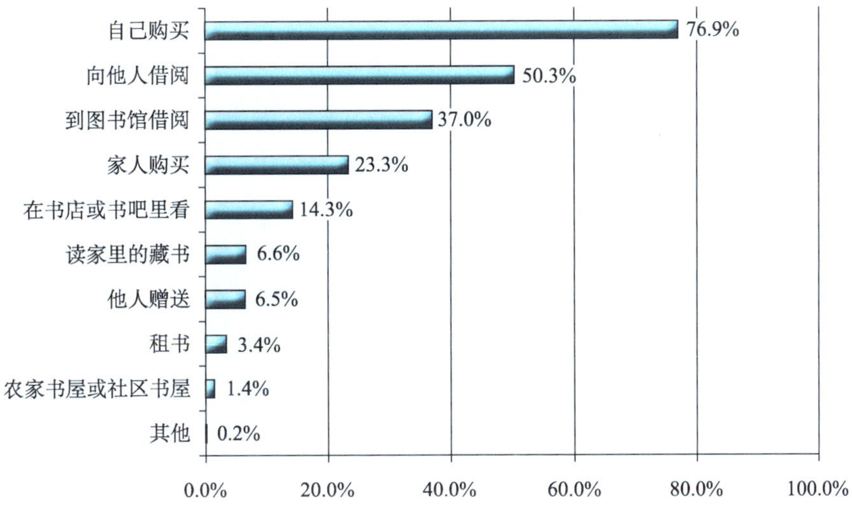

图 2-1-2　14—17 周岁青少年读者图书阅读来源

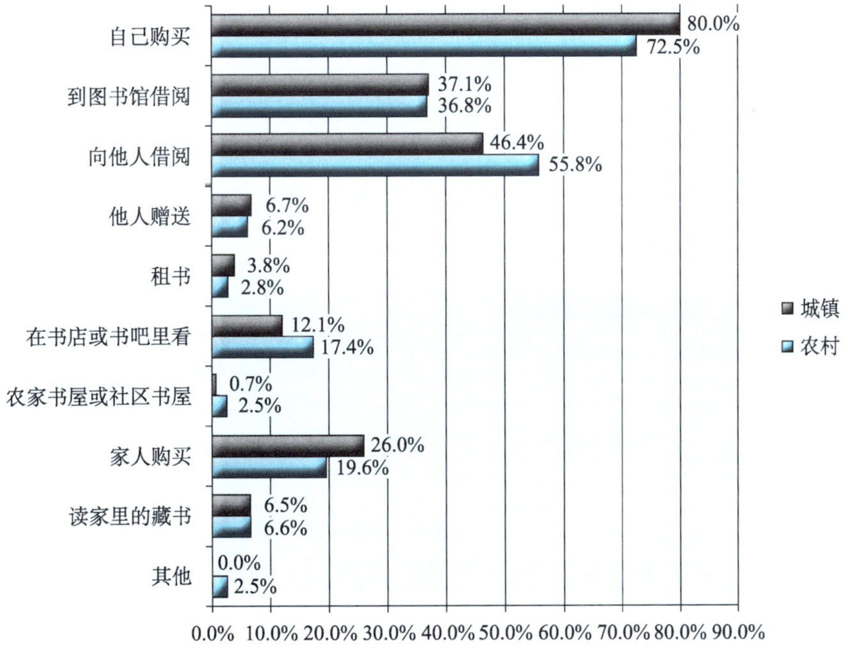

图 2-1-3　14—17 周岁青少年图书阅读来源城乡对比

2.1.4 图书拥有量

2013 年，我国 14—17 周岁青少年的人均图书拥有量为 33.48 本，较 2012 年的 30.69 本增加了 2.79 本。超过八成（86.4%）的我国 14—17 周岁青少年表示有属于自己的图书。具体来看，超过四成（44.5%）的青少年表示图书拥有量在 20 本及以下，28.0%的青少年表示图书拥有量在 21—50 本之间，8.2%的青少年表示图书拥有量在 51—100 本之间。仅有 5.8%的青少年表示图书拥有量超过 100 本。另外，还有 13.6%的青少年表示家里基本没有属于自己的图书。具体情况如图 2-1-4 所示。

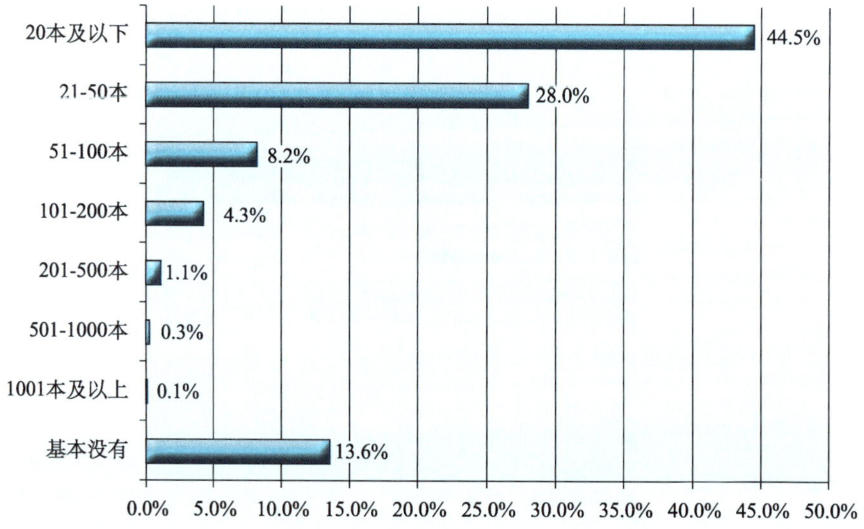

图 2-1-4　14—17 周岁青少年图书拥有量

不同人口特征青少年群体的图书拥有情况存在一定差异。从性别差异看，该年龄段男生的人均图书拥有量为 33.93 本，较该年龄段女生（33.03 本）多出 0.90 本。从城乡对比看，该年龄段城镇青少年的人均图书拥有量为 47.25 本，而该年龄段农村青少年的人均图书拥有量仅为 17.51 本，不及城镇青少年的二分之一。具体情况如表 2-1-4 所示。

表 2-1-4　不同人口特征 14—17 周岁青少年图书拥有量

人口特征	类别	图书阅读率
性别	男生	33.93
	女生	33.03
城乡	城镇	47.25
	农村	17.51

2.1.5　青少年读书遇到困难时的求助对象

有 61.9%的我国 14—17 周岁青少年表示，自己读书遇到困难时会求助于“同学/朋友”；有 57.3%的青少年表示，自己读书遇到困难时会求助于“老师/专家”；还有 31.9%的青少年表示，会求助于“父母/家人”。而表示在阅读遇到困难时会求助“邻居/亲戚”“出版社/书店”“读书俱乐部等组织”方面的比例均较低。可见，“同学/朋友”“老师/专家”“父母/家人”是帮助青少年阅读的最重要力量。

具体情况如图 2-1-5 所示。

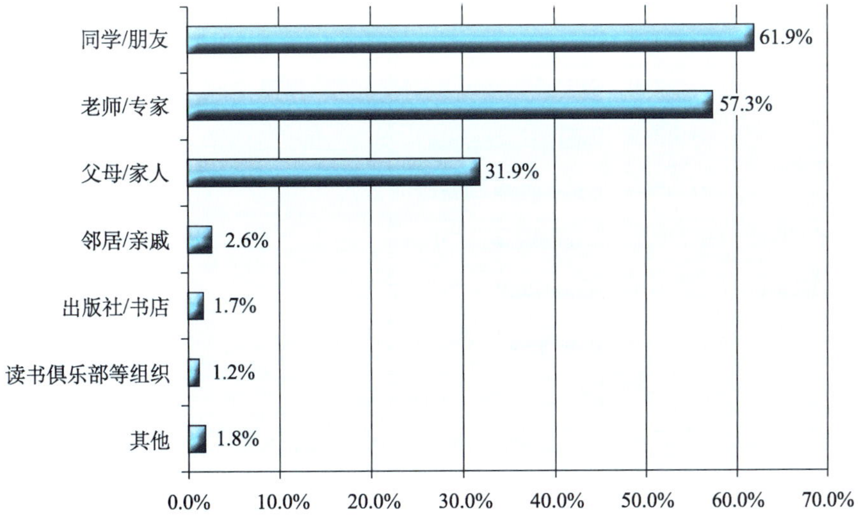

图 2-1-5　14—17 周岁青少年读书遇到困难时的求助对象

2.2 青少年读书目的及不读书原因

2.2.1 阅读课外书的目的

调查显示，2013 年，对于我国读过课外书的 14—17 周岁青少年来说，增加知识是其阅读课外书的最主要目的，有 67.7%的青少年读者是因为想“增加知识，开阔眼界”而阅读课外书。其次，以“功课、学习的需要”和“满足兴趣爱好”作为阅读课外书目的的青少年读者也不在少数，选择比例分别为 51.9%和 48.1%。再次，有 24.4%的青少年读者是为了“休闲消遣”而阅读课外书，有 23.9%的青少年读者是为了“提高修养”而阅读课外书，有 20.2%的青少年读者是为了“掌握一些实用技能”而阅读课外书。还有 14.7%的青少年读者是为了“满足家长、学校的要求”而阅读课外书，有 13.0%的青少年读者是“为和他人更好地沟通”而阅读课外书。具体情况如图 2-2-1 所示。

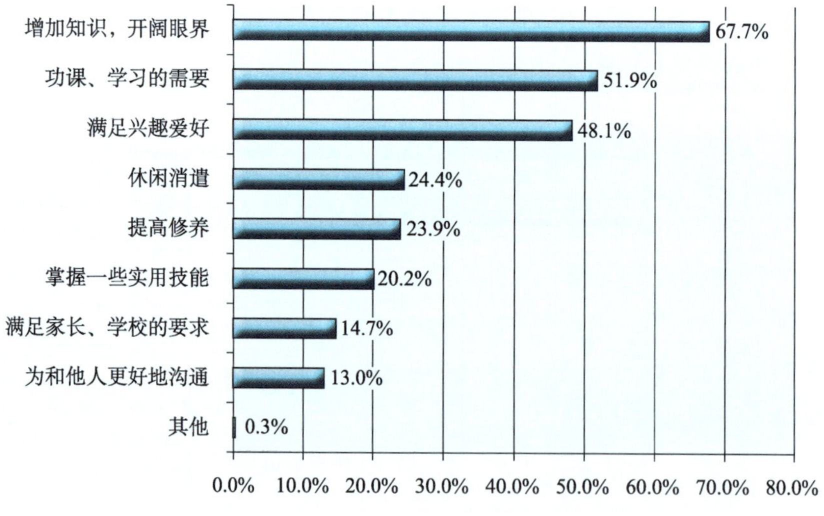

图 2-2-1　14—17 周岁青少年读者阅读课外书的目的

2.2.2　不读课外书的原因

2013年，有20.7%的我国14—17周岁青少年没有读过课外书。青少年不读课外书的原因多种多样，对2013年我国没有读过课外书的青少年调查发现，“没有读书的习惯/不喜欢读书”是其不读书的最主要原因，有52.6%的青少年将此作为不读课外书的原因，可见阅读习惯的养成对阅读行为起着重要作用。其次，有27.0%的青少年将“找不到感兴趣的书”作为不读课外书的原因。再次，功课繁重、不知道读什么也是影响其不读书的原因，有24.8%的青少年选择“因功课而没时间读书”作为不读课外书的原因，有17.8%的青少年选择“不知道该读什么”作为不读课外书的原因。此外，有7.0%的青少年选择“父母不允许读课本以外的书”作为其不读课外书的原因，有6.5%的青少年选择“因上网/玩游戏等而没时间读书”作为其不读课外书的原因。值得注意的是，有6.2%的青少年认为“书价过高买不起”，有6.0%的青少年认为“缺少读书氛围”是其不读课外书的原因，还有2.8%的青少年不读课外书是因为“读书没用”。

具体情况如表2-2-1所示。

表2-2-1　14—17周岁青少年不读书的原因

不读书的原因	选择比例
没有读书的习惯/不喜欢读书	52.6%
找不到感兴趣的书	27.0%
因功课而没时间读书	24.8%
不知道该读什么	17.8%
父母不允许读课本以外的书	7.0%
因上网/玩游戏等而没时间读书	6.5%
书价过高买不起	6.2%
缺少读书氛围	6.0%
读书没用	2.8%
因看电视而没有时间读书	2.8%
没有看书的地方	0.2%
其他	0.3%

2.3 青少年购书状况

2.3.1 获取图书信息的主要渠道

通过对我国14—17周岁青少年的调查可以看出，熟人推荐是我国青少年获取图书信息的最主要途径。有48.9%的青少年认为“朋友或他人推荐”是其获取图书信息的主要渠道，有46.5%的青少年认为“老师或学校推荐”是其获取图书信息的主要渠道。其次，媒体和店内宣传的作用也不能小觑。有25.6%的青少年会从互联网上了解图书信息，有16.9%的青少年会从电视上了解图书信息，10.9%的青少年所获取的图书信息来自于报纸、期刊，还有10.4%的青少年从“书店内广告宣传品”来了解图书信息。利用其他渠道获取图书信息的选择比例相对不高，均在10.0%以下。

具体情况如图2-3-1所示。

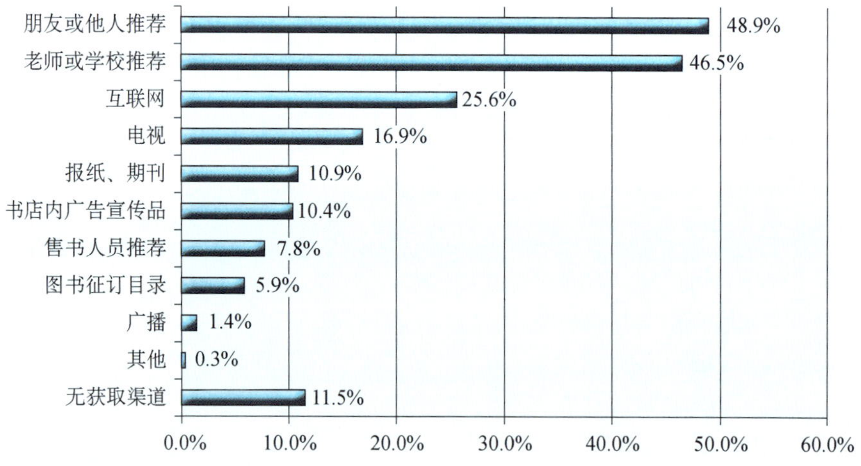

图2-3-1 14—17周岁青少年获取图书信息的主要渠道

2.3.2 购书频率

本次调查数据显示，2013年，我国14—17周岁青少年的图书购买率为 76.0%，即 76.0%的青少年表示在过去一年（2013 年）至少购买过一次图书。具体看来，65.7%的青少年表示至少每半年购买一次图书，45.5%的青少年表示至少每三个月购买一次图书。

具体情况如图 2-3-2 所示。

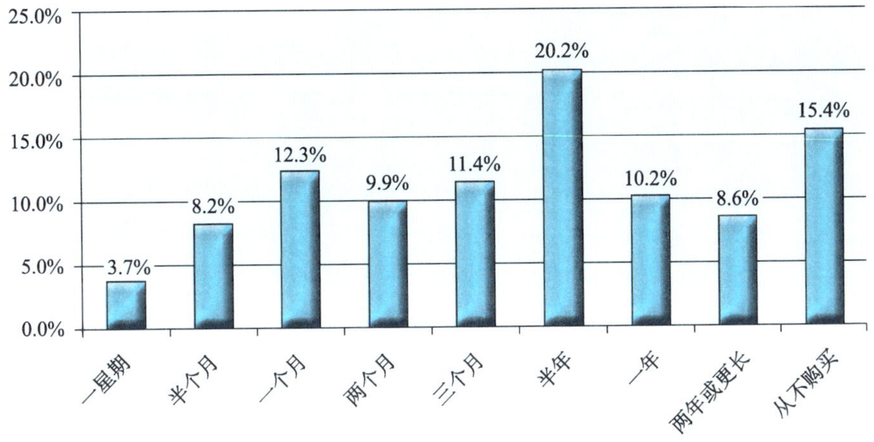

图 2-3-2　14—17 周岁青少年购书频率

2.3.3　购书渠道

调查数据显示，2013 年，实体书店依然是我国 14—17 周岁青少年购书者的主要购书渠道。有 73.0%的青少年购书者表示通常在“新华书店”购书；选择在“私营书店”购书的比例次之，为 38.4%。还有 15.2%的青少年购书者表示通常在“超市商场”购书，有 14.4%的青少年购书者表示通常在“街头书摊”购书，有 5.3%的青少年购书者表示通常在“图书批发市场”购书，有 5.2%的青少年购书者表示通常在“特价书店”购书。此外，有 10.2%的青少年购书者表示经常通过“网上书店”购书。而通过其他途径购书的青少年相对较少，选择比例均低于 5.0%。

具体情况如图 2-3-3 所示。

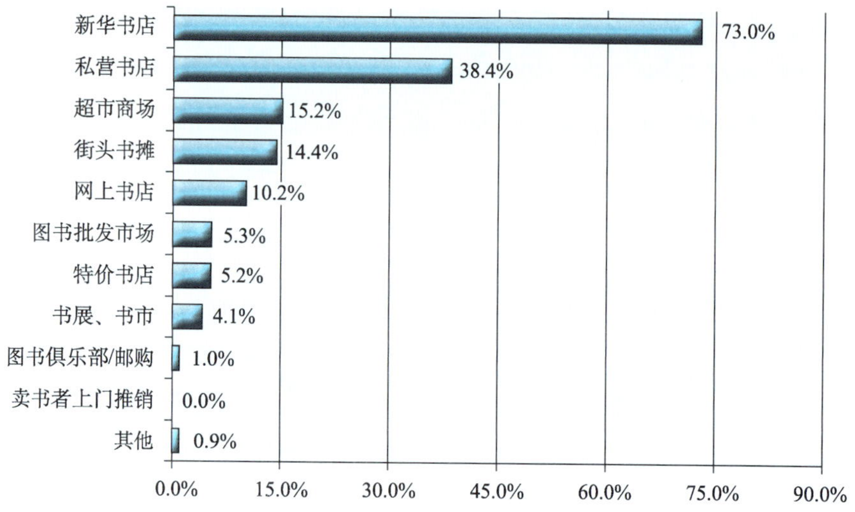

图 2-3-3　14—17 周岁青少年购书者图书购买渠道

2.3.4　影响购书的因素

通过对我国 14—17 周岁青少年购书者调查得知，“老师或学校推荐”和“图书内容简介”是影响其购书的最主要因素，选择比例分别为 57.7％和 41.4％。

其次，书名或目录、价格、作者、畅销书榜和封面设计及外观因素对于青少年购书的影响也较大，有 19.5％的青少年购书者表示“书名或目录”是影响其购买图书的主要因素之一，有 17.7％的青少年购书者表示“价格”是影响其购买图书的主要因素之一，有 15.7％的青少年购书者表示“作者”是影响其购买图书的主要因素之一，有 12.5％的青少年购书者表示“畅销书榜”是影响其购买图书的主要因素之一，有 12.4％的青少年购书者表示“封面设计及外观”是影响其购买图书的主要因素之一。

值得注意的是，我国青少年购书者在购书时对“网上或邮件图书信息推介”“出版社的名气”“图书广告”“媒体的书讯和书评”因素并不太在意，选择比例相对不高，均低于 5.0％。

具体情况如图 2-3-4 所示。

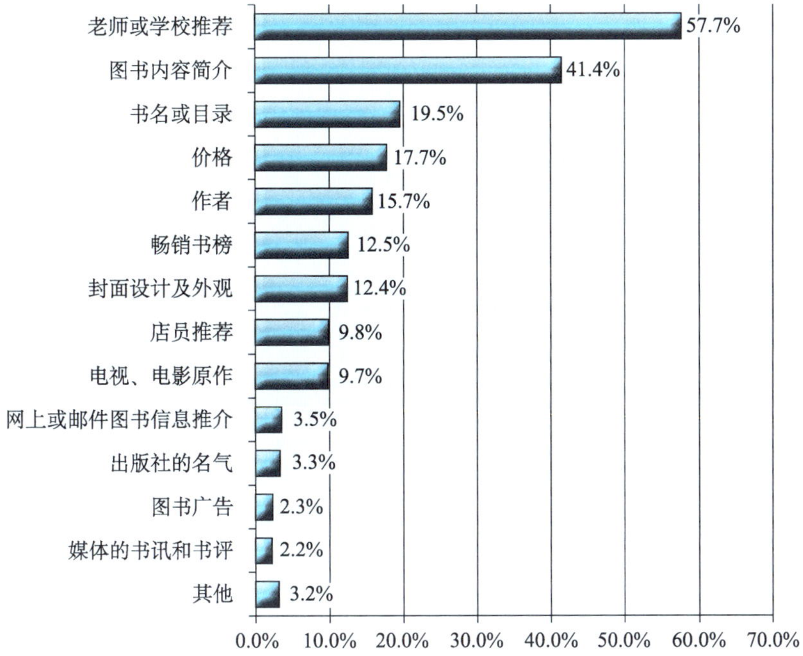

图 2-3-4　影响 14—17 周岁青少年购书者购书的主要因素

2.3.5　购书制约因素

调查数据显示，有近半数（48.4%）的我国 14—17 周岁青少年购书者认为在购书方面没有什么不便之处。我国 14—17 周岁青少年购书者认为距离和价格是导致其购书不便的最主要原因，有 23.3%的青少年购书者表示购书不便是因为“家离卖书的地方很远”，有 16.3%的青少年购书者表示“书价过高”会影响其购买图书。还有 13.9%的青少年购书者因为“对书的信息知道得少”感到不便，有 12.8%的青少年购书者因为“书店陈列混乱，很难找书”感到购书不便，有 9.8%的青少年购书者因为“想买的书总是没有”感到不便。而“书店服务态度不好”和“没有图书信息检索设备”的选择比例均较低，分别仅为 2.9%和 2.8%。

具体情况如图 2-3-5 所示。

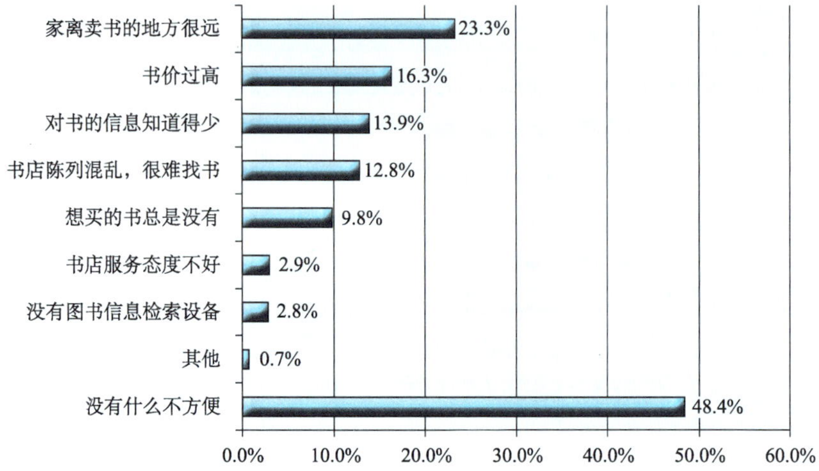

图 2-3-5　14—17 周岁青少年购书者购买图书的制约因素

2.3.6　购书距离

调查数据显示，我国 14—17 周岁青少年离家最近购书点的平均距离为 3.24 公里。具体来看，有 27.0%的我国 14—17 周岁青少年表示离家最近购书点的距离不超过 1 公里，有 55.6%的青少年表示离家最近购书点的距离不超过 3 公里。值得注意的是，还有 5.2%的青少年表示离家最近购书点的距离超过 10 公里。另外，有 10.4%的青少年对这一距离表示“不清楚/不知道”。具体情况如图 2-3-6 所示。

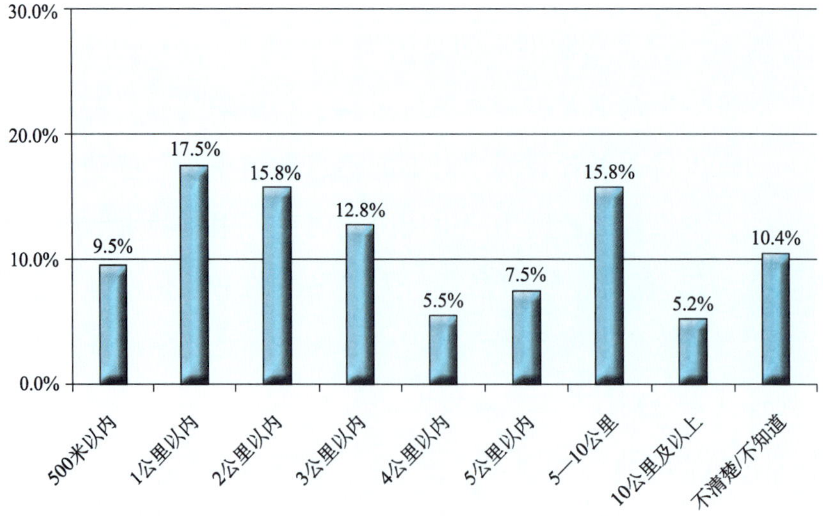

图 2-3-6　14—17 周岁青少年离家最近购书点距离

从城乡对比来看，城镇青少年距离家最近购书点的平均距离为1.80公里，农村青少年距离家最近购书点的平均距离为4.94公里，比城镇青少年多出3.14公里。

2.3.7 图书价格评价

调查显示，超过四成（40.8%）我国14—17周岁青少年认为当前图书价格贵（“比较贵”或“非常贵”），仅有11.1%的青少年认为当前图书价格便宜（“比较便宜”或“非常便宜”）。另外，认为当前图书价格“合适”的青少年比例为43.5%，还有4.6%的青少年“说不清”当前图书价格。

具体情况如图2-3-7所示。

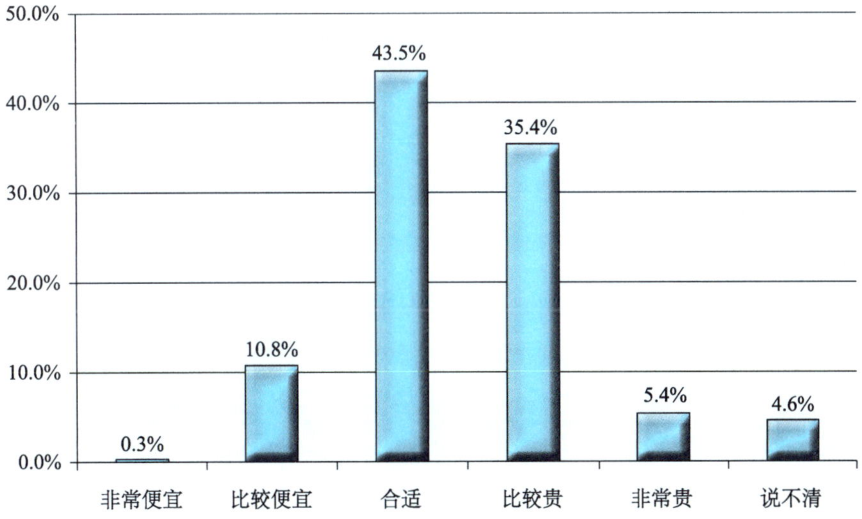

图 2-3-7　14—17周岁青少年对图书价格的评价

2.3.8 图书价格承受力

在对图书价格承受能力进行分析后发现，对于一本200页左右文学类简装书而言，我国14—17周岁青少年人均能够接受的图书定价为16.35元，较我国成年国民所能承受价格（13.68元）高出

2.67元。其中，城镇青少年表示可以接受的图书定价为16.35元，农村青少年可接受的图书定价也为16.35元。

在我国14—17周岁青少年中，对于购买一本200页左右的文学类简装书而言，大部分（80.9%）青少年能够接受的价格区间主要集中在8—30元。具体来看，24.0%的青少年能承受8—12元的价格，36.2%的青少年能承受12—20元的价格，20.7%的青少年能承受的价格为20—30元。此外，有1.4%的青少年只能接受4元以下的价格，6.8%的青少年能接受4—8元的价格，有5.6%的青少年能够承受的价格在30元及以上。还有5.3%的青少年认为对于图书“只要喜欢，多贵都买”。

具体情况如图2-3-8所示。

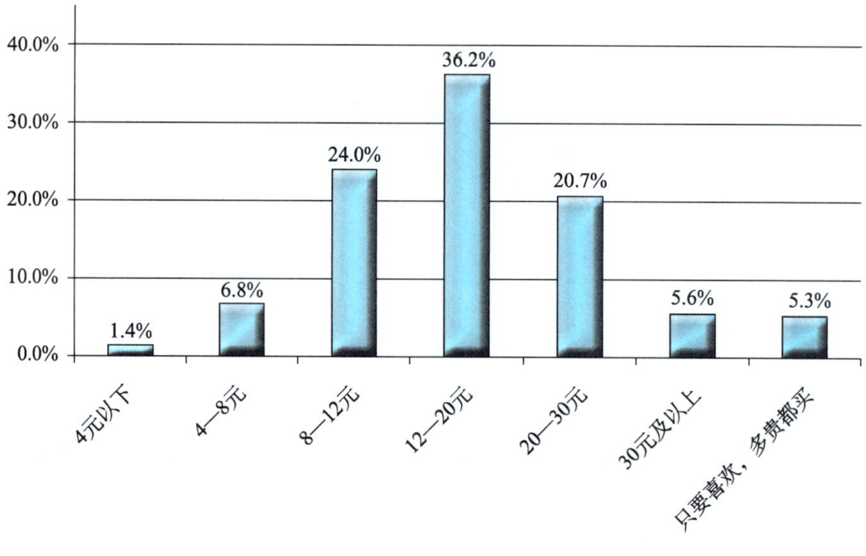

图2-3-8　14—17周岁青少年图书价格承受力

2.3.9　书店知名度和市场渗透率

在调查中，我们列举了一些国内较为知名的书店（包括网上书店），请青少年被访者选择其知道的书店名称，然后再根据被访者选取情况对这些书店进行知名度排名。结果表明，对于我国14—17

周岁青少年来说，“本地新华书店”的知名度最高，为68.5%；“京东商城”“本地大型书店、图书大厦、图书城等”“当当网”的知名度也相对较高，均超过20.0%，分别位居第二、第三、第四名。

具体情况如表2-3-2所示。

表2-3-2 书店的知名度排名

书店名称	选择比例	排名
本地新华书店	68.5%	1
京东商城	24.9%	2
本地大型书店、图书大厦、图书城等	23.2%	3
当当网	22.5%	4
新华文轩书店	17.2%	5
苏宁易购网	16.6%	6
亚马逊网	12.7%	7
孔夫子旧书网	12.3%	8
800图书网	8.3%	9
网上书城	7.2%	10
中国图书网	6.7%	11
新书城网上书店	6.3%	12
上海书城	4.8%	13
大众书局	4.7%	14
博库书城	3.5%	15
时代网上书店	3.4%	16
季风书园	3.3%	17
新知书城	2.8%	18
一城网	1.9%	19
西西弗书店	1.6%	20
蔚蓝图书网	1.4%	21
弘道书局	0.8%	22

对于所列举的这些国内较为知名的书店（包括网上书店），进一步询问青少年被访者曾在其中哪些书店购买过出版物，再根据青少年被访者的选择比例来判断这些书店的市场渗透情况。数据显示，2013年，在我国14—17周岁青少年中，大多数人（65.0%）曾去过“本地新华书店”购买出版物；其次，曾在“本地大型书店、图书大厦、图书城等”“新华文轩书店”“孔夫子旧书网”“当当网”等书店购买过出版物的比例也较高，分别为15.2%、11.1%、

9.5%和8.1%。

具体情况如表2-3-3所示。

表2-3-3 书店的市场渗透率排名

书店名称	选择比例	排名
本地新华书店	65.0%	1
本地大型书店、图书大厦、图书城等	15.2%	2
新华文轩书店	11.1%	3
孔夫子旧书网	9.5%	4
当当网	8.1%	5
京东商城	3.4%	6
亚马逊网	3.3%	7
800图书网	2.4%	8
新书城网上书店	1.5%	9
苏宁易购网	1.5%	10
99网上书城	1.5%	11
博库书城	1.5%	12
季风书园	1.3%	13
上海书城	1.3%	14
大众书局	0.7%	15
蔚蓝图书网	0.7%	16
时代网上书店	0.7%	17
西西弗书店	0.5%	18
新知书城	0.4%	19
一城网	0.3%	20
中国图书网	0.2%	21
弘道书局	0.2%	22

2.4 我国分类图书市场状况

2.4.1 各分类图书市场消费状况及市场预期

2.4.1.1 喜欢阅读的图书类型

本次调查显示，我国14—17周岁青少年最喜欢阅读的是“文学”

类图书，选择比例高达 63.8%。其次，“科普”“历史”类图书，也较受到该年龄段青少年读者的喜爱，有 30.3%的青少年喜欢“科普”类图书，有 27.9%的人喜欢“历史”类图书。而喜欢“农业”“工业技术”类图书的青少年相对较少，选择比例分别仅为 0.4%和 0.7%。

具体情况如图 2-4-1 所示。

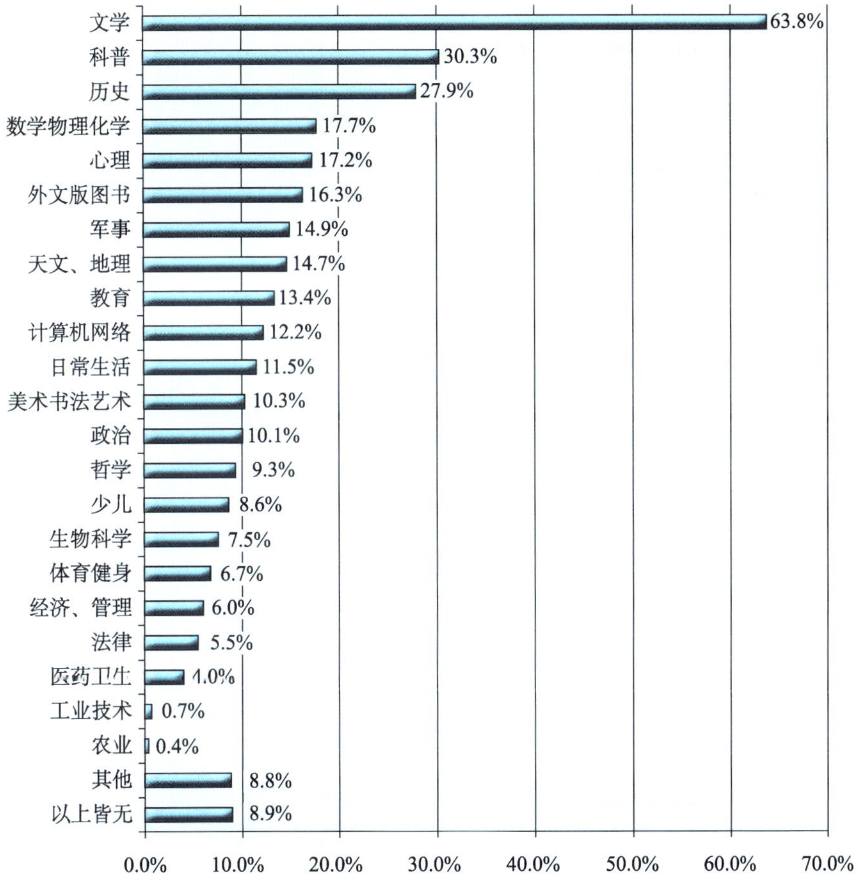

图 2-4-1　14—17 周岁青少年喜欢阅读的图书类型

2.4.1.2　各类型图书购买情况

调查数据显示，我国 14—17 周岁青少年购买的图书类型与阅读喜好较为一致，他们购买较多的图书类型，也是他们喜欢的图书类型。2013 年，购买率最高的是“文学”类图书，有 39.7%的 14—17 周岁青少年在 2013 年购买过该类图书。其次，“数学物理化学”

“科普”“历史”类图书的青少年购买率也相对较高，分别为14.4%、12.2%和11.8%，均超过10.0%。

具体情况如图 2-4-2 所示。

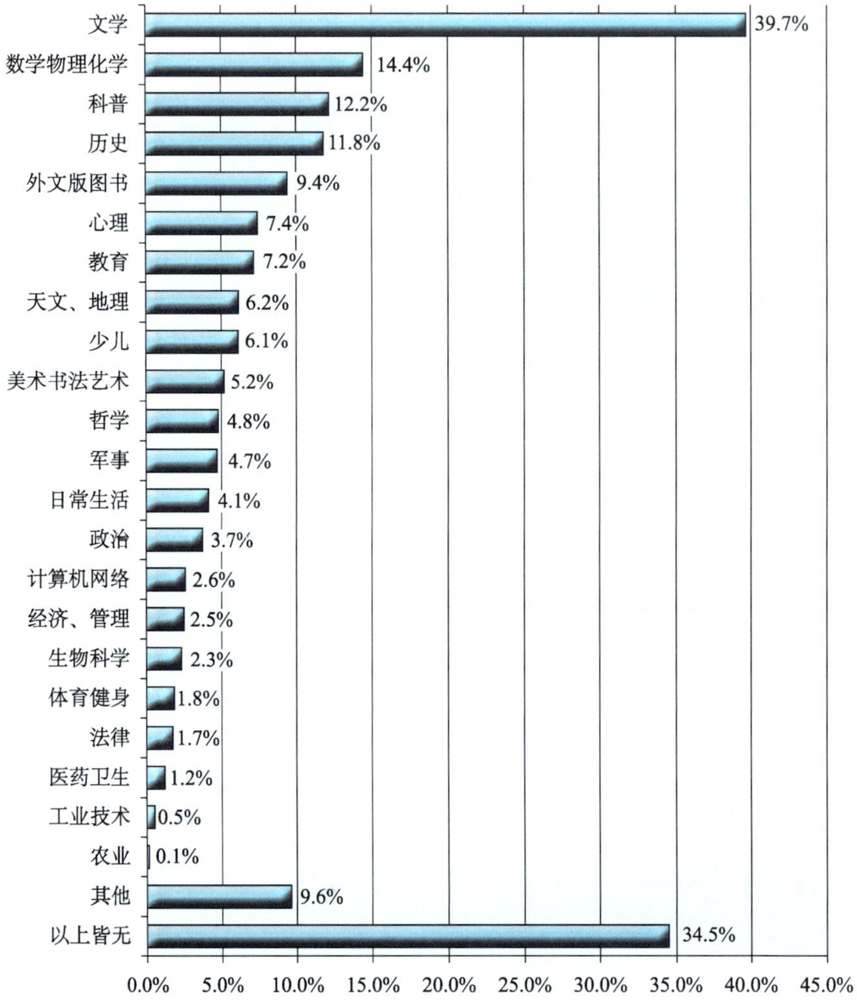

图 2-4-2　14—17 周岁青少年各类型图书购买情况

2.4.1.3　各类型图书空缺情况

调查数据显示，有 59.9%的 14—17 周岁青少年认为，市场上的图书种类并不缺乏，这说明青少年图书市场供给较为充足。相对来看，“文学”类图书、“医药卫生”类图书和“外文版图书”的市场空缺度略高，有 10.9%的青少年表示“文学”类图书较为缺少，有

5.2%的青少年表示“医药卫生”类图书目前较为缺少，还有5.0%的青少年表示“外文版图书”目前较为缺少。从中可以看出，对于14—17周岁青少年来说，“文学”类图书不仅购买状况较好，而且需求也较大。具体情况如图2-4-3所示。

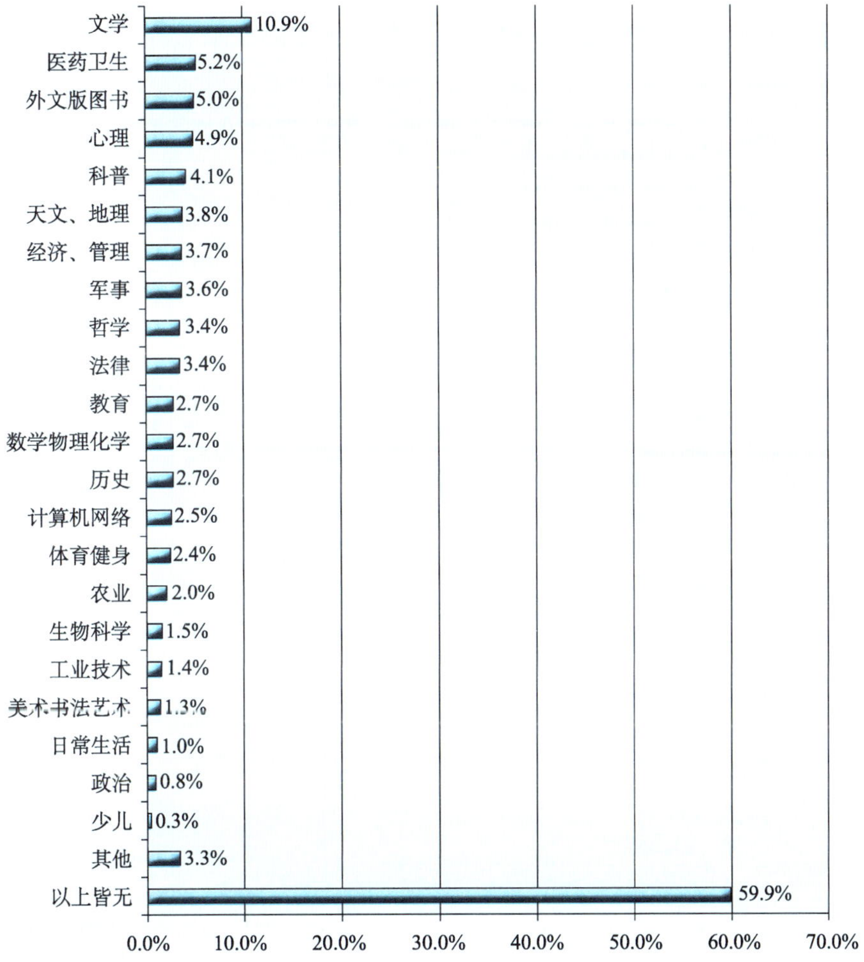

图2-4-3　14—17周岁青少年各类型图书空缺情况

2.4.1.4　各类型图书预购情况

调查数据显示，14—17周岁青少年图书市场中，预购率最高的依然为“文学”类图书，有38.2%的青少年今后打算购买该类图书，远高于其他各类图书。“历史”“科普”“外文版图书”和“数学物理化学”类图书的预购率也相对较高，分别为13.3%、11.9%、

11.3%和10.8%，均超过10.0%。相比之下，“农业”和“工业技术”类图书的预购率最低，分别仅为0.6%和0.9%。

经过综合分析可以看出，14—17周岁青少年购买图书更多的是出于兴趣爱好，其次则是课业学习的需要。因此，对于14—17周岁青少年图书市场而言，“文学”类、“历史”类、“科普”类和学习教辅类图书的市场前景更加看好。具体情况如图2-4-4所示。

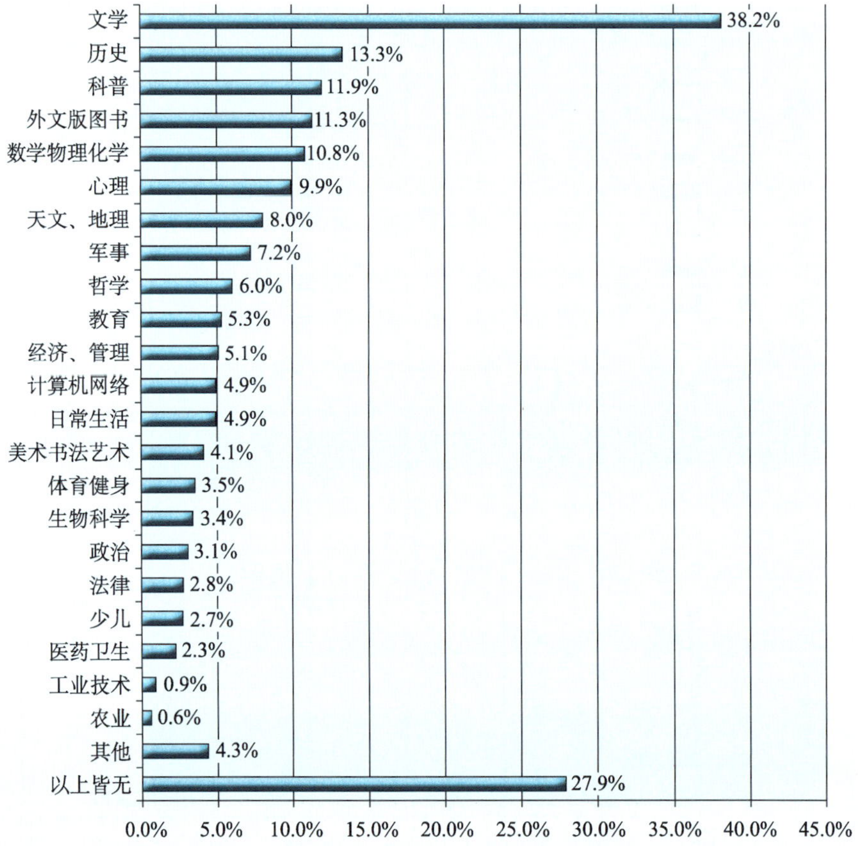

图2-4-4 14—17周岁青少年各类型图书预购情况

2.4.2 文学类图书市场消费状况及市场预期

2.4.2.1 最喜欢阅读的文学类图书类型

“文学”类图书是14—17周岁青少年最喜欢的图书类型。在文学类图书中，该年龄段青少年最喜欢阅读的是“科幻小说”，选择比例达到39.8%。其次，“当代小说”“文学名著”“历史小说”和“青春/玄幻小说”类图书分列第二、三、四、五位，有37.0%的青少年喜欢“当代小说”，有35.9%的人喜欢“文学名著”，有32.4%的人喜欢“历史小说”，有32.1%的人喜欢“青春/玄幻小说”。而喜欢“文学评论”“纪实报告”和“诗歌/戏剧”类图书的青少年相对较少，选择比例分别为7.3%、5.4%和4.5%，均低于10.0%。具体情况如图2-4-5所示。

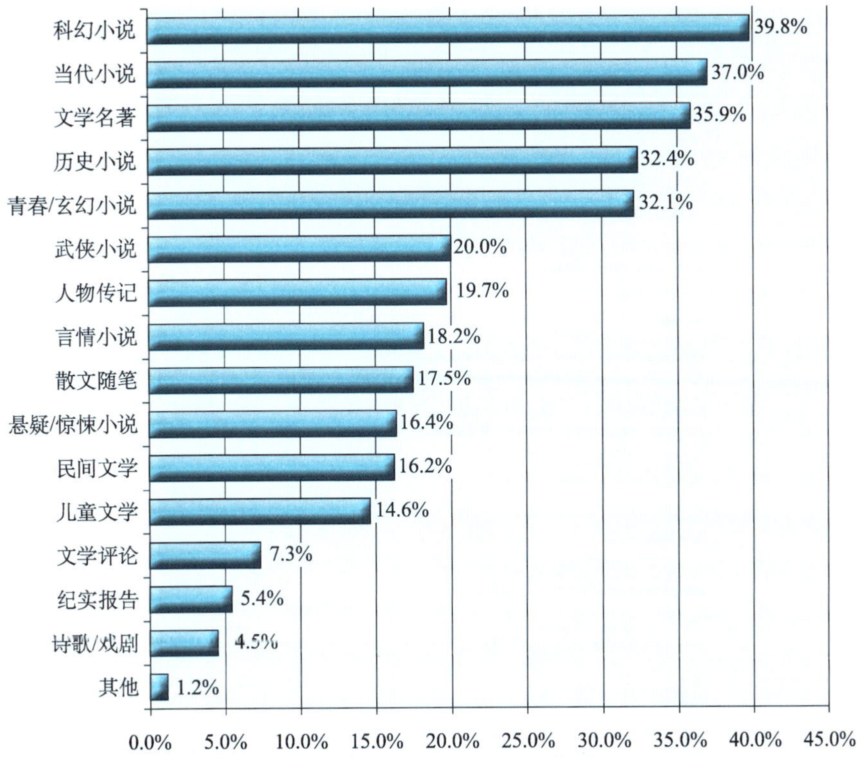

图2-4-5　14—17周岁青少年最喜欢阅读的文学类图书类型

2.4.2.2　各类文学类图书的购买和预购情况

调查结果显示，2013年，在文学类图书中，购买率最高的是“文学名著”，有27.9%的14—17周岁青少年2013年购买过该类图书。“当代小说”“科幻小说”“历史小说”和“青春/玄幻小说”类图书的购买率也相对较高，分别为24.6%、17.7%、16.6%和15.2%，均超过15.0%。

购买率较高的“文学名著”“科幻小说”“当代小说”“历史小说”

"青春/玄幻小说""人物传记"和"散文随笔"类图书的预购率也相对较高，有31.3%的14—17周岁青少年今后打算购买"文学名著"，有21.2%的14—17周岁青少年今后打算购买"科幻小说"，有20.1%的14—17周岁青少年今后打算购买"当代小说"，有16.5%的14—17周岁青少年今后打算购买"历史小说"，有14.5%的14—17周岁青少年今后打算购买"青春/玄幻小说"，有14.0%的14—17周岁青少年今后打算购买"人物传记"，有11.7%的14—17周岁青少年今后打算购买"散文随笔"。具体情况如图2-4-6所示。

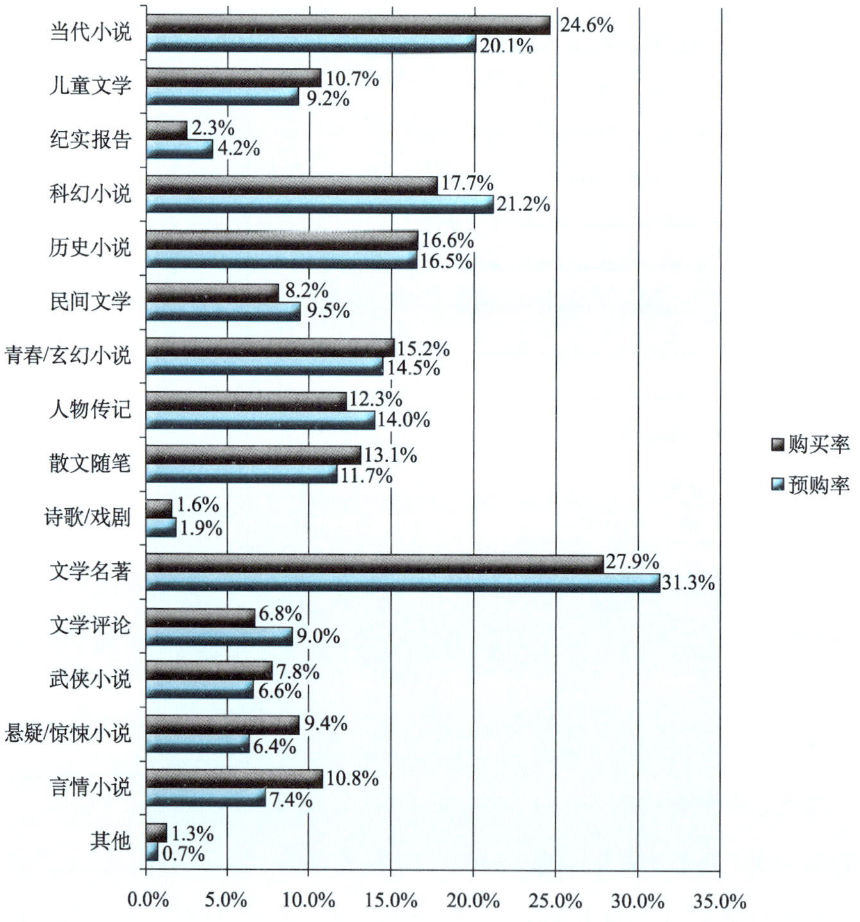

图2-4-6　各类文学类图书的市场购买和预购情况

2.4.2.3　各类文学类图书的市场空缺情况

调查结果显示，14—17周岁青少年认为文学类图书市场中最为缺乏的是“文学名著”“纪实报告”类图书，有19.3％的青少年表示“文学名著”最为缺乏，有18.5％的青少年表示“纪实报告”类图书最为缺乏。而“言情小说”和“悬疑/惊悚小说”的市场空缺率相对较低，均仅为2.9％。具体情况如图2-4-7所示。

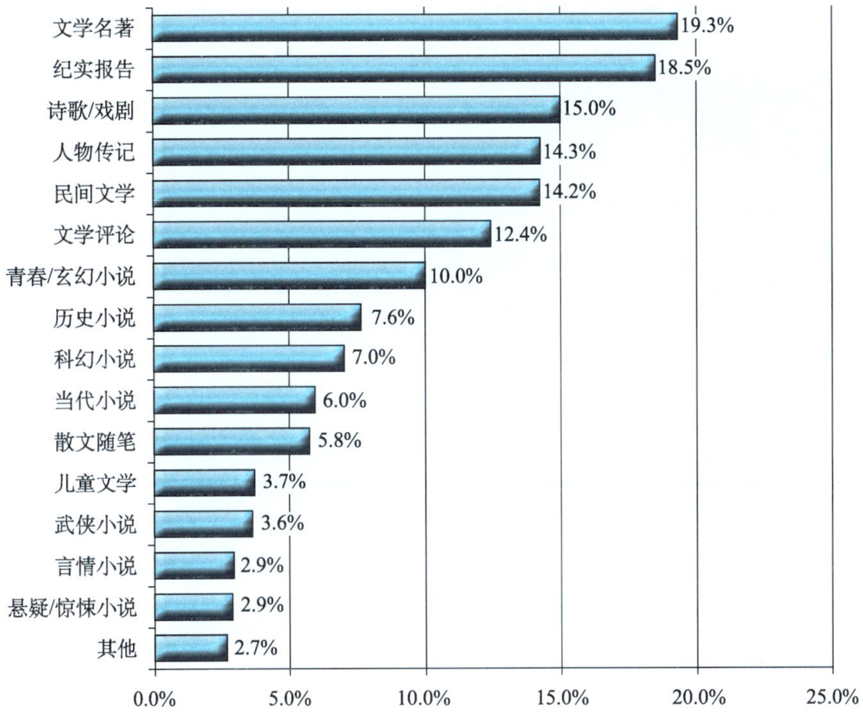

图 2-4-7　各类文学类图书市场空缺情况

2.4.3　外语类图书市场消费状况及市场预期

2.4.3.1　最喜欢阅读的外语类图书类型

本次调查数据显示，14—17周岁青少年最喜欢的外语类图书是“教辅教材”类图书，选择比例为49.3％。其次，喜欢“阅读写作”“外语工具书”“词汇语法”和“口语听力”类图书的青少年也相对较多，有30.6％的青少年喜欢“阅读写作”类图书，有26.8％的青少年喜欢“外语工具书”，有23.9％的青少年喜欢“词汇语法”类图书，有22.6％的人喜欢“口语听力”类图书。

具体情况如表2-4-1所示。

表 2-4-1　14—17 周岁青少年最喜欢阅读的外语类图书类型

外语类图书	选择比例
教材教辅	49.3%
阅读写作	30.6%
外语工具书	26.8%
词汇语法	23.9%
口语听力	22.6%
文艺读物	8.2%
商贸外语	2.6%
其他	2.1%

2.4.3.2　各类外语类图书的购买和预购情况

在外语类图书中，购买率最高的是“教材教辅”，有 39.8%的 14—17 周岁青少年 2013 年购买过该类图书。“阅读写作”“外语工具书”“口语听力”和“词汇语法”类图书的购买率也相对较高，分别为 31.6%、29.5%、26.1%和 21.6%。预购率最高的同样是“教材教辅”，有 49.3%的青少年今后打算购买该类图书。“阅读写作”“外语工具书”“词汇语法”“口语听力”类图书的预购率也相对较高，分别为 30.6%、26.8%、23.9%和 22.6%。具体情况如图 2-4-8 所示。

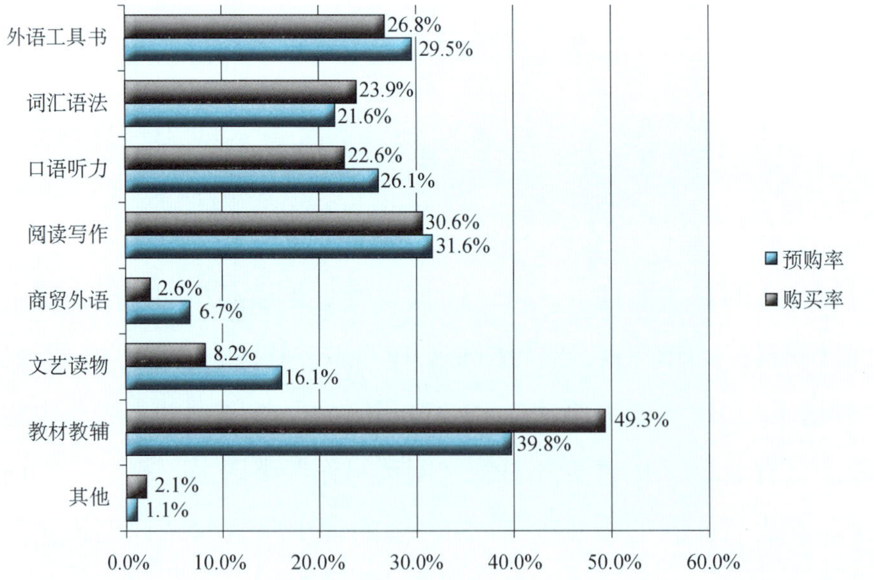

图 2-4-8　各种外语类图书的购买和预购情况

2.4.3.3 外语类图书的市场空缺情况

调查数据显示，14—17 周岁青少年认为最为缺乏的外语类图书为“商务外语”，有 29.9%的青少年表示此类图书最为缺乏。而“外语工具书”“口语听力”“文艺读物”类图书的市场空缺率相对较高，分别为 21.9%、19.9%和 19.5%。

具体情况如表 2-4-2 所示。

表 2-4-2　14—17 周岁青少年外语类图书市场空缺情况

外语类图书	选择比例
商贸外语	29.9%
外语工具书	21.9%
口语听力	19.9%
文艺读物	19.5%
教材教辅	11.8%
阅读写作	10.1%
词汇语法	8.5%
其他	3.0%

2.5 青少年最喜爱的图书

在无提示的情况下，调查者向青少年被访者询问他们最喜欢的三本图书是什么，然后根据图书被提及频次进行排名。结果显示，与去年情况相似，2013 年，14—17 周岁青少年最喜欢的图书中，中国古代四大名著与《钢铁是怎样炼成的》《鲁滨逊漂流记》《海底两万里》《童年》《简·爱》等中外文学名著榜上有名。

具体情况如表 2-5-1 所示。

表 2-5-1　14—17 周岁青少年最喜欢的十本图书

排名	2013 年最喜爱的图书	2012 年最喜爱的图书
1	三国演义	水浒传
2	钢铁是怎样炼成的	红楼梦
3	水浒传	三国演义
4	红楼梦	钢铁是怎样炼成的
5	西游记	鲁滨逊漂流记

续前表

排名	2013 年最喜爱的图书	2012 年最喜爱的图书
6	鲁滨逊漂流记	朝花夕拾
7	小时代	盘龙
8	海底两万里	西游记
9	童年	简·爱
10	简·爱	斗破苍穹

2.6 青少年最喜爱的图书作者

在无提示的情况下，调查者向青少年被访者询问他们最喜欢的三位图书作者的姓名，然后根据作者被提及频次进行排名。结果显示，2013 年 14—17 周岁青少年最喜爱的图书作者排名前四位的分别是鲁迅、郭敬明、韩寒和老舍，与 2012 年情况大体一致，仅顺序略有不同。

具体情况如表 2-6-1 所示。

表 2-6-1 14—17 周岁青少年最喜爱的十位图书作者

排名	2013 年最喜爱的作者	2012 年最喜爱的作者
1	鲁迅	鲁迅
2	郭敬明	郭敬明
3	韩寒	老舍
4	老舍	韩寒
5	冰心	莫言
6	莫言	冰心
7	罗贯中	唐家三少
8	朱自清	巴金
9	列夫·托尔斯泰	郭沫若
10	天蚕土豆	金庸

2.7 青少年最喜爱的出版社与出版社知名度、市场渗透率

2.7.1 青少年最喜爱的出版社

在无提示的情况下，调查者向青少年被访者询问他们最喜欢的

三家出版社是哪些，然后根据出版社被提及频次进行排名。结果显示，2013 年 14—17 周岁青少年最喜爱的出版社排在前三位的分别是：人民出版社、人民教育出版社与新华出版社，这与 2012 年情况大体一致，仅顺序略有不同。

具体情况如表 2-7-1 所示。

表 2-7-1　14—17 周岁青少年最喜爱的十大出版社

排名	2013 年最喜爱的出版社	2012 年最喜爱的出版社
1	人民出版社	人民出版社
2	人民教育出版社	新华出版社
3	新华出版社	人民教育出版社
4	北京出版社	浙江教育出版社
5	人民文学出版社	北京出版社
6	明天出版社	人民文学出版社
7	中国青年出版社	中国青年出版社
8	北京师范大学出版社	明天出版社
9	希望出版社	北京师范大学出版社
10	三联书店	作家出版社

2.7.2　国内出版社知名度和市场渗透率排名

为了解国内出版社的知名度情况，我们列举了 21 家国内较为知名的出版社，请青少年被访者在其中选择其所知晓的出版社，然后根据选择情况对这些出版社进行知名度排名。结果如表 2-7-2 所示，人民教育出版社、北京出版社、人民文学出版社和中国青年出版社的知名度排名最为靠前。此外，北京师范大学出版社、江苏教育出版社、教育科学出版社此类以教育出版为主体的出版社，以及中国少年儿童新闻出版总社、希望出版社等以少年儿童为主要读者对象的出版社，排名也较为靠前，均排在前十位之内。

表 2-7-2　出版社知名度排名

出版社名称	知名度	排名
人民教育出版社	66.2%	1
北京出版社	47.3%	2
人民文学出版社	41.6%	3

续前表

出版社名称	知名度	排名
中国青年出版社	30.2%	4
中国少年儿童新闻出版总社	24.6%	5
北京师范大学出版社	24.1%	6
重庆出版社	17.8%	7
希望出版社	16.3%	8
江苏教育出版社	14.9%	9
教育科学出版社	14.0%	10
明天出版社	13.5%	11
二十一世纪出版社	13.0%	12
商务印书馆出版社	13.0%	13
龙门书局	11.4%	14
浙江教育出版社	10.1%	15
上海少年儿童出版社	9.9%	16
新蕾出版社	7.9%	17
河北教育出版社	6.8%	18
接力出版社	6.1%	19
大象出版社	5.9%	20
外语教学与研究出版社	5.6%	21

为进一步了解以上出版社的市场表现，我们询问青少年被访者在 2013 年曾购买过哪些出版社的出版物。调查结果如表 2-7-3 所示，人民教育出版社的知名度与市场渗透率排名均居首位。此外，人民文学出版社、北京出版社、北京师范大学出版社、中国青年出版社、中国少年儿童新闻出版总社、江苏教育出版社、龙门书局、教育科学出版社、商务印书馆的市场渗透率排名也较为靠前，分列二至十位。

表 2-7-3　出版社市场渗透率排名

出版社名称	市场渗透率	排名
人民教育出版社	49.1%	1
人民文学出版社	21.8%	2
北京出版社	19.6%	3
北京师范大学出版社	13.7%	4
中国青年出版社	10.5%	5
中国少年儿童新闻出版总社	9.8%	6
江苏教育出版社	7.7%	7
龙门书局	6.9%	8

续前表

出版社名称	市场渗透率	排名
教育科学出版社	6.7%	9
商务印书馆出版社	6.6%	10
二十一世纪出版社	6.4%	11
明天出版社	6.1%	12
接力出版社	5.1%	13
浙江教育出版社	4.9%	14
希望出版社	4.5%	15
重庆出版社	3.6%	16
上海少年儿童出版社	2.8%	17
河北教育出版社	2.5%	18
大象出版社	2.0%	19
新蕾出版社	1.7%	20
外语教学与研究出版社	1.3%	21

第三章 14—17 周岁青少年报刊阅读状况

3.1 青少年报纸阅读状况

3.1.1 报纸阅读率

本次调查数据显示，2013 年我国 14—17 周岁青少年的报纸阅读率为 38.5%，较 2012 年的 43.2%下降了 4.7 个百分点。从性别差异看，该年龄段男生的报纸阅读率为 34.8%，较女生的报纸阅读率（42.2%）低 7.4 个百分点。从城乡对比看，该年龄段城镇青少年的报纸阅读率为 48.8%，较农村青少年的报纸阅读率（26.5%）高出 22.3 个百分点。

具体情况如表 3-1-1 所示。

表 3-1-1 不同人口特征 14—17 周岁青少年报纸阅读率

人口特征	类别	报纸阅读率
性别	男生	34.8%
	女生	42.2%
城乡	城镇	48.8%
	农村	26.5%

3.1.2 报纸阅读量

进一步分析数据可知，2013 年，我国 14—17 周岁青少年的人均报纸阅读量为17.52期/份，较2012年的20.37期/份减少了2.85期/份。

从性别差异看，该年龄段男生的报纸阅读量为17.86期/份，较女生的报纸阅读量（17.17期/份）多出0.69期/份。从城乡对比看，该年龄段城镇青少年的报纸阅读量为27.30期/份，远多于农村青少年的报纸阅读量（6.12期/份）。

具体情况如表3-1-2所示。

表3-1-2　不同人口特征群体14—17周岁青少年报纸阅读量

人口特征	类别	报纸阅读量（期/份）
性别	男生	17.86
	女生	17.17
城乡	城镇	27.30
	农村	6.12

3.2　青少年期刊阅读状况

3.2.1　期刊阅读率

调查数据显示，2013年我国14—17周岁青少年的期刊阅读率为54.8%，较2012年的51.0%上升了3.8个百分点。

从性别差异看，该年龄段男生的期刊阅读率为48.5%，较女生的期刊阅读率（61.2%）低12.7个百分点。从城乡对比看，该年龄段城镇青少年的期刊阅读率为62.0%，较农村青少年的期刊阅读率（46.5%）高出15.5个百分点。

具体情况如表3-2-1所示。

表3-2-1　不同人口特征14—17周岁青少年期刊阅读率

人口特征	类别	期刊阅读率
性别	男生	48.5%
	女生	61.2%
城乡	城镇	62.0%
	农村	46.5%

3.2.2 期刊阅读量

2013 年我国 14—17 周岁青少年人均阅读期刊 7.30 期/份，较 2012 年的 5.58 期/份增加了 1.72 期/份。

从性别差异看，该年龄段男生的期刊阅读量为 7.49 期/份，较女生的期刊阅读量（7.11 期/份）多出 0.38 期/份。从城乡对比看，该年龄段城镇青少年的人均期刊阅读量为 8.76 期/份，较农村青少年的人均期刊阅读量（5.61 期/份）多出 3.15 期/份。

具体情况如表 3-2-2 所示。

表 3-2-2 不同人口特征群体 14—17 周岁青少年期刊阅读量

人口特征	类别	期刊阅读量（期/份）
性别	男生	7.49
	女生	7.11
城乡	城镇	8.76
	农村	5.61

3.2.3 制约青少年阅读期刊的原因

在过去一年没有阅读过纸质期刊的 14—17 周岁青少年中，有 46.7%的青少年表示，“功课忙，没时间”读期刊是其不读期刊的主要原因，选择比例最高。

排在第二、第三、第四位的不读期刊的原因，是“没有阅读期刊的习惯”“对现在期刊上的内容没兴趣”“看电视、听广播就够了，没必要再读它”，选择比例分别为 38.6%、20.5%和 10.6%。而认为“期刊价格太贵”以及“买期刊不方便”的青少年相对不多，由于这些原因而不读期刊的青少年所占比例较低，分别为 5.5%和 3.1%，均不足 10.0%。具体情况如图 3-2-1所示。

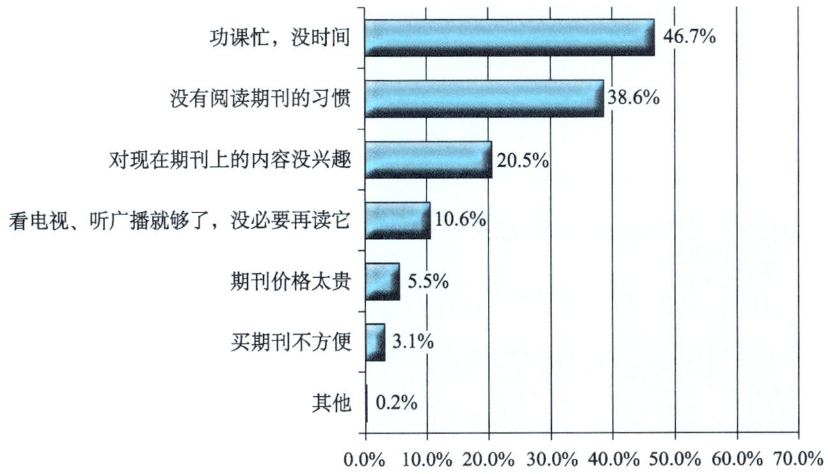

图 3-2-1　制约 14—17 周岁青少年阅读期刊的原因

3.2.4　期刊阅读来源

本次调查数据显示，我国 14—17 周岁青少年期刊读者阅读期刊的最主要来源是“向同学朋友借阅”，选择比例高达 54.4%。分列第二、三位的青少年期刊阅读来源是“书店购买”和“报摊购买”，选择比例分别为 40.0%和 37.8%。通过“学校订阅”“图书馆阅读”和“个人/家庭订阅”来获取期刊的青少年比例也相对较高，分别为 26.6%、15.4%和 13.1%。而选择“便利店购买”“网上购买”“邮局购买”渠道获得期刊的青少年则相对较少，选择比例分别为 5.1%、4.6%和 1.2%。具体情况如图 3-2-2 所示。

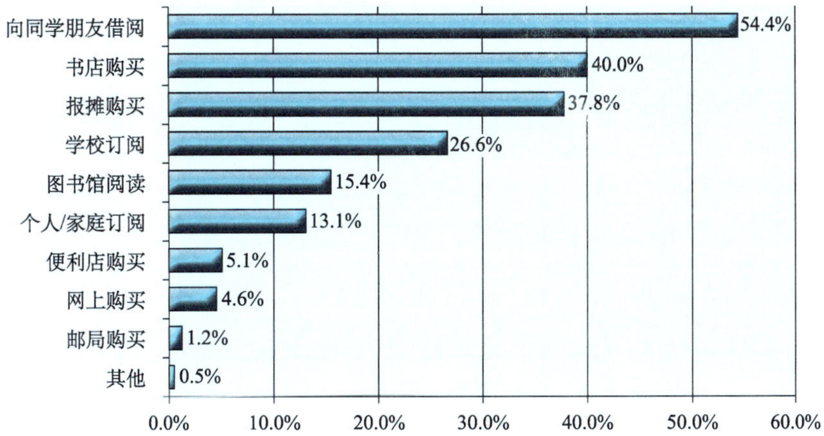

图 3-2-2　14—17 周岁青少年期刊读者阅读期刊的来源

3.2.5 期刊阅读偏好

通过对我国 14—17 周岁青少年期刊读者进行调查得知，“文学艺术/青春文学”“作文类”“学习辅导”和“流行时尚/明星八卦”类期刊的喜爱者较多。具体来看，有 45.8%的青少年期刊读者经常阅读“文学艺术/青春文学”类期刊，有 38.2%的青少年期刊读者经常阅读“作文类”期刊，有 31.3%的青少年期刊读者经常阅读“学习辅导”类期刊，有 31.3%的青少年期刊读者经常阅读“流行时尚/明星八卦”类期刊。“科普类”和“卡通漫画”类期刊的喜爱者也相对较多，分别有 22.6%和 20.7%的青少年期刊读者经常阅读。而“体育类”期刊的喜爱者相对较少，选择比例仅为 4.9%。具体情况如图 3-2-3 所示。

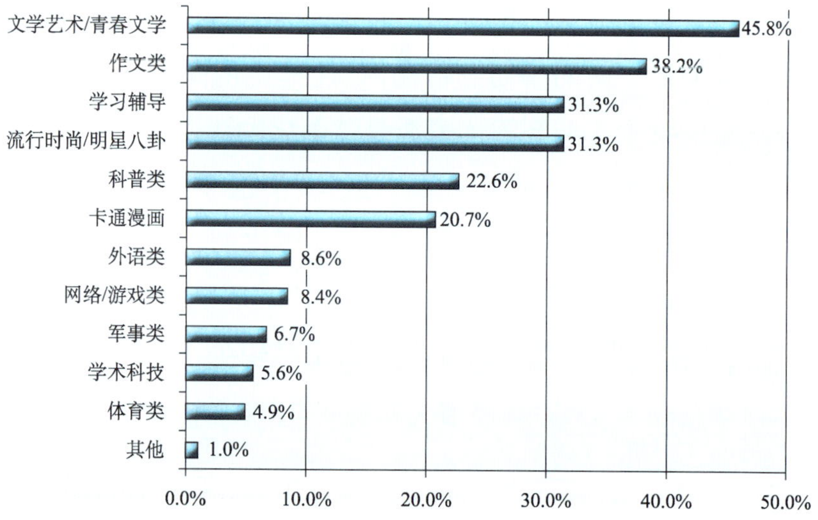

图 3-2-3　14—17 周岁青少年期刊读者经常阅读的期刊类型

3.2.6 期刊价格承受力

调查数据显示，2013 年，我国 14—17 周岁青少年人均可接受的单本期刊价格为 6.98 元，略高于我国成年居民可接受的价格（6.80 元）。进一步分析得出，超过四分之三（75.6%）的我国 14—17 周岁青少年能够接受的期刊价格集中在 3—9 元。具体来看，

42.8％的青少年能够接受的期刊价格区间在3—6元，32.8％的青少年能够接受的期刊价格区间在6—9元。此外，有7.2％的青少年只能接受3元以下的期刊价格，有15.6％的青少年能接受9—19元的期刊价格，而能接受每本期刊价格在19元及以上的青少年比例仅为1.6％。具体情况如图3-2-4所示。

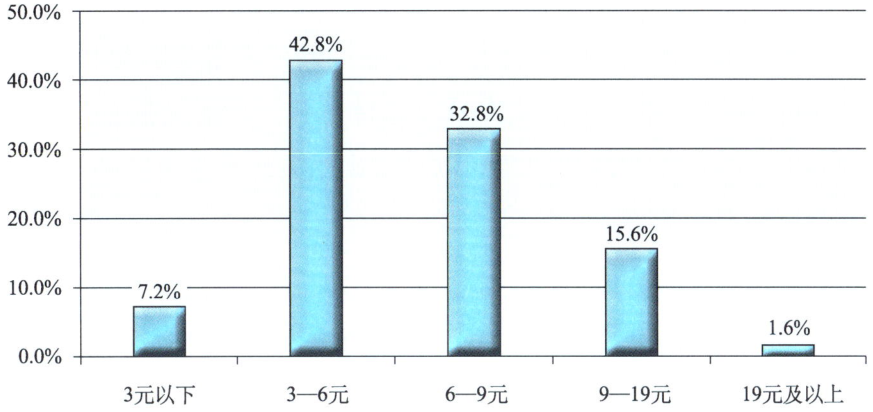

图3-2-4　14—17周岁青少年期刊价格承受力

数据显示，2013年，有53.7％的14—17周岁青少年认为目前的期刊价格"合适"。此外，有32.7％的青少年认为目前的期刊价格"比较贵"，有1.1％的青少年认为目前期刊价格"非常贵"。而仅有12.4％的青少年认为目前期刊价格便宜（"非常便宜"或"比较便宜"）。具体情况如图3-2-5所示。

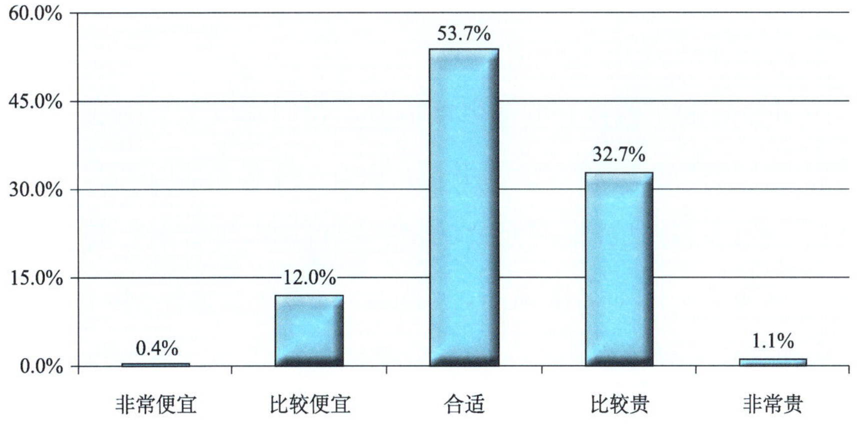

图3-2-5　14—17周岁青少年的期刊价格评价

3.3 青少年报刊市场状况

3.3.1 青少年最喜爱的期刊

本次调查中，在无提示的情况下，我们请青少年被访者列举其最喜欢的三本期刊的名称，然后根据期刊被提及的频次进行排名。结果显示，最受我国 14—17 周岁青少年期刊读者喜爱的期刊是《读者》，排在第二、第三位的依次是《意林》和《青年文摘》。从期刊的内容类型看，排在前列的期刊以与写作相关的文学类期刊居多。

具体情况如表 3-3-1 所示。

表 3-3-1　14—17 周岁青少年最喜爱的十本期刊

排名	2013 最喜爱的期刊名称	2012 最喜爱的期刊名称
1	读者	读者
2	意林	意林
3	青年文摘	青年文摘
4	故事会	男生女生
5	知音	故事会
6	格言	知音
7	知音漫客	格言
8	演讲与口才	作文大王
9	英语周报	新作文
10	男生女生	课堂内外

3.3.2 报刊知名度排名

2013 年，为了解报刊的知名度情况，我们选取了目前在国内受欢迎程度比较高的 28 种青少年报刊，请青少年被访者选择其所知晓的报刊，然后根据选择情况对这些报刊进行知名度排名。调查结果显示，《故事会》的知名度最高，《读者》《青年文摘》《格言》《意林》的知名度分别排在第二、第三、第四与第五位，与去年情况大体相同，仅顺序有所变化。

具体情况如表 3-3-2 所示。

表 3-3-2　报刊知名度排名

报刊名称	知名度	排名
故事会	61.5%	1
读者	58.9%	2
青年文摘	46.8%	3
格言	43.2%	4
意林	38.4%	5
知音	36.9%	6
作文大王	27.4%	7
新作文	24.6%	8
男生女生	19.8%	9
演讲与口才	19.2%	10
英语周报	19.0%	11
中学生阅读	16.7%	12
语文报	16.5%	13
海外文摘	16.2%	14
中学生数理化	15.5%	15
课堂内外	15.3%	16
青年博览	13.3%	17
中学生博览	13.1%	18
少年文艺	12.5%	19
电脑爱好者	11.6%	20
家庭	11.4%	21
女友	9.9%	22
足球周刊	7.1%	23
英语沙龙	7.0%	24
作文通讯	6.3%	25
少女	5.3%	26
英语广场	4.9%	27
求学	2.8%	28

3.3.3　报刊市场渗透率排名

本次调查中，我们请青少年被访者在列举出的国内受欢迎程度比较高的 28 种青少年报刊中，选择他们曾在 2013 年购买过的报刊，以了解这些报刊的市场渗透情况。调查结果显示，《读者》的市场渗透率最高，为 33.8%，《意林》《故事会》《英语周报》和《青年文摘》的市场渗透率也相对较高，分列第二、第三、第四和第五位。

具体情况如表 3-3-3 所示。

表 3-3-3　报刊市场渗透率排名

报刊名称	市场渗透率	排名
读者	33.8%	1
意林	22.9%	2
故事会	19.3%	3
英语周报	16.1%	4
青年文摘	15.9%	5
格言	13.0%	6
知音	12.2%	7
新作文	11.8%	8
作文大王	10.7%	9
演讲与口才	7.3%	10
语文报	7.2%	11
中学生数理化	6.9%	12
中学生阅读	6.4%	13
中学生博览	5.9%	14
课堂内外	5.6%	15
少年文艺	5.2%	16
电脑爱好者	3.7%	17
男生女生	3.6%	18
青年博览	3.0%	19
足球周刊	2.5%	20
作文通讯	2.0%	21
海外文摘	1.6%	22
家庭	1.5%	23
女友	1.5%	24
英语沙龙	1.3%	25
英语广场	0.6%	26
求学	0.4%	27
少女	0.3%	28

第四章 14—17 周岁青少年数字出版产品阅读与购买状况

4.1 青少年数字化阅读状况

4.1.1 数字化阅读方式接触情况

调查显示，2013 年，我国 14—17 周岁青少年的数字化阅读方式（包括网络在线阅读、手机阅读、电子阅读器阅读、光盘阅读、PDA/MP4/MP5 阅读等）接触率为 73.3%。2013 年，有 58.4%的我国 14—17 周岁青少年表示接触过网络在线阅读，有 56.8%的青少年表示接触过手机阅读，有 12.5%的青少年接触过电子阅读器阅读，有 8.4%的青少年表示接触过 PDA/MP4/MP5 等阅读方式。表示接触过光盘（CD-ROM）阅读的青少年比例最少，仅为 2.4%。

具体情况如图 4-1-1 所示。

4.1.2 选择数字阅读的主要原因与制约因素

通过对我国 14—17 周岁青少年选择数字阅读的原因进行调查，我们发现，便利性、海量性和低成本依旧是其选择数字化阅读方式的主要因素。调查数据显示，就便利性而言，有 57.1%的青少年数字化阅读接触者因为“获取便利”而选择数字阅读，40.9%的青少

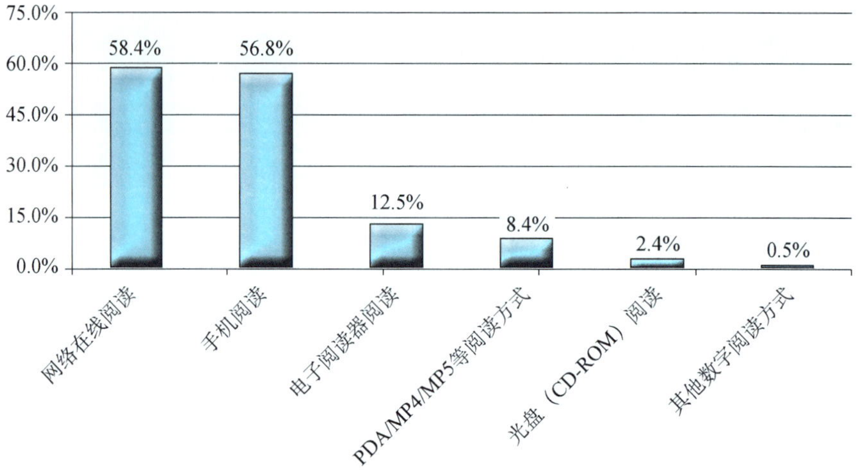

图 4-1-1　14—17 周岁青少年各类数字化阅读方式接触率

年接触者因为“方便随时随地阅读”而选择数字阅读，有 35.0%的青少年接触者因为“方便信息检索”而选择数字阅读。

其次，就海量性和低成本而言。有 28.2%的青少年数字化阅读接触者因为“信息量大”而选择数字阅读，有 26.2%的青少年数字化阅读接触者因为“收费少甚至不付费”而选择数字阅读。

具体情况如图 4-1-2 所示。

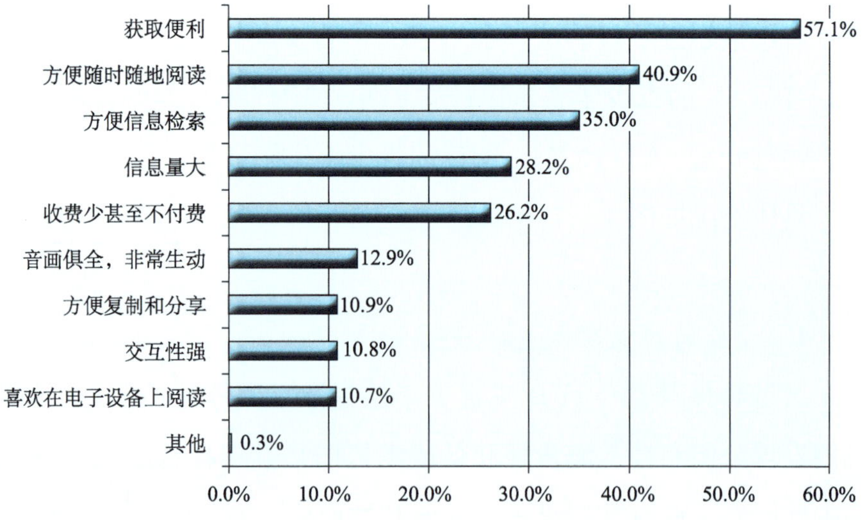

图 4-1-2　14—17 周岁青少年数字化阅读方式接触者选择数字阅读的主要原因

然而，数字阅读也存在一些缺点，伤眼睛和辐射问题是14—17周岁青少年普遍担心的问题。调查显示，近七成（69.6%）的青少年认为数字化阅读“伤眼睛，容易视觉疲劳”，超过五成（50.8%）的青少年认为数字化阅读“辐射大”。还有17.5%和16.3%的青少年分别表示数字化阅读“有一定操作限制”和“不习惯通过屏幕阅读”。以上这些不足是今后进一步改善数字化阅读方式时需要优先考虑的问题。

具体情况如图4-1-3所示。

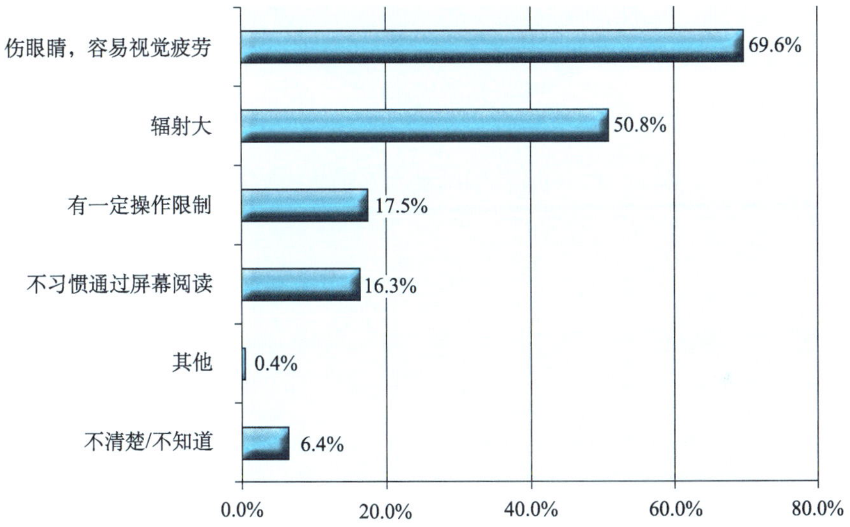

图4-1-3　14—17周岁青少年认为数字阅读的不足之处

4.1.3　阅读倾向

在我国14—17周岁青少年中，65.9%的青少年更倾向于“拿一本纸质图书阅读”，有16.2%的青少年倾向于“在手机上阅读”，有12.1%的青少年更倾向于“网络在线阅读”，有3.3%的青少年倾向于“在电子阅读器上阅读”，2.5%的青少年“习惯从网上下载并打印下来阅读”。这说明大多数14—17周岁青少年的阅读习惯还是倾向于传统的纸质图书阅读，而数字阅读习惯也正在青少年中逐渐形成。具体情况如图 4-1-4 所示。

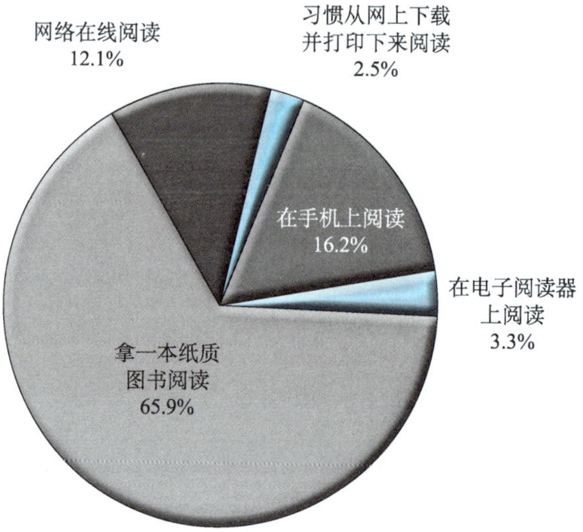

图 4-1-4 14—17 周岁青少年的阅读方式及比例

4.2 青少年电子书报刊阅读状况

4.2.1 电子书报刊阅读率

对电子书报刊的阅读情况考察发现，2013 年我国 14—17 周岁青少年电子书的阅读率为 33.5%，电子期刊阅读率为 4.3%，电子报阅读率为 8.2%。

2013 年我国 14—17 周岁青少年人均阅读电子书 5.25 本，人均纸质图书和电子书合计阅读量为 14.22 本。

4.2.2 电子书价格承受力

调查数据显示，2013 年，我国 14—17 周岁青少年平均能接受的单本电子书价格为 1.38 元。

在接触过数字化阅读方式的我国青少年中，有超过五成(55.9%)的青少年不能接受付费阅读/下载，较 2012 年的 50.6%

高出 5.3 个百分点。表示只能接受 1 元及以下单本电子书价格的青少年数字化阅读方式接触者比例为 7.6%，表示能够接受单本电子书价格在 2—5 元之间的青少年接触者比例为 30.2%，表示能够接受 6—9 元价格区间的青少年接触者比例为 4.0%，仅有 2.3%的青少年数字化阅读方式接触者能够接受 10 元及以上的单本电子书价格。具体情况如图 4-2-1 所示。

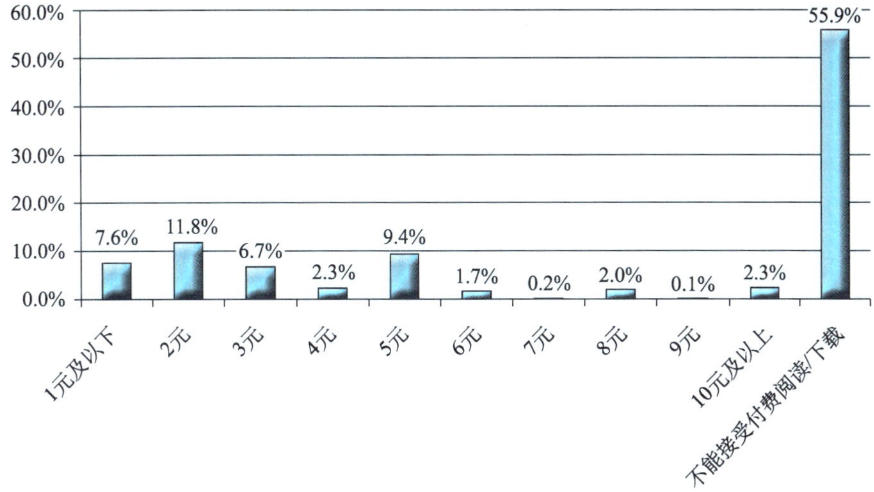

图 4-2-1　14—17 周岁青少年数字化阅读方式接触者电子书价格承受力

4.2.3　电子书对纸质图书销售的影响

在我国 14—17 周岁青少年电子书读者中，有 85.4%的青少年电子书读者表示阅读电子书后，就没有购买过该书的纸质版，这一比例较 2012 年的 90.6%有所下降。仅有 14.6%的青少年电子书读者表示在阅读电子书后，还购买过该书的纸质版。在我国 14—17 周岁青少年电子期刊读者中，有 80.7%的人表示在阅读过电子期刊后，就没有购买过该期刊的纸质版。在我国 14—17 周岁青少年电子报读者中，有 87.4%的人表示阅读过电子报后，就没有再购买过该报的纸质版。具体情况如图 4-2-2 所示。

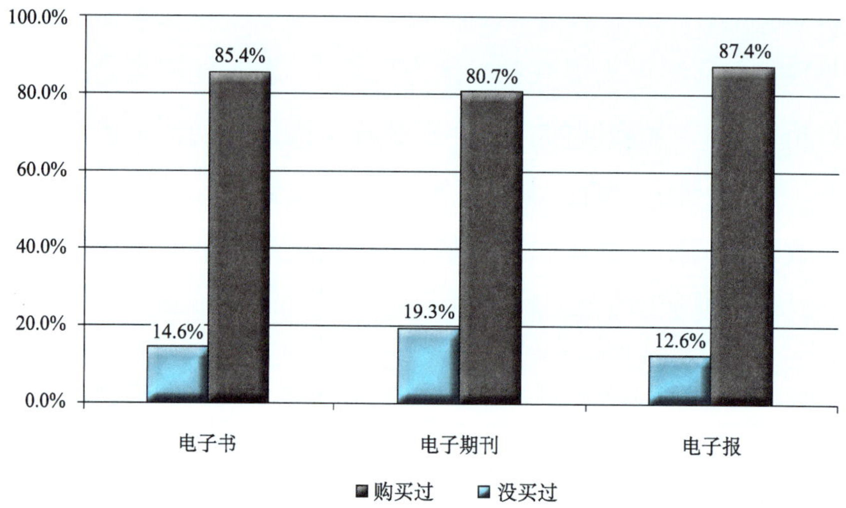

图 4-2-2 电子书对纸质图书销售的影响

4.3 青少年手机阅读状况

4.3.1 手机阅读接触率

2013 年，我国 14—17 周岁青少年的手机阅读接触率为 56.8%，比 2012 年的 44.7%提高了 12.1 个百分点。近年来，我国青少年手机阅读接触率逐年上升，反映出手机阅读越来越受到我国青少年的欢迎。具体情况如图 4-3-1 所示。

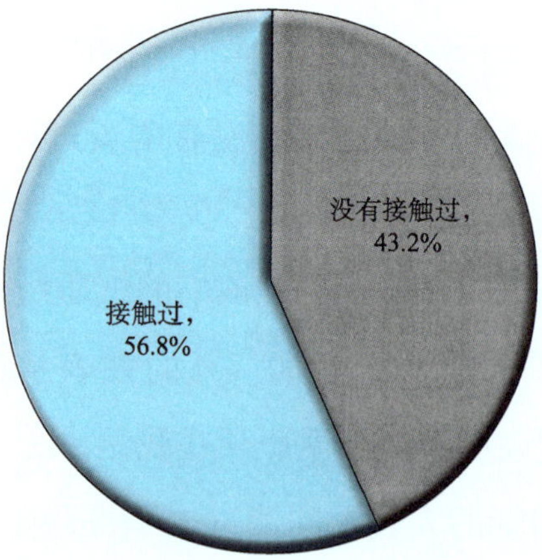

图 4-3-1 14—17 周岁青少年手机阅读接触率

4.3.2 通过手机进行的活动

本次调查数据显示，当问及“你通过手机进行哪些活动?”时，用“手机QQ、飞信等”“听音乐”“看手机小说”是我国14—17周岁青少年手机阅读接触者使用手机进行的最主要的活动。在接触过手机阅读的青少年中，有80.9%的青少年选择使用“手机QQ、飞信等”，有69.4%的青少年选择“听音乐”，有51.5%的青少年选择“看手机小说”。

其次，有40.9%的青少年选择玩“手机游戏”，有34.4%的青少年选择“手机网页浏览”，有32.9%的青少年选择“看视频”，选择比例均超过30.0%。

值得注意的是，“阅读手机报”的选择比例近年来逐年下降(2009年为45.1%，2010年为34.2%，2011为29.3%，2012年为19.5%)，2013年仅有16.4%的青少年选择用手机“阅读手机报”。

此外，用手机查看“博客或微博”、用“手机查收电子邮件”的选择比例也相对较低，分别为15.4%和6.9%。

通过调查数据可以看出，青少年利用手机的娱乐功能要大于阅读功能，这一状态在短时间内无法改变。随着手机日益智能化，功能越来越丰富，这一趋势也将会更加明显。具体情况如图4-3-2所示。

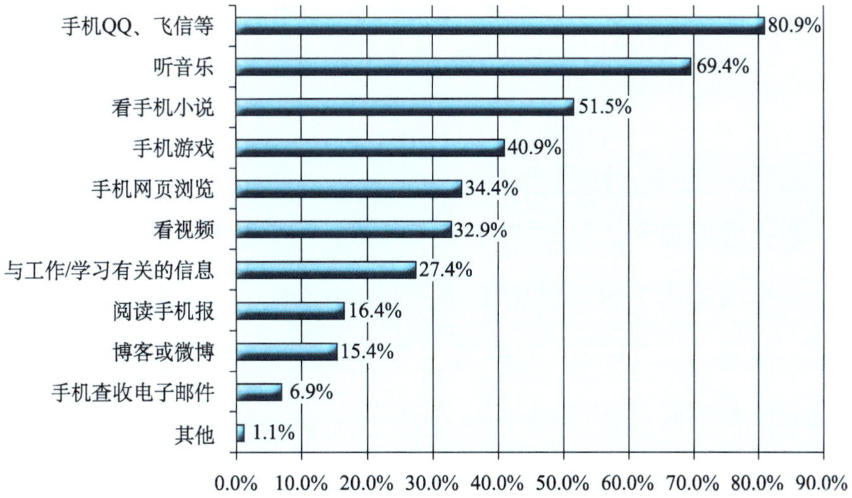

图4-3-2　14—17周岁青少年手机阅读接触者通过手机进行的活动

从性别差异看，在我国 14—17 周岁青少年手机阅读接触群体中，男生、女生使用手机时会有不同的选择倾向，具体来看，当问及“你通过手机进行哪些活动?”时，男生选择玩“手机游戏”“看视频”和“看手机小说”等选项的比例要高于女生；女生选择使用“手机查收电子邮件”“手机 QQ、飞信等”等选项的比例要高于男生。具体情况如图 4-3-3 所示。

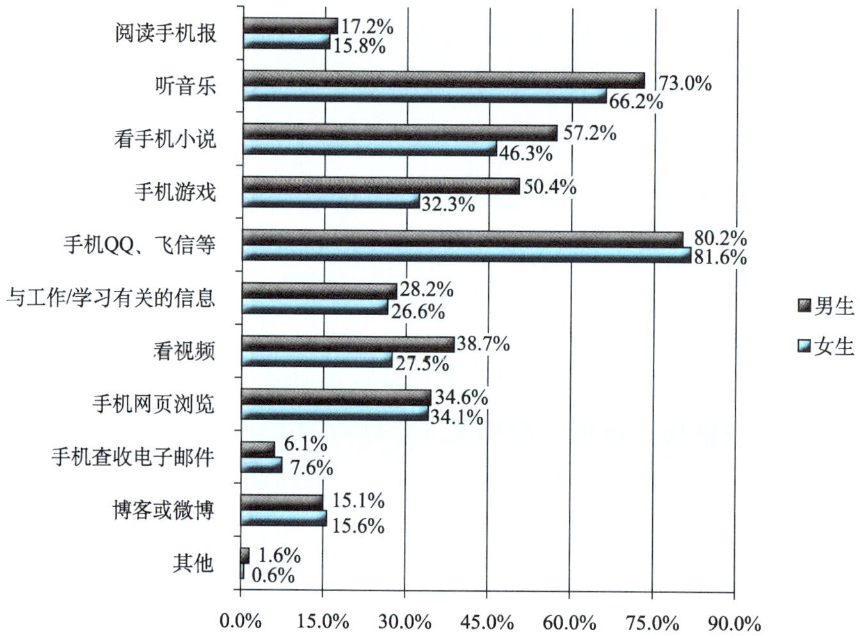

图 4-3-3　14—17 周岁青少年手机阅读接触者通过手机进行活动的性别差异

4.3.3　手机阅读时长

调查数据显示，2013 年，我国接触过手机阅读的 14—17 周岁青少年平均每天手机阅读时长为 32.93 分钟。具体来看，在我国接触过手机阅读的 14—17 周岁青少年中，有 39.8%的青少年平均每天花费在手机阅读的时间不足 20 分钟，有 26.0%的青少年平均每天花费在手机阅读的时间在 20—30 分钟之间，有 20.3%的青少年平均每天手机阅读时长在 0.5—1 小时之间，有 9.6%的青少年平均每天手机阅读时长在1—2小时之间。此外，有4.3%的青少年手机阅读接触者平均每天花费在手机阅读上的时间超过两个小时。

具体情况如图4-3-4所示。

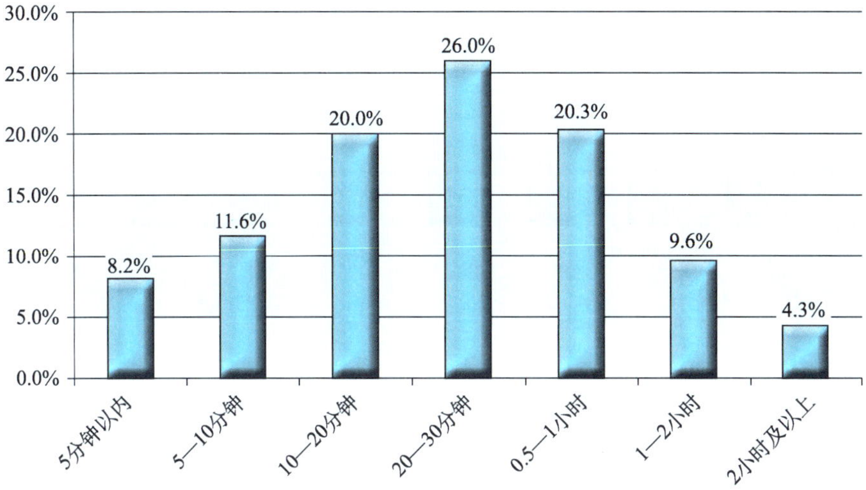

图4-3-4 14—17周岁青少年手机阅读接触者手机阅读时长

4.3.4 手机阅读花费

本次调查数据显示，2013年，我国14—17周岁青少年手机阅读接触者人均手机阅读花费为15.00元。

在我国14—17周岁青少年手机阅读接触者中，有57.4%的青少年从未对手机阅读进行付费，有42.6%的青少年进行过付费手机阅读。具体来看，在我国14—17周岁青少年手机阅读接触者中，有21.5%的青少年手机阅读花费在20.00元以下，有17.8%的青少年手机阅读花费在20—100元之间，有3.3%的青少年在手机阅读方面的花费在100.00元及以上。

具体情况如图4-3-5所示。

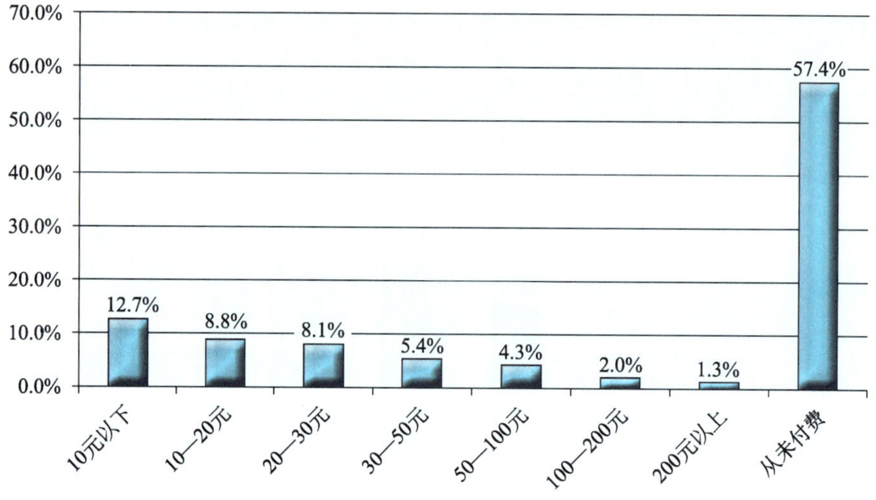

图 4-3-5　14—17 周岁青少年手机阅读接触者手机阅读花费

4.3.5　手机读物价格承受力

本次调查数据显示，面对和纸质读物内容完全相同的手机读物，“只看免费的”是我国 14—17 周岁青少年手机阅读接触者的首选，选择比例高达 64.0%。此外，可以接受“价格低于纸质读物的 80%以上”的手机读物的我国 14—17 周岁青少年手机阅读接触者比例为 12.5%，可以接受“价格低于纸质读物的 50%以上”的手机读物的青少年手机阅读接触者比例为 13.7%，可以接受“价格低于纸质读物的 30%以上”的手机读物的青少年手机阅读接触者比例为 6.3%。只有 3.6%的我国青少年手机阅读接触者认为“可以花费和购买纸质读物一样多的钱”来购买手机读物。具体情况如图 4-3-6 所示。

4.3.6　手机阅读优缺点

接触过手机阅读的我国 14—17 周岁青少年表示，便利性是手机阅读最大的优点。数据显示，90.2%的青少年认为“可以随时随地

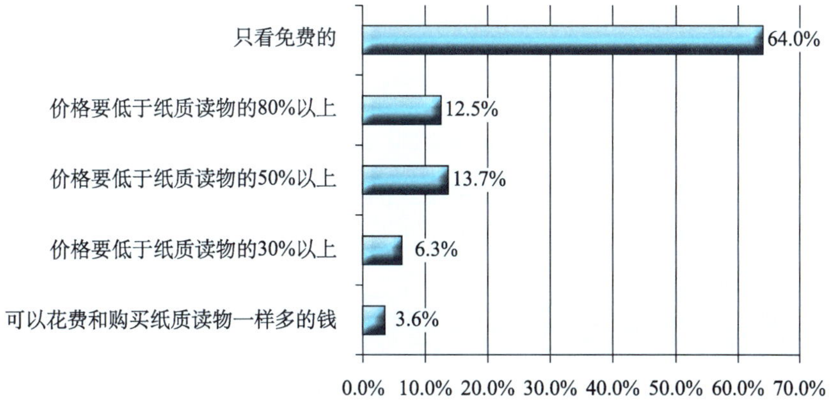

图 4-3-6　14—17 周岁青少年手机阅读接触者手机读物价格承受程度

阅读”是手机阅读的优点，34.8%的青少年认为“不用携带图书或其他阅读设备就能阅读”是手机阅读的优点。

此外，有 34.1%的青少年认为“阅读内容费用较低或免费”是手机阅读的优点。还有不少青少年将时效性强作为手机阅读的优点，选择“信息时效性强”的比例为 30.4%。具体情况如图 4-3-7 所示。

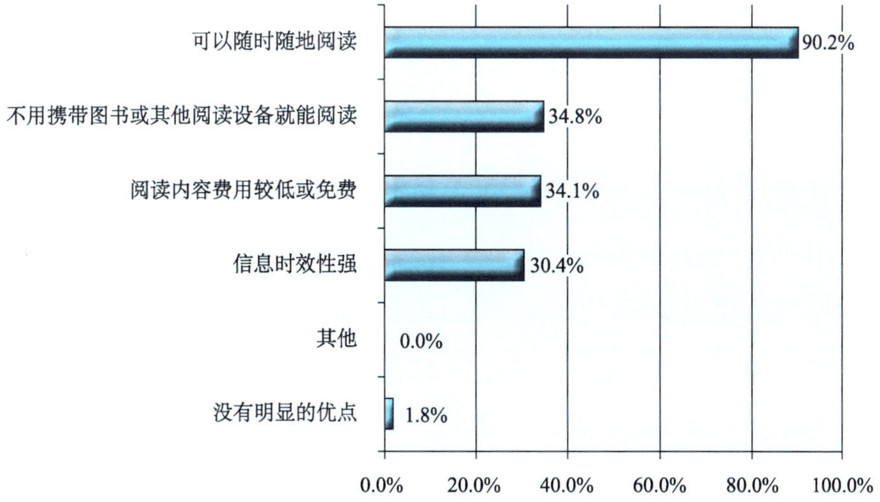

图 4-3-7　14—17 周岁青少年手机阅读接触者认为的手机阅读优点

与之相对，我国 14—17 周岁青少年手机阅读接触者表示，影响身体健康是手机阅读的主要缺点，“伤眼睛，容易视觉疲劳”和“辐射大”两个选项的选择比例分别高达63.7%和52.1%。也有部分青少年手机阅读接触者认为，“手机屏幕太小”（37.1%）、“有一定操作限制”（17.8%）是手机阅读目前需要完善之处。此外，有4.5%的青少年认为手机阅读“没有明显的缺点”。

具体情况如图4-3-8所示。

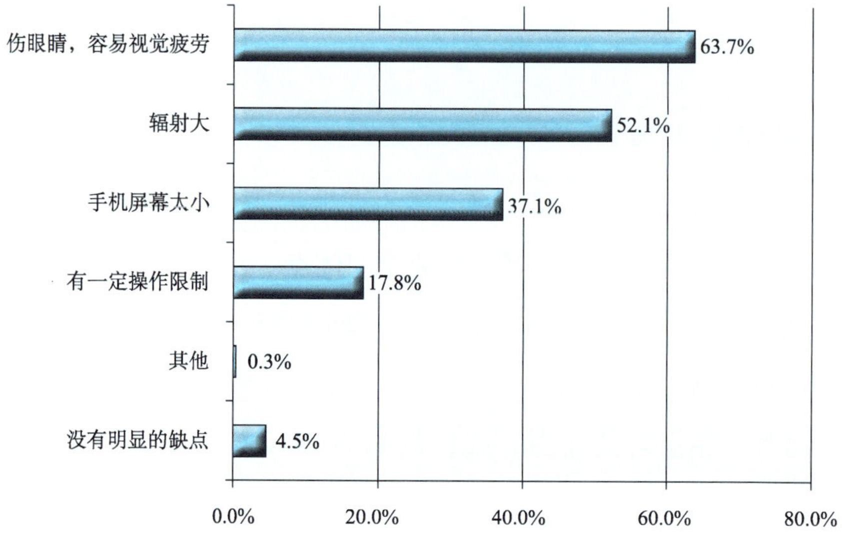

图4-3-8　14—17周岁青少年手机阅读接触者认为的手机阅读缺点

4.3.7　手机阅读小说类型

在我国14—17周岁青少年手机阅读群体中，有70.2%的青少年通过手机阅读过小说。具体看来，我国青少年手机阅读群体最喜欢的手机小说类型为“青春”类小说，其次分别为“穿越”“玄幻”“言情”“武侠”类小说。“青春”类小说的选择比例为32.8%，“穿越”类小说的选择比例为29.5%，“玄幻”类小说的选择比例为27.2%，“言情”类小说的选择比例为26.7%，“武侠”类小说的选择比例为25.9%。具体情况如图4-3-9所示。

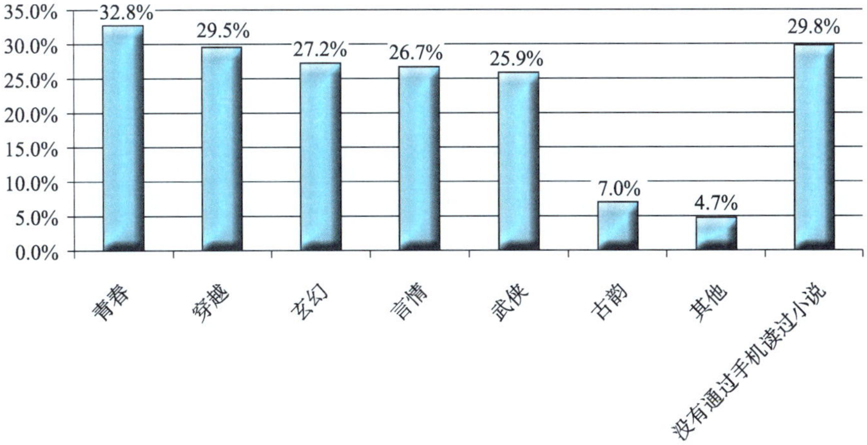

图 4-3-9　14—17 周岁青少年的手机阅读小说类型

进一步分析数据可知，男生和女生对手机阅读小说类型的偏好有所不同，女生选择“言情和青春”类手机小说的比例要高于男生，男生选择“武侠和玄幻”类手机小说的比例则要高于女生。具体情况如图 4-3-10 所示。

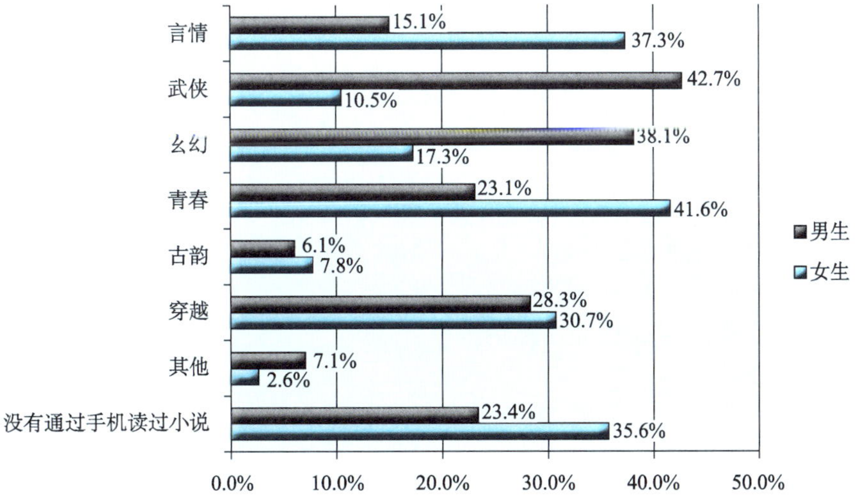

图 4-3-10　14—17 周岁青少年的手机阅读小说类型性别对比

4.3.8　手机定制服务

通过调查我们发现，有 45.9%的我国 14—17 周岁的青少年手机阅读接触者曾通过手机定制过服务或内容。“手机美化软件，如主题，桌面等”“流行的完整版小说购买”“新闻、资讯、本地新闻等”“在手机上定时弹出类似‘QQ中央弹窗’的综合性新闻窗口”和“手机报”是青少年手机阅读接触者通过手机定制的最主要的服务或内容，其选择比例分别为14.5%、14.1%、12.2%、11.0%和10.5%，均超过10.0%。其次，也有部分青少年手机阅读接触者定制过“电子版的文学杂志，如《读者》《青年文摘》等”和“流行的连载小说购买”，选择比例分别为8.6%、6.0%，均超过5.0%。

具体情况如表4-3-1所示。

表4-3-1 14—17周岁青少年手机定制服务类型

定制手机内容服务或服务	选择比例
手机美化软件，如主题，桌面等	14.5%
流行的完整版小说购买	14.1%
新闻、资讯、本地新闻等	12.2%
在手机上定时弹出类似“QQ中央弹窗”的综合性新闻窗口	11.0%
手机报	10.5%
电子版的文学杂志，如《读者》《青年文摘》等	8.6%
流行的连载小说购买	6.0%
同城的购物信息，如团购信息等	3.3%
电子版的时尚图文期刊，如《瑞丽》《时尚》等	2.7%
在手机上可以定制需要的资讯，同时也可以要求发送到你的邮箱或网盘	2.0%
从国内外，各大财经、商务当期杂志、报纸、网站上，根据你的定制需求摘选的文章	1.5%
同城的优惠短信、电子打折券等	1.3%
同城的聚会发起、活动发起、邀请信等	0.9%
都没有定制过	54.1%

4.4 青少年电子阅读器阅读消费行为分析

4.4.1 电子阅读器阅读接触率及电子阅读器拥有率

如图4-4-1所示，2013年，我国14—17周岁青少年电子阅读器阅读接触率为12.5%，比2012年的10.2%上升了2.3个百分点。

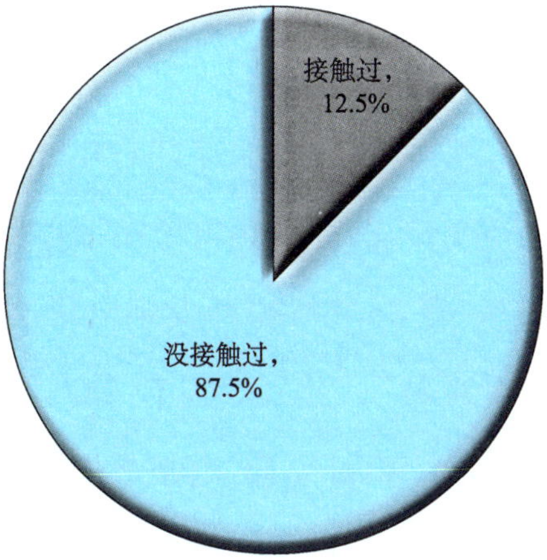

图 4-4-1 接触过电子阅读器阅读的 14—17 周岁青少年比例

在本次调查中我们还发现，2013 年，在接触过电子阅读器阅读的我国 14—17 周岁青少年中，有 39.5%的青少年表示拥有自己的电子阅读器，有 60.5%的青少年表示没有自己的阅读器。具体情况如图 4-4-2 所示。

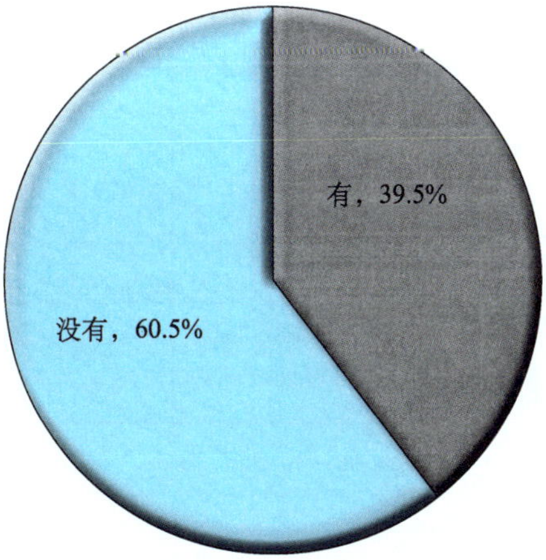

图 4-4-2 接触过电子阅读器阅读的 14—17 周岁青少年拥有电子阅读器的比例

4.4.2 电子阅读器的功能使用

2013年，在接触过电子阅读器阅读的我国14—17周岁青少年中，绝大部分青少年经常用电子阅读器“看电子书”，其选择比例为71.3%。其次，有50.4%的青少年电子阅读器阅读接触者经常用电子阅读器“听音乐”，有35.2%的青少年电子阅读器阅读接触者经常用电子阅读器“看视频”。此外，还有23.3%的青少年电子阅读器阅读接触者经常用电子阅读器“阅读自行下载的文件”，有21.9%的青少年电子阅读器阅读接触者经常用电子阅读器“看漫画”，9.0%的青少年电子阅读器阅读接触者经常用电子阅读器“看电子期刊”，3.4%的青少年电子阅读器阅读接触者经常用电子阅读器“看报纸”。

具体情况如图4-4-3所示。

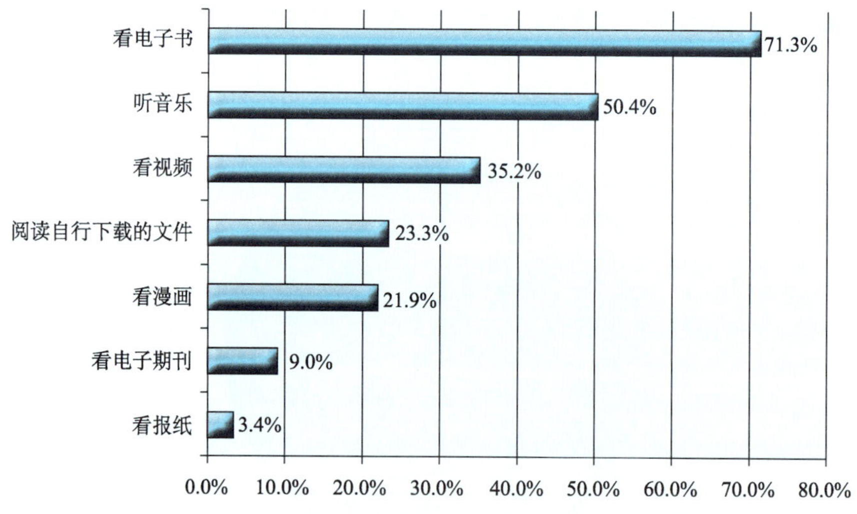

图4-4-3 14—17周岁青少年电子阅读器阅读接触者电子阅读器的功能选择

4.4.3 电子阅读器阅读花费

2013年，我国14—17周岁青少年电子阅读器接触者在电子阅读器阅读上人均花费32.45元，有51.0%的青少年电子阅读器阅读接触者对电子阅读器阅读进行了付费。具体来看，有24.7%的青少年电子阅读器阅读接触者在电子阅读器阅读上的花费不足30元，有16.6%的青少年电子阅读器阅读接触者在电子阅读器阅读上的花费在30—100元之间，还有9.7%的青少年电子阅读器阅读接触者在电子阅读器阅读上的花费在100元及以上。

具体情况如图4-4-4所示。

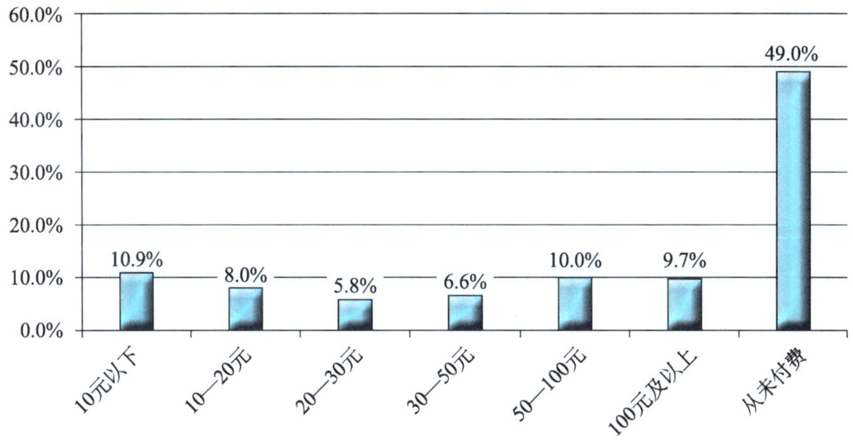

图4-4-4　青少年在电子阅读器阅读上的花费情况

4.4.4　电子阅读器阅读资源来源

如图4-4-5所示，2013年，在接触电子阅读器阅读的我国14—17周岁青少年中，“网上下载”是其所阅读电子资源的最主要来源，选择比例为62.1%；其次是“朋友间互相传送”，选择比例为17.7%。而“公共图书馆的数字阅读网站”和“电子阅读器自带电子书”的选择比例均相对不高，分别仅为11.0%和4.8%。

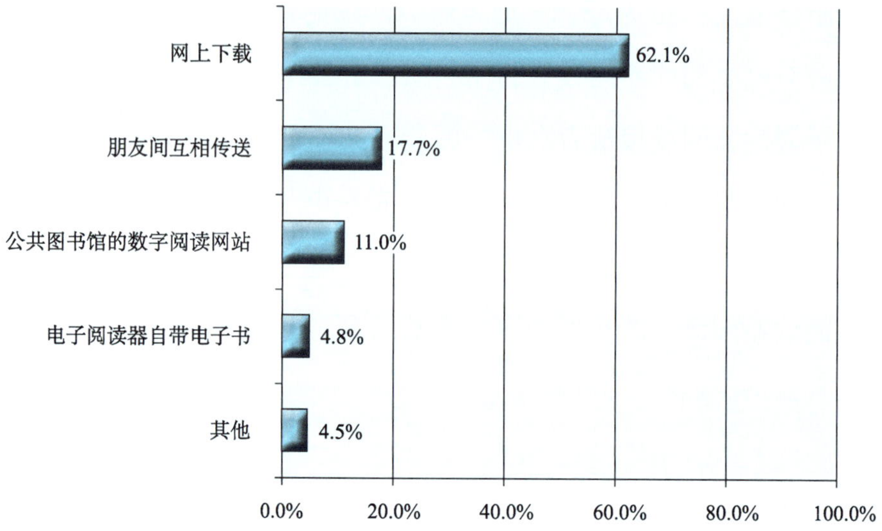

图 4-4-5　电子阅读器阅读资源来源

4.5　青少年互联网接触状况

4.5.1　上网率与上网设备

2013 年，我国 14—17 周岁青少年的上网率高达 87.7%，较 2012 年的 82.5%上升了 5.2 个百分点，较 2013 年我国成年居民（59.2%）高出 28.5 个百分点。从上网设备来看，有 76.9%的青少年用电脑上网，有 58.6%的青少年通过手机上网，有 3.7%的青少年通过 Pad（平板电脑）上网，仅有 0.9%的青少年用电子阅读器上网。由此可见，电脑依然是我国 14—17 周岁青少年最重要的上网设备。具体情况如图 4-5-1 所示。

4.5.2　上网频率

2013 年，我国 14—17 周岁青少年网民的人均上网频率为每月 16.25 次，较 2012 年的每月 16.73 次低 0.48 次。在我国 14—17 周岁青少年网民中，有 27.1%的青少年网民平均每天至少上网一次，22.3%的青少年网民平均每周上网 4—6 次，29.8%的青少年网民平

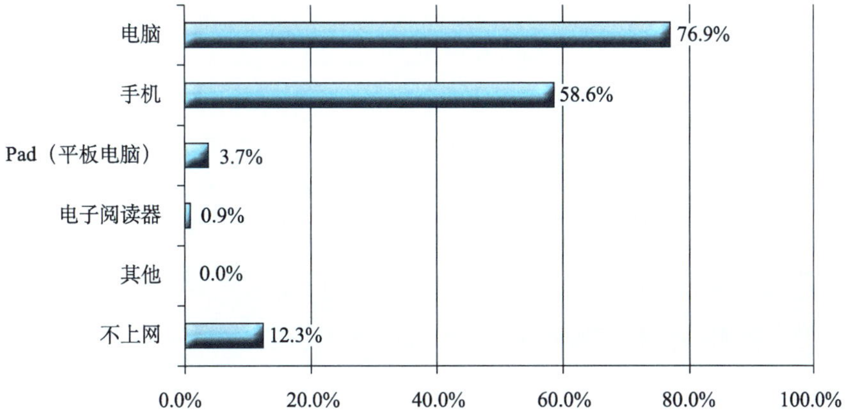

图 4-5-1　14—17 周岁青少年上网设备选择比例

均每周上网 2—3 次，还有 13.0％的青少年网民表示平均每周上网 1 次。总体来看，有 92.2％的 14—17 周岁我国青少年网民每周至少上网一次，此项比例较 2012 年的 96.3％有所下降。

具体情况如图 4-5-2 所示。

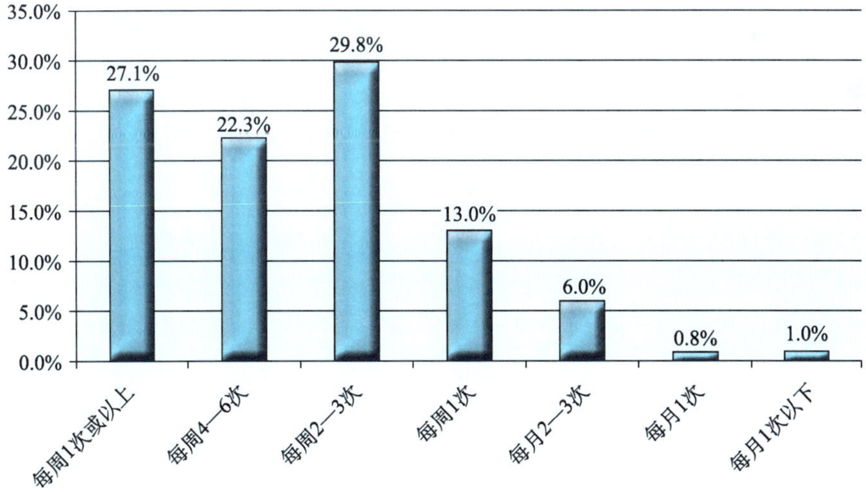

图 4-5-2　14—17 周岁青少年网民上网频率

4.5.3　上网从事的活动

调查数据显示，“网上聊天/交友”是 2013 年我国 14—17 周岁青少年网民上网时最经常进行的活动，其选择比例高达73.6%。选择“网络游戏”“在线听歌/下载歌曲和电影”“阅读新闻”“看视频”和“查询各类信息”的14—17周岁青少年网民也比较多，选择比例分别为48.0%、46.1%、40.6%、39.3%和33.6%，均高于30.0%。也有部分该年龄段青少年网民在网上“阅读网络书籍、报刊”“制作/维护个人主页/博客”“软件上传或下载”和进行“即时通讯”，选择比例分别为17.1%、14.5%、13.6%和10.3%，选择比例均超过10.0%。其余选项的选择比例则相对不高。

具体情况如图4-5-3所示。

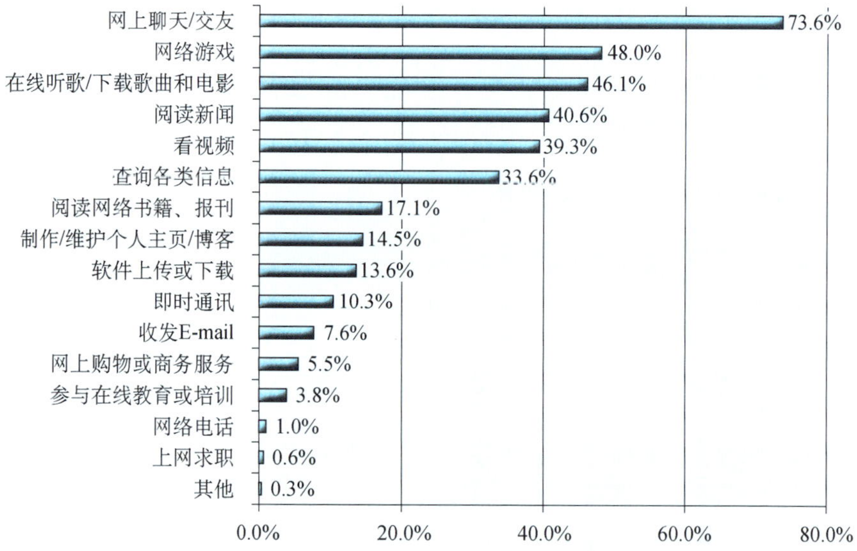

图4-5-3 14—17周岁青少年网民上网从事的主要活动

4.5.4 网上阅读行为

本次调查结果显示，我国14—17周岁青少年网络在线阅读接触者在网上从事的与阅读相关的活动首选“网上阅读新闻”，选择比例为57.3%。排在第二、三、四位的网上从事的与阅读相关活动是“搜索图书信息”“网上阅读电子书（或下载后阅读）”“检索图书内容”，选择比例分别为38.0%、34.5%和21.4%。而“网上阅读电子报”和“网上阅读电子期刊”的选择比例相对不高，分别仅为10.2%和10.6%。

具体情况如图4-5-4所示。

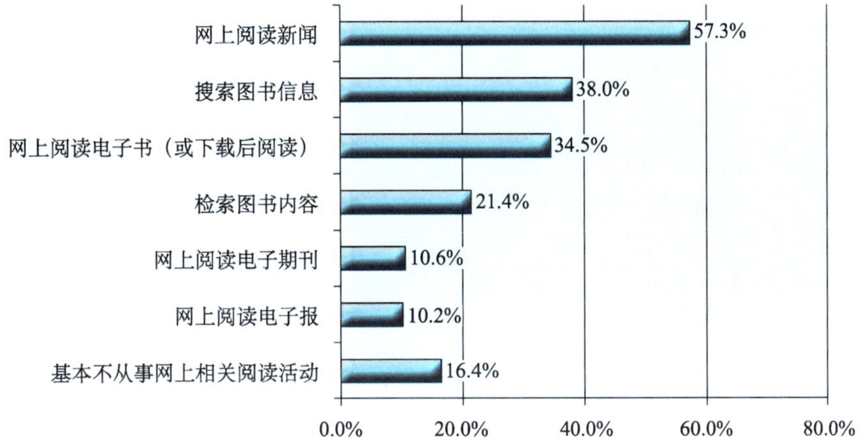

图4-5-4　14—17周岁青少年网络在线阅读接触者在网上从事的与阅读相关的活动

在选择会通过互联网“搜索图书信息”的青少年网络在线阅读接触者中，有91.0%的人表示每月至少进行一次该项活动。在选择会通过互联网“检索图书内容”的青少年网络在线阅读接触者中，有83.5%的人表示每月至少进行一次该项活动。选择会在“网上阅读新闻”的青少年网络在线阅读接触者中，有96.0%的人表示每月至少进行一次该项活动。

选择通过互联网阅读“电子期刊”“电子报”“电子书”的青少年网络在线阅读接触者中，每周至少进行一次上述活动的比例分别是50.9%、62.9%及73.0%，每月至少进行一次上述活动的比例分别则为81.6%、82.5%和91.9%。

在上述上网进行的与阅读相关的活动中，“网上阅读新闻”的频次最高，为165.83次/年；其次为“网上阅读电子书”和“网上阅读电子报”，分别为126.51次/年和118.54次/年。

具体情况如表 4-5-1 所示。

表 4-5-1　14—17 周岁青少年网民从事与阅读相关活动的频率

频次	搜索图书信息	检索图书内容	网上阅读新闻	网上阅读电子期刊	网上阅读电子报	网上阅读电子书
几乎每天	9.0%	10.4%	25.0%	5.8%	18.3%	16.3%
每周 3—4 次	20.3%	16.1%	24.4%	14.9%	14.7%	20.0%
每周 1—2 次	37.7%	39.9%	37.2%	30.2%	29.9%	36.7%
每月 1—2 次	24.0%	17.1%	9.4%	22.4%	8.2%	19.7%
2—3 个月 1 次	6.8%	10.2%	2.0%	14.4%	13.0%	2.7%
每年 2—3 次	1.8%	6.0%	1.4%	0.3%	4.5%	3.4%
每年 1 次	0.4%	0.4%	0.5%	12.0%	11.4%	1.3%
频次（次/年）	101.82	100.33	165.83	74.61	118.54	126.51

4.5.5　网络在线阅读花费

本次调查结果显示，2013 年，我国接触过网络在线阅读的 14—17 周岁青少年人均花费在网络在线阅读上的金额为 8.50 元。有 30.4%的青少年网络在线阅读接触者曾对网络在线阅读进行付费。

具体来看，有 12.4%的青少年网络在线阅读接触者付费额度在 10 元以下，付费额度在 10—50 元的青少年网络在线阅读接触者比例为 15.0%，另有 2.9%的青少年表示付费额度在 50 元及以上。具体情况如图 4-5-5 所示。

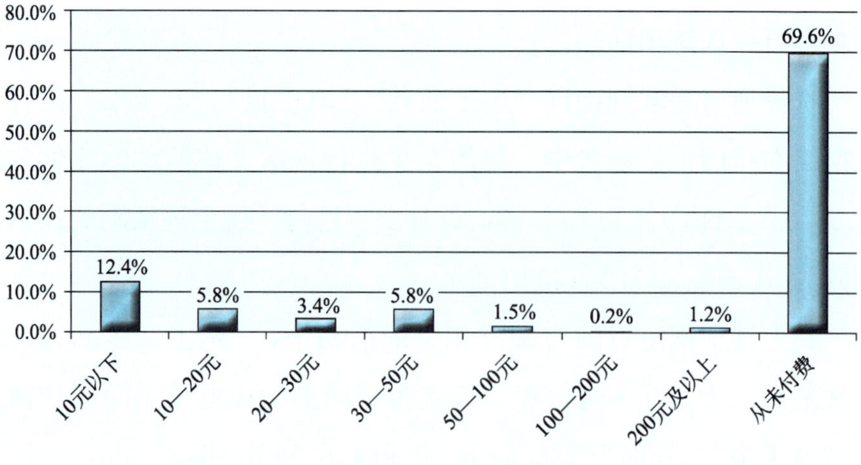

图 4-5-5　14—17 周岁青少年网络在线阅读接触者网络在线阅读花费

4.5.6 网上购买出版物情况

本次调查结果显示，有16.7%的我国14—17周岁青少年网民通过互联网购买过不同类型出版物。在通过网络购买过出版物的青少年中，绝大部分青少年都曾经购买过图书，其选择比例为85.7%；其次，表示通过网络购买过期刊的青少年比例为22.7%，通过网络购买过软件/游戏光盘的青少年比例为19.7%；而通过互联网购买过CD、VCD/DVD和盒式录音带的青少年比例则相对较低，分别仅为4.7%、2.7%和0.9%。

具体情况如图4-5-6所示。

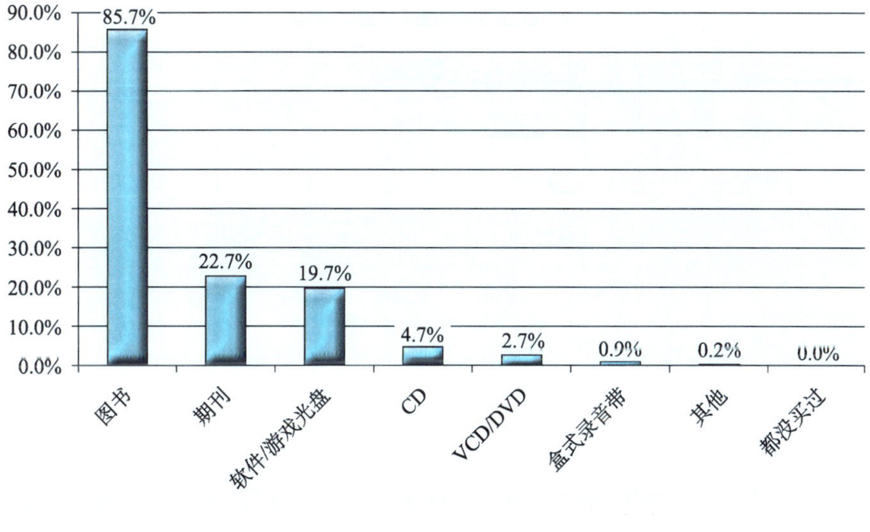

图4-5-6　14—17周岁青少年网民网上购买出版物的种类

在表示曾通过互联网购买过出版物的我国14—17周岁青少年网民中，超过五成（55.8%）的青少年选择“图书种类多”作为其在网上购买出版物的主要原因。其次，便利性也是网络购买出版物的一个巨大优势。具体来看，在表示曾通过互联网购买过出版物的青少年网民中，有46.8%的青少年表示网络购买出版物可以“送货上门”，有37.2%的青少年表示网络购买出版物可以“节省去书店的时间和费用”，有 23.3%的青少年表示通过网络购买出版物时“很容易找到需要的书”。再次，有 43.0%的青少年将“价格优惠”作为其在网上购买出版物的主要原因。除此之外，还有 10.8%的青少年表示选择在网上购买出版物的原因之一是“有丰富的信息和评论供参考”，而“提供赠品，开展活动”的选择比例相对较低，仅为 3.9%。

具体情况如图 4-5-7 所示。

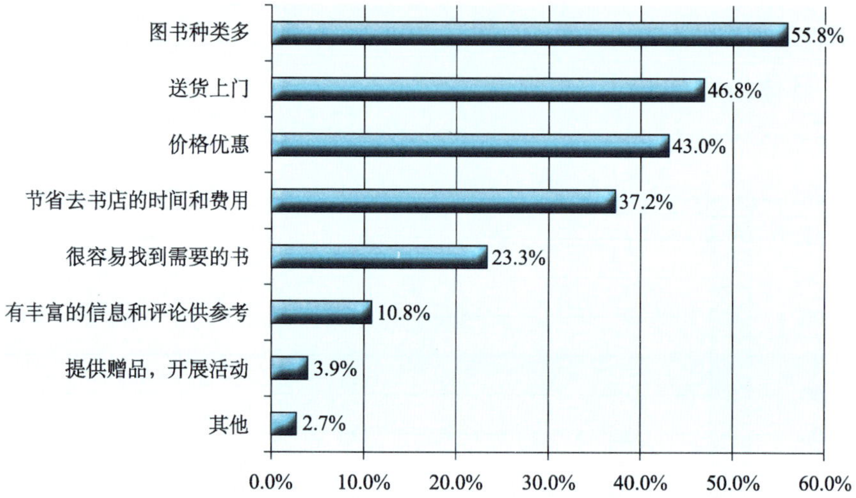

图 4-5-7　14—17 周岁青少年选择网购出版物的原因

通过对未在网上购买过出版物的 14—17 周岁青少年网民展开调查，我们发现，购物习惯、安全因素以及便捷程度是制约青少年网民网上购买出版物的三大主要因素。首先，就购物习惯来说，在没有通过互联网购买过任何出版物的青少年网民中，有 45.8%的青少年网民把“不习惯网上购物”作为不选择网上购买出版物的主要原因，是诸项原因中选择比例最高的一项。其次，就安全因素而言，有 24.4%的青少年网民因为“网上购物不安全”而不通过互联网购买出版物，有 16.5%的青少年网民因为担心“无法检验出版物质量”而不通过互联网购买出版物。此外，就便捷程度而言，有

17.8%的青少年网民因为“太麻烦/流程过于复杂”而不通过互联网购买出版物，有15.3%的青少年网民因为“付费不方便”而不通过互联网购买出版物。而“运费太高”和“交货周期太长”的选择比例相对较低，分别为4.9%和8.2%。可见网上购买出版物的物流配送服务已经逐步得到改善。

具体情况如图4-5-8所示。

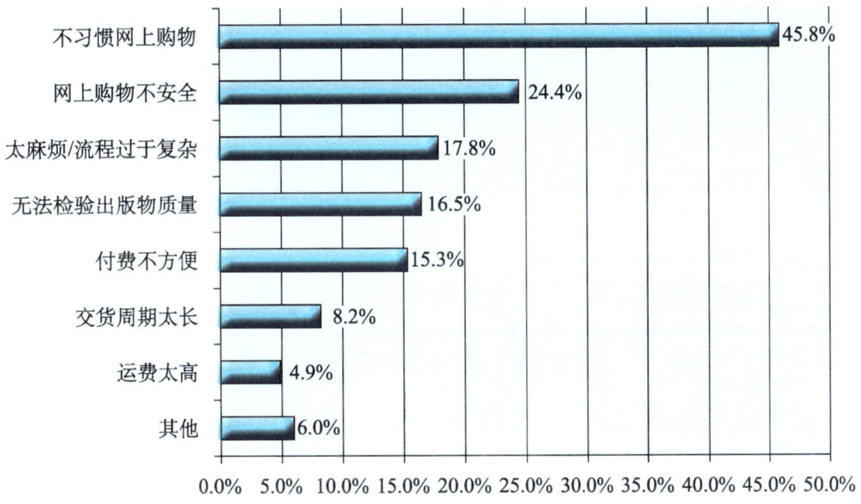

图4-5-8　14—17周岁青少年网络购买出版物的制约因素

4.6　青少年网民最喜爱的阅读网站及阅读网站知名度、市场渗透率

4.6.1　读者最喜爱的阅读网站或读书频道

我们向14—17周岁青少年中表示接触过数字化阅读方式的被访者询问他们最喜欢的三个阅读类网站，然后根据被访者提及的阅读网站频次进行排名。结果显示，在国内阅读类网站中，新浪、腾讯、百度、搜狐的读书频道最受青少年欢迎。起点中文网、红袖添香、小说阅读网、豆瓣网、天涯论坛、17K小说网等网站的提及频

次也较高，分列五至十位。

具体情况如表 4-6-1 所示。

表 4-6-1 最喜爱的阅读网站

排名	网站名称
1	新浪
2	腾讯
3	百度
4	搜狐
5	起点中文网
6	红袖添香
7	小说阅读网
8	豆瓣网
9	天涯论坛
10	17K 小说网

4.6.2 阅读网站或读书频道知名度、市场渗透率

在本次调查过程中，我们列举了 31 家较为知名的阅读网站或读书频道，请 14—17 周岁青少年被访网民选择其所知道的阅读网站或读书频道，然后再根据青少年被访网民的选择情况，对这些阅读网站或读书频道进行知名度排名。同时，我们询问青少年被访网民，在 2013 年曾在列举出的哪些阅读网站或读书频道进行过阅读，以了解其市场表现。

统计结果显示，“新浪读书”的知名度和市场渗透率分别达到 67.2%和 43.2%，均位列第一；“搜狐读书”的知名度和市场渗透率均位列第二，分别为 63.1%和 28.5%。此外，“豆瓣网”“腾讯读书频道”“天涯论坛”“起点中文网”“红袖添香”和“小说阅读网”等网站或者读书频道的知名度与市场渗透率也相对较高，排名较为靠前。

具体情况如表 4-6-2 所示。

表 4-6-2 阅读网站的知名度和市场渗透率

网站名称	知名度	市场渗透率
新浪读书	67.2%	43.2%
搜狐读书	63.1%	28.5%
中国知网	6.0%	3.0%
万方数据	3.1%	1.9%
维普网	3.0%	0.4%
爱读爱看网	6.3%	1.9%
一起看 17K	7.2%	4.2%
超星网	1.7%	1.8%
腾讯读书频道	32.6%	17.7%
龙源期刊网	1.4%	0.1%
起点中文网	24.6%	18.0%
红袖添香	23.0%	15.1%
榕树下	5.5%	2.3%
晋江原创网	5.4%	5.6%
幻剑书盟	6.2%	2.9%
豆瓣网	44.2%	14.2%
书生读吧	4.2%	0.6%
佐罗网 ZCOM	0.7%	0.0%
世纪文学网	9.0%	3.3%
飞库网	6.1%	0.3%
爱搜书	12.1%	7.5%
Xplus	0.3%	0.0%
非凡 TXT	1.4%	2.2%
书香门第	7.0%	3.3%
萌芽	5.0%	1.6%
E 书网	7.8%	4.2%
白鹿书院	5.9%	0.4%
小说阅读网	21.6%	15.9%
潇湘书院	19.8%	4.5%
逐浪玄幻小说	6.2%	2.7%
天涯论坛	30.1%	11.3%

第五章
14—17 周岁青少年音像电子出版物购买状况

5.1 青少年音像电子出版物购买渠道

2013 年，我国 14—17 周岁青少年音像电子出版物购买率为 31.7％，比 2012 年的 38.7％有所下降。其中，“书店”和“音像店”是青少年最常购买音像电子出版物的场所，有 16.2％的青少年通过“书店”购买音像电子出版物，有 14.0％的青少年选择通过“音像店”购买音像电子出版物。此外，还有 7.0％的青少年通过“商场超市”购买音像电子出版物，有 5.9％的青少年通过“街头地摊”购买音像电子出版物。而通过其他途径购买音像电子出版物的比例则相对较低，均低于 5.0％。具体情况如图 5-1-1 所示。

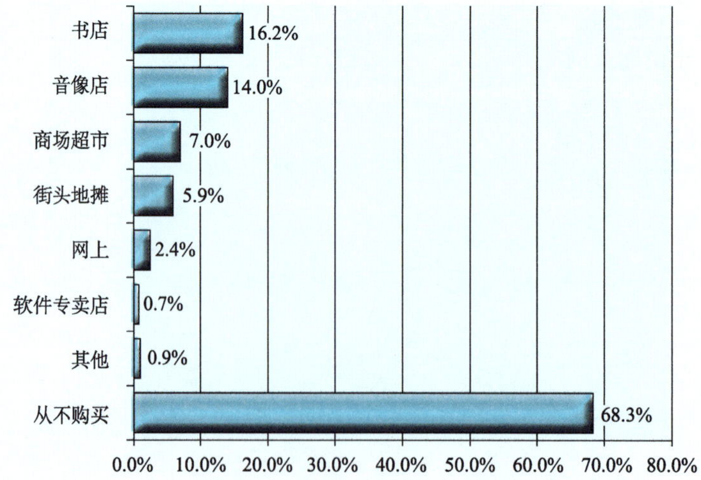

图 5-1-1　14—17 周岁青少年音像电子出版物的购买渠道

5.2 青少年音像电子出版物价格承受力

调查数据显示，我国 14—17 周岁青少年音像电子出版物购买者平均可接受的每张 CD 光盘价格为 11.76 元，平均可接受的每张 VCD/DVD 价格为 12.85 元，平均可接受的每盘盒式录音带价格为 11.22 元，平均可接受的每张 CD-ROM 价格则为 12.85 元，除 CD-ROM 外（2012 年为 15.24 元），均略高于 2012 年平均水平（CD 光盘为 11.22 元，VCD/DVD 为 11.62 元，盒式录音带为 10.95 元）。

2013 年，大部分音像电子出版物青少年购买者能够接受的音像电子出版物价格在 20 元以内。有 84.7%的音像电子出版物青少年购买者表示能接受的每张 CD 光盘价格在 20 元以内，有 79.1%的音像电子出版物青少年购买者表示能接受的每张 VCD/DVD 价格在 20 元以内，有 68.3%的音像电子出版物青少年购买者表示能接受的每盘盒式录音带价格在 20 元以内，有 50.5%的音像电子出版物青少年购买者表示能接受的每盘 CD-ROM 价格在 20 元以内。同时由于使用者减少等原因，部分青少年购买者对一些音像电子出版物价格不够了解，分别有 24.7%和 40.1%的青少年购买者表示“不清楚、不知道”盒式录音带、CD-ROM 的价格。具体情况如表 5-2-1 所示。

表 5-2-1　14—17 周岁青少年对音像电子出版物价格承受力

可接受价格	CD 光盘	VCD/DVD	盒式录音带	CD-ROM
≤10 元	40.5%	30.3%	35.7%	23.2%
11—20 元	44.2%	48.8%	32.6%	27.3%
20—30 元	6.8%	8.6%	7.0%	7.5%
≥30 元	2.3%	1.7%	0.2%	1.9%
不清楚/不知道	6.3%	10.6%	24.7%	40.1%
平均可接受价格（元）	11.76	12.85	11.22	12.85

5.3 青少年音像电子出版物价格评价

2013 年，在 14—17 周岁的青少年音像电子出版物购买者中，有38.1%的青少年购买者认为目前音像电子出版物价格“比较贵”或“非常贵”。有48.4%的青少年购买者表示当前音像电子出版物的价格“合适”。仅有13.5%的青少年购买者认为当前音像电子出版物的价格便宜（“非常便宜”或“比较便宜”）。

具体情况如图5-3-1所示。

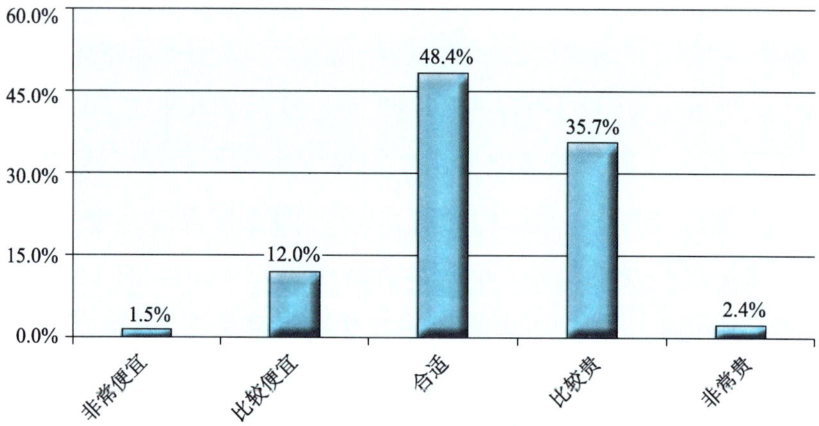

图 5-3-1　14—17 周岁青少年对音像电子出版物价格评价

第六章
14—17 周岁青少年动漫游戏接触状况

6.1 青少年动漫接触情况

6.1.1 青少年喜爱的动漫形式

2013 年，“动画片/动漫影视”是我国 14—17 周岁青少年最经常接触的动漫作品形式，其选择比例达到 56.7%。接触过“漫画书”的青少年也较多，选择比例为 50.3%。还有 44.7%的青少年表示接触过“网络游戏”形式的动漫作品，34.5%的青少年表示接触过“单机游戏”形式的动漫作品，24.6%的青少年表示接触过“漫画期刊”形式的动漫作品。此外，有 18.9%的我国青少年表示没有接触过任何形式的动漫作品。具体情况如图 6-1-1 所示。

6.1.2 青少年喜爱的动漫题材

2013 年，我国 14—17 周岁青少年动漫作品接触者最喜爱的动漫题材是“搞笑”类动漫，选择比例高达 58.1%。位列第二、三、四、五位受欢迎的动漫题材分别是“科幻”“侦探”“神话”“格斗”类，选择比例分别为 45.8%、38.2%、32.6%和 30.8%，均高于 30.0%。具体情况如图 6-1-2 所示。

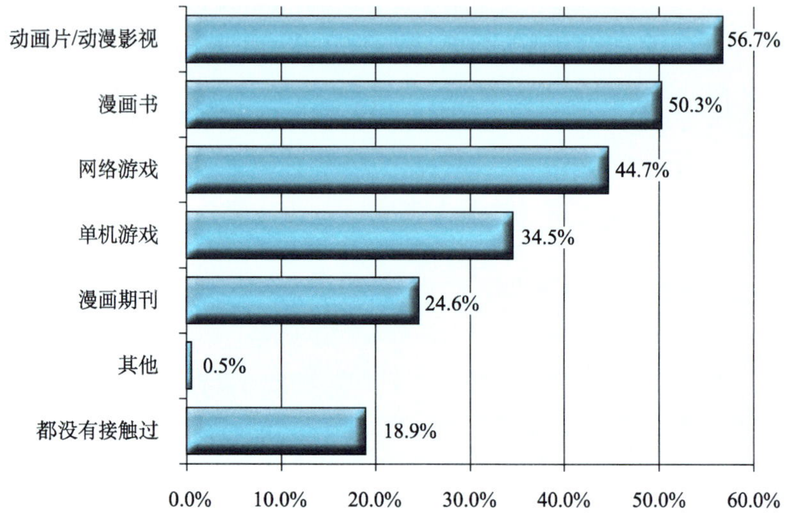

图 6-1-1　14—17 周岁青少年最喜爱的动漫形式

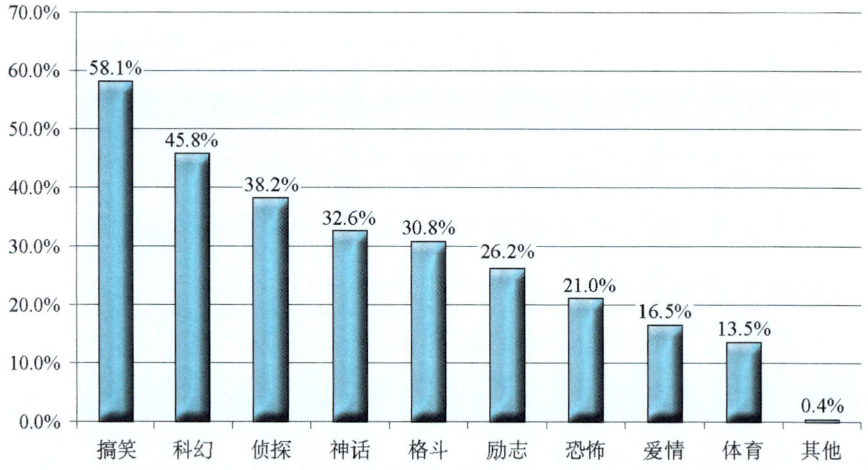

图 6-1-2　14—17 周岁青少年动漫作品接触者最喜爱的动漫题材

6.1.3　动漫产品竞争格局

14—17 周岁青少年动漫作品接触者喜欢的动漫作品来源地情况如图 6-1-3 所示。数据显示，2013 年，中国大陆动漫作品开始在中国市场占据优势，喜爱中国大陆动漫的青少年动漫作品接触者比例为 62.6％。其次，日本动漫作品依然很受欢迎，有 54.0％的青少年动漫作品接触者喜欢中国大陆的动漫作品。此外，还有27.5%的青少年动漫作品接触者喜欢美国的动漫作品，有16.7%的青少年动漫作品接触者喜欢韩国的动漫作品，有11.0%的青少年动漫作品接触者喜欢中国港台地区的动漫作品，有8.9%的青少年动漫作品接触者喜欢欧洲的动漫作品。

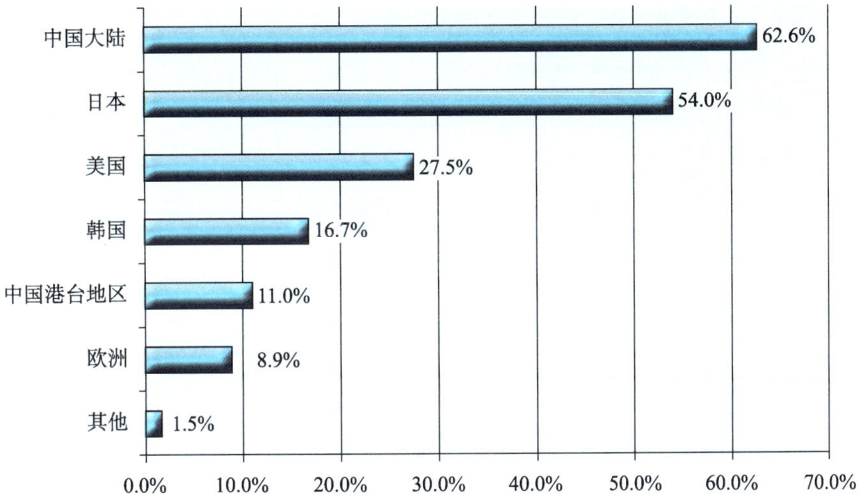

图 6-1-3　国内外动漫产品在中国市场的竞争格局

6.2　青少年电子游戏接触情况

6.2.1　喜爱的电子游戏题材

2013年，14—17周岁青少年动漫作品接触者最喜爱的单机游戏题材是“动作类”和“赛车类”，其所占比例分别为27.9%和25.5%。14—17周岁青少年动漫作品接触者最喜爱的网络游戏题材同样是“动作类”和“赛车类”，其所占比例分别为26.8%和26.3%。

具体情况如图6-2-1所示。

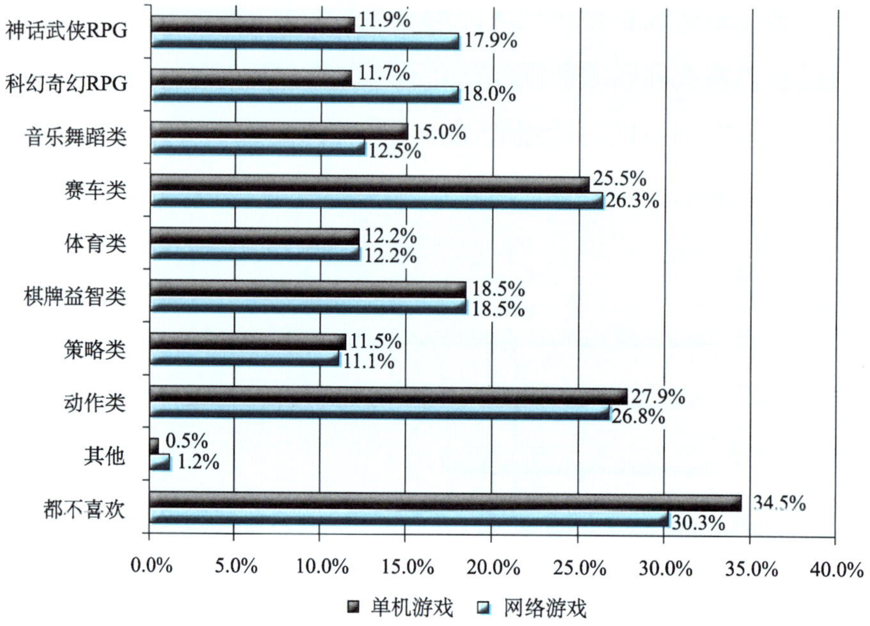

图 6-2-1　14—17 周岁青少年动漫作品接触者喜爱的电子游戏题材

6.2.2　电子游戏日均接触时长

调查中，当被问及过去一周平均每天玩单机游戏和网络游戏的时间长度时，有 53.0%的 14—17 周岁青少年表示接触过单机游戏，有 60.9%的该年龄段青少年表示接触过网络游戏。相比之下，网络游戏玩家更多一些。

2013 年，我国 14—17 周岁青少年单机游戏玩家平均每天接触单机游戏的时长为 55.41 分钟，网络游戏玩家平均每天接触网络游戏的时长为 70.75 分钟。

从单机游戏时间花费来看，有 63.5%的青少年单机游戏玩家平均每天玩单机游戏时长在 1 小时以内，每天平均花费 1—3 小时在单机游戏上的青少年玩家比例为 25.5%，还有 3.7%的青少年玩家平均每天玩单机游戏的时长超过 3 小时。

从网络游戏时间花费来看，有 52.6%的青少年网络游戏玩家平均每天玩网络游戏时长在 1 小时以内，有 35.2%的青少年玩家平均每天花费 1—3 小时在网络游戏上，还有 5.7%的青少年玩家平均每天玩网络游戏的时长超过 3 小时。

具体情况如图 6-2-2 所示。

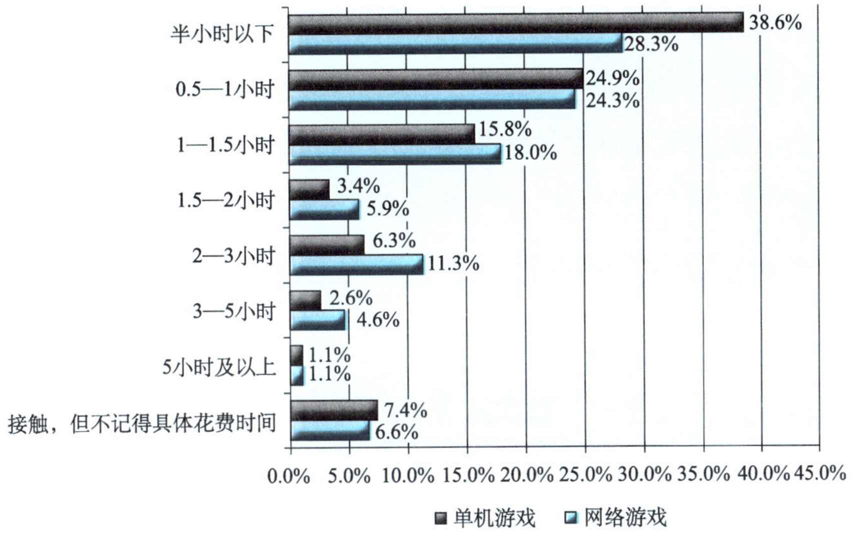

图 6-2-2　14—17 周岁青少年动漫作品接触者电子游戏日均接触时长分布

6.2.3　在电子游戏上的花费

调查数据显示，2013 年，超过七成（76.3%）的 14—17 周岁青少年单机游戏玩家表示在单机游戏上“没有花费”，超过六成（64.4%）的青少年网络游戏玩家表示在网络游戏上“没有花费”。由此我们可以看出，我国 14—17 周岁青少年单机游戏玩家和网络游戏玩家的游戏付费率分别为 23.7%、35.6%，相比之下，青少年更容易为网络游戏付费。

2013 年，我国 14—17 周岁青少年单机游戏玩家人均花费在单机游戏上的金额为 13.63 元，网络游戏玩家人均花费在网络游戏上的金额为 28.94 元。

从单机游戏方面来看，有 11.3%的青少年单机游戏玩家表示其在单机游戏上的花费在 20 元以下，有 4.2%的青少年玩家表示其在单机游戏上的花费在 20—50 元之间，有 1.6%的青少年玩家表示其在单机游戏上的花费在 50—100 元之间。还有 2.1%的青少年玩家表示其在单机游戏上的花费超过 100 元。从网络游戏来看，有 11.1%的青少年网络游戏玩家表示其在网络游戏上的花费在 20 元以下，有 6.3%的青少年玩家表示其在网络游戏上的花费在 20—50 元之间，有 5.2%的青少年玩家表示其在网络游戏上的花费在 50—100 元之间。有 7.6%的青少年玩家表示其在网络游戏上的花费超过 100 元。

具体情况如图 6-2-3 所示。

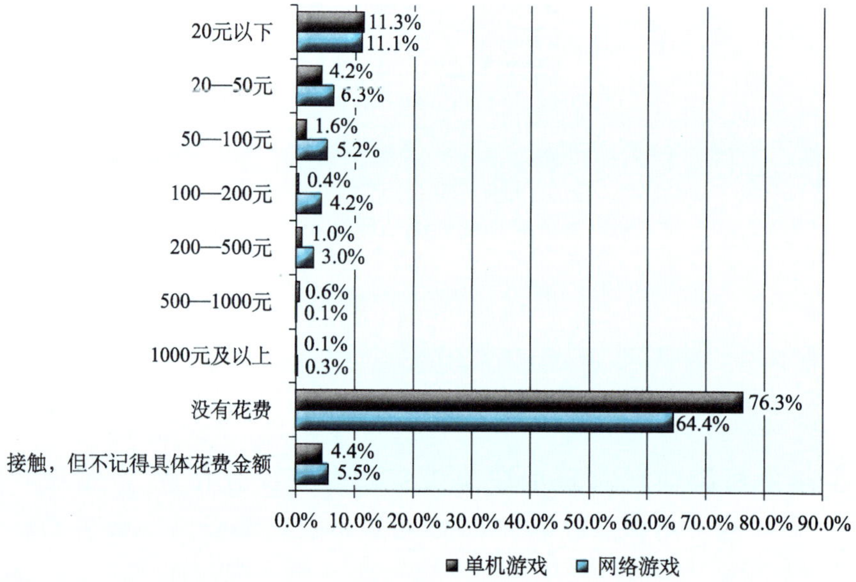

图 6-2-3　14—17 周岁青少年玩电子游戏的金额花费

第七章 14—17周岁青少年版权认知状况

7.1 青少年版权认知度

2013年，我国14—17周岁青少年的版权认知度较高，约75.2%的该年龄段青少年表示其“听说过”版权问题，略低于2012年的76.5%。从性别差异看，该年龄段男生版权认知度为78.5%，高于女生的版权认知度（71.8%）。从城乡对比看，该年龄段城镇青少年版权认知度为86.0%，而农村青少年版权认知度为62.6%，较城镇青少年低23.4个百分点。

具体情况如表7-1-1所示。

表7-1-1 不同人口特征14—17周岁青少年版权认知度

人口特征	类别	版权认知度
性别	男生	78.5%
	女生	71.8%
城乡	城镇	86.0%
	农村	62.6%

7.2 盗版出版物购买状况

7.2.1 盗版出版物购买率

调查数据显示，2013年，我国14—17周岁青少年的盗版出版物购买率为17.0%，与2012年的16.7%基本持平。具体来看，仅有1.2%的青少年表示购买的出版物均为盗版，还有15.9%的青少年表示正版盗版出版物均购买过，即至少有17.0%的青少年在2013年购买过盗版出版物。同时，在我国14—17周岁青少年中，有23.0%的青少年表示购买的出版物均为正版。另外，仍有36.1%的人表示分不清其购买的出版物是正版还是盗版。

具体情况如图7-2-1所示。

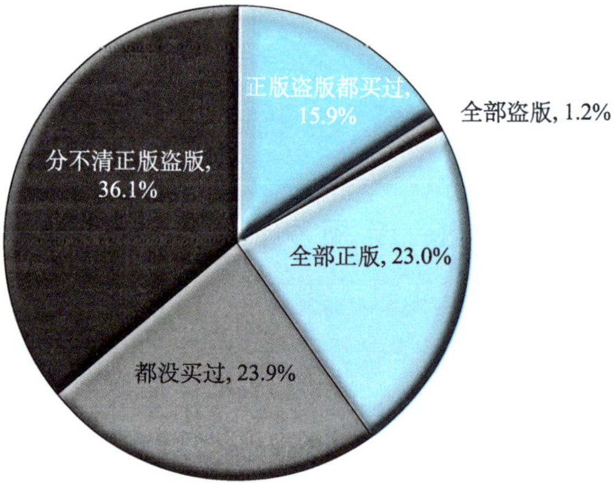

图7-2-1　14—17周岁青少年盗版出版物消费情况

7.2.2　购买盗版出版物的类型

2013年，在各种盗版出版物中，盗版“一般图书”和盗版“音像制品”是被青少年购买最多的盗版出版物。在购买过盗版出版物的我国14—17周岁青少年中，有54.6%的青少年表示曾购买过盗版“一般图书”，有32.0%的青少年表示曾经购买过盗版“教材教辅”，有17.5%的青少年表示曾经购买过盗版“音像制品”，有14.9%的人表示曾经购买过盗版“游戏软件”。此外，仅有1.9%的青少年表示曾经购买过盗版“计算机软件”。

具体情况如图 7-2-2 所示。

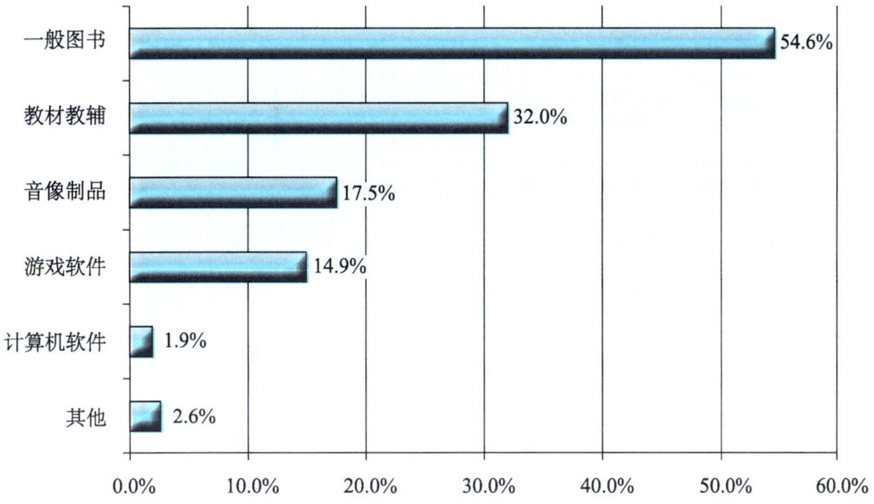

图 7-2-2　14—17 周岁青少年购买的盗版出版物类型

7.2.3　购买盗版出版物的驱动因素

调查数据显示，对 2013 年购买过盗版出版物的我国 14—17 周岁青少年而言，“价格便宜”是其购买盗版出版物的最主要原因，有超过六成（65.5%）的青少年盗版出版物购买者选择这一选项。另外，有 21.2%的青少年盗版出版物购买者表示“购买方便”是促使其购买盗版出版物的主要原因，还分别有 10.9%、2.2%的青少年盗版出版物购买者表示“品种丰富”及“内容新颖”是其购买盗版出版物的主要原因。此外，有高达 32.2%的青少年盗版出版物购买者表示“买时不知道是盗版”，有 7.5%的青少年盗版出版物购买者表示“没有正版可买”。

具体情况如图 7-2-3 所示。

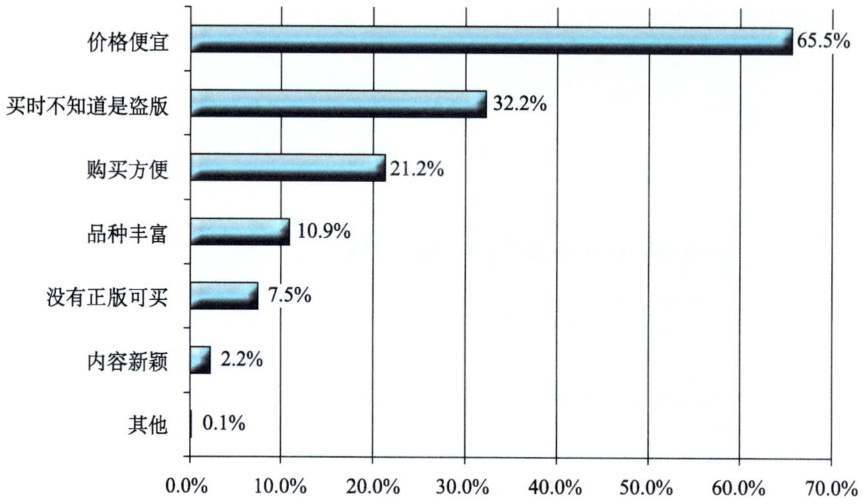

图 7-2-3　14—17 周岁青少年购买盗版出版物驱动因素

第八章
14—17 周岁青少年个人阅读评价与阅读活动参与状况

8.1 青少年个人阅读状况评价

8.1.1 对个人阅读量的评价

2013 年，我国有超过五成（50.6%）的 14—17 周岁青少年认为自己的阅读量“一般”，有 14.5%的青少年认为自己阅读量“比较多”，仅有 4.4%的青少年认为自己阅读量“很多”。还有 30.5%的青少年认为自己的阅读量“很少”或“比较少”。具体情况如图 8-1-1 所示。

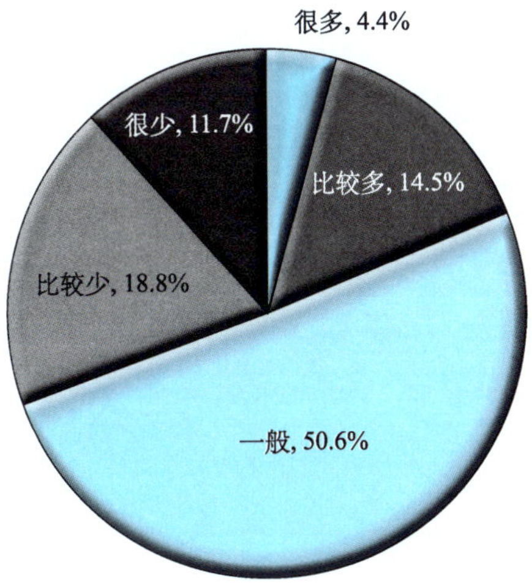

图 8-1-1　14—17 周岁青少年个人阅读量评价

8.1.2 对个人阅读满意度的评价

2013 年，我国有 28.4%的 14—17 周岁青少年对个人阅读情况表示满意（“比较满意”或“非常满意”），有 49.0%的青少年对个人阅读情况的满意度评价为“一般”，还有 22.6%的青少年对个人阅读情况表示不满意（“比较不满意”或“非常不满意”）。

具体情况如图 8-1-2 所示。

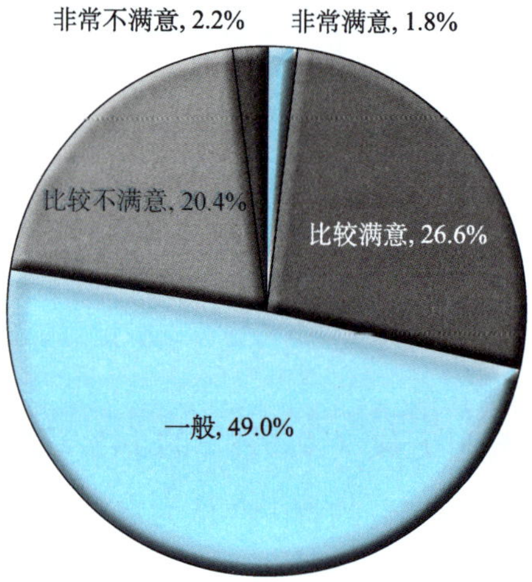

图 8-1-2 14—17 周岁青少年个人阅读情况满意度

8.1.3 对自己读书影响最大的人

调查数据显示，“老师”和“同学/朋友”是对青少年读书影响最大的人。有 36.6%的 14—17 周岁青少年表示对自己读书影响最大的人是“同学/朋友”，有 34.6%的该年龄段青少年表示对自己读书影响最大的人是“老师”，有 25.5%的该年龄段青少年表示对自己读书影响最大的人是“父母/家人”。

具体情况如图 8-1-3 所示。

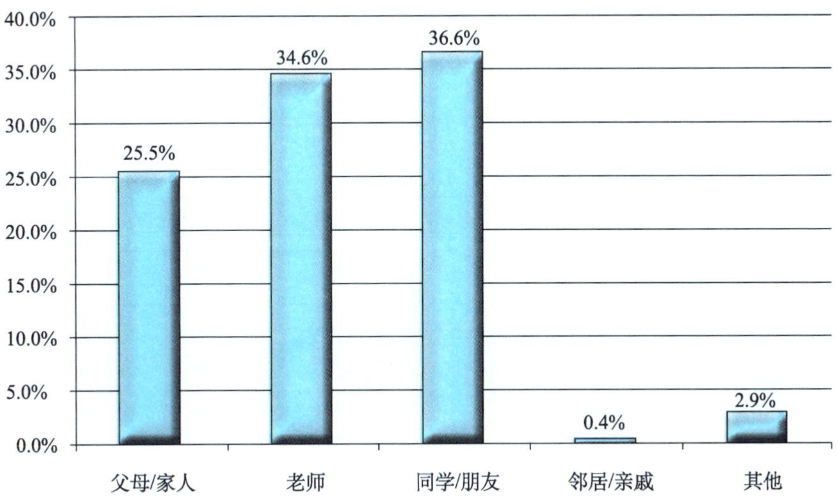

图 8-1-3　对 14—17 周岁青少年读书影响最大的人

8.2　青少年读书活动参与状况

8.2.1　读书活动/读书节知晓情况

在不提及具体读书活动的前提下，2013 年，我国有 23.6%的 14—17 周岁青少年表示周围举办过读书活动/读书节，有 62.4%的青少年明确表示周围没有举办过读书活动/读书节，另有 14.0%的青少年表示不知道周围是否举办过读书活动/读书节。具体情况如图 8-2-1 所示。

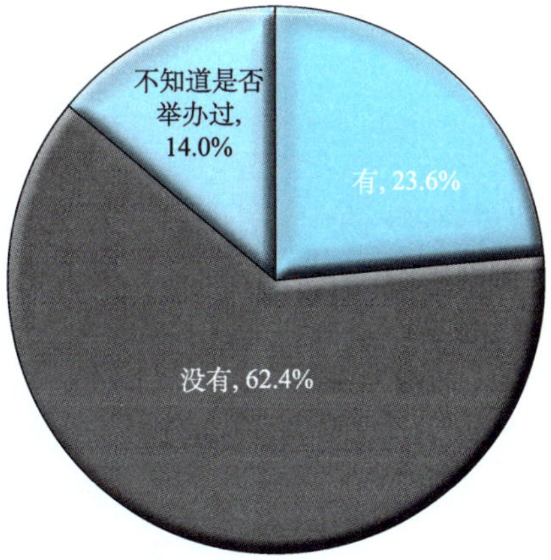

图 8-2-1　14—17 周岁青少年读书活动/读书节知晓情况

通过对城乡之间的差异进行考察发现，城镇 14—17 周岁青少年表示周围举办过读书活动/读书节的比例为 30.1%，而农村该年龄段青少年表示周围举办过读书活动/读书节的比例仅为 16.1%，较城镇青少年低 14.0 个百分点。具体情况如图 8-2-2 所示。

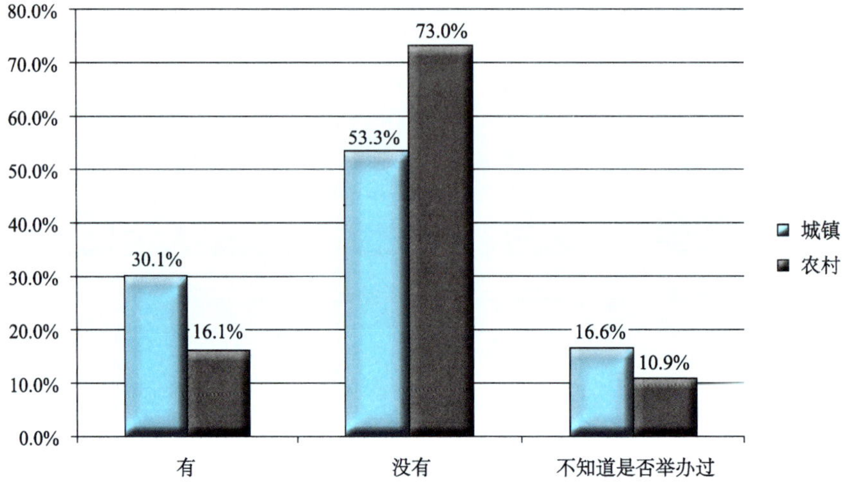

图 8-2-2　14—17 周岁青少年读书活动/读书节知晓情况的城乡差异

8.2.2　读书活动/读书节诉求情况

2013 年，有 80.7%的我国 14—17 周岁青少年认为学校或当地其他部门应当举办读书活动/读书节，对于学校或当地其他部门是否应当举办读书活动/读书节持“无所谓”态度的青少年比例为 16.2%，仅有 3.0%的青少年认为不应当举办读书活动/读书节。具体情况如图 8-2-3 所示。

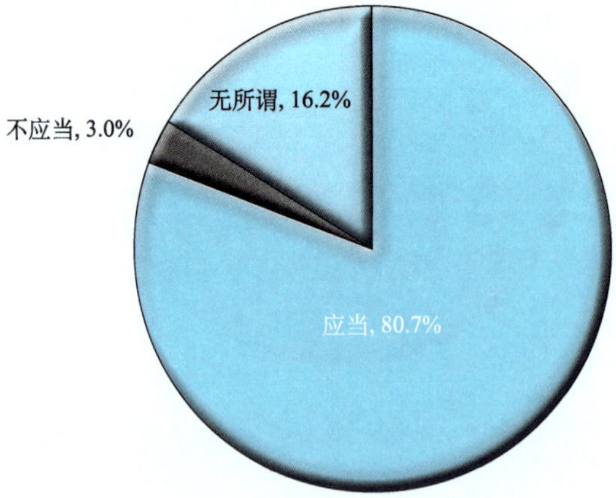

图 8-2-3　14—17 周岁青少年对是否应该举办读书活动或读书节的看法

8.2.3 读书活动参与类型

2013 年，在提及具体读书活动前提下，有 33.6%的我国 14—17 周岁青少年表示曾参加过阅读活动。具体来看，“捐书献爱心活动”“读书征文/作文或书画摄影大赛”“读书竞赛/演讲/辩论赛”的青少年参与者相对较多，在参加过阅读活动的青少年中，分别有 41.5%、41.1%和 30.5%的人参加过上述活动。此外，在参加过阅读活动的青少年中，还有 19.0%的青少年参与了“读书交流会”，有 18.5%的青少年参与了“图书展览会/特价书市”活动，有 13.6%的青少年参与了“读书讲座/作家报告会”，有 7.9%的青少年参与了“作家签名售书/新书推介”，有 4.7%的青少年参与了“晒书会/读书游园会”。具体情况如图 8-2-4 所示。

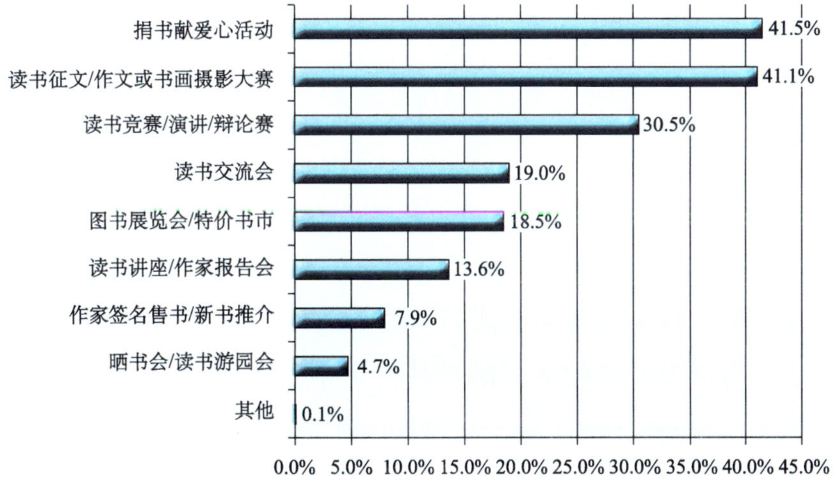

图 8-2-4 14—17 周岁青少年阅读活动的参与类型

8.2.4 参与阅读活动的原因

2013 年，我国大多数 14—17 周岁青少年阅读活动参与者表示自己参与阅读活动的主要原因是“学校组织参加”和为了“促进自己的读书学习”，其选择比例分别高达63.6%和48.7%。此外，有19.7%的青少年认为参与阅读活动是因为“有意思，好玩”，有16.7%的青少年认为参与阅读活动是为了“方便得到图书信息”，有10.9%的青少年认为参与阅读活动是为了“看书、买书优惠”，还有10.8%的青少年参与阅读活动是为了“结识朋友”。

具体情况如图8-2-5所示。

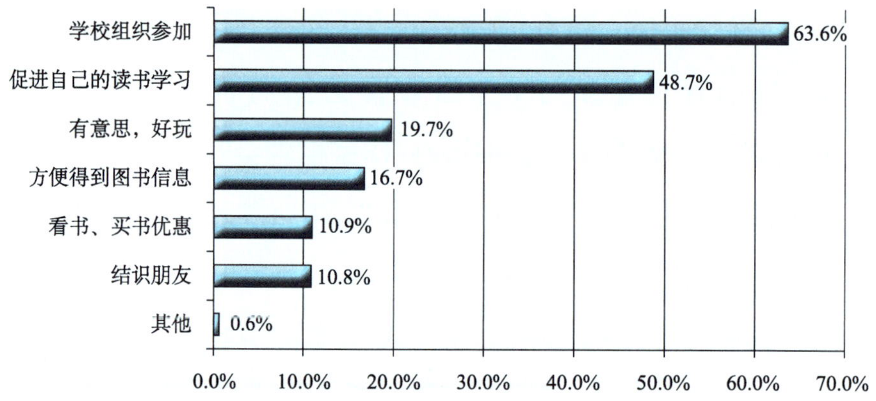

图8-2-5　14—17周岁青少年阅读活动参与者参与阅读活动的原因

8.2.5　制约青少年参与读书活动的因素

在未参加过阅读活动的我国14—17周岁青少年中，53.8%的青少年表示自己没有参加阅读活动的一个主要原因是“没见到相关活动”，30.2%的青少年认为“不感兴趣”是他们没参加阅读活动的原因，19.9%的青少年认为“没时间参加”是他们没参加阅读活动的原因，还有5.8%的青少年认为“相关活动缺乏吸引力”是他们没参加阅读活动的原因。

这说明，阅读活动主办方首先应通过各种渠道宣传阅读活动，力求提升阅读活动的知晓度。具体情况如图8-2-6所示。

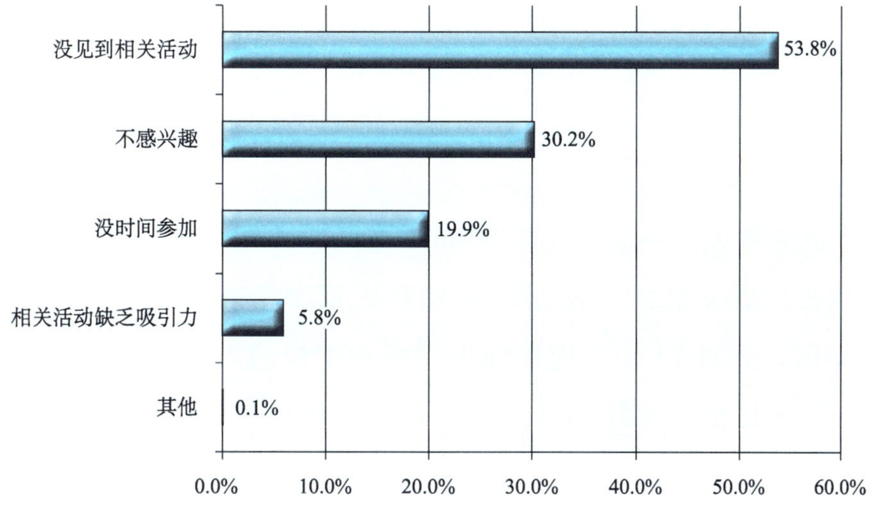

图 8-2-6　14—17 周岁青少年不参与阅读活动的原因

8.2.6　老师对青少年阅读课外书的态度

2013 年，我国有 64.8%的 14—17 周岁青少年表示，老师对他们阅读课外书的行为持赞成态度（“非常赞成”或“比较赞成”）。只有 9.7%的青少年表示，老师对他们阅读课外书的行为持反对态度（“比较反对”或“非常反对”）。另外，还有 25.4%的青少年表示，老师对他们阅读课外书持“无所谓”态度。具体情况如图 8-2-7 所示。

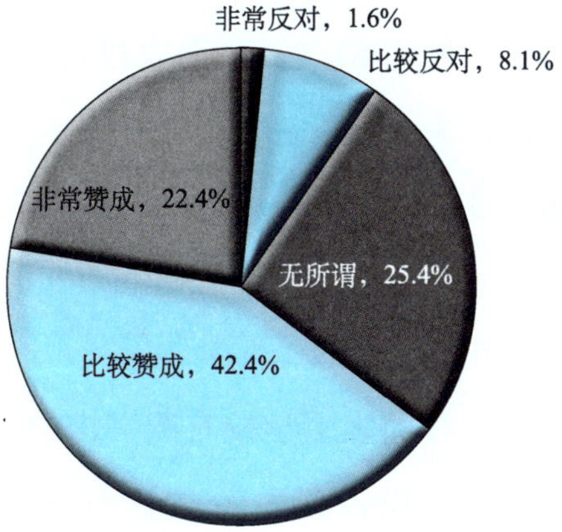

图 8-2-7　老师对 14—17 周岁青少年阅读课外书的态度

8.3 青少年校园图书馆使用情况

8.3.1 校园图书馆普及情况

调查数据显示，有77.2%的我国14—17周岁青少年表示所在学校设有图书馆，有22.8%的我国青少年表示所在学校没有图书馆，我国14—17周岁青少年所在学校的图书馆普及率相对较高。具体情况如图8-3-1所示。

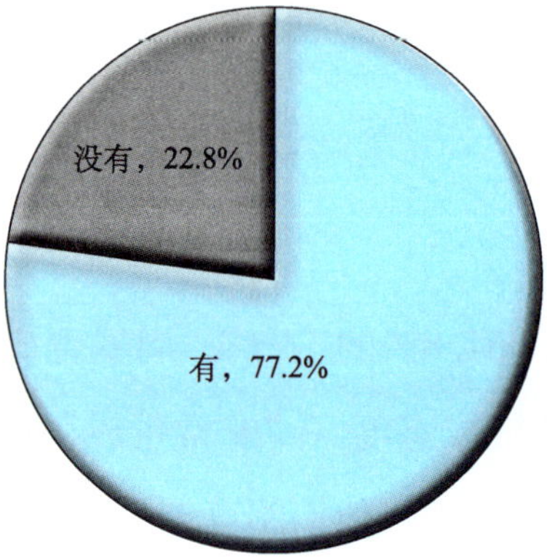

图8-3-1　14—17周岁青少年所在学校图书馆普及情况

从城乡对比来看，14—17周岁城镇青少年所在学校图书馆的普及率相对较高，其比例为81.2%，而农村青少年所在学校图书馆的普及率则相对较低，为72.1%。

具体情况如图8-3-2所示。

8.3.2 校园图书馆使用率与满意度

调查数据显示，我国表示学校有图书馆的14—17周岁青少年平均每月去3.82次图书馆。在表示学校有图书馆的青少年中，有71.7%的青少年去过学校图书馆。具体来看，29.2%的青少年每周至少去过一次学校图书馆（选择“每天都去”的比例为2.2%，选

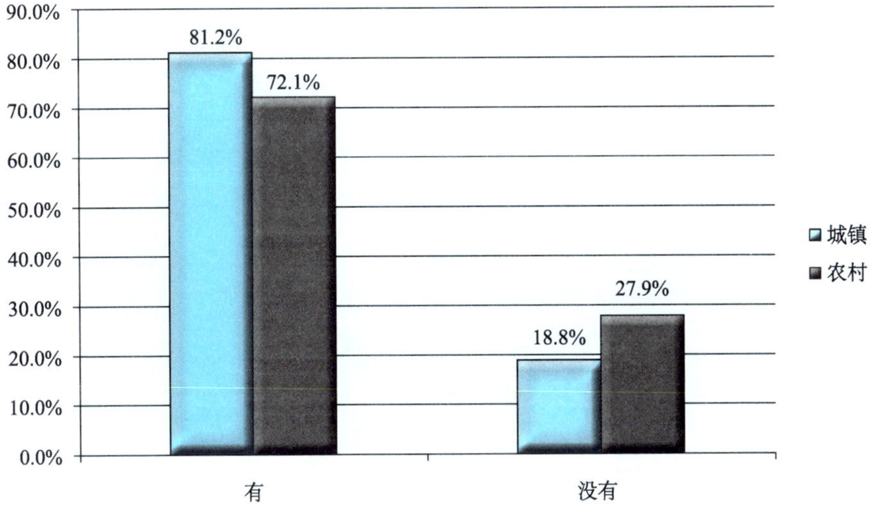

图 8-3-2　学校图书馆普及情况的城乡差异

择“每周 4—6 次”的比例为 4.1%，选择“每周 1—3 次”的比例为 22.9%)；另外，有 19.3%的青少年表示每月会去 1—3 次学校图书馆，每月去学校图书馆“不足一次”的青少年比例为 23.2%。

具体情况如图 8-3-3 所示。

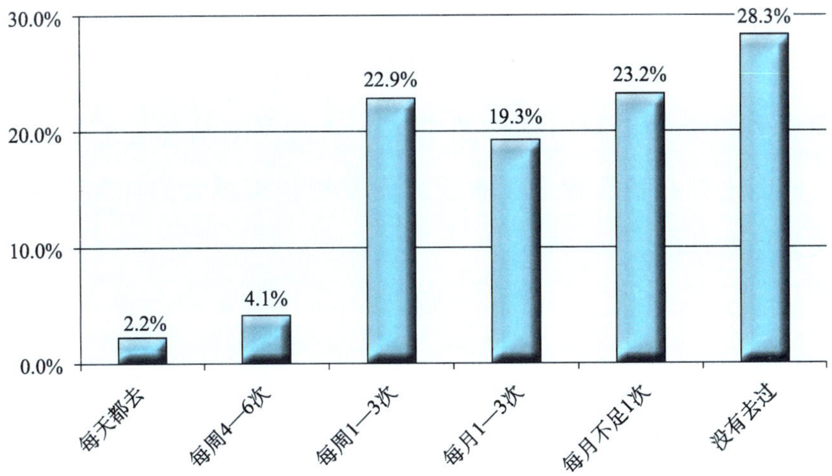

图 8-3-3　14—17 周岁青少年学校图书馆使用频率

调查数据显示，在表示学校有图书馆的我国 14—17 周岁青少年中，有 33.5%的青少年对校园图书馆表示“满意”，有 36.5%的青少年认为“一般”；而对学校图书馆“不满意”的青少年比例为 13.8%，还有 16.1%的青少年表示“没去过，不知道”。

具体情况如图 8-3-4 所示。

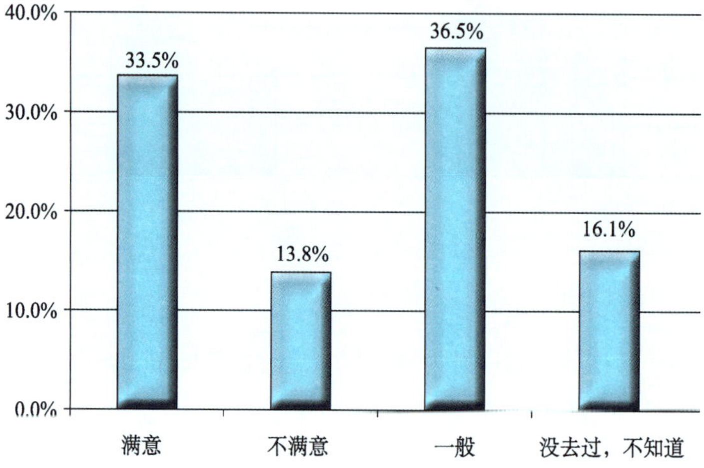

图 8-3-4　14—17 周岁青少年学校图书馆满意度

调查数据显示，中小学校图书馆对于青少年成长的作用毋庸置疑，加强校图书馆对在校青少年的阅读服务工作，提高青少年对学校图书馆的利用率和认可度，是今后学校图书馆工作的一大重心。吸引更多的青少年利用学校图书馆，从而逐渐培养他们的阅读习惯，使图书馆在培养青少年素质方面发挥越来越大的作用，是我们未来乐见的情况。

第三篇

9—13 周岁少年儿童部分

第一章
9—13 周岁少年儿童图书阅读与购买状况

1.1 少年儿童阅读状况

1.1.1 图书阅读率与图书阅读量[①]

2013 年，我国 9—13 周岁少年儿童纸质图书阅读率为 93.5%，较 2012 年的 96.5%下降了 3.0 个百分点。

从性别差异看，我国 9—13 周岁男孩图书阅读率为 95.1%，较女孩的图书阅读率（91.6%）高出 3.5 个百分点。从城乡对比看，我国 9—13 周岁城镇少年儿童图书阅读率为 97.4%，较农村少年儿童的图书阅读率（89.6%）高出 7.8 个百分点。

具体情况如表 1-1-1 所示。

表 1-1-1　不同人口特征 9—13 周岁少年儿童图书阅读率

人口特征	类别	图书阅读率
性别	男孩	95.1%
	女孩	91.6%
城乡	城镇	97.4%
	农村	89.6%

2013 年我国 9—13 周岁少年儿童人均纸质图书阅读量为 8.26 本，较 2012 年的 6.04 本增加了 2.22 本。

① 此处所指图书为除教科书和期刊外的课外图书。

从性别差异看，我国 9—13 周岁男孩图书阅读量为 7.92 本，较女孩的图书阅读量（8.68 本）少 0.76 本。从城乡对比看，我国 9—13 周岁城镇少年儿童图书阅读量为 10.60 本，较农村少年儿童的图书阅读量（5.92 本）多出 4.68 本。

具体情况如表 1-1-2 所示。

表 1-1-2　不同人口特征 9—13 周岁少年儿童图书阅读量

人口特征	类别	图书阅读量（本）
性别	男孩	7.92
	女孩	8.68
城乡	城镇	10.60
	农村	5.92

2013 年，有 40.0%的 9—13 周岁少年儿童课外书阅读量在 5 本以内，15.6%的少年儿童课外书阅读量在 6—9 本，有 23.7%的少年儿童课外书阅读量在“10 本及以上”。除此之外，还有 14.2%的少年儿童表示“读了一些，但不清楚有多少本”。具体情况如图 1-1-1 所示。

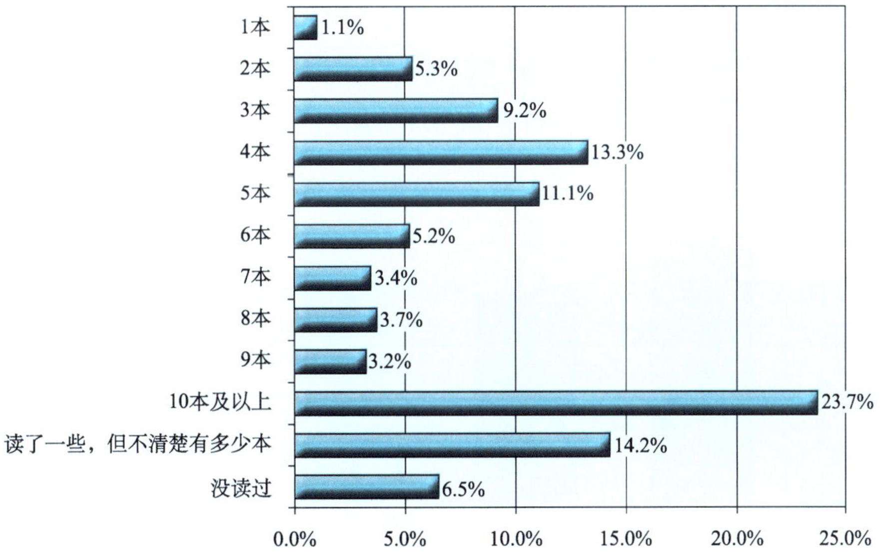

图 1-1-1　9—13 周岁少年儿童图书阅读量

1.1.2　对阅读的喜爱程度

调查数据显示，有 90.9%的我国 9—13 周岁少年儿童喜欢读书，具体来看，选择“喜欢，经常看”的少年儿童占到52.0%；选择“喜欢，但不经常看”的少年儿童比例则为38.9%。仅有8.5%的少年儿童选择“不喜欢，基本上不看”。具体情况如图1-1-2所示。

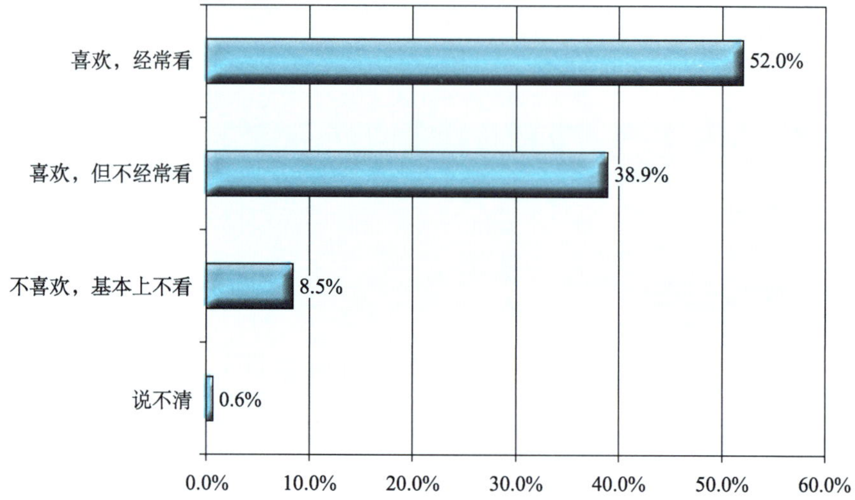

图 1-1-2　9—13 周岁少年儿童对阅读的喜爱程度

调查发现，2013年，我国9—13周岁少年儿童对阅读的喜爱程度存在一定性别差异，男孩“不喜欢”读书的比例（10.2%）要高于女孩（6.4%）。具体情况如图1-1-3所示。

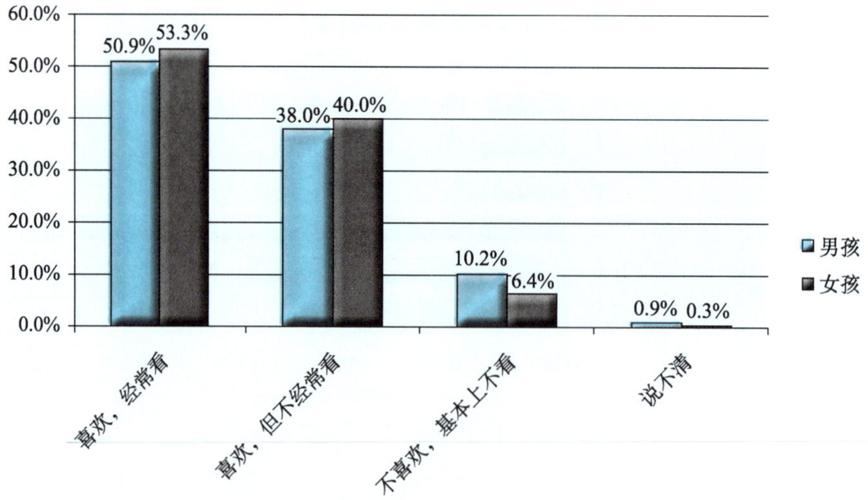

图 1-1-3　9—13 周岁少年儿童对阅读喜爱程度的性别差异

调查发现，我国 9—13 周岁少年儿童对阅读喜爱程度的城乡差异同样并不明显，城镇少年儿童“不喜欢”读书的比例（8.2%）略低于农村少年儿童（8.7%）。此外，城镇少年儿童选择“喜欢，经常看”的比例（58.2%）要高于农村少年儿童（45.8%），而农村少年儿童选择“喜欢，但不经常看”的比例（45.0%）则要高于城镇少年儿童（32.8%）。

具体情况如图 1-1-4 所示。

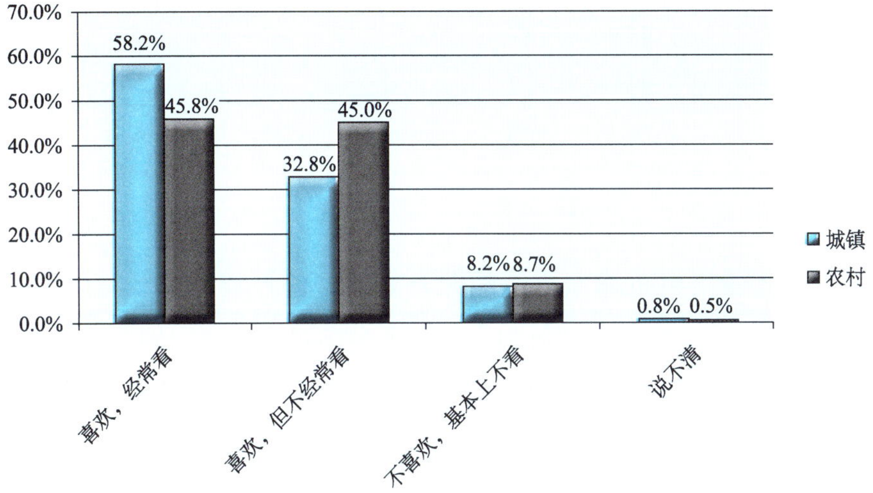

图 1-1-4　9—13 周岁少年儿童对阅读喜爱程度的城乡对比

1.1.3　喜爱的课外书类型

2013 年，对于读过课外书的我国 9—13 周岁少年儿童而言，最受欢迎的课外书是“作文精选”和“卡通漫画”，选择比例分别为 23.2%和 19.5%。喜欢“幽默故事”和“童话寓言”类课外书的少年儿童也较多，选择比例分别为 11.6%和 10.6%，均超过 10.0%。还有 8.1%的少年儿童喜欢“科普百科”类课外书，有 7.8%的少年儿童喜欢“经典名著”类课外书，有 6.4%的少年儿童喜欢“科幻神话”类课外书，有 6.2%的少年儿童喜欢“校园小说”，有 5.7%的少年儿童喜欢“历险故事”类课外书。而喜欢“古诗绘画本”的少年儿童相对较少，选择比例仅为 0.3%。具体情况如图 1-1-5 所示。

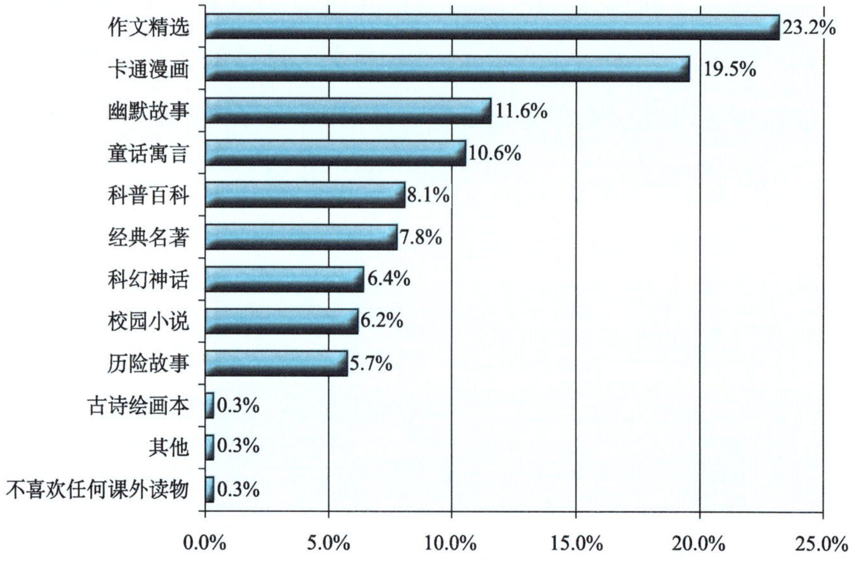

图 1-1-5　9—13 周岁少年儿童读者喜爱的课外书类型

不同性别少年儿童所喜爱的课外书类型差异较为明显，女孩选择“童话寓言”“作文精选”“校园小说”等类型课外书的比例要高于男孩，男孩选择“卡通漫画”“科普百科”等类型课外书的比例则要高于女孩。这样的阅读倾向反映出，该年龄段的男孩好奇心较强，探险意识强，女孩则偏重于文学类读物，今后要在尊重不同年龄段、不同性别少年儿童特点的基础上，引导他们进行全面阅读。具体情况如图 1-1-6 所示。

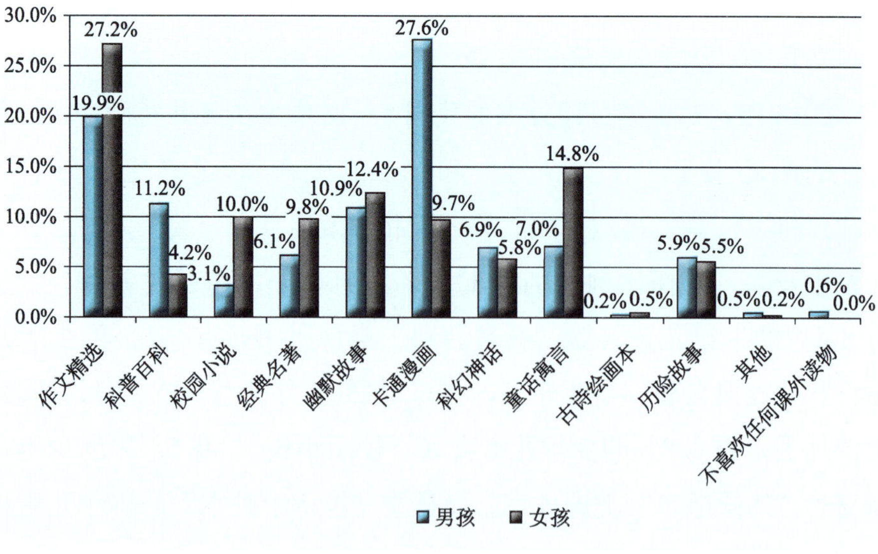

图 1-1-6　9—13 周岁少年儿童读者喜爱课外书类型的性别差异

1.1.4 阅读来源

本次调查的数据显示，在读过课外书的我国 9—13 周岁少年儿童中，有 56.4％的少年儿童表示经常阅读的图书是“爸妈买的”；其次，“自己买的”“找同学朋友借的”“到图书馆看”和“学校里发的”等选项也有一定选择比例，分别为 15.7％、12.7％、7.5％、4.2％。而“在书店看”和“在网上看”的选择比例则相对较低，分别为 2.1％和 0.6％。具体情况如图 1-1-7 所示。

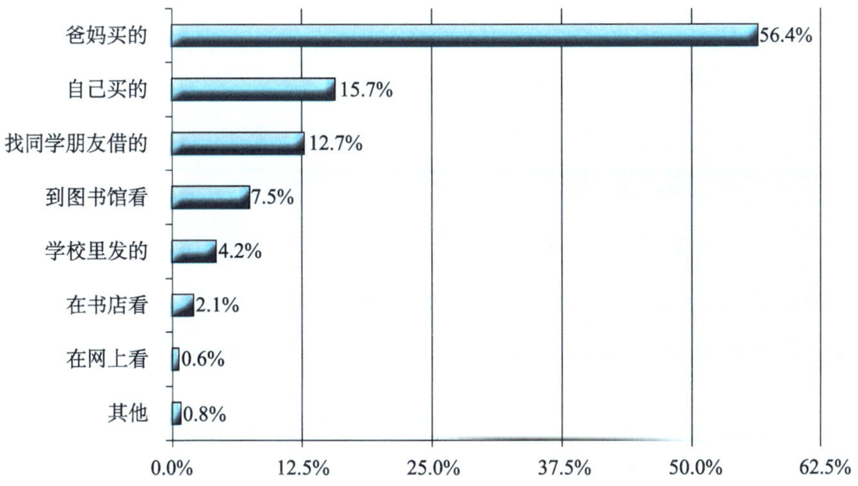

图 1-1-7　9—13 周岁少年儿童读者的阅读来源

对比城镇和农村 9—13 周岁少年儿童的阅读来源，整体趋势大致相同，均是以“爸妈买的”选择比例最高。城镇少年儿童选择“爸妈买的”（61.8％）等选项的比例高于农村少年儿童（50.6％），而农村少年儿童选择“自己买的”“找同学朋友借的”（20.7％、14.6％）等选项的比例高于城镇少年儿童（11.0％、11.0％）。

具体情况如图 1-1-8 所示。

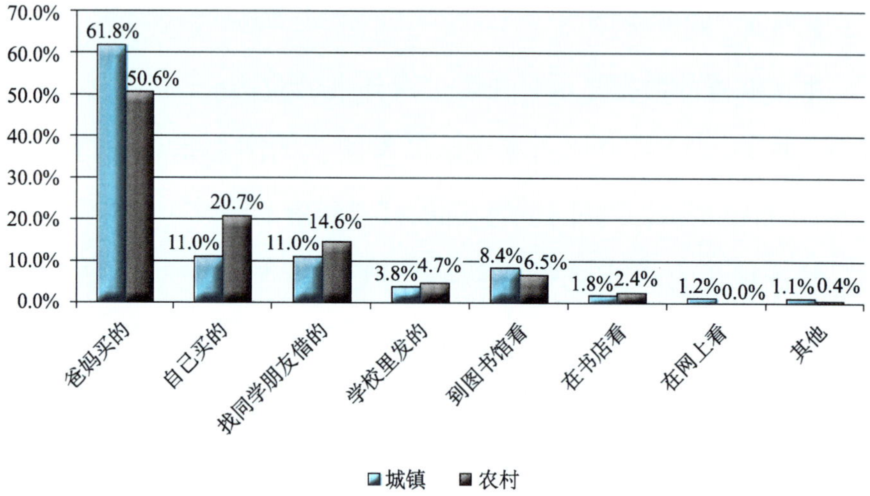

图 1-1-8　9—13 周岁少年儿童读者阅读来源的城乡对比

1.1.5　阅读时长

2013 年，读过课外书的我国 9—13 周岁少年儿童平均每天课外书阅读时长为 22.75 分钟，比 2012 年的 26.13 分钟少 3.38 分钟。其中，男孩平均每天课外书阅读时长为 22.76 分钟，与女孩（22.74 分钟）相差不大。城镇少年儿童平均每天课外书阅读时长为 25.68 分钟，较农村少年儿童（19.80 分钟）多出 5.88 分钟。

读过课外书的我国 9—13 周岁少年儿童日均课外书阅读时长主要集中在 5—60 分钟，有 13.3%的少年儿童平均每天看 5—10 分钟课外书，有 22.4%的少年儿童平均每天看 10—20 分钟课外书，有 30.9%的少年儿童平均每天看 20—30 分钟课外书，有 11.4%的少年儿童平均每天看 30—60 分钟课外书。此外，有 5.1%的少年儿童平均每天阅读课外书的时长在 1 小时及以上，仅有 5.4%的少年儿童平均每天阅读课外书的时长在 5 分钟以下。

具体情况如图 1-1-9 所示。

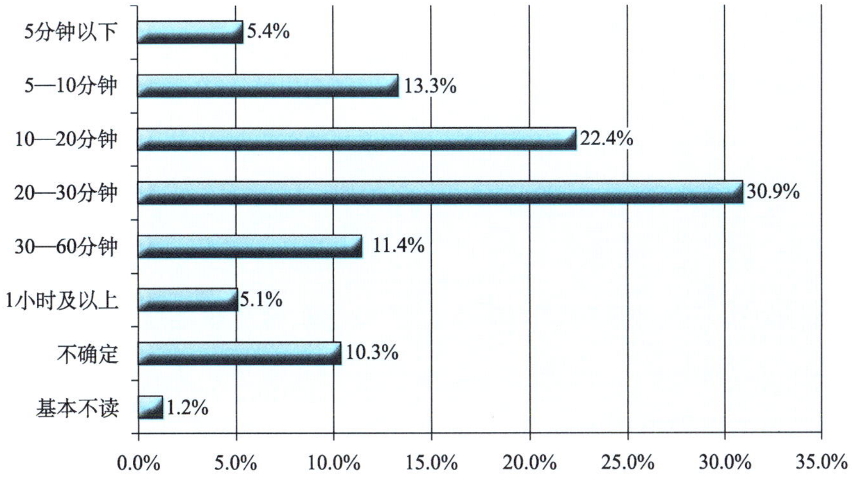

图 1-1-9　9—13 周岁少年儿童读者日均课外书阅读时长

1.1.6　阅读地点

本次调查数据显示，在读过课外书的我国 9—13 周岁少年儿童中，“家里”是他们首选的课外书阅读地点，有 68.2%的我国少年儿童主要在“家里”阅读，有 46.4%的少年儿童表示主要在“学校”阅读课外书。此外，还有 18.5%的少年儿童没有固定的课外书阅读地点。具体情况如图 1-1-10 所示。

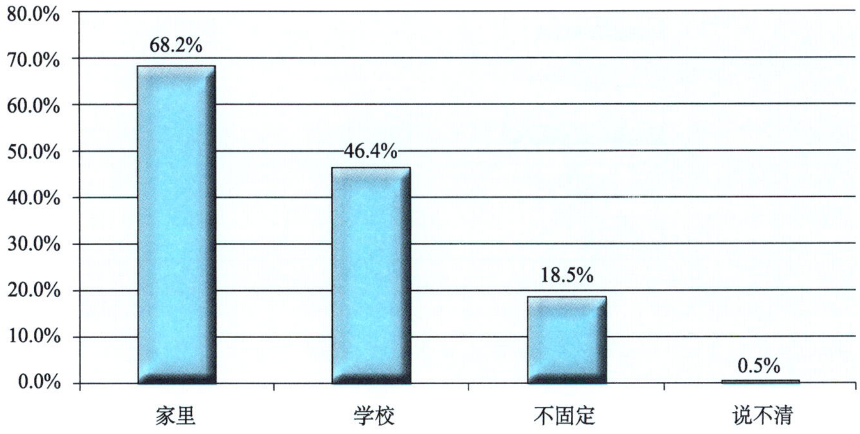

图 1-1-10　9—13 周岁少年儿童读者的课外书阅读地点

1.1.7　图书拥有量

2013 年，读过课外书的我国 9—13 周岁少年儿童人均课外书拥有量为 20.80 本。不同人口特征少年儿童群体之间的课外书拥有量存在一定差异。从性别差异看，男孩的人均课外书拥有量为 19.10 本，较女孩（22.69 本）少 3.59 本。从城乡对比看，城镇少年儿童的人均课外书拥有量为 29.03 本，远多于农村儿童的 11.98 本。

在读过课外书的我国 9—13 周岁少年儿童中，大部分（77.7%）少年儿童的课外书拥有量集中在 30 本以内，具体来看，有 22.2%的少年儿童的课外书拥有数量在 5 本以内，有 21.3%的少年儿童的课外书拥有量在 6—10 本之间，有 20.2%的少年儿童的课外书拥有数量在 11—20 本之间，有 14.0%的少年儿童的课外书拥有数量在 21—30 本之间。此外，课外书拥有数量在 31—50 本之间的少年儿童比例为 8.7%，课外书拥有量超过 50 本的少年儿童比例为 10.3%。仅有 3.3%的少年儿童表示没有属于自己的课外书。具体情况如图 1-1-11 所示。

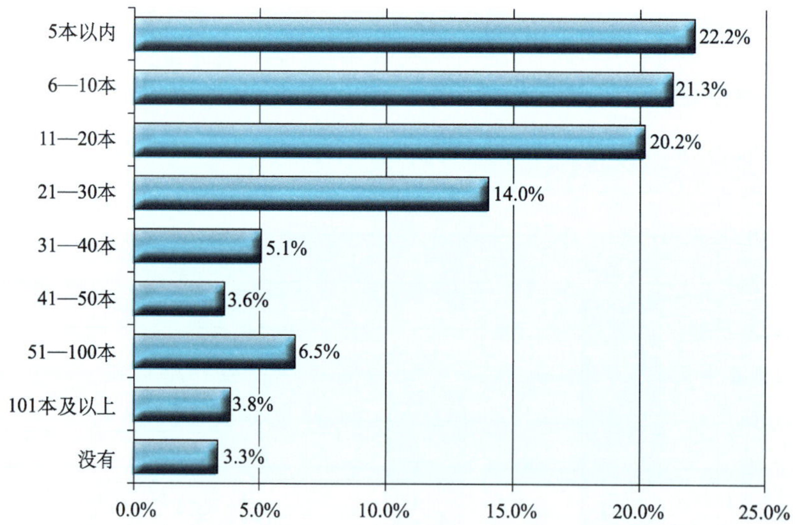

图 1-1-11　9—13 周岁少年儿童读者家中课外书拥有量

1.1.8　拥有第一本书的年龄

调查数据显示，9—13 周岁少年儿童拥有第一本书的起始年龄平均为3.21周岁。从城乡对比看，城镇少年儿童拥有第一本书的年龄相对较低，为2.74周岁；而农村少年儿童的起始阅读年龄则在3.67周岁。

超过六成（64.1%）的该年龄段少年儿童是在3周岁以前开始拥有自己的第一本书，还有22.2%的少年儿童是在4—5周岁开始拥有自己的第一本书。值得注意的是，6周岁及以上才开始拥有自己第一本书的少年儿童比例为13.7%。具体情况如图1-1-12所示。

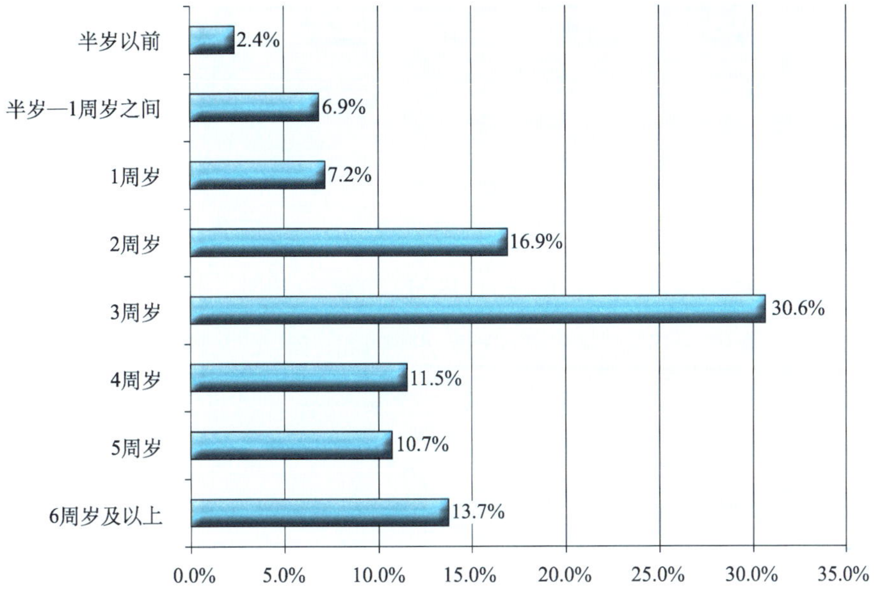

图1-1-12　9—13周岁少年儿童拥有第一本书的起始年龄

1.1.9　老师/家长对少年儿童阅读课外书的态度

本次调查显示，在读过课外书的我国9—13周岁少年儿童中，有78.3的少年儿童认为学校老师对于其阅读课外书持赞成态度（“非常赞成”或“比较赞成”）。仅有4.8%的少年儿童认为学校老师反对（“比较反对”或“非常反对”）其阅读课外书。还有10.5%的少年儿童表示学校老师对其阅读课外书持“无所谓”态度，6.4%的少年儿童表示不知道学校老师对其阅读课外书持什么态度。可见，我国大部分老师对少年儿童阅读课外书并不排斥。具体情况如图1-1-13所示。

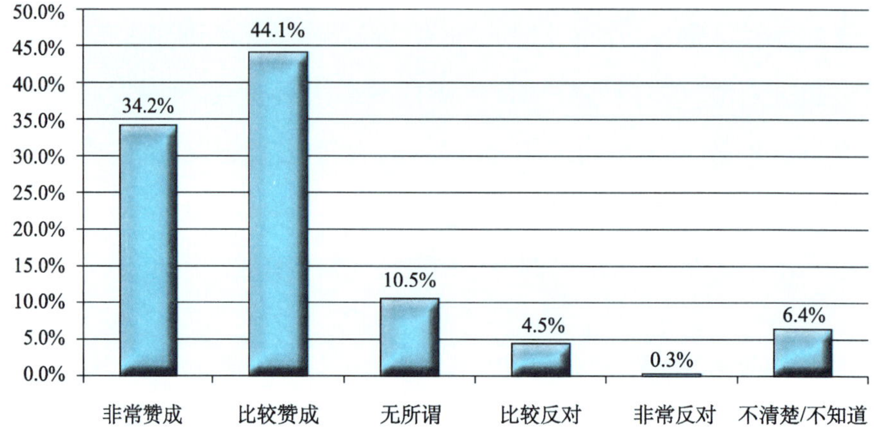

图 1-1-13　老师对 9—13 周岁少年儿童阅读课外书的态度

从城乡差异看，城镇少年儿童认为学校老师赞成其阅读课外书（“非常赞成”和“比较赞成”）的比例为 79.9%，略高于农村少年儿童认为学校老师赞成其阅读课外书的比例（76.5%）。不过，农村少年儿童认为学校老师反对其阅读课外书（“非常反对”和“比较反对”）的比例（4.4%）略低于城镇少年儿童认为学校老师反对其阅读课外书的比例（5.2%）。具体情况如图 1-1-14 所示。

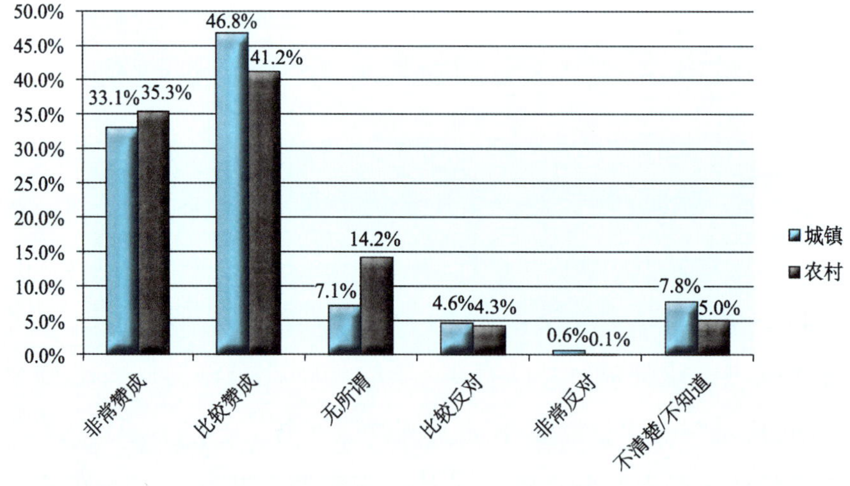

图 1-1-14　老师对 9—13 周岁少年儿童阅读课外书态度及城乡比较

本次调查结果显示，84.7%的我国 9—13 周岁少年儿童家长对孩子阅读课外书持赞成态度（“非常赞成”或“比较赞成”）。仅有

4.3%的少年儿童家长反对（“比较反对”或“非常反对”）其阅读课外书。还有11.0%的少年儿童家长对孩子阅读课外书持“无所谓”的态度。可见，我国绝大部分少年儿童家长对孩子阅读课外书并不反对。具体情况如图 1-1-15 所示。

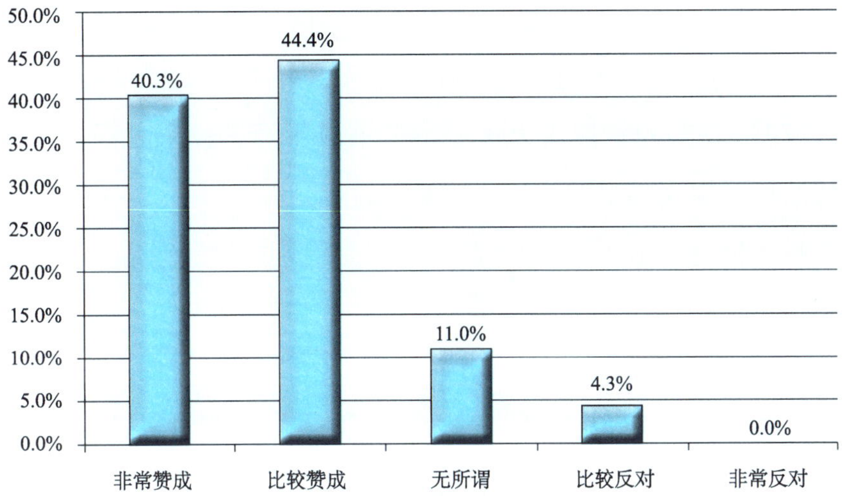

图 1-1-15　家长对 9—13 周岁少年儿童阅读课外书的态度

将城乡少年儿童家长对孩子阅读课外书的态度进行对比发现，城镇少年儿童家长赞成（“非常赞成”以及“比较赞成”）孩子阅读课外书的比例（84.8%），与农村少年儿童家长（84.6%）大体相当。具体情况如图 1-1-16 所示。

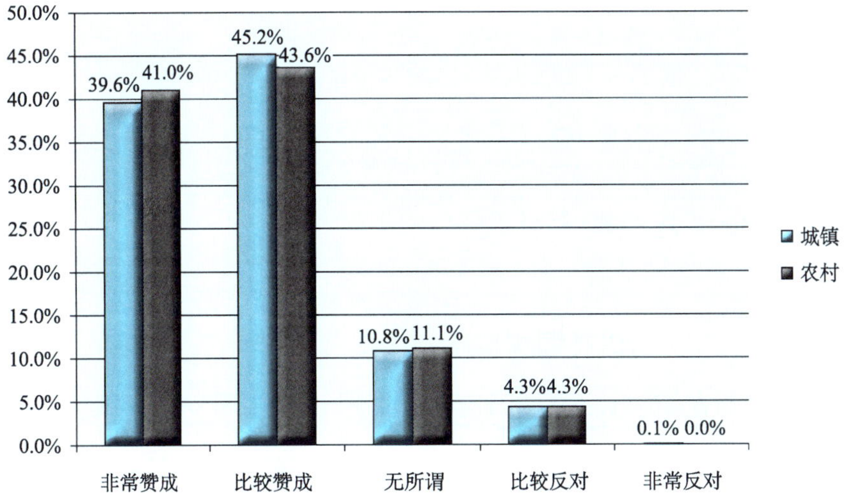

图 1-1-16　家长对 9—13 周岁少年儿童阅读课外书态度的城乡差异

1.1.10　制约少年儿童阅读的因素

调查数据显示，在我国 9—13 周岁不经常看书的少年儿童的家长中，30.1%的家长认为制约孩子读书的主要因素是“孩子不喜欢看书”，23.2%的家长认为制约孩子读书的主要因素是“没人教孩子看书”，还有 21.9%的家长认为“读课外书影响孩子学习”。此外，仅有 3.3%的家长认为孩子不读书或不经常读书是因为“没有闲钱给孩子买课外书”。

具体情况如图 1-1-17 所示。

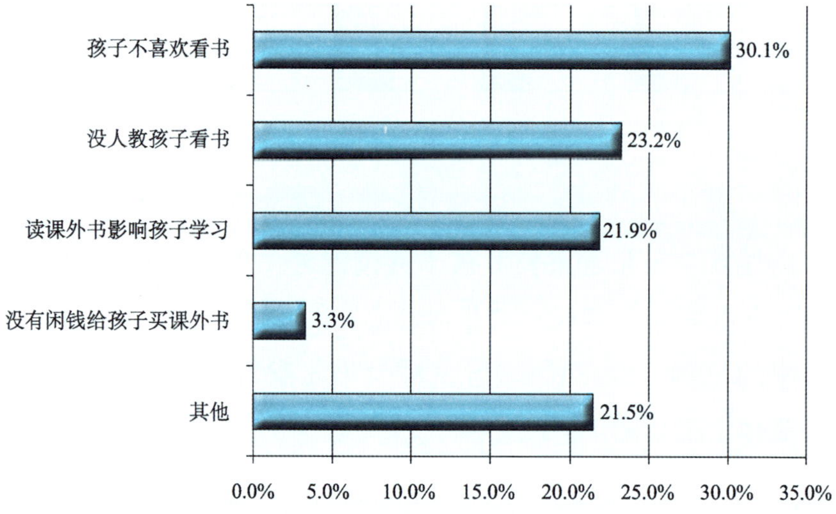

图 1-1-17　制约 9—13 周岁少年儿童阅读的因素

1.2　少年儿童购书状况

1.2.1　少儿图书购买量

本次调查结果显示，2013 年，我国 9—13 周岁少年儿童家长人均为孩子购买少儿图书 6.90 本。其中，城镇少年儿童家长人均为孩子购买少儿图书 9.55 本，较农村少年儿童家长（4.27 本）多出

5.28 本。

具体来看，购书数量在 10 本以内的家长所占比例高达 65.7%，购书数量在 11—50 本之间的家长比例为 13.2%，仅有 1.1%的家长给孩子购买的少儿图书数量超过 50 本。此外，还有 19.9%的我国少年儿童家长没给孩子买过任何少儿图书。

具体情况如图 1-2-1 所示。

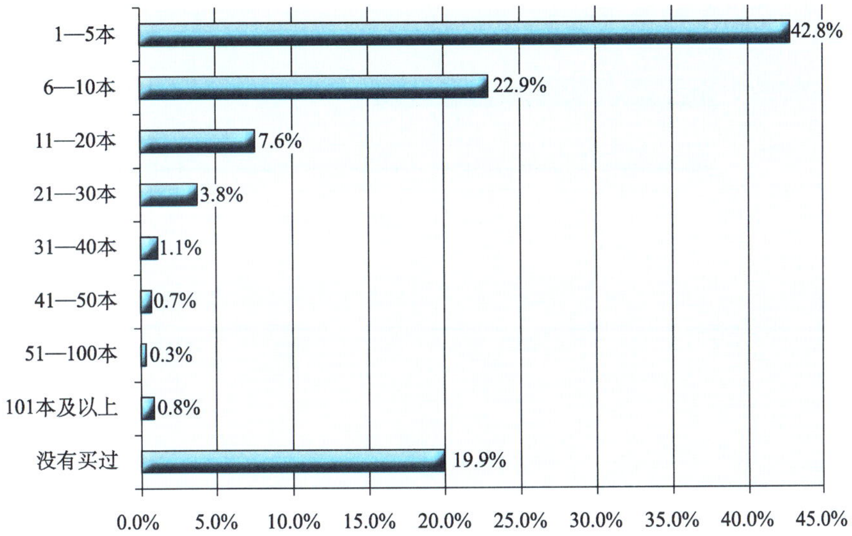

图 1-2-1　9—13 周岁少年儿童图书购买量

1.2.2　少儿图书购买金额

2013 年，曾给孩子购买过少儿图书的我国 9—13 周岁少年儿童家长人均少儿图书购买金额为 72.04 元。进一步分析可知，城镇少年儿童家长人均少儿图书购买金额为 77.80 元，较农村家长（65.99 元）多出 11.81 元。

具体来看，在过去一年曾给孩子购买过少儿图书的我国 9—13 周岁少年儿童家长中，有 31.9%的家长购书金额在 50 元以下，有 24.6%的家长购书金额在 50—100 元之间。尤其值得注意的是，有 43.5%的我国少年儿童家长为孩子购买图书的花费超过100元。

具体情况如图1-2-2所示。

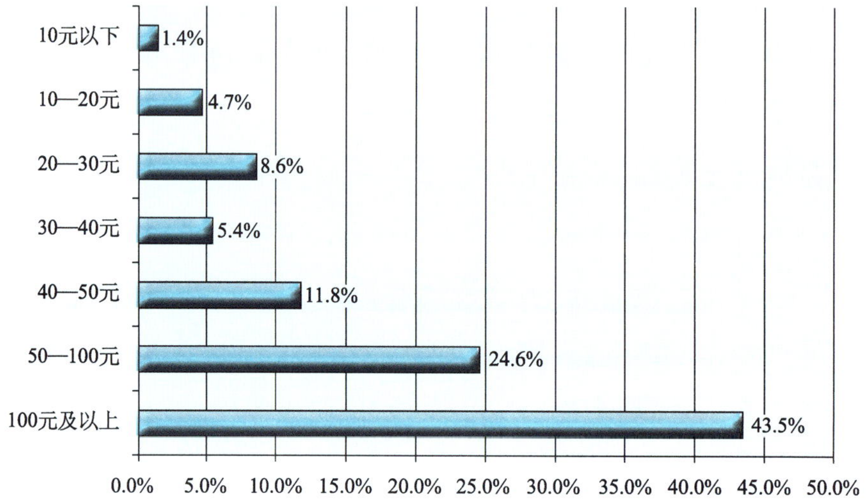

图1-2-2 9—13周岁少年儿童图书购买金额

1.2.3 家长对少儿图书的购买力

1.2.3.1 家长对少儿图书的价格承受力

调查数据显示，对于一本200页左右的少儿简装书，我国9—13周岁少年儿童家长平均能够接受的价格为15.17元。

对于购买一本200页左右的少儿简装书，超过七成（70.8%）的我国9—13周岁少年儿童家长能够接受的价格区间集中在8—30元，具体来看，24.9%的家长能承受的价格区间为8—12元，29.7%的家长能承受12—20元的价格，16.2%的家长能承受20—30元的价格。此外，有10.9%的少年儿童家长只能承受8元以下的价格，有3.4%的家长能够承受30元及以上的价格，还有14.9%的家长认为“只要喜欢，多贵都买”。

具体情况如图1-2-3所示。

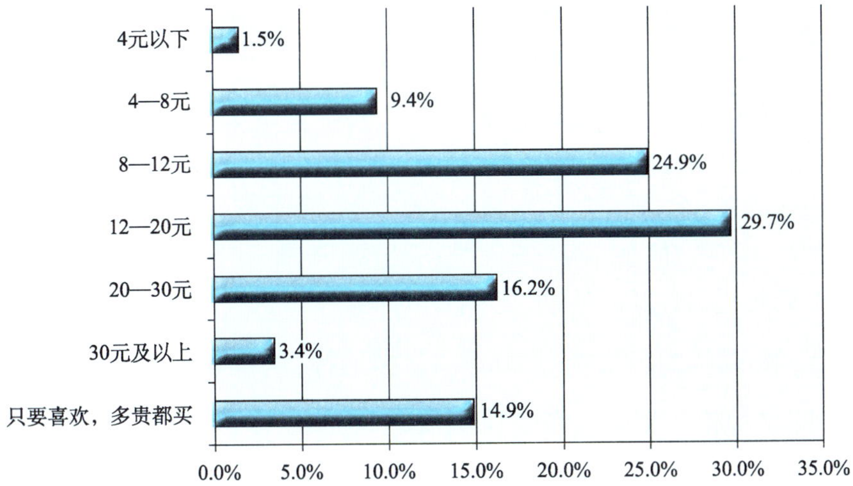

图 1-2-3　9—13 周岁少年儿童家长对少儿图书价格的承受力

1.2.3.2　家长对少儿图书价格的评价

2013 年，44.4%的我国 9—13 周岁少年儿童家长认为当前少儿图书的定价高（“比较高”或“很高”），具体看来，5.6%的家长认为目前少儿图书价格“很高”，38.8%的家长认为目前少儿图书价格“比较高”。此外，认为少儿图书价格“一般”的家长所占比例为 55.1%，仅有 0.5%的家长认为目前少儿图书的价格低（“比较低”或“很低”）。具体情况如图 1-2-4 所示。

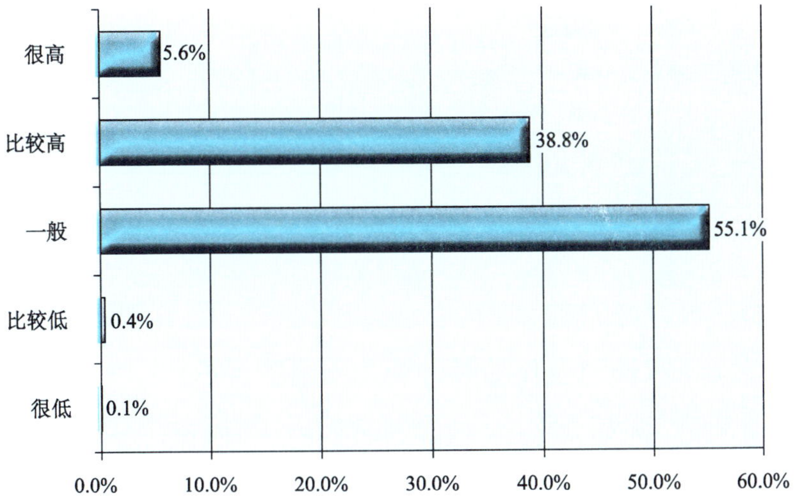

图 1-2-4　9—13 周岁少年儿童家长对少儿图书价格的评价

1.2.4 家长为孩子购书的类型

2013 年，我国 9—13 周岁少年儿童家长最常为孩子购买的图书类型是“作文精选”，选择比例为 59.5%；其次，给孩子购买“寓言童话”“经典名著”“卡通漫画”“励志故事”和“科普百科”类图书的家长也较多，选择比例分别为 33.1%、31.1%、26.8%、25.1%和 22.4%，均超过 20.0%。而选择“美术绘画音乐艺术”类图书的家长相对较少，选择比例仅为 2.6%。

具体情况如图 1-2-5 所示。

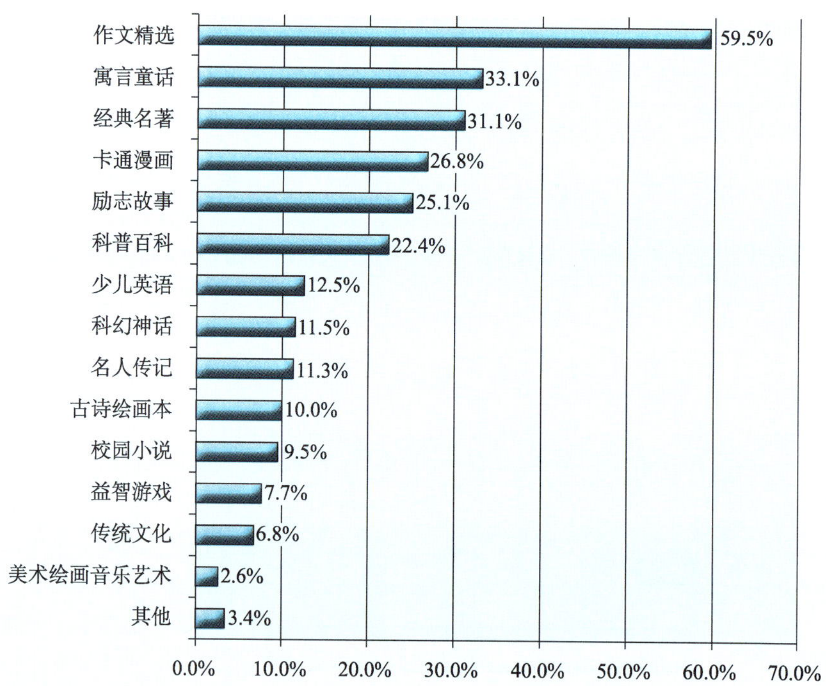

图 1-2-5　9—13 周岁少年儿童家长为孩子购买的图书类型

1.2.5 家长对少儿图书种类和质量的评价

2013 年，大部分（64.1%）我国 9—13 周岁少年儿童家长认为目前少儿图书市场上的图书种类丰富，具体来看，19.7%的家长认为种类“很丰富”，44.4%的家长认为种类“比较丰富”。另外，有29.4%的家长认为目前市场上少儿图书种类“一般”，仅有6.5%的家长认为目前市场上少儿图书种类少（“比较少”或“很少”）。

具体情况如表1-2-1所示。

表1-2-1 9—13周岁少年儿童家长对少儿图书种类的评价

评价	选择比例
很丰富	19.7%
比较丰富	44.4%
一般	29.4%
比较少	5.7%
很少	0.8%

调查显示，42.8%的我国9—13周岁少年儿童家长认为目前少儿图书市场上的图书质量高（“很高”或“比较高”），具体来看，有7.6%的家长认为少儿图书质量“很高”，35.2%的家长认为少儿图书质量“比较高”。此外，认为目前市场上少儿图书质量“一般”的家长所占比例为54.0%。还有3.2%的家长认为目前市场上少儿图书质量低（“比较低”或“很低”）。

具体情况如表1-2-2所示。

表1-2-2 9—13周岁少年儿童家长对少儿图书质量的评价

评价	选择比例
很高	7.6%
比较高	35.2%
一般	54.0%
比较低	2.8%
很低	0.4%

1.2.6 购书渠道

调查数据显示，在过去一年曾给孩子购买过少儿图书的我国9—13周岁少年儿童家长中，大部分家长主要在实体书店给孩子购书。经常在“新华书店”购书的比例最高，达到76.1%。

不少家长也经常会在“私营书店”给孩子选购图书，选择比例为42.1%。还有14.0%的家长会在“超市商场”给孩子选购图书，9.0%的家长会在“街头书摊”给孩子选购图书。此外，除了实体书店，有9.0%的我国9—13周岁少年儿童家长经常在“网上书店”给孩子买书，而其他渠道的选择比例则相对较低，均低于5.0%。

具体情况如图1-2-6所示。

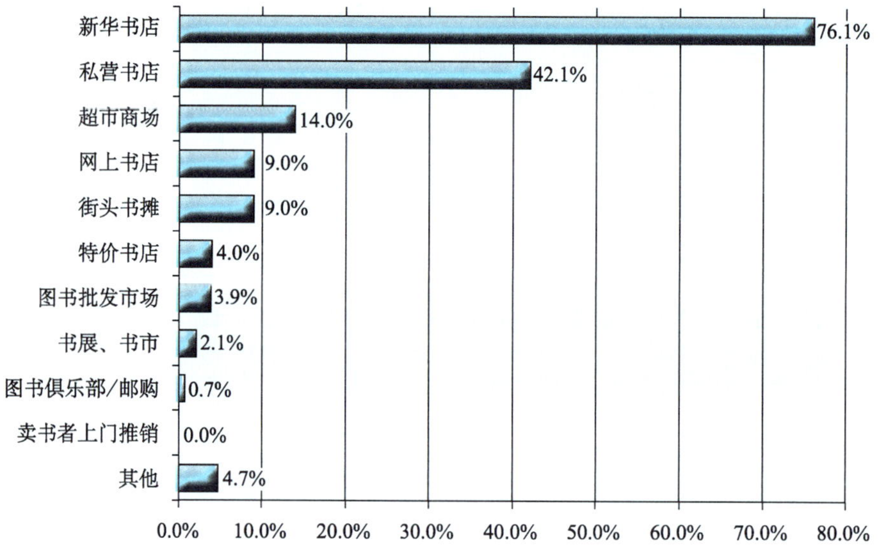

图1-2-6　购书少年儿童家长图书购买渠道

1.2.7　影响家长购书渠道选择的因素

我国9—13周岁少年儿童家长在选择购书渠道时，“图书种类多”是其最主要的考虑因素，在过去一年购买过少儿图书的我国9—13周岁少年儿童家长中，有64.2%的家长选择了此项。便利性、购书距离、信息丰富程度、价格和店内环境也是我国少年儿童家长选择购书渠道的重要因素，在过去一年购买过少儿图书的我国9—13周岁少年儿童家长中，有37.9%的家长认为“很容易找到需要的书”是其选择购书渠道的一个主要原因，有 31.3%的家长认为“离得较近”是其选择购书渠道的一个主要原因，有 18.2%的家长认为“图书信息丰富”是其选择购书渠道的一个主要原因，有 17.2%的家长认为“价格折扣”是其选择购书渠道的一个主要原因，有 16.2%的家长认为“店内环境好，设施齐全”是其选择购书渠道的一个主要原因。

具体情况如图 1-2-7 所示。

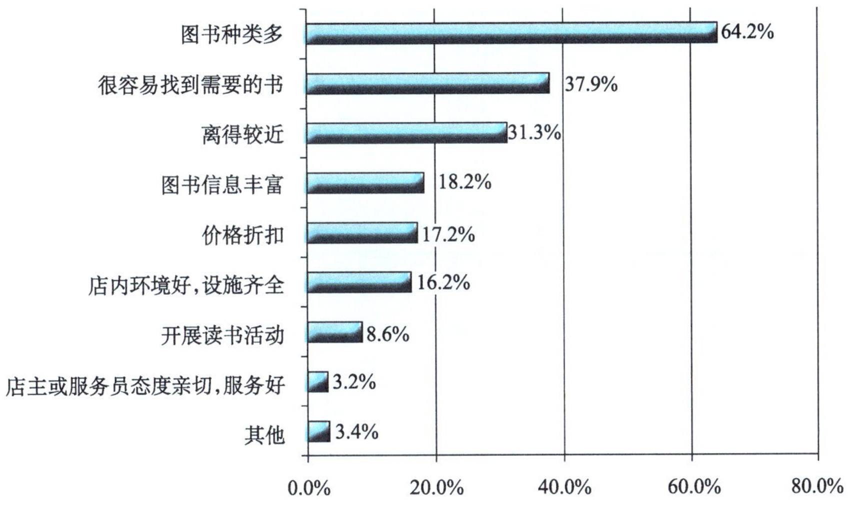

图 1-2-7　购书少年儿童家长购书渠道的选择因素

1.2.8　购书距离

调查数据显示，我国 9—13 周岁少年儿童家长平均在 3.52 公里内可找到购书点，即离家最近购书点的平均距离为 3.52 公里。目前城乡之间的图书购买点分布密度存在一定差异。城镇中各类图书购买点较多，分布较为紧密，城镇少年儿童家长平均在 2.16 公里内可找到购书点。而农村的图书购买点分布则相对零散，农村少年儿童家长平均在 4.83 公里内才能找到购书点。

有超过五成（53.2%）的我国 9—13 周岁少年儿童家长表示离家最近的购书点在 3 公里以内。有 42.7%的家长表示离家最近的购书点在 3 公里及以上。特别值得注意的是，有 8.7%的家长表示离家最近购书点在 10 公里及以上。还有 4.0%的少年儿童家长对这一距离表示“不清楚/不知道”。

具体情况如图 1-2-8 所示。

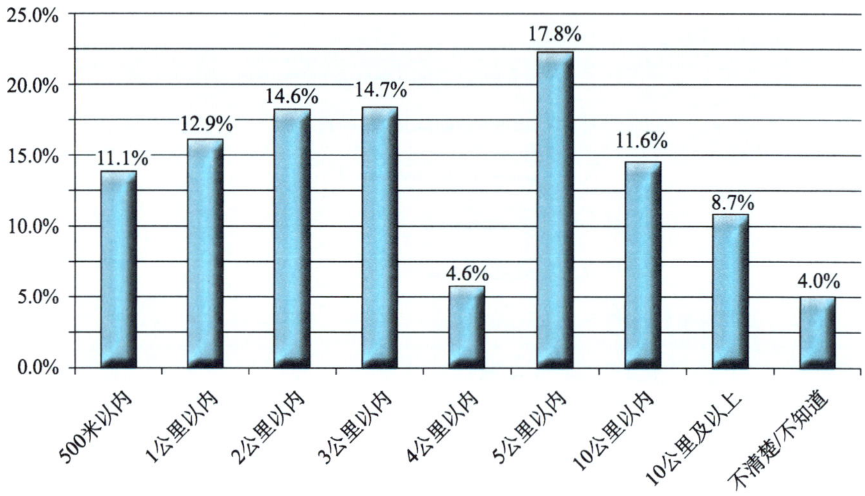

图 1-2-8　9—13 周岁少年儿童离家最近购书点距离

1.2.9　影响家长为孩子购书的主要因素

对于曾在 2013 年购买过少儿图书的我国 9—13 周岁少年儿童家长来说，“孩子喜欢”和“老师或学校推荐”是影响其为孩子购书的最重要原因，选择比例分别为 70.1%和 58.7%。其次，“图书内容简介”也是影响其为孩子购书的主要因素，选择比例为 22.5%。再次，还分别有 11.6%、11.0%、9.6%的家长将“朋友推荐”“价格”“书名或目录”作为给孩子选购图书时考虑的主要因素之一。而“媒体的书讯和书评”“专家推荐”“出版社的名气”“网上或邮件图书信息介绍”和“电视、电影原作”等因素的影响力则相对较弱，选择比例均不足 2.0%。

具体情况如图 1-2-9 所示。

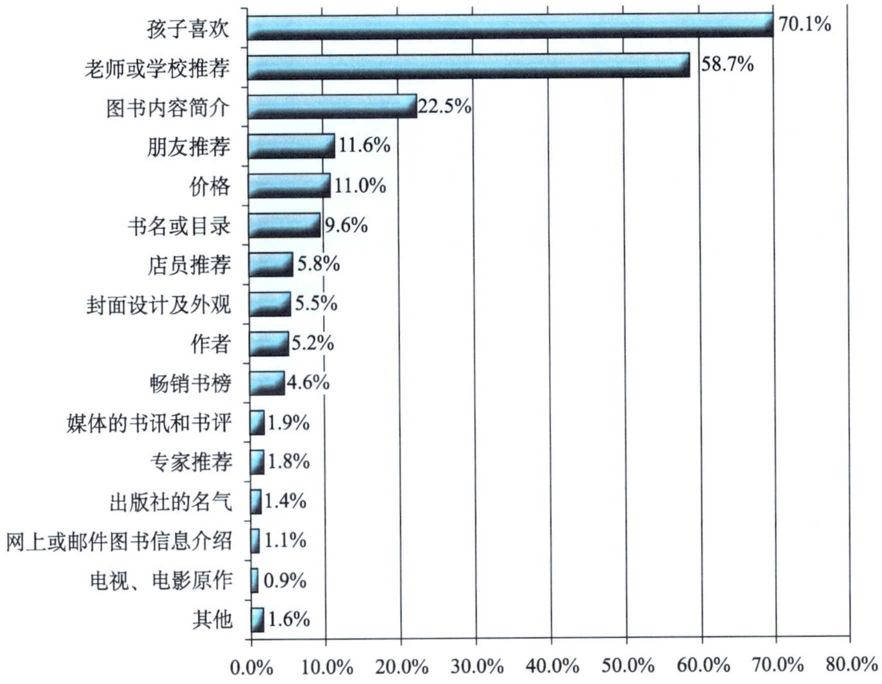

图 1-2-9 影响购书少年儿童家长为孩子购书的主要因素

1.2.10 家长为孩子购书的不便之处

调查数据显示，60.3%的我国 9—13 周岁少年儿童家长认为在为孩子购书时没有不方便的地方。购书距离过远是我国少年儿童家长在给孩子买书时遇到的主要不便之处，有 21.7%的少年儿童家长表示“家离卖书的地方很远”会影响其购买图书。此外，还有 12.5%的少年儿童家长表示购书不便是因为“对书的信息知道得少”，有 8.6%的少年儿童家长表示购书不便是因为“书价过高”。

具体情况如图 1-2-10 所示。

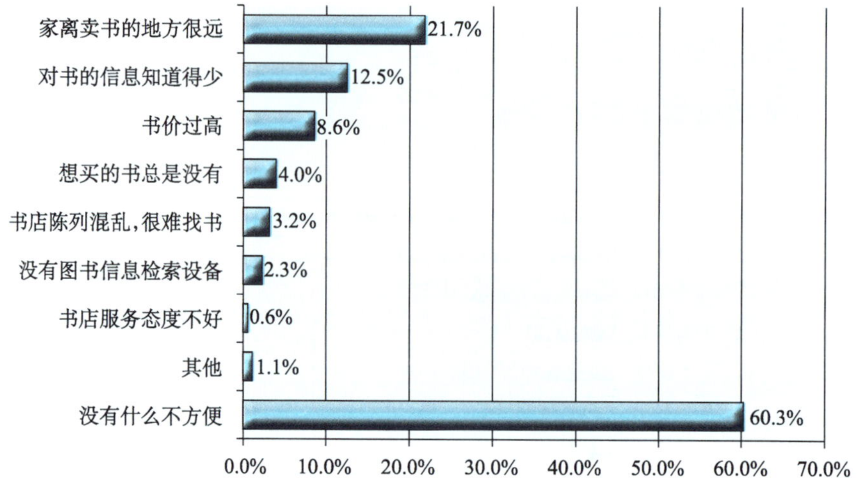

图 1-2-10　9—13 周岁少年儿童家长为孩子购书的不便之处

1.2.11　家长为孩子选择出版物的倾向

在购买少儿读物时，有 45.4%的 9—13 周岁少年儿童家长选择的是国内原创图书。选择购买引进版图书的家长仅占 4.0%。还有一半以上（50.6%）的家长表示，在为孩子购书时并未注意过所购出版物是国内原创图书还是引进版图书。具体情况如图 1-2-11 所示。

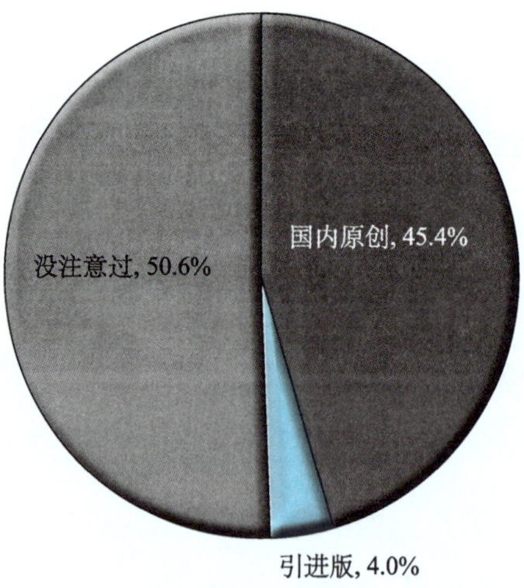

图 1-2-11　家长为少年儿童选择引进版与原创出版物的比较

1.2.12　书店的知名度和市场渗透率

在调查过程中，我们列举了国内 16 家较为知名的书店（包括网上书店），让被访的 9—13 周岁少年儿童家长挑选出其听说过的书店和曾为孩子购买过出版物的书店，然后再根据其选择情况对这些书店进行知名度和市场渗透率排名。结果表明，“本地新华书店”的知名度和市场渗透率均位列第一，“本地国营大型书店，图书大厦，图书城等”的知名度和市场渗透率均位列第二。此外，当当网、京东商城、亚马逊网等国内知名度较高的网上书店，其市场渗透度排名也相对靠前。

具体情况如表 1-2-3 所示。

表 1-2-3　书店的知名度和市场渗透率

书店名称	知名度	市场渗透率
当当网	21.1%	8.6%
亚马逊网	10.7%	3.6%
99 网上书城	6.6%	3.3%
蔚蓝图书网	1.2%	0.1%
一城网	2.3%	0.1%
中国图书网	5.0%	0.4%
博库书城	2.2%	1.1%
时代网上书店	2.1%	0.7%
红泥巴图书网	2.2%	1.2%
蒲蒲兰绘本馆	1.5%	0.0%
本地国营大型书店，图书大厦，图书城等	25.4%	16.5%
本地新华书店	81.2%	75.9%
大众书局	6.3%	4.0%
新华文轩连锁书店	8.6%	4.4%
京东商城	15.1%	4.3%
苏宁易购	10.0%	0.5%

1.3　少年儿童与家长互动阅读情况

1.3.1　家长陪孩子读书情况

9—13 周岁少年儿童已经具备了相当的理解和阅读能力，且独立意识开始凸显，有60.4%的我国9—13周岁少年儿童平时在家里主要是自己读书，没有家长陪伴。“妈妈”是最经常陪伴孩子读书的家长，有28.7%的少年儿童表示平时在家主要是“妈妈”陪自己读书，有15.1%的少年儿童表示平时在家主要是“爸爸”陪自己读书。还分别有2.9%和1.3%的少年儿童表示平时在家主要是“奶奶”或者“爷爷”陪自己读书，而“外婆”和“外公”则较少陪孩子读书，选择比例均不高。

具体情况如图1-3-1所示。

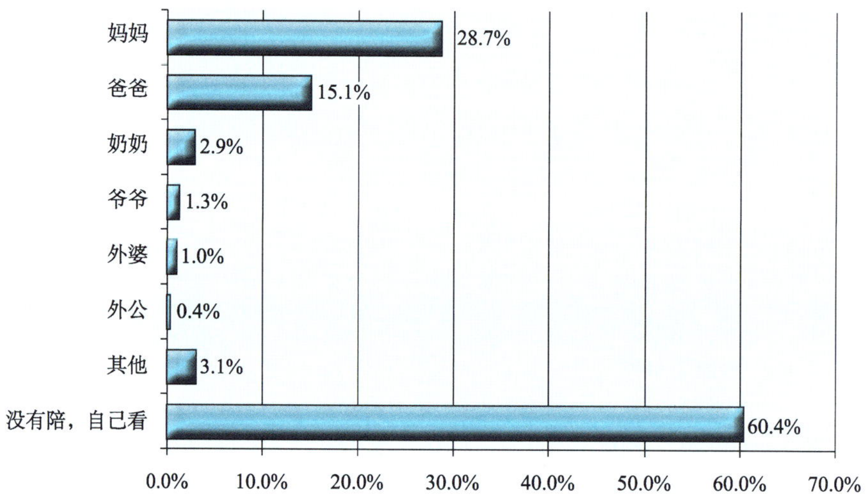

图1-3-1　9—13周岁少年儿童家长陪孩子读书情况

1.3.2　家长带孩子逛书店的频率

调查数据显示，我国9—13周岁少年儿童家长一年平均带孩子逛10.99次书店。其中，城镇少年儿童家长一年平均带孩子逛12.45次书店，农村少年儿童家长一年平均带孩子逛9.55次书店。具体来看，77.1%的家长会带孩子逛书店。有12.1%的家长平均每星期带孩子逛一次书店，有8.1%的家长平均每月带孩子逛两次书店，有16.2%的家长平均每月带孩子逛一次书店，还有40.7%的家长平均每学期带孩子逛一次书店。

具体情况如图 1-3-2 所示。

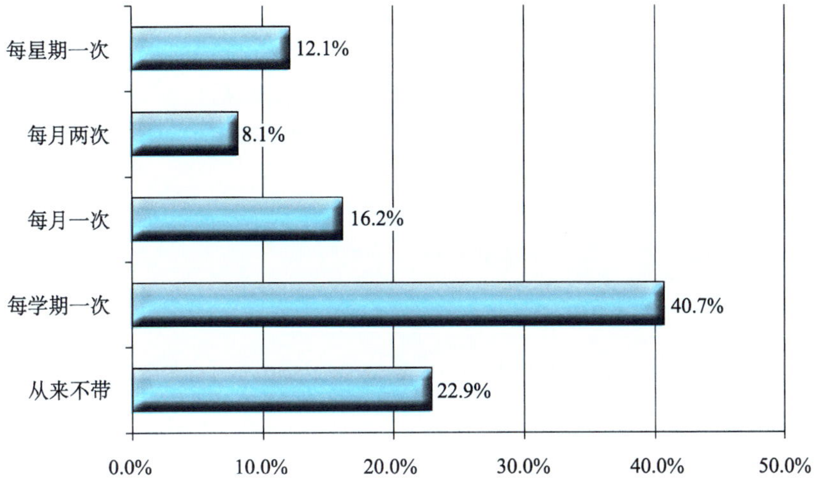

图 1-3-2　9—13 周岁少年儿童家长带孩子逛书店的频率

1.4　少年儿童最喜欢的十本书

在无提示的情况下，调查者向少年儿童被访者询问他们最喜欢的三本书的名字，然后根据图书被提及频次进行排名。结果显示，2013 年我国 9—13 周岁少年儿童最喜欢的图书是《格林童话》，其次为《西游记》和《鲁滨逊漂流记》。此外，《水浒传》《三国演义》等文学名著以及《十万个为什么》《安徒生童话》《查理九世》《伊索寓言》《一千零一夜》等少儿读物也榜上有名。

具体情况如表 1-4-1 所示。

表 1-4-1　9—13 周岁少年儿童最喜欢的十本图书

排名	图书名称
1	格林童话
2	西游记
3	鲁滨逊漂流记
4	十万个为什么
5	安徒生童话

续前表

排名	图书名称
6	水浒传
7	三国演义
8	查理九世
9	伊索寓言
10	一千零一夜

1.5 少年儿童最喜欢的十大作者

2013 年，9—13 周岁少年儿童最喜欢的十大图书作者中，排名第一的是安徒生，其后是杨红樱、沈石溪、辫子姐姐、郑渊洁、曹文轩、老舍、吴承恩、冰心和唐家三少。

具体情况如表 1-5-1 所示。

表 1-5-1 9—13 周岁少年儿童最喜欢的十大作者

排名	作者
1	安徒生
2	杨红樱
3	沈石溪
4	辫子姐姐
5	郑渊洁
6	曹文轩
7	老舍
8	吴承恩
9	冰心
10	唐家三少

1.6 出版社知名度和市场渗透率

在调查过程中，我们列举了国内 25 家较为知名的出版社，请被访少年儿童的家长从中挑选出听说过的出版社和曾为孩子购买过出版物的出版社，然后再根据其选择情况对这些出版社进行知名度和市场渗透率排名。结果显示，人民教育出版社、中国少年儿童新闻出版总社、北京少年儿童出版社、人民文学出版社和希望出版社的知名度和市场渗透率均名列前茅。此外，教育科学出版社、北京师范大学出版社等出版社的知名度排名较为靠前，而明天出版社、二十一世纪出版社等出版社的市场渗透率排名较为靠前。

具体情况如表 1-6-1 所示。

表 1-6-1　出版社市场知名度和市场渗透率

出版社	知名度	市场渗透率
北京少年儿童出版社	32.5%	11.4%
北京师范大学出版社	16.1%	5.1%
春风文艺出版社	5.9%	1.5%
大象出版社	7.6%	2.5%
二十一世纪出版社	11.7%	8.5%
海燕出版社	7.4%	2.5%
河北教育出版社	7.3%	2.1%
湖北少年儿童出版社	5.8%	2.2%
湖南少年儿童出版社	9.6%	3.4%
江苏教育出版社	11.6%	5.5%
江苏少年儿童出版社	8.9%	3.9%
教育科学出版社	19.1%	6.9%
接力出版社	5.2%	0.5%
龙门书局	3.2%	2.4%
明天出版社	10.5%	12.7%
人民教育出版社	45.8%	25.7%
人民文学出版社	26.8%	12.0%
上海少年儿童出版社	12.6%	2.7%
童趣出版公司	2.1%	0.4%
外语教学与研究出版社	3.4%	0.8%
希望出版社	16.9%	9.4%
新蕾出版社	7.6%	2.3%
浙江教育出版社	6.1%	2.3%
浙江少年儿童出版社	5.3%	3.7%
中国少年儿童新闻出版总社	37.1%	34.5%

第二章 9—13 周岁少年儿童期刊阅读与购买状况

2.1 少年儿童的期刊阅读率与阅读量

2013 年，我国 9—13 周岁少年儿童的期刊阅读率为 53.1%，较 2012 年的 47.4%上升了 5.7 个百分点。

从性别差异看，该年龄段男孩的期刊阅读率为 49.8%，较女孩的期刊阅读率（56.7%）低 6.9 个百分点。从城乡对比看，该年龄段城镇少年儿童的期刊阅读率为 58.8%，较农村少年儿童的期刊阅读率（47.0%）高出 11.8 个百分点。

具体情况如表 2-1-1 所示。

表 2-1-1　不同人口特征 9—13 周岁少年儿童期刊阅读率

人口特征	类别	期刊阅读率
性别	男孩	49.8%
	女孩	56.7%
城乡	城镇	58.8%
	农村	47.0%

2013 年，我国 9—13 周岁少年儿童人均期刊阅读量为 3.25 期/份。从性别差异看，该年龄段男孩的期刊阅读量为 2.83 期/份，较女孩的期刊阅读量（3.72 期/份）少 0.89 期/份。该年龄段城镇少

年儿童的期刊阅读量为 4.42 期/份，较农村少年儿童的期刊阅读量（2.05 期/份）多出 2.37 期/份。

具体情况如表 2-1-2 所示。

表 2-1-2 不同人口特征 9—13 周岁少年儿童期刊阅读量

人口特征	类别	期刊阅读量（期/份）
性别	男孩	2.83
	女孩	3.72
城乡	城镇	4.42
	农村	2.05

2013 年，有 29.4%的 9—13 周岁少年儿童的期刊阅读量在 5 本以内，7.8%的少年儿童期刊阅读量在 6—9 本，有 9.2%的少年儿童期刊阅读量在“10 本及以上”。除此之外，还有 6.8%的少年儿童表示“不清楚”。

具体情况如图 2-1-1 所示。

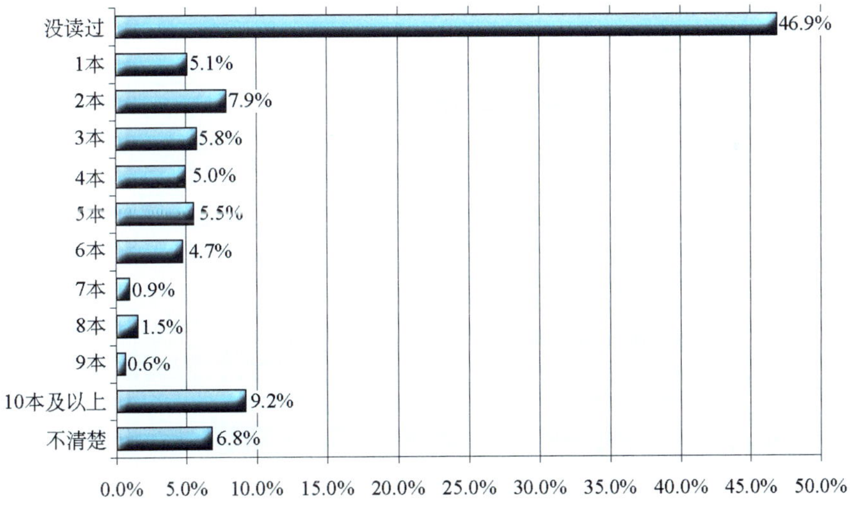

图 2-1-1 9—13 周岁少年儿童期刊阅读量

2.2 家长对少儿期刊的购买状况

2.2.1 家长对少儿期刊的价格承受力

本次调查结果显示，我国 9—13 周岁少年儿童家长平均可接受的单本少儿期刊价格为7.07元。其中，城镇家长平均可接受的单本少儿期刊价格为7.34元，农村家长平均可接受的单本少儿期刊价格为6.80元。

对数据进一步分析来看，超过八成（86.8%）的我国9—13周岁少年儿童家长能接受的少儿期刊价格区间在2—12元。具体来看，有13.3%的家长能接受2—4元的价格区间，有26.2%的家长能接受4—6元的价格区间，有24.7%的家长能接受6—8元的价格区间，8—10元的价格区间被14.6%的家长所接受，10—12元价格区间的选择比例为8.0%。此外，能接受每本少儿期刊价格在12元及以上的家长占9.9%，只有3.3%的家长能接受每本少儿期刊的价格在2元以下。

具体情况如图2-2-1所示。

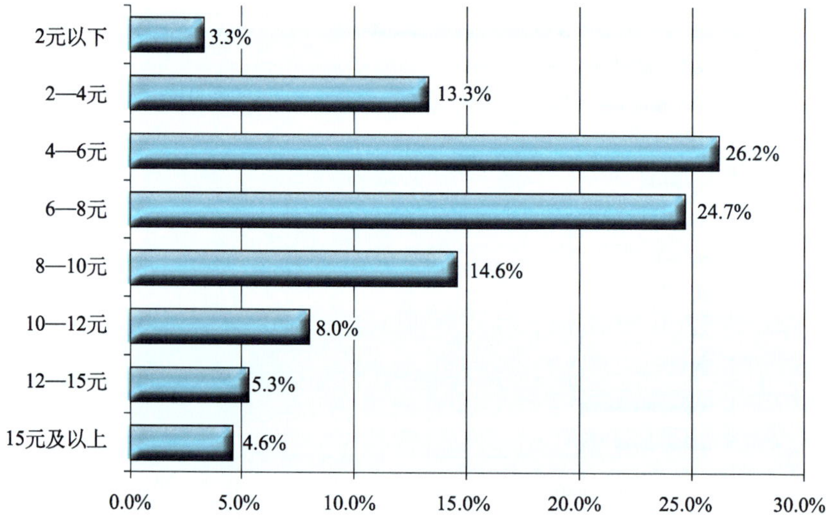

图2-2-1　9—13周岁少年儿童家长对少年儿童期刊的价格承受力

2.2.2　家长对少儿期刊的价格评价

调查数据显示，有39.7%的我国9—13周岁少年儿童家长认为当前少儿期刊价格偏贵（有38.6%的家长认为“比较贵”，1.1%的家长认为“非常贵”)。还有 56.3%的我国少年儿童家长认为目前的少儿期刊价格合适。此外，仅有 4.0%的家长认为目前少儿期刊价格便宜（“比较便宜”或“非常便宜”)。

具体情况如图 2-2-2 所示。

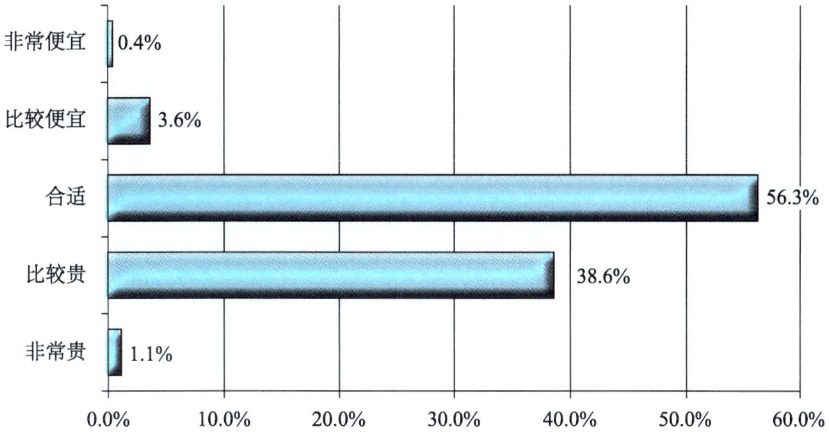

图 2-2-2 9—13 周岁少年儿童家长对少儿类期刊价格的评价

2.3 少年儿童最喜欢的十大期刊

本次调查中，在无提示的情况下，我们请少年儿童被访者列举其最喜欢的三本期刊的名称，然后根据期刊被提及的频次进行排名。如表 2-3-1 所示，文学类、漫画类期刊较受 9—13 周岁少年儿童的喜爱。其中，《奥特曼》、《读者》和《意林》，分列 2013 年最受少年儿童喜欢的期刊前三位。

表 2-3-1 9—13 周岁少年儿童最喜欢的十大期刊

排名	期刊名称
1	奥特曼
2	读者
3	意林
4	故事会

续前表

排名	期刊名称
5	我们爱科学
6	青年文摘
7	故事大王
8	漫画大王
9	小读者
10	儿童文学

2.4 少儿报刊市场状况

2.4.1 报刊知名度

为了解报刊的知名度情况，我们选取了目前在国内受欢迎程度比较高的 25 种少儿报刊，请被访少年儿童家长选择其所知晓的报刊，然后根据选择情况对这些报刊进行知名度排名。结果显示，2013 年，9—13 周岁少年儿童报刊知名度的排名和上一年相比变化不大。《故事大王》《童话大王》《故事会》依然占据榜单前三位，是在该年龄段少年儿童家长中知名度最高的三种报刊。

由表 2-4-1 的数据可知，故事类、作文类、童话类、漫画类报刊在该年龄段少年儿童家长中的知名度较高。

表 2-4-1 少年儿童类报刊知名度排名

排名	报刊名称	知名度
1	故事大王	55.8%
2	童话大王	47.5%
3	故事会	44.1%
4	小学生作文	35.6%
5	漫画大王	28.3%
6	童话世界	27.4%
7	儿童文学	25.5%
8	科幻世界	18.4%
9	语文报	16.9%
10	创新作文	16.5%
11	少年文艺	12.8%

续前表

排名	报刊名称	知名度
12	少年科学画报	10.8%
13	红领巾	10.6%
14	我们爱科学	10.5%
15	小学生之友	9.7%
16	连环画报	9.5%
17	英语周报	9.3%
18	小哥白尼	8.5%
19	课堂内外	8.2%
20	作文通讯	7.8%
21	小爱迪生	7.7%
22	红蜻蜓	6.7%
23	小主人报	3.1%
24	快乐巧连智	2.8%
25	琴童	2.0%

2.4.2 报刊市场渗透率

本次调查中，我们请被访少年儿童家长在列举出的国内受欢迎程度比较高的 25 种少儿报刊中，选择他们曾在 2013 年购买过的报刊以了解这些报刊的市场渗透情况。结果发现，2013 年，《童话大王》市场渗透率最高。此外，知名度较高的故事类、童话类、作文类报刊的市场渗透率也较高。

具体情况如表 2-4-2 所示。

表 2-4-2　少年儿童报刊市场渗透率排名

排名	报刊名称	市场渗透率
1	童话大王	24.4%
2	故事大王	20.9%
3	小学生作文	19.6%
4	童话世界	18.7%
5	故事会	18.2%
6	漫画大王	17.4%
7	科幻世界	14.1%
8	语文报	12.6%
9	儿童文学	10.5%

续前表

排名	报刊名称	市场渗透率
10	我们爱科学	7.8%
11	创新作文	7.2%
12	英语周报	6.9%
13	课堂内外	6.7%
14	小哥白尼	5.9%
15	小学生之友	5.7%
16	作文通讯	5.4%
17	红领巾	4.6%
18	少年科学画报	3.2%
19	红蜻蜓	3.1%
20	少年文艺	2.9%
21	连环画报	2.5%
22	小爱迪生	0.7%
23	小主人报	0.7%
24	快乐巧连智	0.2%
25	琴童	0.1%

第三章
9—13 周岁少年儿童上网情况

3.1 少年儿童上网率及上网设备

本次调查结果显示，2013 年，我国 9—13 周岁少年儿童的上网率为 57.1%。从上网使用的设备来看，我国少年儿童最常用的上网设备是“电脑”，有 52.5%的少年儿童平时用“电脑”上网。此外，还有 20.7%的少年儿童平时通过“手机”上网。具体情况如图 3-1-1 所示。

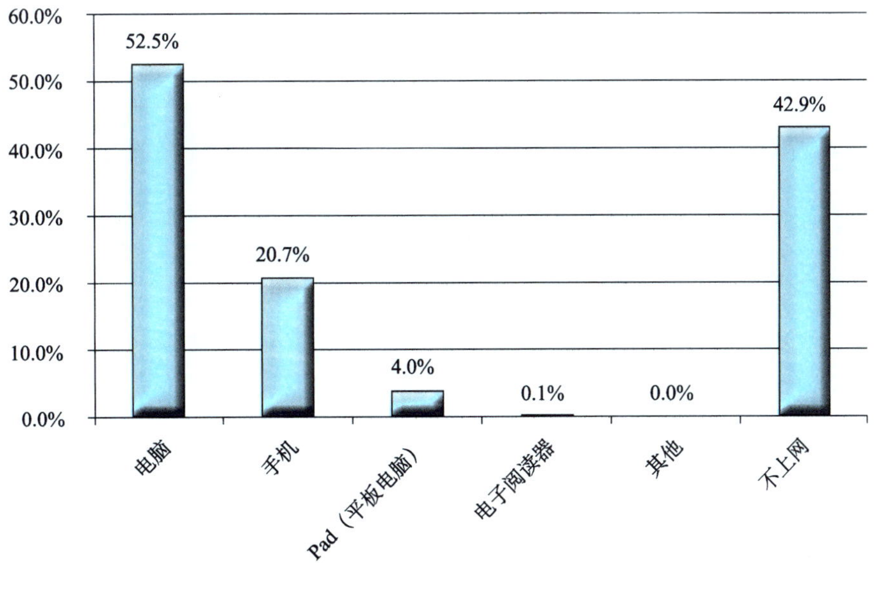

图 3-1-1　9—13 周岁少年儿童上网设备选择比例

3.2　少年儿童网民上网频率

2013 年，我国 9—13 周岁少年儿童网民的人均上网频率为每月 9.72 次。具体来看，有 10.7%的少年儿童网民平均每天至少上一次网，8.6%的少年儿童网民平均每周上网 4—6 次，32.7%的少年儿童网民平均每周上网 2—3 次，还有 31.2%的少年儿童网民表示平均每周上网 1 次。总体来看，有 83.2%的 9—13 周岁少年儿童网民每周至少上网一次。具体情况如图 3-2-1 所示。

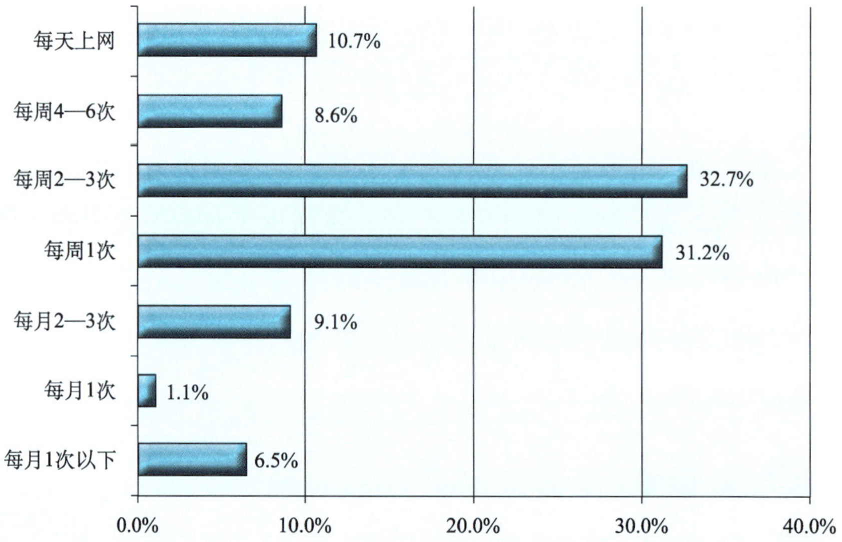

图 3-2-1　9—13 周岁少年儿童网民上网频率

3.3　少年儿童网民上网地点

调查数据显示，2013 年，我国 9—13 周岁少年儿童网民平时主要在家里上网，选择比例高达 78.5%。平时主要在学校、网吧等地点上网的少年儿童不多，仅有 5.5%的少年儿童选择主要在“学校”

上网，4.8%的少年儿童选择主要在“网吧”上网，3.8%的少年儿童选择主要在“同学家”上网。此外，还有3.9%的少年儿童上网地点“不固定”。

具体情况如图3-3-1所示。

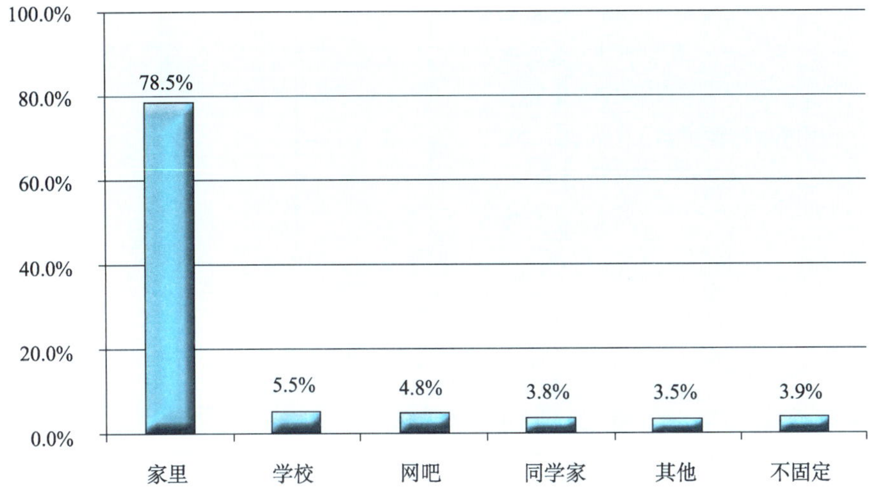

图3-3-1 9—13周岁少年儿童网民上网地点

3.4 少年儿童网民上网从事的主要活动

调查数据显示，“打网络游戏”是我国9—13周岁少年儿童网民上网时最经常进行的活动，选择比例为61.2%。“网上聊天/交友”“收听/收看/下载歌曲和电影”“网上学习”“看书/漫画”“搜索信息”也是少年儿童网民较为主要的网络活动，选择比例分别为39.8%、36.3%、27.9%、22.1%和21.2%。而上网进行“收发Email”“网络购物”“更新博客或阅读他人博客”“BBS灌水或浏览”等活动的少年儿童网民则相对较少。

具体情况如图3-4-1所示。

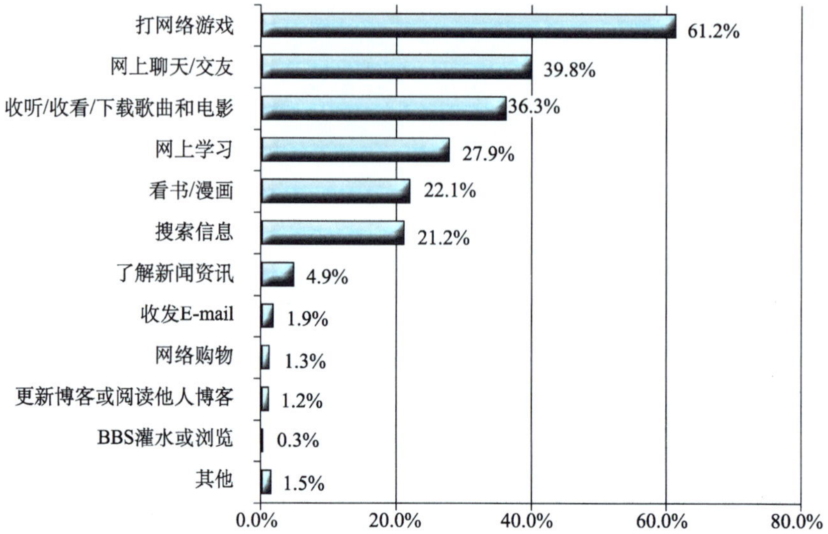

图 3-4-1　9—13 周岁少年儿童网民上网从事的主要活动

3.5　家长对孩子上网的态度

本次调查结果显示，有 70.4%的我国 9—13 周岁少年儿童家长对孩子上网持反对态度（“比较反对”或“非常反对”），持赞成态度（“比较赞成”或“非常赞成”）的家长比例为 15.2%。另外，还有 14.3%的家长对少年儿童上网持“无所谓”的态度。具体情况如图 3-5-1 所示。

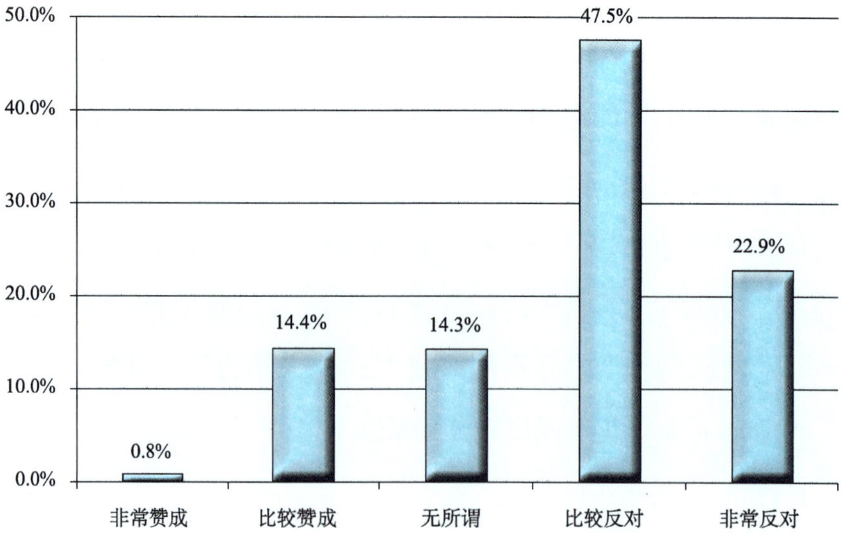

图 3-5-1　9—13 周岁少年儿童家长对孩子上网的态度

3.6　家长网上购买出版物状况

3.6.1　家长网上购买出版物的种类

2013年，在通过网络购买过少年儿童出版物的9—13周岁少年儿童的家长中，有89.2%的家长表示在网上给孩子购买过“图书”，有22.9%的家长会在网上为孩子购买“学习用音像制品”。而在网上给孩子购买“娱乐休闲用音像制品”、“盒式录音带”以及“软件/游戏光盘”的家长比例相对较低，均不足10.0%。

具体情况如图3-6-1所示。

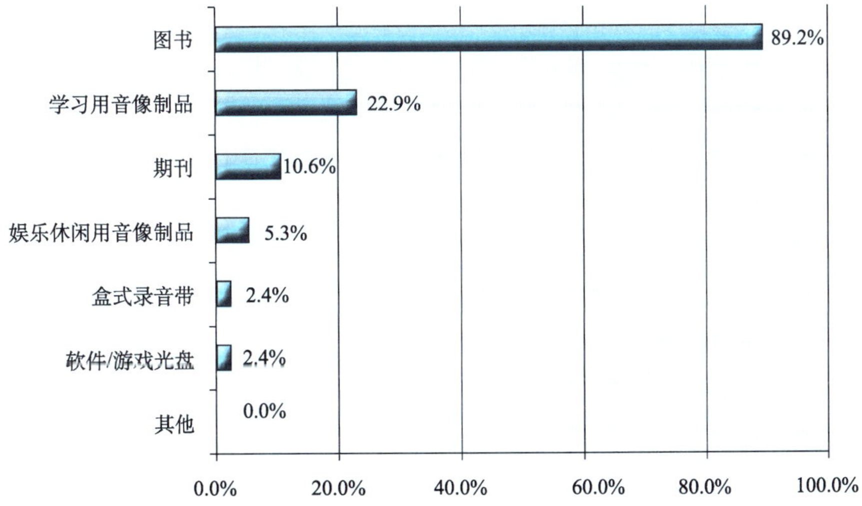

图3-6-1　少年儿童家长上网购买出版物的种类

3.6.2　家长选择网上购买出版物的原因

调查数据显示，9—13周岁少年儿童家长选择在网上给孩子购买出版物的最主要原因是“价格优惠”和“图书种类多”，选择比例分别为47.7%和47.6%；其次，“节省去书店的时间和费用”、“很容易找到需要的书”和“送货上门”也是家长选择在网上给孩子购买出版物的重要因素，选择比例分别为40.3%、32.6%和

23.7％。可见，网络购买出版物的优惠性、品种丰富性与方便性是其重要特色，同时也是吸引少年儿童家长在网上给孩子购买出版物的重要因素。具体情况如图 3-6-2 所示。

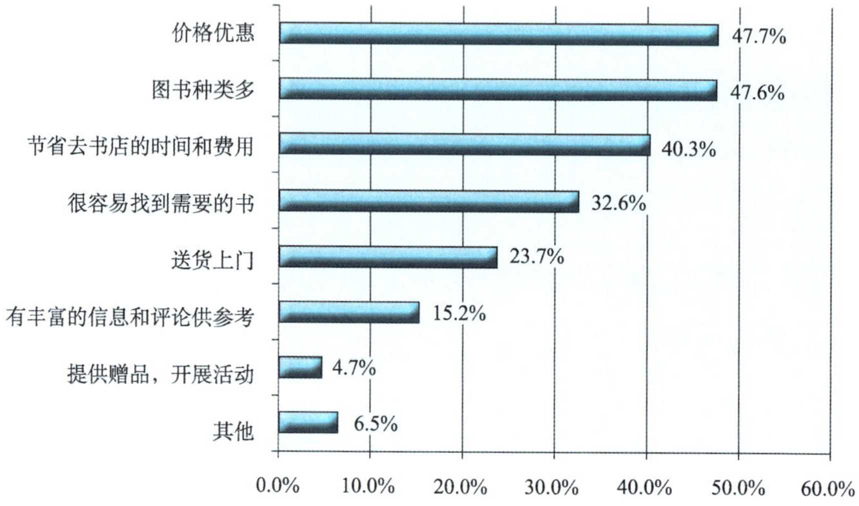

图 3-6-2　家长选择网上购买出版物的原因

3.6.3　网上购买出版物的制约因素

本次调查结果显示，对于没有选择通过网络给孩子购买出版物的少年儿童家长而言，“不习惯网上购物”是其重要的制约因素。有 43.3％的家长将其作为没有在网上给孩子购买出版物的主要原因。其次，有 28.4％的家长因为“不能上网”而没有在网上给孩子购买过出版物，有 24.8％的家长因为“太麻烦/流程过于复杂”而没有在网上给孩子购买过出版物，有 16.5％的家长因为担心“网上购物不安全”而没有在网上给孩子购买过出版物，还有 14.7％的家长因为担心“无法检验出版物质量”而没有在网上给孩子购买过出版物。此外，“付费不方便”“运费太高”的选择比例相对较低，分别为 6.7％、2.6％。

具体情况如图 3-6-3 所示。

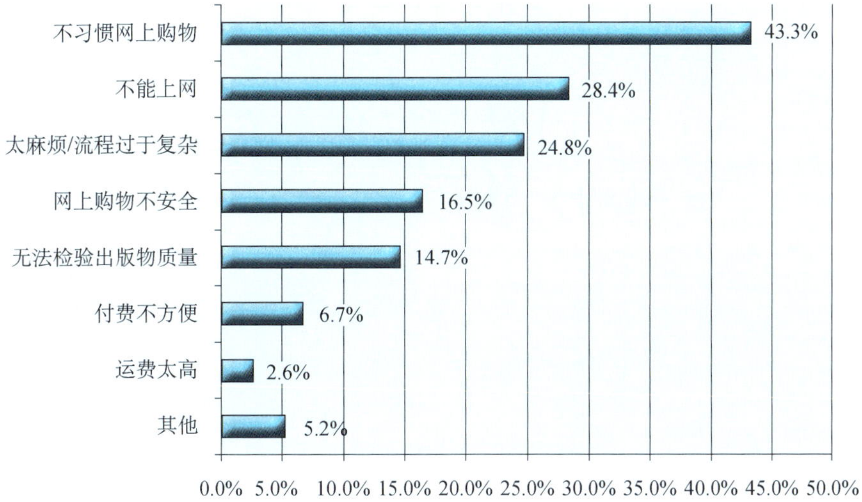

图 3-6-3 家长网上购买出版物的制约因素

第四章
9—13周岁少年儿童音像电子出版物购买状况

4.1 音像电子出版物的购买渠道

2013年的调查结果显示，我国9—13周岁少年儿童家长音像电子出版物的购买率为55.0%。购买音像电子出版物的主要渠道是“书店”，选择比例为26.8%；其次是“学校统一订购”“商场超市”“音像店或软件专卖店”等渠道，选择比例分别为19.4%、12.2%、6.7%。而选择“网上”购买音像电子出版物的家长较少，仅占2.4%。由此可见，到实体店为孩子购买音像电子出版物，是家长们选择的主要渠道。具体情况如图4-1-1所示。

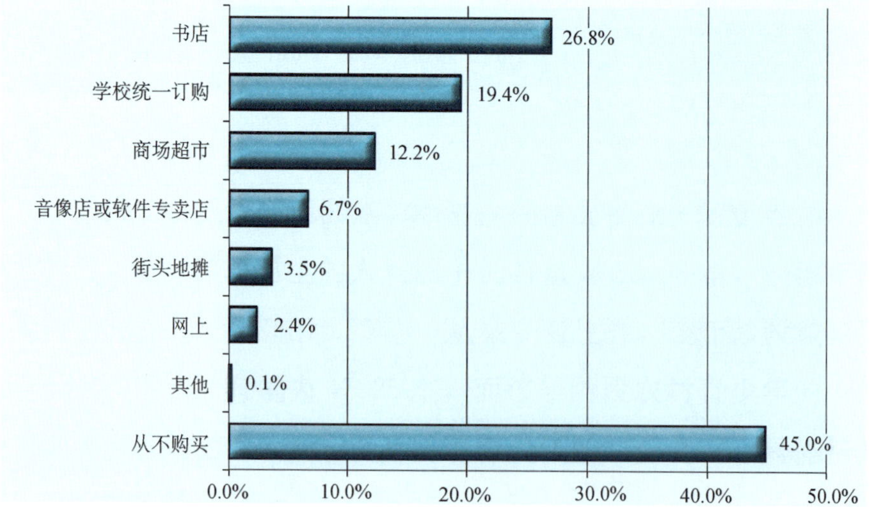

图4-1-1 家长对音像电子出版物的购买渠道

4.2 家长对音像电子出版物的购买状况

4.2.1 音像电子出版物的价格承受力

调查数据显示，我国 9—13 周岁少年儿童家长平均可接受的每张 CD 光盘价格为 10.42 元，平均可接受的每张 VCD/DVD 价格为 11.21 元，平均可接受的每盘盒式录音带价格为 9.72 元，平均可接受的每张 CD-ROM 价格则为 11.26 元。

具体来看，2013 年，大部分少年儿童家长能够接受的音像电子出版物价格在 20 元以内。有 67.8%的少年儿童家长表示能够接受的每张 CD 光盘价格在 20 元以内，有 65.9%的少年儿童家长表示能够接受的每张 VCD/DVD 价格在 20 元以内，有 58.2%的少年儿童家长表示能够接受的每盘盒式录音带价格在 20 元以内。由于使用者减少等原因，不少家长对一些音像电子出版物的价格不够了解，分别有 37.2%和 53.7%的家长表示“不清楚、不知道”盒式录音带和 CD-ROM 的价格。

具体情况如表 4-2-1 所示。

表 4-2-1 家长对少年儿童音像电子出版物的价格承受力

	CD 光盘	VCD/DVD	盒式录音带	CD-ROM
<10 元	38.2%	36.9%	38.3%	24.6%
10—20 元	29.6%	28.9%	19.9%	15.2%
20—30 元	3.6%	6.5%	3.4%	5.0%
≥30 元	1.0%	1.6%	1.2%	1.5%
不清楚/不知道	27.7%	26.0%	37.2%	53.7%
平均可接受单价	10.42 元	11.21 元	9.72 元	11.26 元

4.2.2 音像电子出版物的价格评价

2013 年，近一半（45.8%）的 9—13（“非常贵”或“比较贵”）周岁少年儿童家长表示目前少年儿童类音像电子出版物的价格较贵。有 50.2%的家长表示目前音像电子出版物的价格“合适”。仅有 4.0%的家长认为当前音像电子出版物的价格便宜（“非常便宜”或“比较便宜”）。

具体情况如图 4-2-1 所示。

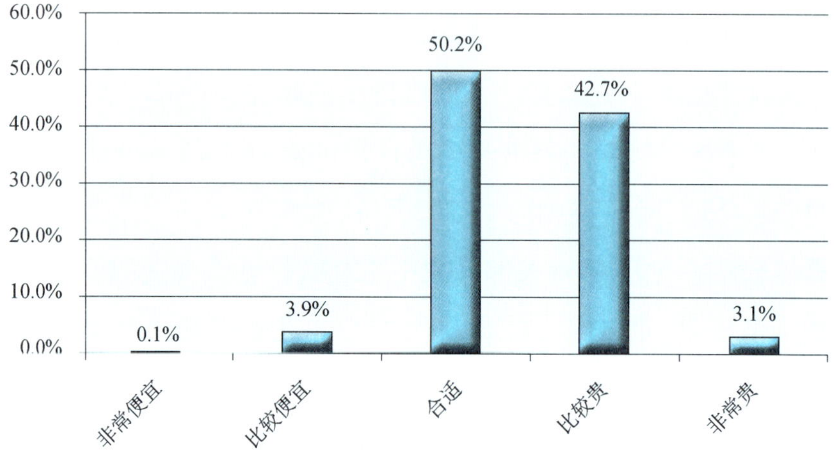

图 4-2-1　家长对少年儿童类音像电子出版物的价格评价

第五章
9—13 周岁少年儿童动漫及电子游戏接触状况

5.1 少年儿童动漫接触情况

5.1.1 动漫类型偏好度

本次调查结果显示，“动画片/动漫影视”和“漫画书”是我国9—13 周岁少年儿童接触最多的两种动漫类型，选择比例分别为76.2%和 67.1%。此外，接触过“电子游戏”类动漫作品的少年儿童比例为 28.5%，接触过“漫画期刊”类动漫作品的少年儿童比例为 22.0%。还有 6.7%的我国少年儿童表示，选择项中列举的所有类型的动漫产品“都没有接触过”。具体情况如图 5-1-1 所示。

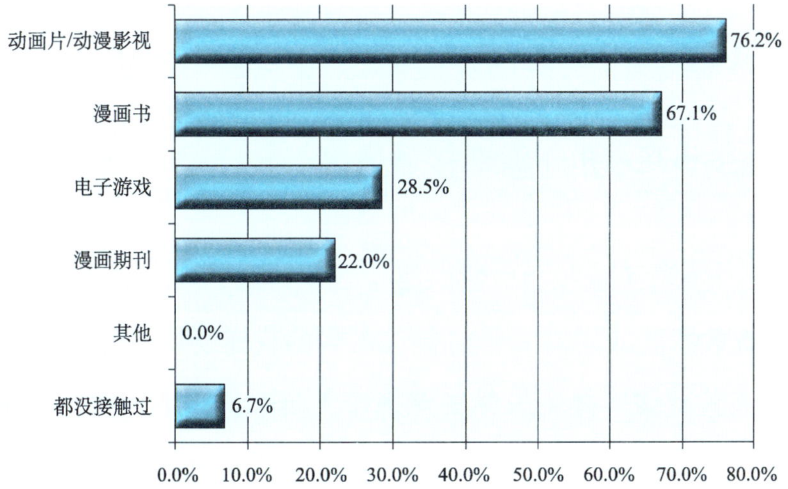

图 5-1-1　9—13 周岁少年儿童喜爱的动漫形式

5.1.2 动漫题材偏好度

本次调查结果显示，“搞笑”类动漫是我国 9—13 周岁少年儿童动漫作品接触者最喜爱的动漫题材，61.8%的少年儿童选择此项；“科幻”“侦探”“神话”类动漫也较受我国少年儿童喜爱，选择比例分别为 40.0%、36.2%、34.5%。“爱情”类动漫的选择比例则相对不高。

具体情况如图 5-1-2 所示。

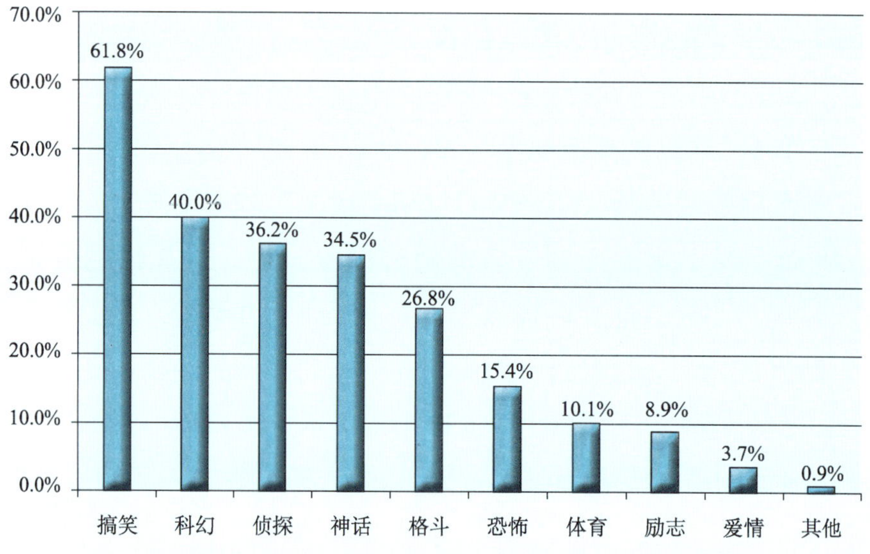

图 5-1-2　9—13 周岁少年儿童动漫作品接触者喜爱的动漫题材

5.2 少年儿童电子游戏接触情况

5.2.1 电子游戏题材偏好度

调查数据显示，2013 年，有 63.7%的我国 9—13 周岁少年儿童接触过电子游戏。进一步分析发现，“动作打斗类”和“赛车类”是我国 9—13 周岁少年儿童最喜爱的电子游戏题材，选择比例分别为 35.8%和 31.6%。“科幻奇幻 RPG”“音乐舞蹈类”“神话武侠RPG”和“棋牌益智类”电子游戏也吸引了部分我国少年儿童，选择比例分别为 15.1%、12.9%、11.1%和 9.7%。此外，“策略类”电子游戏的选择比例相对略低，为 7.0%。

具体情况如图 5-2-1 所示。

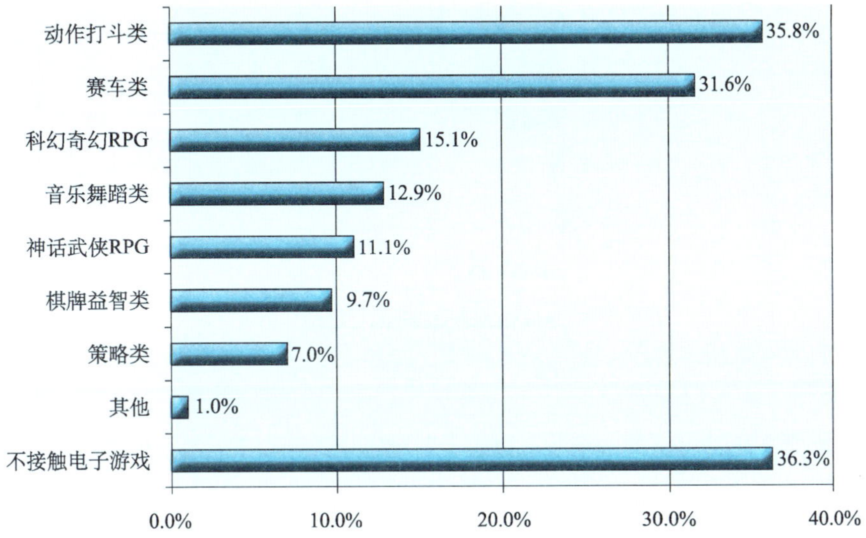

图 5-2-1　9—13 周岁少年儿童喜爱的电子游戏题材

5.2.2　电子游戏接触时长

2013 年，我国 9—13 周岁少年儿童的电子游戏接触率为 80.1%，与 2012 年的 80.0%基本持平，少年儿童电子游戏接触者的日均电子游戏接触时长为 37.67 分钟。具体来看，33.1%的少年儿童电子游戏接触者平均每天电子游戏接触时长在半小时以下，这一选择比例最高。还有 21.8%的少年儿童电子游戏接触者平均每天玩电子游戏的时长在 0.5—1 小时之间，有 17.0%的少年儿童电子游戏接触者平均每天玩电子游戏的时长在 1—3 个小时之间，仅有

1.0%的少年儿童电子游戏接触者平均每天玩电子游戏超过3个小时。

具体情况如图5-2-2所示。

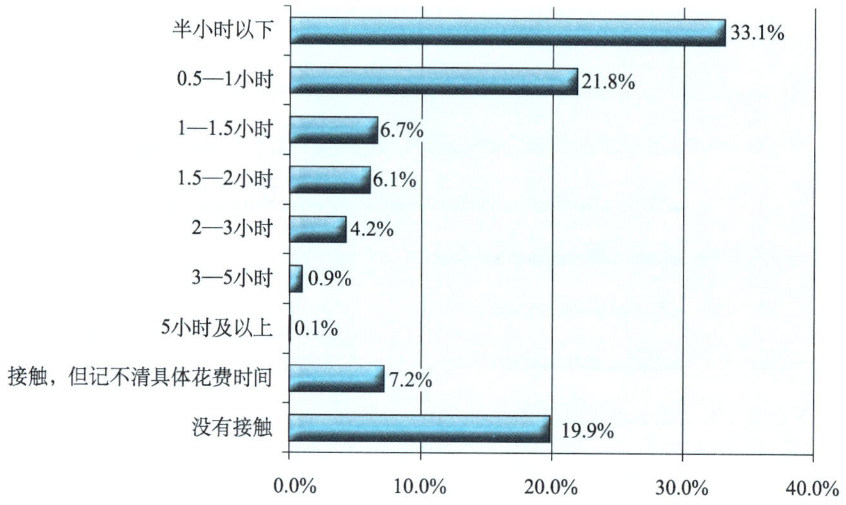

图5-2-2　9—13周岁少年儿童电子游戏接触者日均电子游戏接触时长

5.3　家长对孩子玩电子游戏的态度

本次调查结果显示，接近九成（86.9%）的我国9—13周岁少年儿童家长对孩子玩电子游戏持反对态度（“非常反对”或“比较反对”）。具体来看，有44.4%的家长选择“比较反对”，42.5%的家长选择“非常反对”。只有3.6%的家长赞成孩子玩电子游戏（“非常赞同”或“比较赞同”）。另外，还有9.6%的家长对孩子玩电子游戏持“无所谓”的态度。

具体情况如图5-3-1所示。

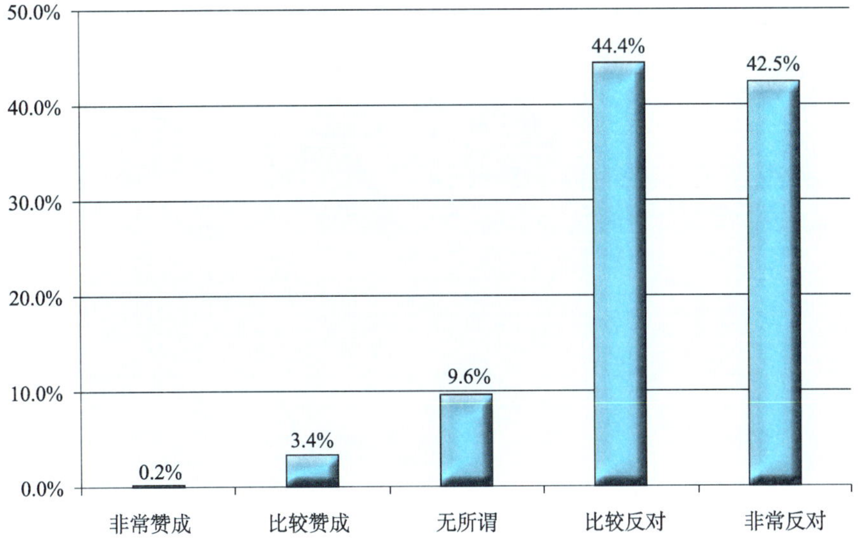

图 5-3-1 9—13 周岁少年儿童家长对孩子玩电子游戏的态度

第六章
9—13 周岁少年儿童家长的版权认知状况

6.1 少年儿童家长版权认知度

通过调查我们得知，74.8%的 9—13 周岁少年儿童家长表示听说过版权这回事。从城乡对比看，该年龄段城镇少年儿童家长版权认知度为 83.2%，而农村少年儿童家长版权认知度为 66.6%，较城镇少年儿童家长版权认知度低 16.6 个百分点。

具体情况如图 6-1-1 所示。

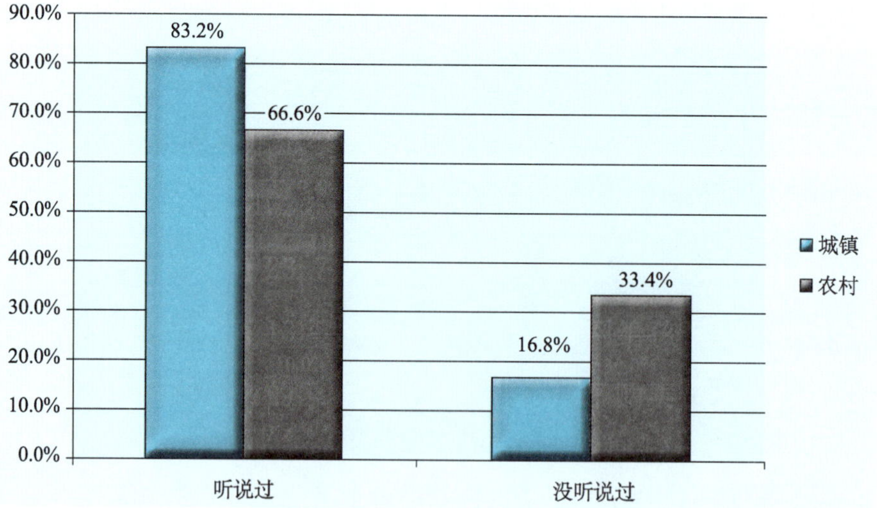

图 6-1-1　9—13 周岁少年儿童家长版权认知度的城乡差异

6.2 少年儿童家长盗版出版物购买状况

6.2.1 家长对盗版出版物的购买率

调查数据显示，就 2013 年给孩子购买过的图书和音像制品而言，我国 9—13 周岁少年儿童家长的盗版出版物购买率为 13.4%。具体来看，仅有 0.7%的家长表示给孩子购买的出版物均为盗版，还有 12.6%的家长表示正版盗版出版物均购买过，即至少有 13.4%的家长在 2013 年给孩子购买过盗版出版物。同时，在我国 9—13 周岁少年儿童家长中，有 24.7%的家长表示给孩子购买过的图书或音像制品均为正版。此外，仍有 48.0%的家长表示分不清其给孩子购买的出版物是正版还是盗版。

具体情况如图 6-2-1 所示。

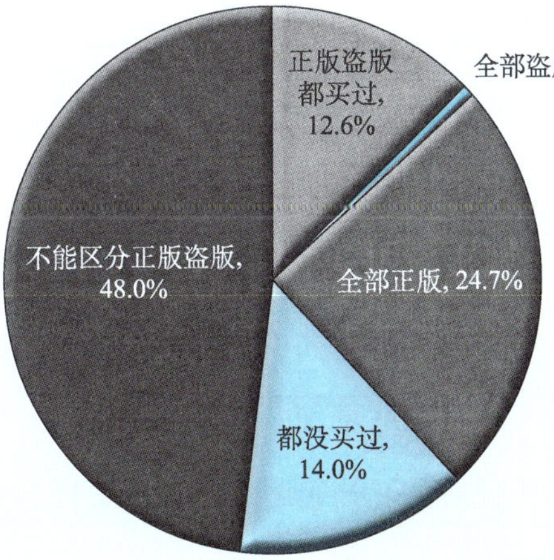

图 6-2-1　9—13 周岁少年儿童家长盗版出版物购买情况

6.2.2 家长购买盗版出版物的类型

调查数据显示，在各种盗版出版物中，“一般图书”是家长最常为孩子购买的盗版出版物类型。在 2013 年给孩子购买过盗版出版物的我国9—13周岁少年儿童家长中，有70.2%的家长2013年给孩子购买过盗版的“一般图书”。其次，给孩子购买过盗版“教材教辅”和盗版“音像制品”的家长也不在少数，选择比例分别为22.9%和18.5%。

具体情况如图6-2-2所示。

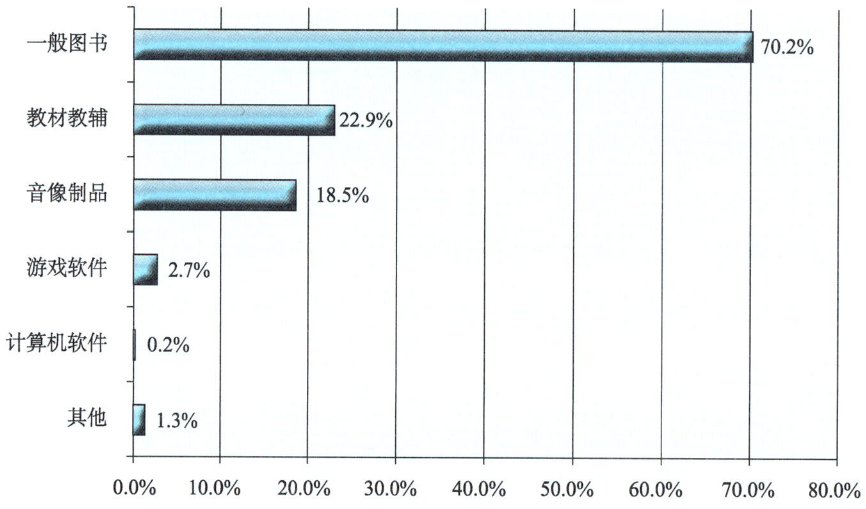

图6-2-2　9—13周岁少年儿童家长购买盗版出版物的类型

6.2.3　家长购买盗版出版物的驱动因素

对于2013年给孩子购买过盗版出版物的我国9—13周岁少年儿童的家长而言，“买时不知道是盗版”和“价格便宜”是其给孩子购买盗版出版物的最主要原因，选择比例分别为48.4%和44.2%。其次，“购买方便”也是家长们给孩子购买盗版出版物的主要因素，有21.2%的家长选择此项。此外，还有5.4%的家长认为盗版出版物“品种丰富”，有4.2%的家长则表示“没有正版可买”。

具体情况如图6-2-3所示。

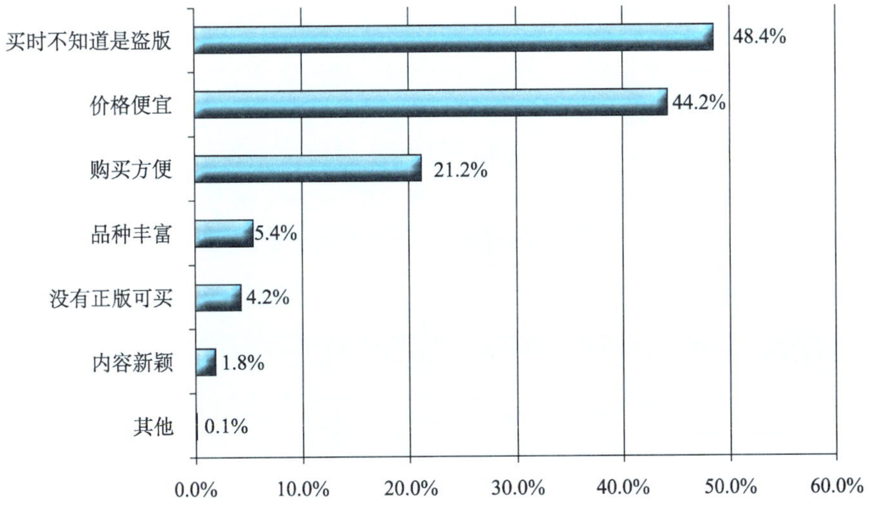

图 6-2-3　家长购买盗版出版物的驱动因素

第七章
9—13 周岁少年儿童阅读活动参与状况

7.1 少年儿童学校图书馆使用情况

本次调查结果显示，我国有 68.0%的 9—13 周岁少年儿童表示所在学校有图书馆，低于我国 14—17 周岁青少年表示所在学校设有图书馆的比例（77.2%）。可见，我国小学阶段的学校图书馆普及建设还有待加强。

调查数据显示，表示学校有图书馆的我国 9—13 周岁少年儿童平均每月去 5.49 次图书馆。在表示学校有图书馆的我国 9—13 周岁少年儿童中，有 76.4%的少年儿童去过学校图书馆。具体来看，35.2%的少年儿童平均每周至少去过一次学校图书馆（选择“每天都去”的比例为 3.0%，选择“每周 4—6 次”的比例为 8.2%，选择“每周 1—3 次”的比例为 24.0%）。还有 22.8%的少年儿童表示平均每月会去 1—3 次学校图书馆，平均每月去图书馆“不足一次”的少年儿童比例为 18.4%。同时有 23.6%的我国少年儿童表示从没去过学校图书馆。

具体情况如表 7-1-1 所示。

表 7-1-1　9—13 周岁少年儿童学校图书馆使用频率

学校图书馆使用情况	比例（%）
每天都去	3.0%
每周 4—6 次	8.2%
每周 1—3 次	24.0%
每月 1—3 次	22.8%
每月不足 1 次	18.4%
没有去过	23.6%

数据调查显示，在表示学校有图书馆的我国 9—13 周岁少年儿童中，有 53.5%的少年儿童对学校图书馆表示“满意”，有 22.9%的少年儿童认为“一般”；而对学校图书馆“不满意”的少年儿童比例为 8.1%，还有 15.5%的少年儿童表示“没去过，不知道”。

具体情况如图 7-1-1 所示。

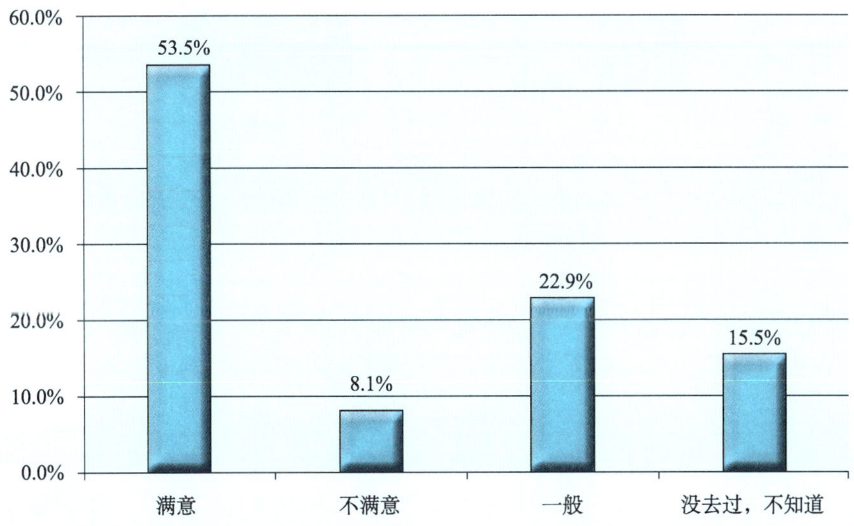

图 7-1-1　9—13 周岁少年儿童学校图书馆满意度

7.2　读书活动/读书节的知晓情况

在不提及具体读书活动前提下，2013 年，我国有 11.9%的 9—13 周岁少年儿童家长表示周围举办过读书活动/读书节，有 88.1%

的家长表示周围没有举办过读书活动/读书节。从城乡对比上看，有18.9%的城镇少年儿童家长表示身边有读书活动/读书节，仅有5.0%的农村少年儿童家长表示身边有读书活动/读书节，不到城镇少年儿童家长的1/2。

具体情况如图7-2-1所示。

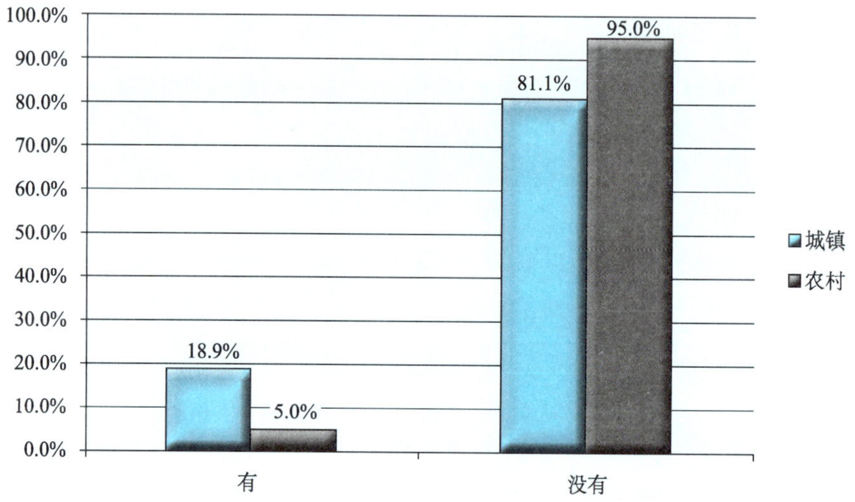

图7-2-1 少年儿童家长对读书活动/读书节知晓情况的城乡差异

7.3 少年儿童阅读活动参与类型

在2013年的调查中，在提及具体读书活动的前提下，有28.7%的我国9—13周岁少年儿童表示参加过阅读活动。具体来看，在参加过阅读活动的少年儿童中，有43.1%的少年儿童参加过"读书征文/作文或书画摄影大赛"，选择比例最高；此外，还有37.8%的少年儿童参加过"捐书爱心活动"，有26.4%的少年儿童参加过"读书竞赛/演讲/辩论赛"。其它阅读活动的参加比例相对较低，在参加过阅读活动的少年儿童中，10.0%的少年儿童参加过"读书讲座/作家报告会"，8.5%的少年儿童参加过"图书展览会/特价书市"，4.1%的少年儿童参加过"读书游园会"，2.9%的少年儿童参加过“作家签名售书/新书推介”。可见，我国少年儿童阅读活动的参与程度还有待提高。

具体情况如图 7-3-1 所示。

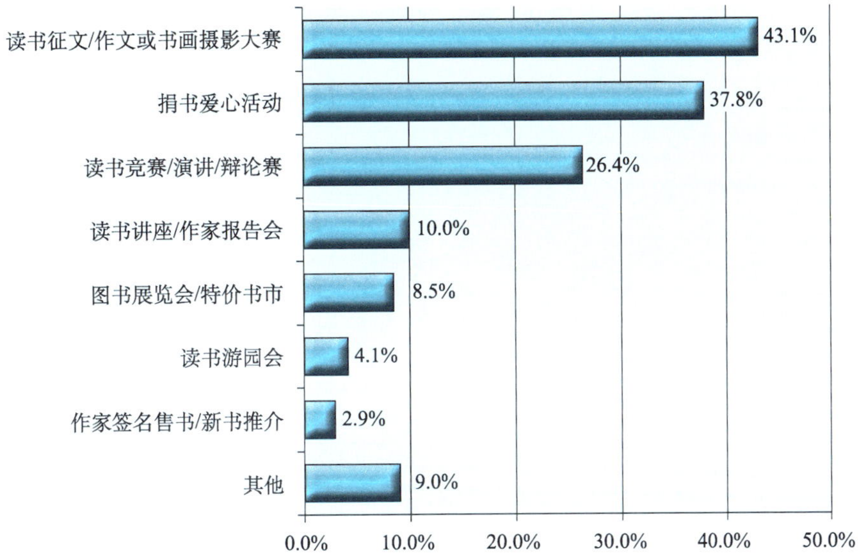

图 7-3-1　9—13 周岁少年儿童阅读活动参与类型

第四篇

0—8 周岁儿童部分

第一章 0—8周岁儿童图书阅读与购买状况

1.1 儿童综合阅读率和阅读起始时间

1.1.1 综合阅读率

2013年，我国0—8周岁儿童综合阅读率[①]为75.0%，比2012年的75.4%下降了0.4个百分点。从性别差异看，男孩的综合阅读率为74.3%，略低于女孩的75.7%。从城乡对比看，城镇儿童的综合阅读率为78.9%，高于农村儿童的72.1%。

2013年，不同年龄段儿童的综合阅读率存在一定差异，年龄稍大儿童的综合阅读率相对较高。0—1周岁儿童的综合阅读率最低，仅为32.9%。3周岁以内儿童的综合阅读率随年龄增长而提升明显，5—8周岁儿童的综合阅读率相对较高，均在90.0%以上。

具体情况如图1-1-1所示。

---

① 0—8周岁儿童综合阅读率指2013年阅读过挂图、识图卡片、识字卡片、玩具书、图书、报刊等各类出版物的儿童占0—8周岁儿童总体的比例。

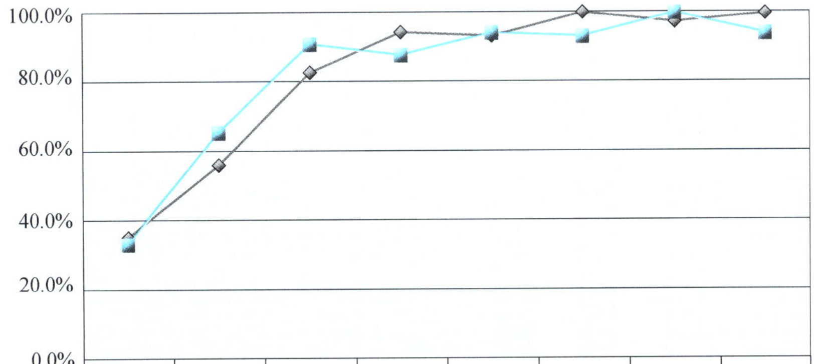

	0—1周岁	2周岁	3周岁	4周岁	5周岁	6周岁	7周岁	8周岁
2012年	35.0%	55.8%	82.5%	94.1%	92.9%	99.8%	97.1%	99.5%
2013年	32.9%	65.0%	90.4%	87.3%	93.7%	92.7%	99.5%	93.6%

图 1-1-1　0—8 周岁儿童各年龄段综合阅读率

1.1.2　阅读起始时间

本次调查结果显示，2013 年，我国 0—8 周岁儿童平均阅读起始年龄为 1.84 周岁。从性别差异看，男孩与女孩的阅读起始年龄相差不大，男孩的平均阅读起始年龄为 1.83 周岁，与女孩（1.84 周岁）大体相当。从城乡对比看，城镇儿童的平均阅读起始年龄为 1.81 周岁，农村儿童的平均阅读起始年龄为 1.85 周岁。

有 83.6%的我国 0—8 周岁儿童在 3 周岁之前（包括 3 周岁）就开始了不同形式的阅读活动（含挂图、绘画、识字卡片等），高于 2012 年的 80.4%。具体来看，30.9%的儿童在 1 周岁之前就开始阅读，在 2 周岁开始阅读和 3 周岁开始阅读的儿童比例分别为 31.4%和 21.3%。还有 10.0%的儿童在 4 周岁开始阅读，有 3.8%的儿童在 5 周岁开始阅读，而在 6—8 周岁才开始阅读的儿童较少，所占比例仅为 2.6%。

具体数据如图 1-1-2 所示。

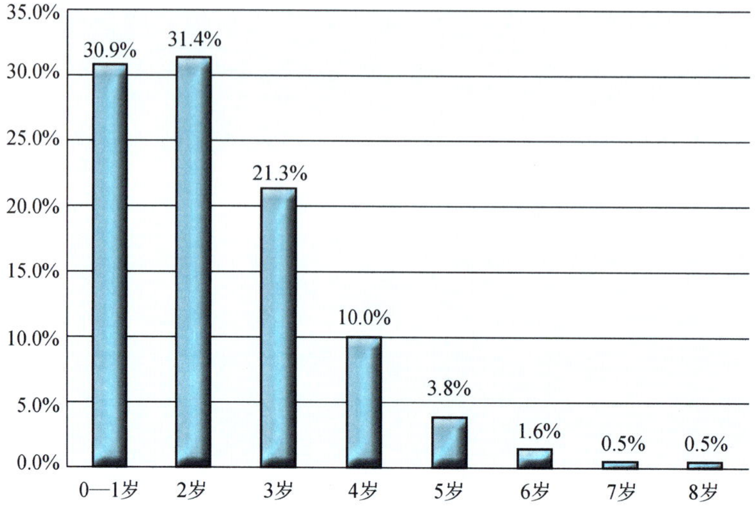

图 1-1-2　0—8 周岁儿童阅读的起始年龄

1.2　儿童图书阅读状况

1.2.1　图书阅读率与阅读量①

2013 年我国 0—8 周岁儿童的纸质图书阅读率为 66.0%，较 2012 年的 64.5%上升了 1.5 个百分点。

从性别差异看，我国 0—8 周岁男孩图书阅读率为 64.0%，较女孩的图书阅读率（68.3%）低 4.3 个百分点。从城乡对比看，我国 0—8 周岁城镇儿童图书阅读率为 73.6%，较农村儿童的图书阅读率（60.4%）高出 13.2 个百分点。

具体情况如表 1-2-1 所示。

表 1-2-1　不同人口特征 0—8 周岁儿童图书阅读率

人口特征	类别	图书阅读率
性别	男孩	64.0%
	女孩	68.3%
城乡	城镇	73.6%
	农村	60.4%

① 此处所指图书均为除教科书和期刊外的课外图书。

2013 年我国 0—8 周岁儿童的人均图书阅读量为 5.25 本，较 2012 年的 3.85 本增加了 1.40 本。

从性别差异看，我国 0—8 周岁男孩图书阅读量为 4.56 本，较女孩的图书阅读量（6.06 本）少 1.50 本。从城乡对比看，我国 0—8 周岁城镇儿童图书阅读量为 7.42 本，较农村儿童的图书阅读量（3.55 本）多出 3.87 本。

具体情况如表 1-2-2 所示。

表 1-2-2　不同人口特征 0—8 周岁儿童图书阅读量

人口特征	类别	图书阅读量（本）
性别	男孩	4.56
	女孩	6.06
城乡	城镇	7.42
	农村	3.55

2013 年，接近六成（58.6%）的儿童阅读了 3 本及 3 本以上的课外图书；有 33.1%的儿童阅读了 5 本及 5 本以上的课外图书，课外图书阅读量在“10 本及以上”的儿童占 11.0%。另外，有 12.4%的儿童虽然读了一些，但是“记不清楚具体本数了”，还有 12.0%的儿童“基本不读”课外图书。具体情况如图 1-2-1 所示。

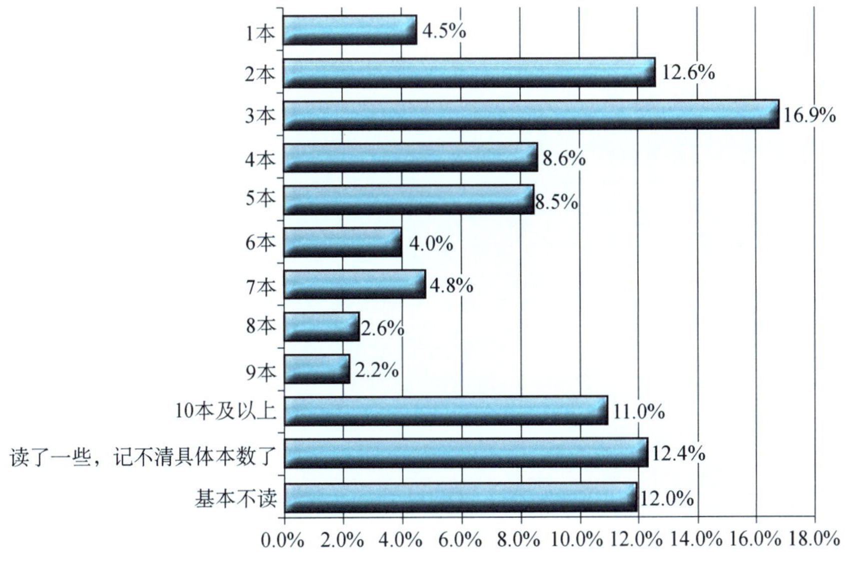

图 1-2-1　0—8 周岁儿童图书阅读量

1.2.2 儿童阅读童书的主要来源

本次调查结果显示，有89.9%的我国0—8周岁儿童家长表示孩子阅读的童书主要来自“家长购买”，说明家长对儿童图书的消费积极性较高。此外，有21.4%的儿童家长表示孩子主要“在幼儿园、学校看”童书，有12.0%的家长表示孩子阅读童书的来源主要是“亲戚朋友赠送”，有5.8%的儿童家长表示孩子主要通过向“亲戚朋友借阅”来阅读童书。而书店和图书馆的选择比例相对较低，有3.9%的儿童家长表示孩子阅读童书的来源主要是“在书店看”，3.2%的儿童家长表示孩子阅读童书的来源主要是到“图书馆借阅”。

具体情况如图1-2-2所示。

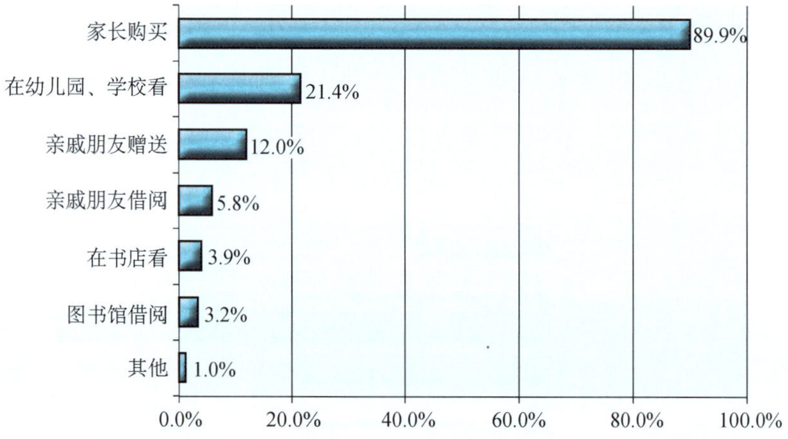

图1-2-2 0—8周岁儿童阅读童书的主要来源

1.2.3 图书拥有量

调查数据显示，2013年，我国0—8周岁儿童人均图书拥有量为12.34本。从性别差异看，男孩的人均图书拥有量为11.62本，少于女孩的人均图书拥有量（13.18本）。从城乡对比看，城镇儿童的人均图书拥有量为 18.20 本，是农村儿童的人均图书拥有量（7.65 本）的两倍多。

有高达 93.1%的我国 0—8 周岁儿童拥有自己的图书。76.5%的儿童的图书拥有量在 20 本以下，具体来看，有 37.9%的儿童的图书拥有量在 1—5 本，有 22.9%的儿童的图书拥有量在 6—10 本，有 15.7%的儿童的图书拥有量在 11—20 本。此外，有 6.5%的儿童的图书拥有量在 21—30 本，有 7.1%的儿童的图书拥有量在 31—50 本之间，仅有 3.1%的儿童的图书拥有量超过 50 本，还有 6.9%的儿童没有属于自己的图书。具体情况如图 1-2-3 所示。

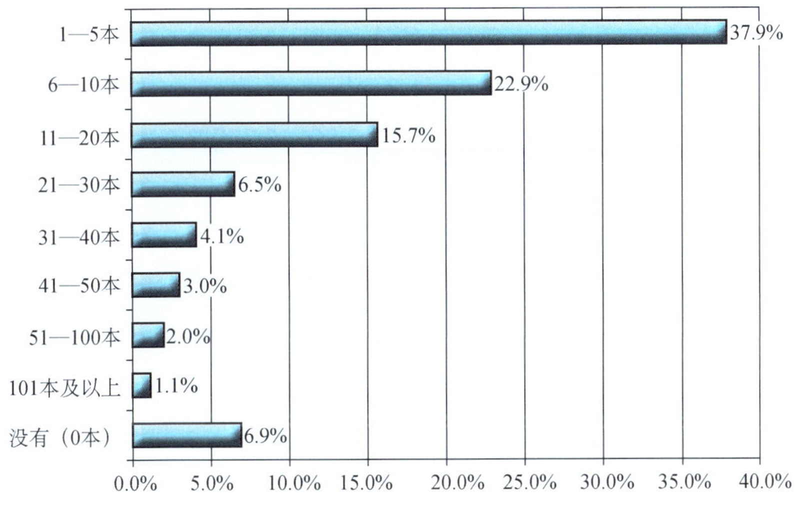

图 1-2-3　0—8 周岁儿童图书拥有量

调查数据显示，2013 年，不同年龄段儿童的人均图书拥有量存在一定差异，大体而言，儿童的人均图书拥有量随年龄增长而增加。具体来说，0—1 周岁和 2 周岁儿童的人均图书拥有量较少，分别为 4.54 本和 8.01 本；6 周岁和 8 周岁儿童的人均图书拥有量较多，分别达到 17.39 本和 15.84 本。而 4—8 周岁儿童的人均图书拥有量均超过了 10.00 本。具体情况如图 1-2-4 所示。

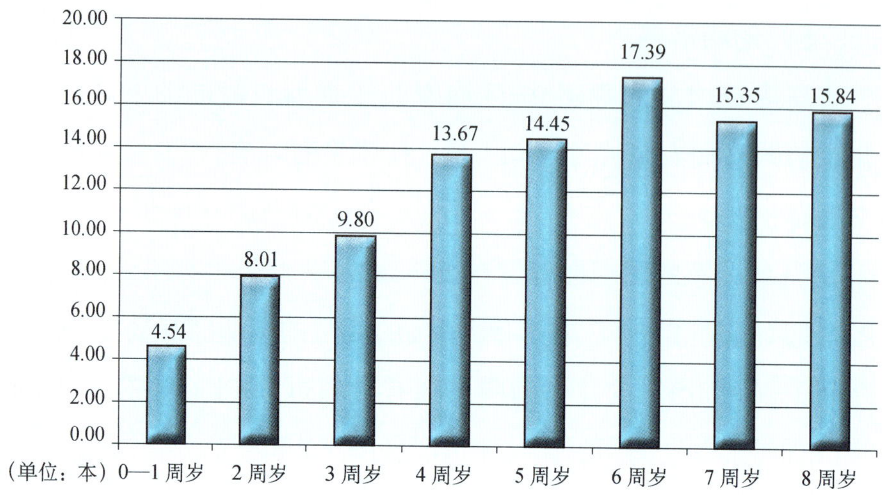

图 1-2-4　0—8 周岁各年龄段儿童的图书拥有量

1.2.4 儿童阅读兴趣

有 53.7%的我国 0—8 周岁儿童表示“喜欢，经常看”图书，有 29.7%的儿童表示“喜欢，但不经常看”。只有 9.5%的儿童明确表示“不喜欢，基本不看”。还有 7.1%的儿童表示对此问题“说不清”。具体情况如图 1-2-5 所示。

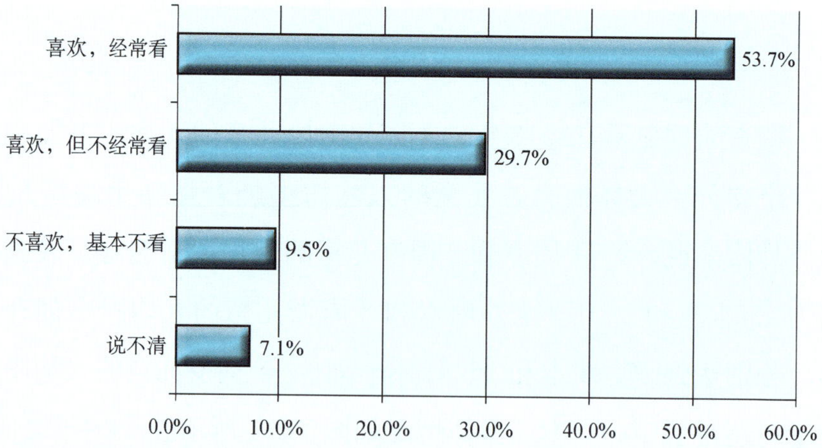

图 1-2-5　0—8 周岁儿童阅读兴趣

1.2.5 儿童喜欢的阅读方式

对孩子最喜欢的阅读方式的调查数据进行分析显示，家长在儿童阅读中所扮演的角色显得举足轻重，亲子阅读是学龄前儿童较普遍选择的阅读方式。有 38.4％的我国 0—8 周岁儿童喜欢“家长陪孩子一起读”，有 28.4％的儿童喜欢“自己阅读”，有 26.1％的儿童喜欢“家长读给孩子听”，只有 6.4％的儿童喜欢“和小伙伴一起阅读”。具体情况如图 1-2-6 所示。

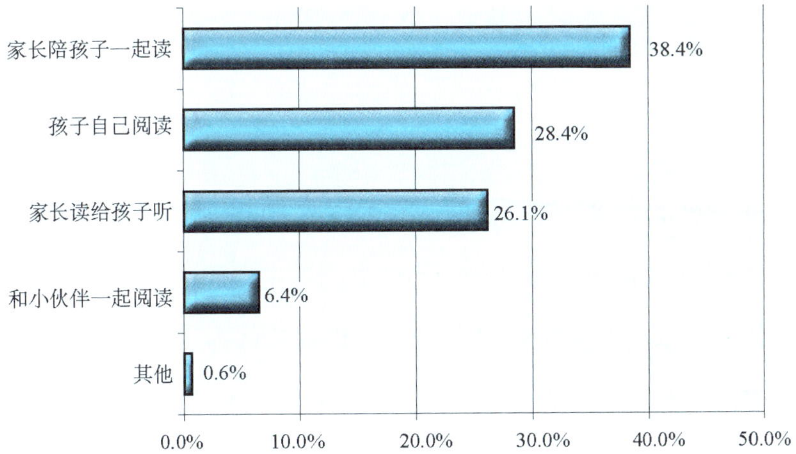

图 1-2-6　0—8 周岁儿童喜欢的阅读方式

从年龄特征上分析，0—8 周岁儿童喜欢的阅读方式随着年龄的增长而产生变化，年龄越大的儿童越倾向于自己独立阅读。在 0—1 周岁儿童中，有 54.0％的儿童喜欢家长读给自己听；在 2 周岁儿童中，这一比例为 38.7％，在 3 周岁儿童中这一比例为 27.7％，在 4 周岁儿童中这一比例为 25.7％，在 5 周岁儿童中这一比例为 24.2％，在 6 周岁儿童中这一比例为 17.8％，在 7 周岁儿童中为 11.6％，在 8 周岁儿童中为 12.3％。

与上述情况相反的是，在 0—1 周岁儿童中，喜欢“自己阅读”的儿童比例仅为 3.6％；在 6 周岁、7 周岁儿童中，这一比例分别为

37.5%、40.4%；而在 8 周岁的儿童中，超过半数喜欢“自己阅读”，选择比例为 53.7%。具体情况如表 1-2-3 所示。

表 1-2-3　不同年龄阶段 0—8 周岁儿童喜欢的阅读方式

	0—1 周岁	2 周岁	3 周岁	4 周岁	5 周岁	6 周岁	7 周岁	8 周岁
家长读给孩子听	54.0%	38.7%	27.7%	25.7%	24.2%	17.8%	11.6%	12.3%
家长陪孩子一起读	41.1%	48.8%	43.2%	42.6%	45.8%	32.8%	29.2%	22.1%
孩子自己阅读	3.6%	11.3%	23.8%	29.8%	25.3%	37.5%	40.4%	53.7%
和小伙伴一起阅读	0.5%	0.3%	5.1%	1.8%	4.6%	11.7%	18.8%	9.5%
其他	0.8%	0.9%	0.3%	0.1%	0.1%	0.2%	0.0%	2.4%

1.2.6　儿童不阅读的原因

当问及孩子不读书的原因时，有 88.5%的 0—8 周岁儿童家长认为“孩子太小还不会读书”是其孩子不读书的最主要原因。此外，有 5.5%的家长认为“孩子不喜欢看书”，4.4%的家长认为“没人教孩子看书”是孩子不读书的主要原因。仅有 0.9%的家长认为“没有闲钱给孩子买课外书”是孩子不读书的主要原因。具体情况如图 1-2-7 所示。

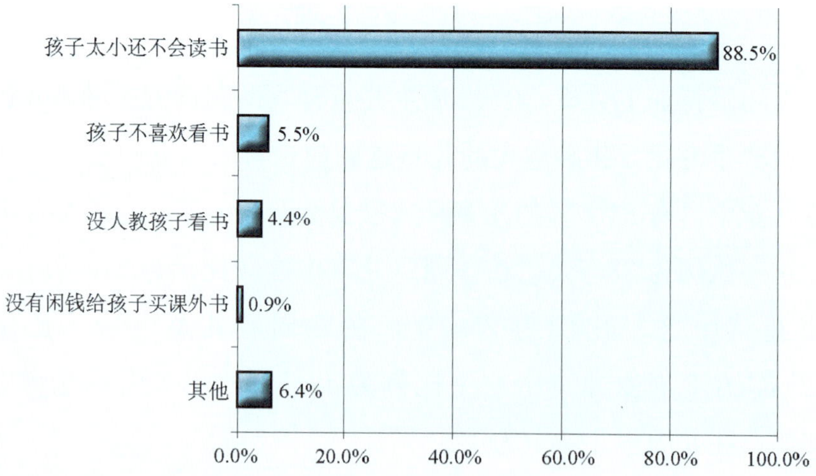

图 1-2-7　0—8 周岁儿童不读书的原因

从城乡对比看，城镇儿童家长选择“孩子太小还不会读书”的比例要高于农村儿童家长。农村儿童家长选择“孩子不喜欢看书”“没人教孩子看书”“没有闲钱给孩子买课外书”的比例则要略高于城镇儿童家长。具体情况如图 1-2-8 所示。

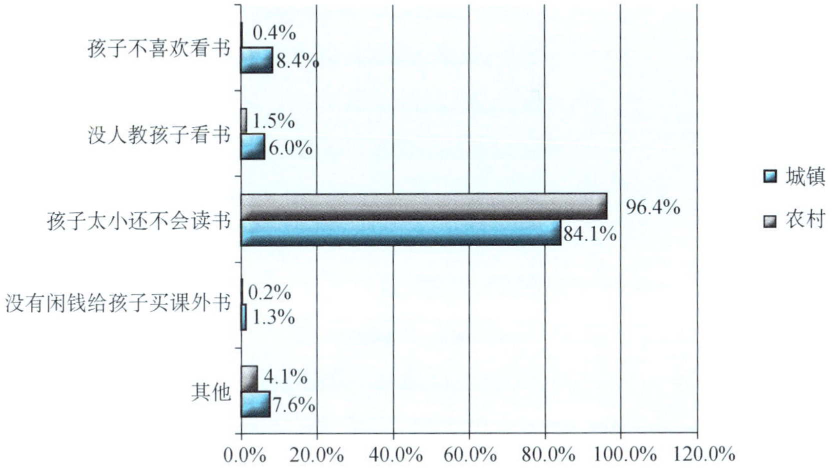

图 1-2-8　0—8 周岁城镇儿童与农村儿童不读书原因对比

1.3　儿童图书购买状况

1.3.1　购买童书金额

2013 年，我国 0—8 周岁儿童的家长平均花费 78.65 元给孩子购买童书。城镇儿童家长平均花费 104.10 元给孩子购买童书，而农村儿童家长的平均花费金额为 58.75 元。

有 89.9%的我国 0—8 周岁儿童家长给孩子购买过童书。有 37.4%的家长为孩子购买童书的花费在 50 元及以上，具体来看，为孩子购书花费在 50—100 元之间的家长比例为 15.7%，为孩子购书花费在 100—300 元之间的家长比例为 16.2%，花费在 300 元及以上的家长比例为 5.5%。此外，为孩子购买童书花费在 50 元以内的家长比例为 43.8%，还有 8.7%的家长虽然买了，但是表示忘记了具体的购买金额。

具体情况如图 1-3-1 所示。

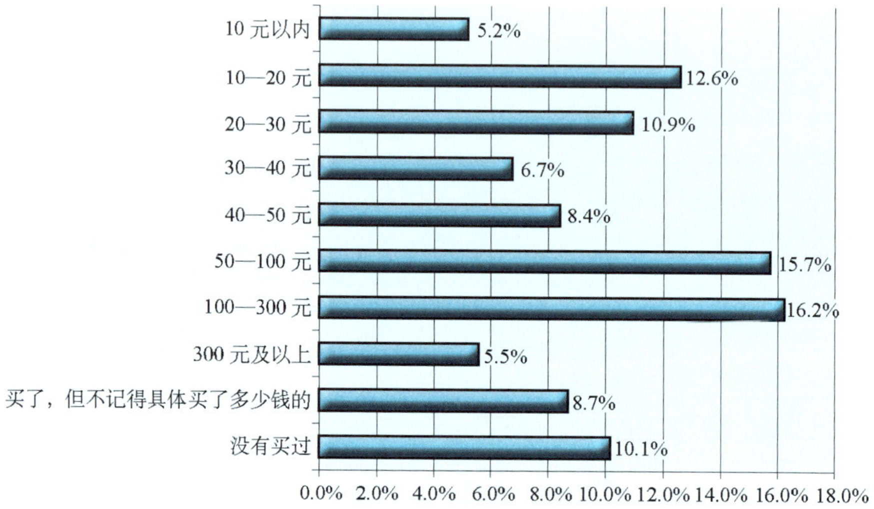

图 1-3-1　0—8 周岁儿童家长购买童书金额

1.3.2　家长购买童书的主要渠道

2013 年，实体书店仍然是我国 0—8 周岁儿童家长为孩子购书的主要渠道。有 53.8%的我国 0—8 周岁儿童家长通常会在“新华书店”为孩子购书，通常选择在“私营书店”为孩子购书的家长比例为 32.0%。“超市商场”也是近年来儿童图书销售的一个重要渠道，有 26.2%的儿童家长通常会在“超市商场”为孩子购书。还有 18.2%的 0—8 周岁儿童家长通常在“街头书摊”为孩子购书。

值得注意的是，有 10.0%的我国 0—8 周岁儿童家长经常在“网上书店”给孩子买书。

具体情况如图 1-3-2 所示。

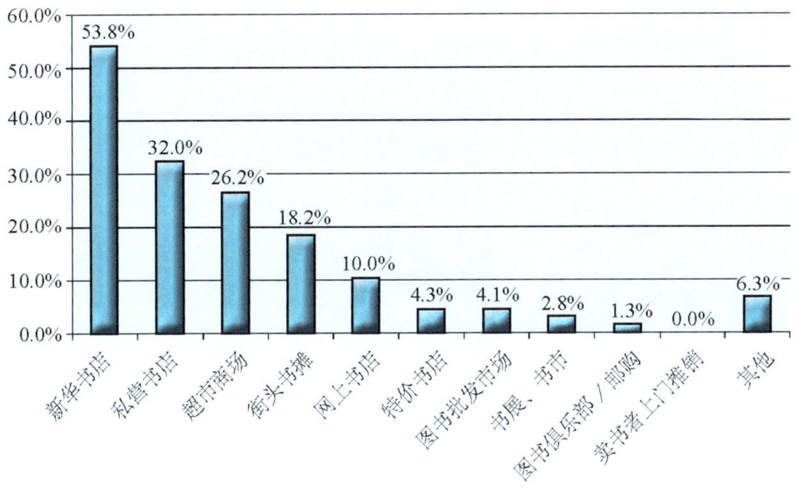

图 1-3-2 0—8 周岁儿童家长给孩子购买童书的主要渠道

1.3.3 家长选择购买童书渠道的影响因素

调查数据显示，有 52.1%的我国 0—8 周岁儿童家长在选择给孩子买书的渠道时重点考虑的因素是“图书种类多”。图书的易获取性也是家长选择购书渠道时考虑的主要因素，“离得较近”“很容易找到需要的书”两个选项的选择比例分别为 38.5%、24.9%。也有部分家长在选择购书渠道时比较看重价格折扣、店内环境与图书信息丰富程度，“价格折扣”“店内环境好，设施齐全”“图书信息和评论丰富”的选择比例分别为 16.7%、16.1%、14.9%。而“店主或服务员态度亲切，服务好”和“开展读书活动”的关注度相对不高，选择比例分别仅为 6.3%和 2.5%。具体情况如图 1-3-3所示。

1.3.4 购书距离

调查数据显示，我国 0—8 周岁儿童家长平均在 3.37 公里内可找到购书点，即离家最近购书点的平均距离为 3.37 公里。

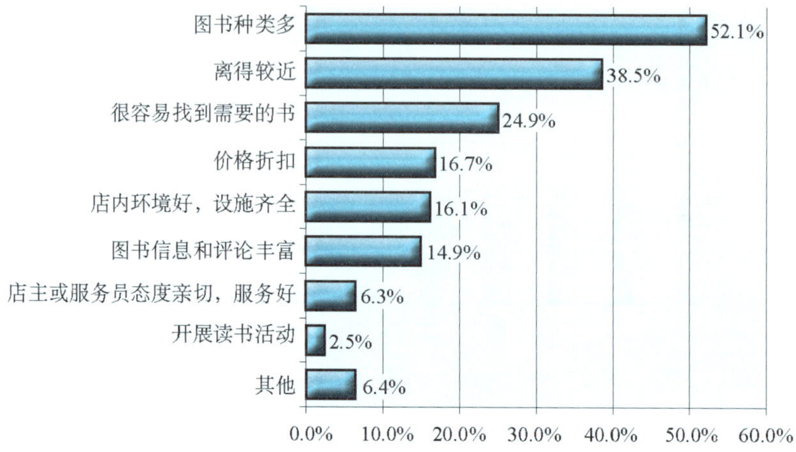

图 1-3-3　影响 0—8 周岁儿童家长选择购买童书渠道的因素

有 54.1%的我国 0—8 周岁儿童家长表示离家最近的购书点在 3 公里以内。有 40.3%的家长表示，离家最近的的购书点在 3 公里或以上，特别值得注意的是，有 9.1%的家长表示，离家最近的购书点在 10 公里或以上。还有 5.7%的儿童家长对这一距离表示“不清楚/不知道”。具体情况如图 1-3-4 所示。

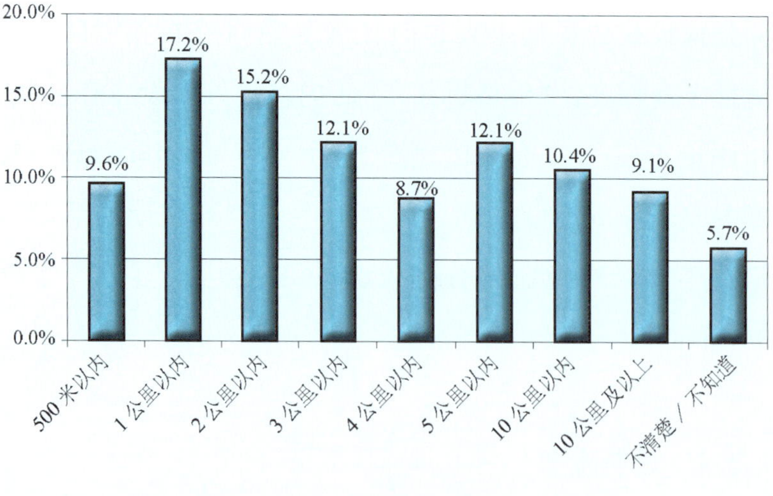

图 1-3-4　0—8 周岁儿童离家最近购书点距离

1.3.5 家长获取儿童读物信息的主要途径

2013 年，通过“逛书店”了解儿童读物信息的我国 0—8 周岁儿童家长最多，选择比例达 53.5%。还有 35.4%的家长主要通过人际传播（“朋友或幼儿园老师介绍”）来获取儿童读物信息。而通过“电视或广播上的读书节目”“图书排行榜”“图书或文学专业网站”“报刊上的出书新闻或书评”“门户网站的‘读书’频道”来获取儿童读物信息的家长比例相对不高，均低于 10.0%。另有 32.9%的家长表示获取儿童读物信息“很随意”，6.6%的家长则表示“没有信息渠道”。可以看出，在儿童读物信息传播方面，亲身体验和口碑传播会有较大作用。具体情况如图 1-3-5 所示。

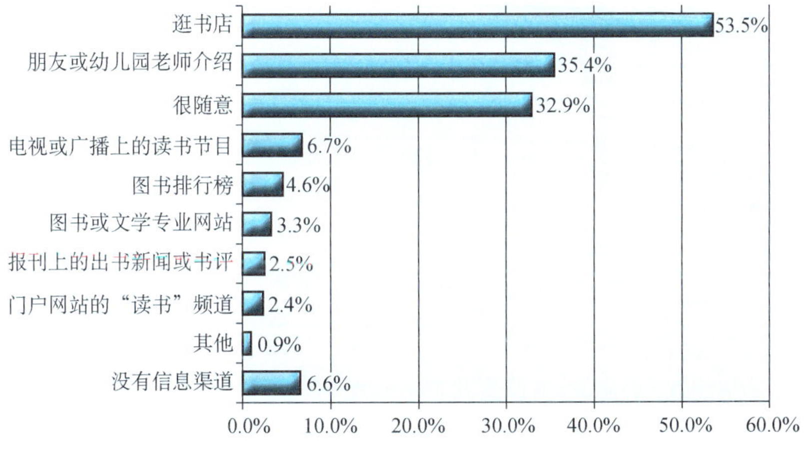

图 1-3-5　0—8 周岁儿童家长儿童读物信息的获取途径

1.3.6 影响家长为孩子购买童书的主要因素

调查数据显示，有 64.8%的我国 0—8 周岁儿童的家长表示，“孩子喜欢”是影响其为孩子购买图书的最主要因素。其次，“朋友、老师或幼儿园推荐”和“图书内容简介”也是影响其为孩子购书的主要原因，选择比例分别为 37.1%和 36.1%。此外，还分别有

10.3%的家长将“价格”、9.9%的家长将“店员推荐”、9.9%的家长将“封面设计及外观”、9.2%的家长将“书名或目录”作为给孩子选购图书时考虑的主要因素之一。而“网上或邮件图书信息推介”“畅销书榜”“出版社的名气”“作者”“电视、电影原作”和“媒体的书讯和书评”等因素的影响力则相对较弱，选择比例均低于5.0%。这说明儿童图书能否引起儿童读者的阅读兴趣，是决定家长是否购买的最关键因素。具体情况如图1-3-6所示。

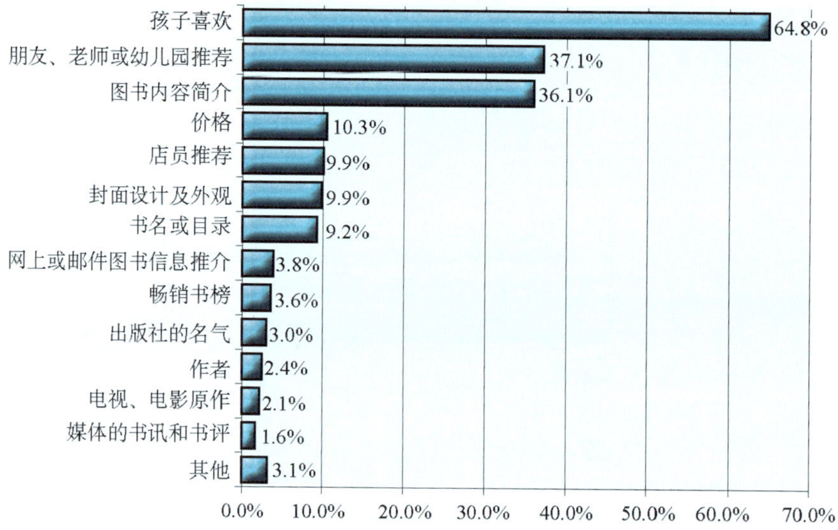

图1-3-6 影响0—8周岁儿童家长为孩子购书的主要因素

1.3.7 家长购买童书的不便之处

62.0%的我国0—8周岁儿童家长认为在为孩子购书时没有不方便的地方。购书距离远、图书信息少是我国0—8周岁儿童家长给孩子买书的主要障碍，“家离卖书的地方很远”和“对书的信息知道得少”的选择比例分别为18.1%和12.1%。另外，“没有图书信息检索设备”“书店陈列混乱，很难找书”“想买的书总是没有”的选择比例分别为6.5%、4.4%、4.1%，而选择“书店服务态度不好”

的比例相对较低，仅为 1.9%。

具体情况如图 1-3-7 所示。

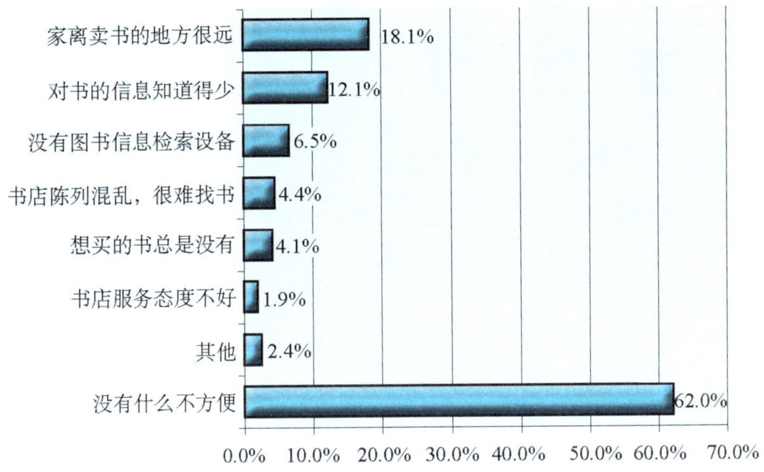

图 1-3-7 0—8 周岁儿童家长为孩子购书的不便之处

1.3.8 家长对童书价格的承受力

调查数据显示，2013 年，对于一本 40 页左右、内容精美的彩色图画书，我国 0—8 周岁儿童的家长平均可承受的价格为 12.59 元，高于 2012 年的 12.31 元。

对于一本 40 页左右、内容精美的彩色图画书来说，71.7%的我国 0—8 周岁儿童家长能够接受的价格区间集中在 4—20 元。具体来看，有 20.4%的家长能承受 4—8 元的价格，24.1%的家长能承受 8—12 元的价格，27.2%的家长能承受 12—20 元的价格。此外，有 6.7%的家长只能承受 4 元以下的价格，11.1%的家长能承受 20—30 元的价格，2.1%的家长能够承受的价格在 30 元及以上，还有 8.4%的家长认为“只要喜欢，多贵都买”。

具体情况如图 1-3-8 所示。

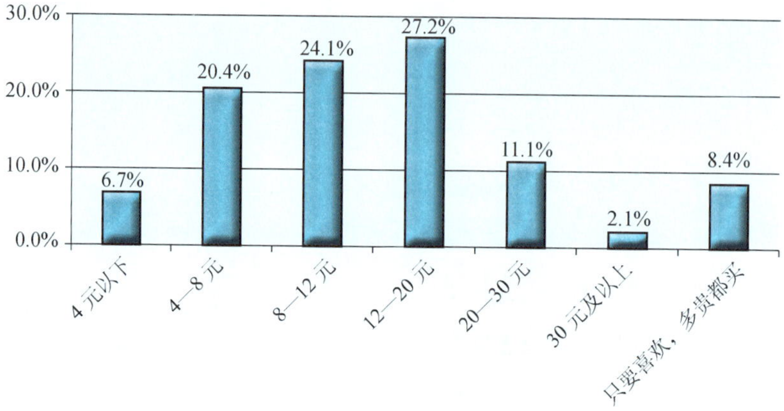

图 1-3-8　0—8 周岁儿童家长对童书价格的承受力

1.3.9　家长对儿童类图书的评价

1.3.9.1　家长对儿童图书种类评价

调查数据显示，2013 年，大部分（64.1%）我国 0—8 周岁儿童家长对目前市场上的儿童图书种类评价较高，认为市场上的儿童图书种类“很丰富”或“比较丰富”。另外，有 18.2%的家长认为目前市场上儿童图书种类“一般”，认为“很少”或“比较少”的家长比例仅有 8.6%。还有 9.1%的家长对儿童图书种类的评价较为模糊，表示“说不上来”。具体情况如图 1-3-9 所示。

1.3.9.2　家长对儿童图书质量评价

如图 1-3-10 所示，有 39.7%的我国 0—8 周岁儿童家长认为目前儿童图书质量高（“很高”或“比较高”），有 47.4%的家长认为儿童图书质量一般，认为儿童图书质量“比较低”或“很低”的比例仅为 3.9%。还有 9.1%的家长对儿童图书质量的评价较为模糊，表示“说不清”。

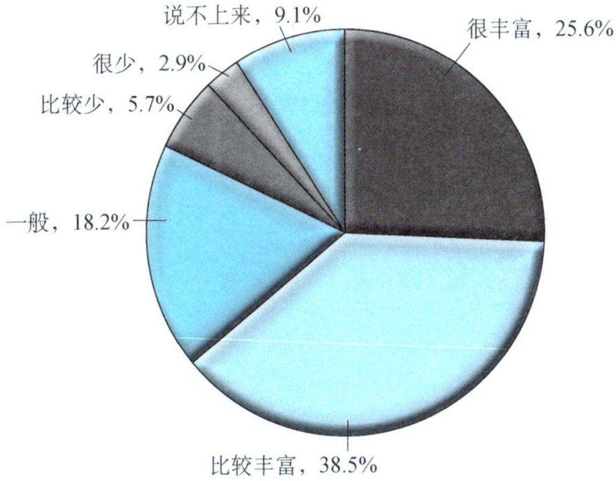

图 1-3-9　0—8 周岁儿童家长对儿童图书种类的评价

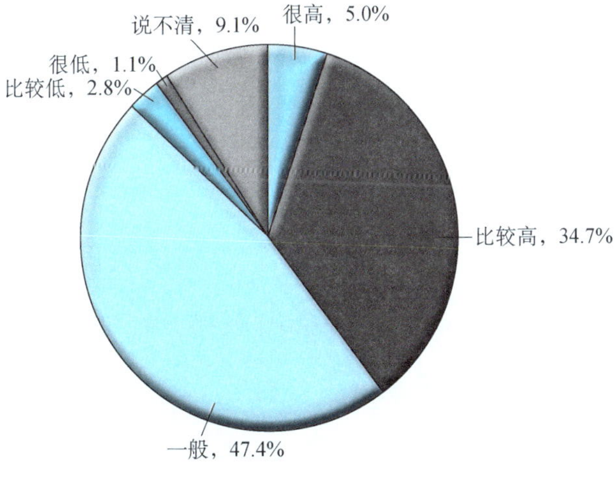

图 1-3-10　0—8 周岁儿童家长对儿童图书质量的评价

1.3.9.3　家长对儿童图书价格评价

根据 2013 年的调查数据显示，有 42.7%的我国 0—8 周岁儿童家长认为目前市场上儿童图书价格“合适”，有 40.6%的家长认为目前儿童图书定价高（“比较贵”或“非常贵”），而认为市场上儿童图书价格便宜（“比较便宜”或“非常便宜”）的家长比例只有7.2%。还有9.6%的家长表示“说不清”目前少儿图书价格是高是低。具体情况如图1-3-11所示。

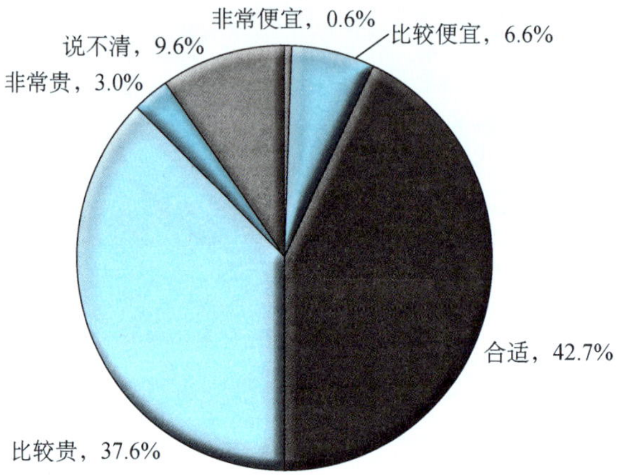

图1-3-11 0—8周岁儿童家长对儿童图书价格的评价

1.3.10 家长网上购买儿童出版物行为分析

1.3.10.1 家长网上购买儿童出版物种类

2013年的调查结果显示，有27.1%的我国0—8周岁儿童家长通过互联网给孩子购买过各类出版物。在通过网络购买过各类出版物的0—8周岁儿童家长中，有71.1%的家长通过互联网给孩子购买过图书，有31.2%的家长通过互联网给孩子购买过与学习有关的音像制品，有23.7%的家长通过互联网给孩子购买过娱乐休闲用音像制品，有13.5%的家长通过互联网给孩子购买过软件/游戏光盘，有10.3%的家长通过互联网给孩子购买过盒式录音带，有9.6%的家长通过互联网给孩子购买过期刊。具体情况如图1-3-12所示。

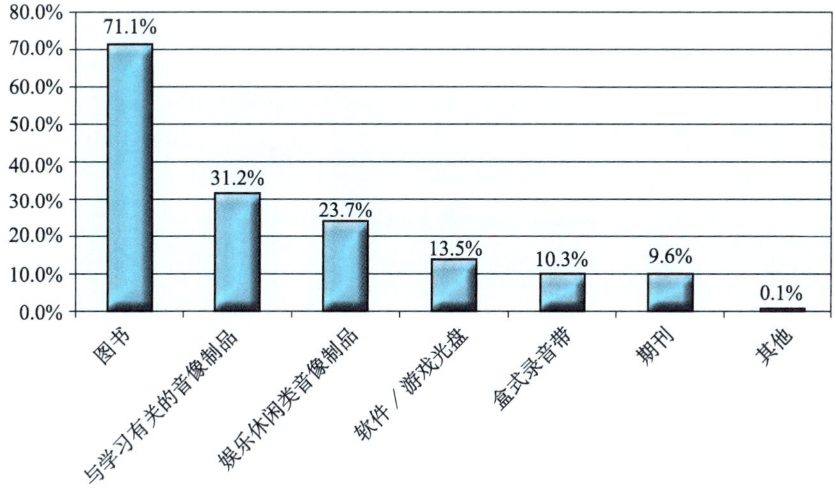

图 1-3-12　0—8 周岁儿童家长通过互联网购买出版物种类

1.3.10.2　家长选择网上购买儿童出版物原因

调查数据显示，2013 年，“图书种类多”“价格优惠”“节省去书店的时间和费用”和“送货上门”是吸引我国 0—8 周岁儿童家长选择在网上购买儿童出版物的四个主要原因。其中，有 48.1%的家长是因为“图书种类多”而选择网上购书；有 41.6%的家长表示“价格优惠”是吸引他们选择网上购买儿童出版物的主要原因；有 37.7%的家长表示网上购买图书可以“节省去书店的时间和费用”；还有 30.8%的家长表示“送货上门”是吸引他们选择网上购买儿童出版物的主要原因。此外，还有 24.0%的家长表示网上“很容易找到需要的书”；有 20.6%的家长认为网上购买儿童出版物“有丰富的信息和评论供参考”。具体情况如图 1-3-13 所示。

1.3.10.3　制约家长网上购买儿童出版物的因素

分析家长未在网上给孩子购买出版物的原因可以得知，“不习惯网上购物”是家长未在网上购买儿童出版物的首要因素（43.6%）。还有 24.3%的家长表示“不能上网”是制约其网上购买儿童出版物的

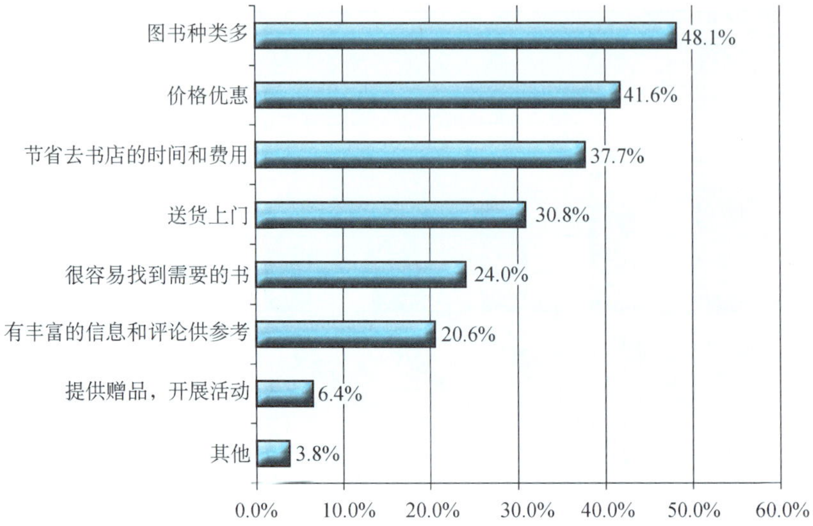

图 1-3-13　0—8 周岁儿童家长选择网上购买儿童出版物的原因

原因；有 19.0%的家长表示因为“网上购物不安全”而没有在网上给孩子购书；有 18.8%的家长表示因为“太麻烦/流程过于复杂”而没有在网上给孩子购书；有 17.5%的家长表示因为“无法检验出版物质量”而没有在网上给孩子购书。具体情况如图 1-3-14 所示。

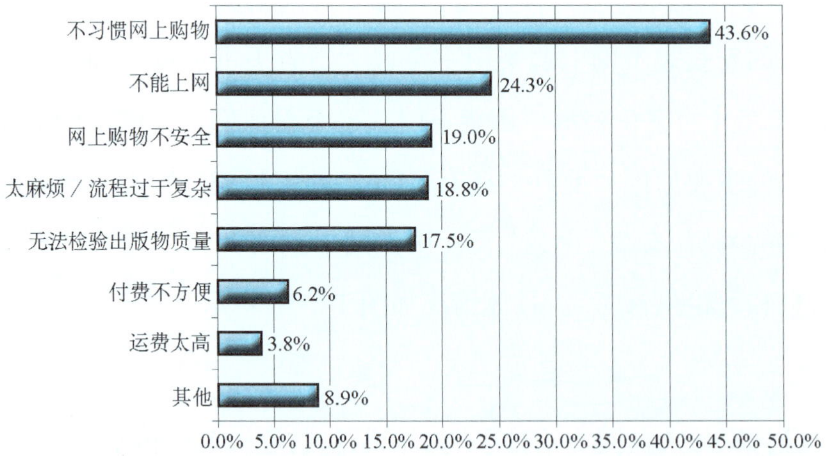

图 1-3-14　制约家长网上购买儿童出版物的因素

1.3.11　家长对原创与引进版出版物的选择情况

如图 1-3-15 所示，2013 年家长为孩子购买过的儿童读物中，国内原创读物占 53.8%，远高于国外引进出版物的 4.7%。还有 41.5%的家长表示，并未注意这些儿童读物是国内原创还是国外引进版。这说明只要图书内容质量好，孩子和家长并不在意图书的来源，图书内容本身对于读者有吸引力才是影响读者选择的关键。

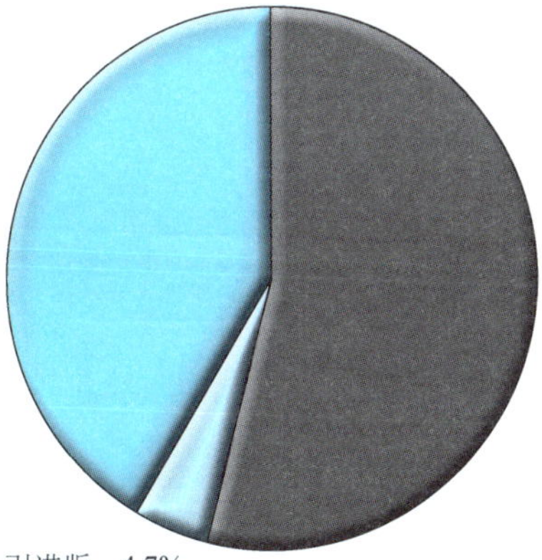

图 1-3-15　家长为儿童选择出版物的倾向

1.3.12　儿童书店知名度和市场渗透率

在调查过程中，我们列举了国内 17 家较为知名的书店（包括网上书店），让被访的 0—8 周岁儿童家长从中挑选出听说过的书店和曾为孩子购买过出版物的书店，以了解这些书店的知名度和市场表现。结果显示，“本地新华书店”稳居知名度和市场渗透率（购买率）第一位。其次，当当网、京东商城、新华文轩连锁书店、亚马逊网等知名度较高的书店市场渗透率（购买率）也相对较高。

具体情况如表 1-3-1 所示。

表 1-3-1 儿童书店的知名度和市场渗透率

书店名称	知名度	购买率
当当网	30.3%	14.0%
亚马逊网	13.4%	2.4%
99 网上书城	2.8%	1.6%
蒲蒲兰绘本馆	1.4%	0.4%
一城网	1.1%	0.1%
红孩子网站	8.8%	1.5%
博库书城	2.5%	0.9%
丽家宝贝网站	0.8%	0.1%
红泥巴图书网	1.1%	0.1%
北京西单图书大厦	3.2%	0.9%
上海书城	4.5%	1.5%
本地新华书店	76.6%	72.6%
大众书局	8.0%	4.0%
新华文轩连锁书店	13.9%	5.8%
乐友网	1.2%	0.1%
福连家网	0.4%	0.4%
京东商城	19.2%	6.7%
苏宁易购	12.9%	1.1%

1.4 儿童与家长互动阅读情况

1.4.1 家长引导儿童阅读的目的

我们通过调查发现，有 50.5%的家长表示引导孩子阅读的主要目的是“帮助识字，学数数”，有 49.7%的家长认为引导孩子阅读的主要目的是“开发智力，培养学习能力”，有 48.8%的家长表示引导孩子阅读的主要目的是“养成阅读兴趣和习惯”，有 48.6%的我国 0—8 周岁儿童家长认为引导孩子阅读的主要目的是“帮助认识各种事物”。只有 15.8%的家长认为引导孩子阅读的目的是“为了给小孩玩耍/让小孩安静下来”。

具体情况如表 1-4-1 所示。

表 1-4-1　0—8 周岁儿童家长引导儿童阅读的主要目的

家长引导儿童阅读的目的	选择比例
帮助识字，学数数	50.5%
开发智力，培养学习能力	49.7%
养成阅读兴趣和习惯	48.8%
帮助认识各种事物	48.6%
为了给小孩玩耍/让小孩安静下来	15.8%
其他	1.2%

1.4.2　家长对儿童阅读的陪护状况

1.4.2.1　主要陪读者

我们通过对亲子阅读行为的分析发现，2013 年，在我国有阅读行为的 0—8 周岁儿童家庭中，有陪孩子读书习惯的家庭占 86.5%，较 2012 年的 87.5%下降了 1.0 个百分点。

作为儿童阅读的陪护者，“妈妈”充当着最主要的角色，是最经常陪伴孩子读书的家长，选择比例达 71.5%；其次是“爸爸”，选择比例为 27.4%；其余陪读人员的选择比例，从高到低排列依次是“奶奶”“爷爷”“外婆”“外公”等家庭成员。值得注意的是，有 13.5%的我国儿童平时在家里主要是自己读书，没有家长陪伴。

具体情况如图 1-4-1 所示。

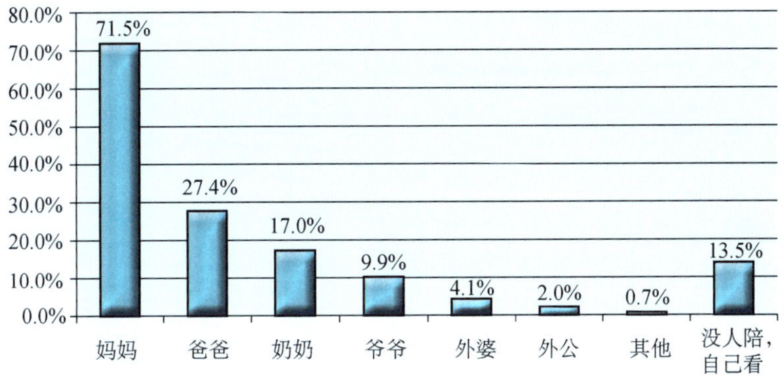

图 1-4-1　0—8 周岁儿童家长陪孩子读书情况

1.4.2.2 陪读时长

调查数据显示，在有过亲子共读行为的我国 0—8 周岁儿童家庭中，家长平均每天花费 23.87 分钟陪孩子阅读，较 2012 年平均水平（26.67 分钟）减少了 2.80 分钟。其中，城镇家长平均每天花费 23.82 分钟陪孩子阅读，而农村家长平均每天花费 23.91 分钟陪孩子阅读，两者相差不大。

在有过亲子共读行为的我国 0—8 周岁儿童家庭中，家长平均每天花费 10 分钟以上陪孩子读书的比例为 65.7%。具体来看，陪读时间为 10—20 分钟的选择比例为 21.2%，陪读时间为 20—30 分钟的选择比例为 22.9%，陪读时间为 30—60 分钟的选择比例为 12.0%，陪读时间在 1 小时及以上的选择比例为 9.6%。此外，家长平均每天陪读时间为 5—10 分钟的比例为 18.2%，家长平均每天陪孩子读书时间不足 5 分钟的比例为 3.4%。具体情况如图 1-4-2 所示。

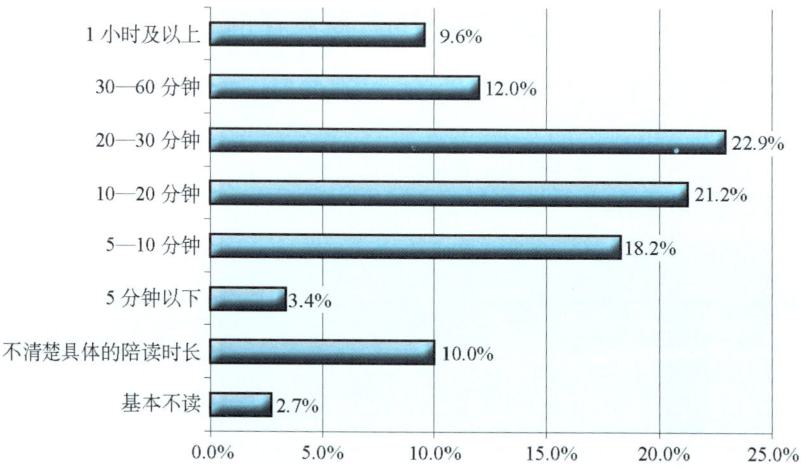

图 1-4-2　0—8 周岁儿童家长陪孩子阅读的时长

1.4.3 家长带孩子逛书店的频率

2013 年我国 0—8 周岁儿童家长平均每年带孩子逛书店 3.40 次，较 2012 年的 3.75 次少 0.35 次。

本次调查结果还显示，73.3%的我国 0—8 周岁儿童家长会带孩子逛书店。37.5%的儿童家长半年内至少会带孩子逛一次书店，具体来看，有 28.2%的家长会在 1—3 个月内带孩子逛一次书店，有 9.3%的家长会在 4—6 个月内带孩子逛一次。此外，有 15.9%的家长会在半年至一年内带孩子逛一次书店，还有 18.5%的家长表示“说不好”多久带孩子去逛一次书店。具体情况如图 1-4-3 所示。

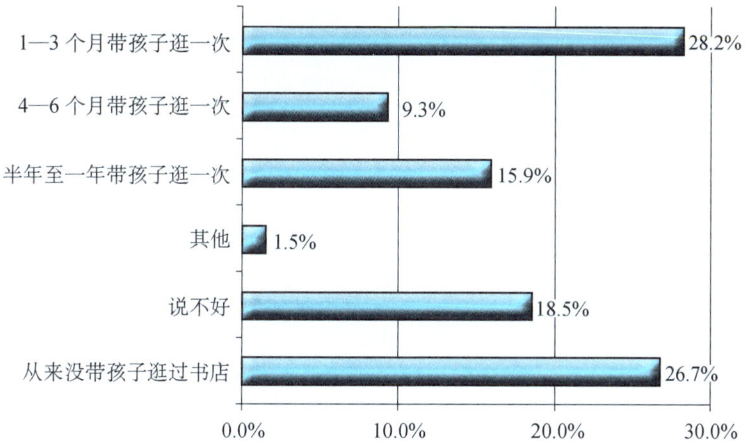

图 1-4-3　0—8 周岁儿童家长带孩子逛书店的频率

1.4.4　家长引导儿童接触的童书种类

2013 年，有 54.0%的家长经常给孩子看“图画卡片、挂图”，有 45.3%的我国 0—8 周岁儿童家长经常给孩子看“童话寓言故事”。“卡通漫画”类、“识字数数类”、“诗歌童谣”类、“绘画故事（图画文字并重）”类和“科学知识、常识类”童书也较受家长欢迎，是经常提供给孩子阅读的类型，其选择比例分别为 32.5%、31.6%、21.1%、20.8%和 16.8%。而“益智游戏”类以及“立体书、布艺书、玩具书”类童书供孩子阅读的选择比例分别为 11.5%和 6.2%。总体看来，家长们引导儿童阅读的图书种类，呈现出多元化的特征。具体情况如图 1-4-4 所示。

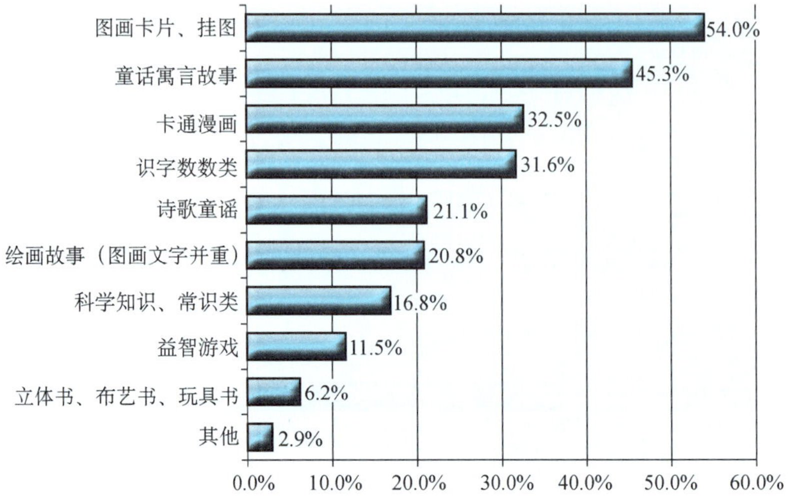

图 1-4-4　0—8 周岁儿童家长经常为孩子选择的童书类型

1.4.5　家长认为适合儿童阅读的形式

2013 年，有 59.8%的家长认为纸质书籍更适合儿童阅读，这一比例较 2012 年的 60.6%略有下降。其次，有 22.9%的家长认为电视更适合儿童阅读，有 17.1%的家长认为音像读物更适合儿童阅读。具体情况如图 1-4-5 所示。

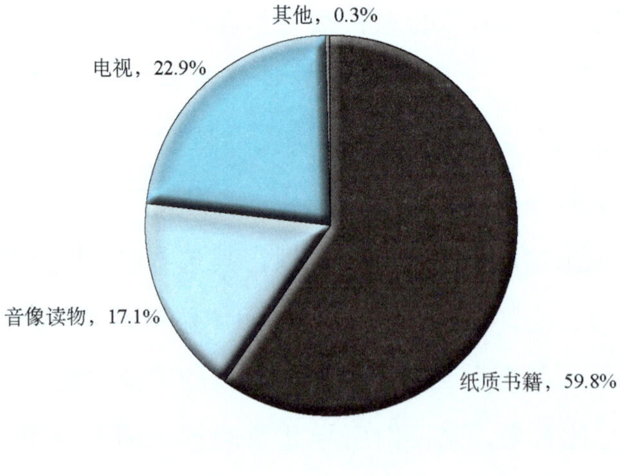

图 1-4-5　家长认为适合 0—8 周岁儿童的阅读形式

1.5 儿童及家长最喜爱的十本儿童图书

此次调查过程中，在无提示的情况下，我们请被访儿童的家长列举本人或孩子最喜欢的三本儿童图书。结果显示，2013 年，识字类图书、卡片，《格林童话》、“喜洋洋与灰太狼”系列、《白雪公主和七个小矮人》《十万个为什么》等图书，最受 0—8 周岁儿童及家长的欢迎。这与 2012 年的情况较为相似，只是排名有所变化。

具体情况如表 1-5-1 所示。

表 1-5-1 最受 0—8 周岁儿童及家长喜爱的十本儿童图书

排名	2013 年	2012 年
1	识字类图书、卡片	“喜洋洋与灰太狼”系列
2	格林童话	格林童话
3	“喜洋洋与灰太狼”系列	十万个为什么
4	白雪公主和七个小矮人	识字类图书、卡片
5	十万个为什么	安徒生童话系列
6	唐诗系列	“奥特曼”系列
7	安徒生童话系列	唐诗系列
8	童话故事	白雪公主和七个小矮人
9	“三字经”系列	寓言故事
10	故事大王	“三字经”系列

1.6 家长最喜爱的出版社与出版社的知名度、市场渗透率

1.6.1 家长最喜爱的出版社

在本次调查过程中，在无提示的情况下，我们请被访儿童的家长列举本人和孩子最喜欢的三个出版社。结果显示，中国少年儿童新闻出版总社最受欢迎，其次是人民教育出版社、希望出版社和上海少年儿童出版社等出版社。

具体情况如表 1-6-1 所示。

表 1-6-1 最受 0—8 周岁儿童及家长喜爱的出版社

排名	出版社名称
1	中国少年儿童新闻出版总社
2	人民教育出版社
3	希望出版社
4	上海少年儿童出版社
5	湖南少年儿童出版社
6	人民出版社
7	教育科学出版社
8	二十一世纪出版社
9	湖北美术出版社
10	童趣出版社

1.6.2 出版社知名度与市场渗透率

我们在调查中列举了国内 24 家较为知名的出版社，请被访者从中挑选出听说过的和曾为孩子购买过出版物的出版社，以了解这些出版社的知名度和市场表现。结果如表 1-6-2 所示，2013 年中国少年儿童新闻出版总社的知名度和市场渗透率均名列榜首。人民教育出版社、上海少年儿童出版社、北京少年儿童出版社、教育科学出版社知名度排名分列二、三、四、五位，这些知名度较高的出版社其市场渗透率（购买率）也相对较高，这与 2012 年的调查统计结果基本吻合。

表 1-6-2 出版社的知名度和市场渗透率

出版社名称	知名度	市场渗透率
中国少年儿童新闻出版总社	63.2%	51.3%
上海少年儿童出版社	24.5%	10.9%
人民教育出版社	56.7%	26.8%
北京少年儿童出版社	18.7%	8.5%
江苏少年儿童出版社	6.2%	2.8%
海豚出版社	3.6%	1.9%
新蕾出版社	8.8%	3.1%
外语教学与研究出版社	2.2%	1.0%
教育科学出版社	13.4%	6.4%
北京师范大学出版社	9.8%	2.7%

续前表

出版社名称	知名度	市场渗透率
大象出版社	4.8%	2.4%
二十一世纪出版社	8.1%	6.1%
河北教育出版社	8.3%	3.6%
明天出版社	9.1%	4.6%
接力出版社	2.9%	0.8%
希望出版社	9.7%	3.4%
童趣出版社	3.7%	2.9%
江苏教育出版社	5.4%	2.7%
浙江教育出版社	4.1%	1.0%
海燕出版社	4.2%	0.6%
浙江少年儿童出版社	8.2%	2.2%
湖北少年儿童出版社	5.3%	5.1%
湖南少年儿童出版社	5.2%	4.8%
南海出版社	1.2%	0.1%

第二章 0—8周岁儿童期刊阅读与购买状况

2.1 儿童期刊阅读率与阅读量

2013年，我国0—8周岁儿童的期刊阅读率为35.2%，较2012年34.8%有所上升。

不同人口特征儿童群体之间的期刊阅读率存在一定差异。从性别差异看，该年龄段男孩的期刊阅读率为37.0%，较女孩的期刊阅读率（33.0%）高出4.0个百分点。从城乡对比看，该年龄段城镇儿童的期刊阅读率为45.1%，较农村儿童的期刊阅读率（27.9%）高出17.2个百分点。

具体情况如表2-1-1所示。

表2-1-1　不同人口特征0—8周岁儿童期刊阅读率

人口特征	类别	期刊阅读率
性别	男孩	37.0%
	女孩	33.0%
城乡	城镇	45.1%
	农村	27.9%

2013年，我国0—8周岁儿童的人均期刊阅读量为2.23期/份，较2012年的2.45期/份有所减少。

不同人口特征儿童群体之间的期刊阅读量存在一定差异。从性别差异看，该年龄段男孩的期刊阅读量为 2.12 期/份，较女孩的期刊阅读量（2.35 期/份）少 0.23 期/份。该年龄段城镇儿童的期刊阅读量为 3.51 期/份，较农村儿童的期刊阅读量（1.25 期/份）多出 2.26 期/份。

具体情况如表 2-1-2 所示。

表 2-1-2　不同人口特征 0—8 周岁儿童期刊阅读量

人口特征	类别	期刊阅读量（期/份）
性别	男孩	2.12
	女孩	2.35
城乡	城镇	3.51
	农村	1.25

2013 年，有 27.4%的 0—8 周岁儿童的期刊阅读量在 5 本以内，5.4%的儿童期刊阅读量在 6—9 本，有 4.2%的儿童期刊阅读量在“10 本及以上”。除此之外，还有 9.8%的儿童表示“读了，但记不清楚读了多少本”。

具体情况如图 2-1-1 所示。

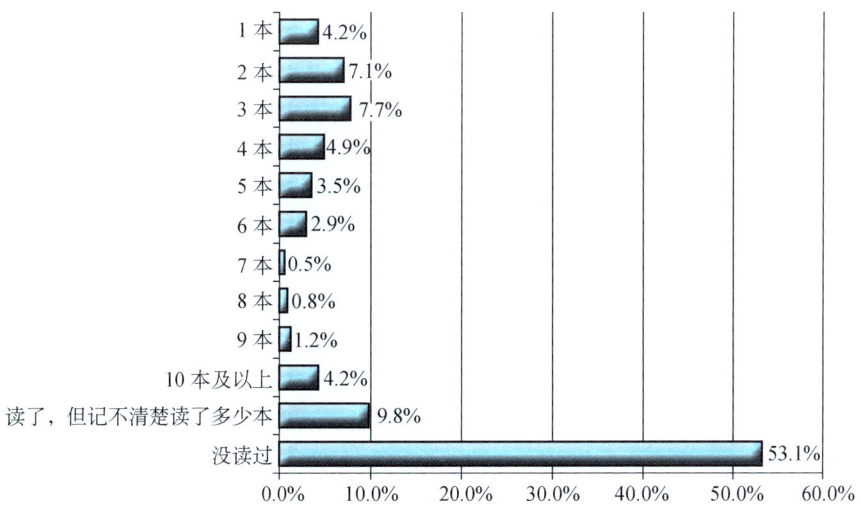

图 2-1-1　0—8 周岁儿童期刊阅读量

2.2 家长对儿童期刊的价格评价

调查数据显示，有41.6%的我国0—8周岁儿童家长认为目前儿童期刊价格“合适”，33.3%的家长认为当前儿童期刊价格偏贵（“比较贵”或“非常贵”），仅有5.1%的家长认为目前儿童期刊价格便宜（“比较便宜”或“非常便宜”）。另外，有20.1%的家长对儿童类期刊的价格认知模糊，表示“说不清”。

具体情况如图2-2-1所示。

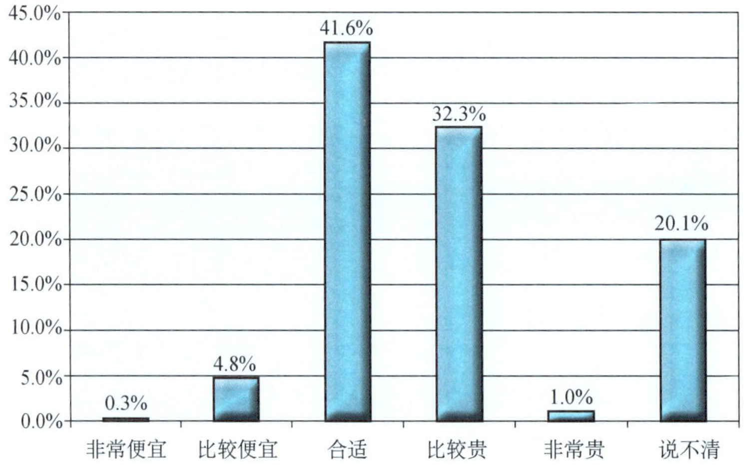

图2-2-1 0—8周岁儿童家长对儿童期刊价格的评价

2.3 家长对儿童期刊的价格承受力

经过调查我们发现，2013年我国0—8周岁儿童家长平均可接受的单本儿童期刊价格为6.74元。

通过进一步分析我们看出，78.5%的我国0—8周岁儿童家长能接受的儿童期刊价格区间在2—10元。其中，有16.7%的家长能接受 2—4 元的价格区间，有 22.9%的家长能接受 4—6 元的价格区间，有 21.4%的家长能接受 6—8 元的价格区间，8—10 元价格区间的选择比例为 17.5%。另有 15.3%的家长能够接受 10 元及以上的价格，有 6.1%的家长只能接受每本儿童期刊价格在 2 元以下。

具体情况如图 2-3-1 所示。

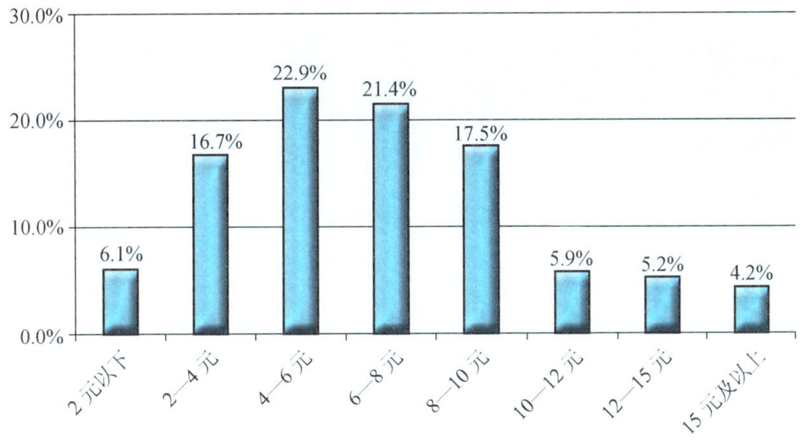

图 2-3-1　0—8 周岁儿童家长对儿童期刊的价格承受力

2.4　儿童及家长最喜爱的期刊

在无提示的情况下，我们请被访儿童的家长列举 2013 年本人和孩子最喜欢的三份儿童期刊的名字。结果显示，《童话大王》《幼儿画报》《米老鼠》《故事大王》《童话世界》等儿童期刊最受喜爱，与 2012 年情况大体相似，只是排名顺序有所变化。

具体情况如表 2-4-1 所示。

表 2-4-1　最受 0—8 周岁儿童及家长喜爱的十本期刊

排名	2013 年	2012 年
1	童话大王	故事大王
2	幼儿画报	米老鼠
3	米老鼠	童话世界

续前表

排名	2013 年	2012 年
4	故事大王	幼儿画报
5	童话世界	童话大王
6	漫画大王	漫画大王
7	小熊维尼	小熊维尼
8	大灰狼画报	花园宝宝
9	婴儿画报	喜羊羊与灰太狼
10	喜羊羊与灰太狼	娃娃画报

2.5 儿童类报刊知名度与市场渗透率

在调查过程中，我们列出了 18 种国内较为知名的儿童报刊，由被访儿童家长选择他们知道的报刊和曾经购买过的报刊，以了解这些报刊的知名度与市场表现。结果显示，《童话大王》与《故事大王》的知名度最高，分别为 56.2%和 48.0%；其市场渗透率排名也最为靠前，《童话大王》与《故事大王》的市场渗透率均为 35.2%，排在前两位。此外，《童话世界》《米老鼠》《幼儿画报》等知名度较高的儿童报刊，其市场渗透率也相对较高。

具体情况如表 2-5-1 所示。

表 2-5-1 儿童类报刊知名度与市场渗透率

报刊名称	知名度	购买率
婴儿画报	19.7%	8.1%
幼儿画报	26.1%	19.1%
幼儿智力大世界	13.4%	8.3%
小公主	17.7%	5.2%
童话世界	41.4%	19.0%
娃娃画报	7.0%	2.7%
红蜻蜓	6.5%	1.9%
大灰狼画报	18.9%	9.1%
天线宝宝	20.4%	9.3%
童话大王	56.2%	35.2%
故事大王	48.0%	35.2%
知心姐姐	7.8%	1.1%

续前表

报刊名称	知名度	购买率
漫画大王	21.4%	7.8%
快乐巧连智	2.7%	1.0%
米老鼠	40.9%	22.4%
琴童	1.8%	0.1%
小猕猴智力画刊	2.0%	1.7%
小熊维尼	22.3%	13.6%

第三章
0—8 周岁儿童家长音像电子出版物购买状况

3.1　儿童音像电子出版物的购买渠道

2013 年，我国 0—8 周岁儿童家长音像电子出版物的购买率为 55.9%，城镇家长的购买率为 56.1%，略高于农村的 55.8%。

如图 3-1-1 所示，通过“书店”“商场超市”“音像店或软件专卖店”等渠道购买各类音像电子出版物的家长较多，选择比例分别

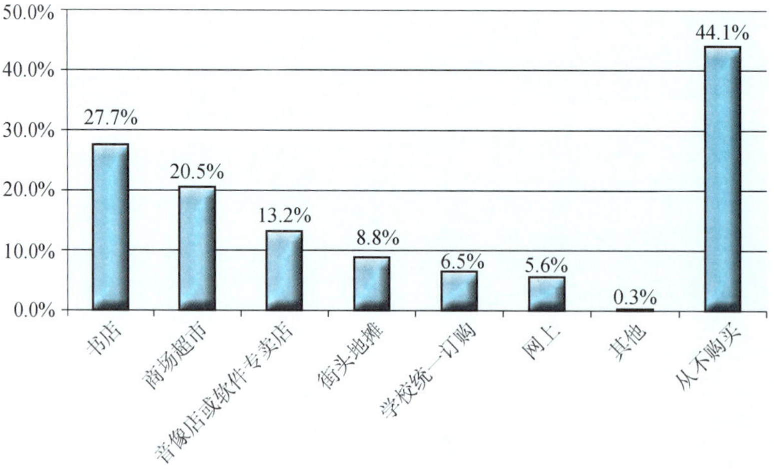

图 3-1-1　音像电子出版物的购买渠道

为 27.7%、20.5%、13.2%。而在“网上”给孩子购买音像电子出版物的家长较少，仅占总体的 5.6%。值得注意的是，还有 44.1%的家长表示从不给孩子购买音像电子出版物。

3.2 家长对儿童类音像电子出版物价格的评价

有 38.1%的我国 0—8 周岁儿童家长认为目前儿童类音像电子出版物的价格较高（“比较贵”或“非常贵”），还有 39.2%的家长认为目前儿童类音像电子出版物的价格“合适”，而认为此类出版物价格便宜（“非常便宜”或“比较便宜”）的家长只占 10.5%。还有 12.2%的家长表示“说不清”价格是贵还是便宜。

具体情况如图 3-2-1 所示。

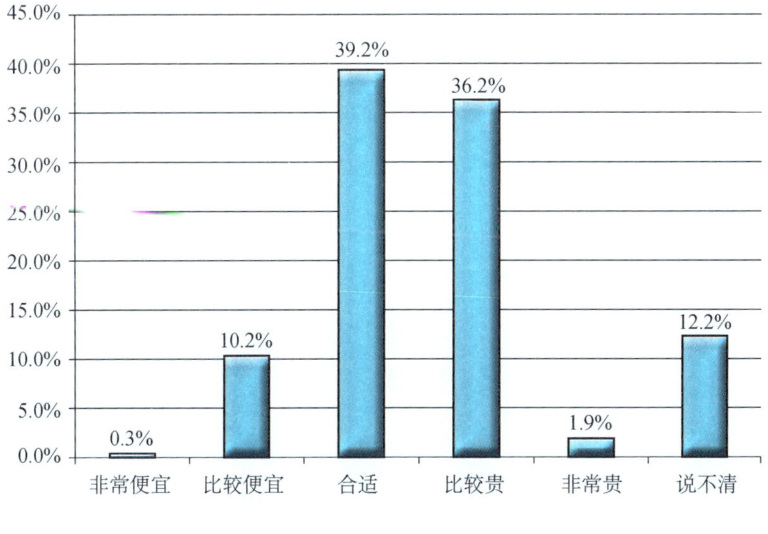

图 3-2-1　家长对儿童类音像电子出版物价格的评价

3.3 家长对儿童类音像电子出版物的价格承受力

调查数据显示，我国 0—8 周岁儿童家长平均可接受的每张 CD

光盘价格为 10.70 元，平均可接受的每张 VCD/DVD 价格为 11.89 元，平均可接受的每盘盒式录音带价格为 10.21 元，平均可接受的每张 CD-ROM 价格则为 12.20 元。具体来看，2013 年，大部分儿童家长能够接受的音像电子出版物价格在 20 元以内。有 77.4%的儿童家长表示能够接受的每张 CD 光盘价格在 20 元以内，有 77.4%的儿童家长表示能够接受的每张 VCD/DVD 价格在 20 元以内，有 59.5%的儿童家长表示能够接受的每盘盒式录音带价格在 20 元以内。由于使用者减少等原因，不少家长对一些音像电子出版物的价格不够了解，分别有 34.9%和 45.6%的家长表示“不清楚、不知道”盒式录音带和 CD-ROM 的价格。

具体情况如表 3-3-1 所示。

表 3-3-1　家长对儿童音像电子出版物的价格承受力

	CD 光盘	VCD/DVD	盒式录音带	CD-ROM
<10 元	45.0%	40.9%	37.4%	23.6%
10—20 元	32.0%	36.5%	22.1%	23.2%
20—30 元	6.5%	10.8%	4.5%	6.1%
≥30 元	1.3%	1.5%	1.1%	1.5%
不清楚/不知道	15.1%	10.2%	34.9%	45.6%
平均可接受单价	10.70 元	11.89 元	10.21 元	12.20 元

第四章
0—8 周岁儿童家长版权认知状况

4.1 家长购买盗版儿童出版物的情况

调查数据显示，就 2013 年给孩子购买过的图书和音像制品而言，我国 0—8 周岁儿童家长的盗版出版物购买率为 12.6%。具体来看，仅有 1.8%的家长表示给孩子购买的出版物均为盗版，还有 10.8%的家长表示正版盗版出版物均购买过，即至少有 12.6%的家长在 2013 年给孩子购买过盗版出版物。同时，在我国 0—8 周岁儿童家长中，有 28.1%的家长表示给孩子购买过的图书或音像制品均为正版。此外，不少家长对版权的认知仍然较为模糊，并不知道如何区分正版和盗版，有 43.8%的家长表示分不清其给孩子购买的出版物是正版还是盗版。具体情况如图 4-1-1 所示。

4.2 家长购买盗版儿童出版物的类别

在为孩子购买过盗版儿童出版物的家长中，有七成以上（75.2%）的家长表示购买过一般盗版图书，有二成（21.6%）的家长表示购买过盗版音像制品。而表示购买过盗版教材教辅的家长仅

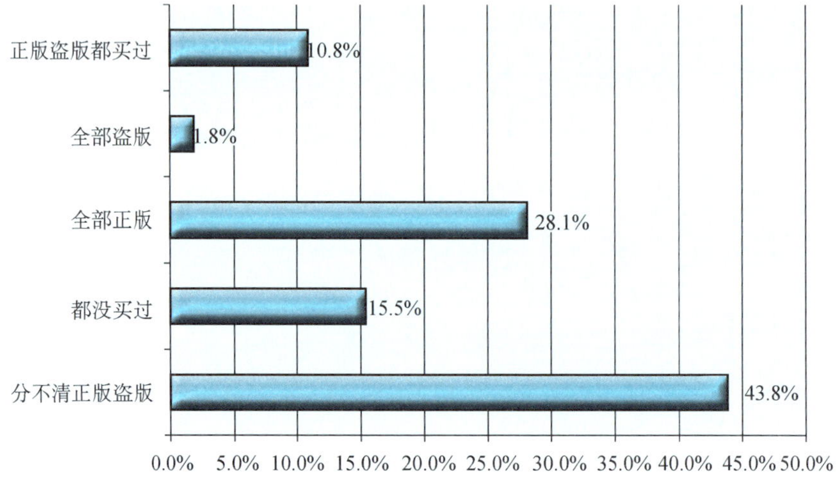

图 4-1-1　家长对盗版儿童出版物的购买率

占 11.5%。具体情况如图 4-2-1 所示。

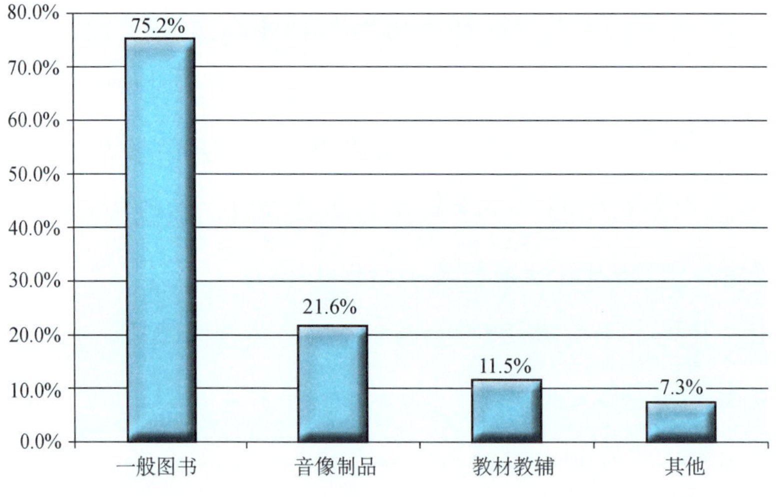

图 4-2-1　家长购买盗版儿童出版物的类别

4.3　家长购买盗版儿童出版物的驱动因素

在曾经购买过盗版儿童出版物的家长中，有 49.2%的家长表示购买这些盗版出版物主要是因为“价格便宜”，有24.6%的家长表示因为“购买方便”而选择盗版出版物，有14.9%的家长表示因为“品种丰富”而选择盗版出版物。还有32.0%的家长表示购买时不知道是盗版，仅有0.7%的家长表示“没有正版可买”。

具体情况如图4-3-1所示。

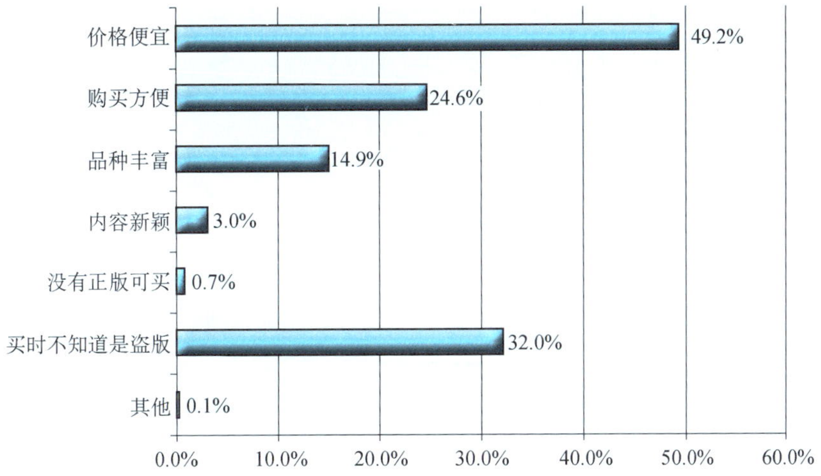

图4-3-1 家长购买盗版出版物的驱动因素

图书在版编目（CIP）数据

全国国民阅读调查报告.2014/中国新闻出版研究院，全国国民阅读调查课题组著.—北京：中国书籍出版社，2017.12

ISBN 978-7-5068-6568-5

Ⅰ.①全… Ⅱ.①全… Ⅲ.①出版物—市场—抽样调查统计—调查报告—中国—2014 Ⅳ.①G239.21

中国版本图书馆CIP数据核字（2017）第258858号

全国国民阅读调查报告.2014

中国新闻出版研究院
全国国民阅读调查课题组　著

责任编辑	庞　元
责任印制	孙马飞　马　芝
封面设计	敬人工作室
封面制作	钟书堂
出版发行	中国书籍出版社
地　　址	北京市丰台区三路居路97号（邮编：100073）
电　　话	（010）52257143（总编室）　（010）52257140（发行部）
电子邮箱	eo@chinabp.com.cn
经　　销	全国新华书店
印　　刷	廊坊市浩瀛印刷有限公司
开　　本	787毫米×1092毫米　1/16
印　　张	24.25
字　　数	302千字
版　　次	2018年8月第1版　2018年8月第1次印刷
书　　号	ISBN 978-7-5068-6568-5
定　　价	298.00元